lonely planet

Mallorca

Westliches Mallorca S. 95

Nördliches Mallorca S. 125

Palma & Badia de Palma S. 50

Das Inland S. 145

Östliches Mallorca S. 158

Südliches Mallorca S. 174

Josephine Quintero, Damian Harper

REISEPLANUNG

Willkommen auf Mallorca 4
Mallorca – die Top 8 8
Gut zu wissen 18
Mallorca für Einsteiger . 20
Unterkünfte 22
Unterwegs vor Ort 24
Monat für Monat 26
Reiserouten 28
Essen & Trinken wie die Mallorquiner 32
Aktivitäten 37
Reisen mit Kindern 44
Mallorca im Überblick .. 47

REISEZIELE AUF MALLORCA

PALMA & BADIA DE PALMA 50

Palma de Mallorca 53
Sehenswertes 53
Aktivitäten 69
Kurse 69
Radfahren & Segeln rund um Palma 70
Geführte Touren 72
Feste & Events 72
Essen 73
Ausgehen & Nachtleben .. 79
Unterhaltung 82
Shoppen 83
Praktische Informationen. 85

Östlich von Palma 87
Westlich von Palma 89

WESTLICHES MALLORCA 95

Autotour: Von Andratx zum Monestir de Lluc 98
Andratx 100
Port d'Andratx 100
Sant Elm 101
Portals Vells & Cap de Cala Figuera 102
Küstenstraße von Andratx nach Valldemossa 103
Valldemossa 106
Port de Valldemossa 109
Deià 109

MARKT IN VALLDEMOSSA S. 107

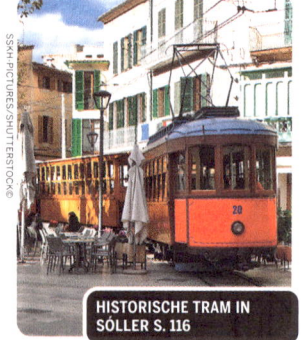

HISTORISCHE TRAM IN SÓLLER S. 116

REAL CARTUJA DE VALLDEMOSSA S. 106

Inhalt

Sóller 111	Algaida 153	
Port de Sóller 116	Montuïri 154	
Biniaraix. 117	Petra. 155	
Fornalutx 118	Manacor. 156	
Bunyola 119	Felanitx. 157	

MALLORCA VERSTEHEN

Geschichte. 188
Natur & Umwelt 200
Mallorcas Architektur 205
Kunst & Kultur 208

Orient 120
Alaró. 120
Cala de Sa Calobra & Cala Tuent 121
Monestir de Lluc 122

NÖRDLICHES MALLORCA 125

Wandern an der Nordküste von Mallorca . 128
Pollença 130
Cala Sant Vicenç 134
Port de Pollença. 135
Cap de Formentor 136
Alcúdia. 137
Port d'Alcúdia 140
Cap des Pinar 141
Ca'n Picafort. 142
Colònia de Sant Pere. . . . 143

DAS INLAND 145

Santa Maria del Camí . . . 148
Binissalem. 148
Inca. 149
Caimari. 151
Campanet 151
Sineu 152
Sa Pobla & Muro 153

ÖSTLICHES MALLORCA 158

Wandern an der Ostküste von Mallorca. . . 160
Artà. 162
Parc Natural de la Península de Llevant 164
Capdepera. 166
Cala Ratjada 167
Canyamel. 169
Porto Cristo. 171
Portocolom 172

SÜDLICHES MALLORCA 174

Wandern im Süden von Mallorca. 176
Cala Pi 178
Sa Ràpita 178
Colònia de Sant Jordi . . . 179
Ses Salines 180
Illa de Cabrera 181
Santanyí. 182
Cala Figuera 183
Portopetro. 184
Parc Natural de Mondragó 184
Cala d'Or 184

PRAKTISCHE INFORMATIONEN

Allgemeine Informationen. 216
Verkehrsmittel & -wege 222
Sprache 226
Register 235
Kartenlegende 239

COVID-19

Wir haben alle in diesem Buch aufgeführten Unternehmen vor der Veröffentlichung überprüft, um sicherzustellen, dass sie noch geöffnet sind. Die wirtschaftlichen und sozialen Auswirkungen von COVID-19 werden jedoch noch lange spürbar sein und viele der hier erwähnten Geschäfte, Dienstleistungen und Veranstaltungen können weiterhin Einschränkungen unterliegen: Einige können vorübergehend geschlossen sein, ihre Öffnungszeiten und Dienstleistungen geändert haben, Reservierungen verlangen und leider auch dauerhaft geschlossen sein. Wir empfehlen Ihnen, sich vor Ihrem Besuch bei den betreffenden Einrichtungen über die neuesten Informationen zu informieren.

Rechts: Port de
Sóller (S. 116)

WILLKOMMEN AUF
Mallorca

 *Jahrelang verbrachten meine Eltern ihren Urlaub auf Mallorca, und als ich später in Spanien wohnte, bin auch ich vom Festland aus oft hingefahren, um zu verstehen, was die Insel so besonders macht. Berühmte Sehenswürdigkeiten wie die Kathedrale von Palma und Gebäckspezialitäten wie die federleichten Ensaïmades sind noch immer eine Reise wert, doch auch abseits ausgetretener Touristenpfade hat die Grande Dame der Balearen jede Menge zu bieten – von verwunschenen Wanderwegen bis zu Restaurants, in denen die Zeit stehen geblieben zu sein scheint.*

Von Josephine Quintero, Autorin

Mehr zu unseren Autoren gibt's auf S. 240

Mallorca

Sa Calobra
Eine 12 km lange Strecke voller Haarnadelkurven (S. 121)

Westliche Küstenlinie
Ein Paradies für mutige Radfahrer (S. 103)

Sóller
Eine atmosphärische Zugfahrt führt zu diesem hübschen Ort (S. 111)

Deià
Wunderschönes Dorf mit Künstlerflair (S. 109)

Vallemossa
Historische Ortschaft mit gepflasterten Gassen (S. 106)

Palma
Beeindruckende Kathedrale und moderne Kunstmuseen (S. 50)

Inca
In rustikalen *celler*-Restaurants richtig schlemmen (S. 149)

Mallorca – die Top 8

1 MALERISCHE ESKAPADEN

An Mallorcas steiler Küste mit ihren Gebirgsstraßen voller Haarnadelkurven muss man langsam und vorsichtig fahren – entweder mit dem Auto oder Herz und Schenkel stärkend mit dem Rad. Unerwartete Fotogelegenheiten bieten sich dabei an jeder Biegung. Während sich die Straßen durch pittoreske Dörfer und an kleinen Buchten vorbeischlängeln, ermöglichen strategisch gelegene Aussichtspunkte *(miradores)* so manchen atemberaubenden Blick. Cap de Formentor (S. 136)

Radfahren in der Serra de Tramuntana

Wer eine etwas anspruchsvollere Radtour nicht scheut, für den ist die landschaftlich reizvolle Strecke zwischen Andratx und dem hoch gelegenen Monastir de Lluc genau das Richtige. S. 103

Die Straße nach Sa Calobra

Auf der 12 km langen Fahrt hinunter zur malerischen Bucht von Cala Tuent schlägt einem in den engen Kurven das Herz bis zum Hals – und man muss so manchem ratternden Bus ausweichen, bevor es wieder bergauf geht. S. 121

Entlang der Küste des Cap de Formentor

Auf der schmalen und steilen Halbinsel am Cap de Formentor erhebt sich einer der spektakulärsten Gebirgszüge Südeuropas mit hohen Gipfeln, sonnigen Wäldern aus Aleppo-Kiefern und Felsvorsprüngen, die unvermittelt in einsame Buchten hinabstürzen. S. 135

2 KÜSTEN-WANDERUNGEN

Auf diesen Wanderungen bildet das türkisfarbene Mittelmeer die spektakuläre Kulisse. Es geht durch Wälder sowie an Klippen und Buchten entlang bis hinauf zu Aussichtspunkten, von denen aus man einen herrlichen Blick genießt. Ganz abgesehen von der Natur ist jede dieser Wanderungen ein gutes Cardio-Workout und wartet mit vielen spannenden Entdeckungen auf.

Unten: Cap de Ses Salines (S. 180)

Vom Cap de Ses Salines nach Colònia de Sant Jordi

An diesem steinigen, 9 km langen Wanderweg liegen zahlreiche Badebuchten. Er punktet mit betörenden Blicken aufs Meer. Bitte Sonnenhut und viel Wasser nicht vergessen, denn Schatten ist auf dieser Strecke selten. S. 176

Von der Ermita de la Victòria nach Penya Rotja

Auf einer mit Kiefern bedeckten Halbinsel führt der Weg an dramatischen Felsvorsprüngen, überhängenden Klippen und steilen Felswänden vorbei. Wahlweise schaut man tief hinab auf das kobaltblaue Meer oder genießt einen Rundblick über die gesamte Nordküste. S. 128

Oben links: Ermita de la Victòria (S. 128, 142)

Durch den Parc Natural de la Península de Llevant

In dem herrlichen Naturpark im Osten der Insel (oben rechts) führen ruhige Wege durch Täler voller Kiefern zu unberührten Stränden und stillen Buchten. S. 161

3 CHARMANTE DÖRFER

Mallorca ist voller alter Städte und bezaubernder Dörfer, die nur darauf warten, entdeckt zu werden. Etliche von ihnen liegen in den hübschen Tälern oder auf den Hügeln der Serra de Tramuntana, deren Gebirgskulisse ihren Reiz nur noch erhöht. Um möglichst viel von ihrer besonderen Atmosphäre mitzubekommen, sollte man in einem der Orte übernachten – manch einer will danach gar nicht mehr weg.

Valldemossa

Dieses Dorf, das sich an die östlichen Ausläufer der Serra de Tramuntana anschmiegt, ist eines der hübschesten auf den Balearen: Valldemossa (oben) ist ein Traum aus Blumentöpfen, Kopfsteinpflaster und wunderschöner Architektur. S. 106

Deià

Wie ein natürliches Amphitheater erheben sich die Berge der Serra de Tramuntana über Deià (oben links) – einem Dorf wie ein Vogelnest hoch über dem Meer. S. 109

Mittelalterliches Artà

Steinhäuser säumen in Artà die engen, mittelalterlichen Straßen, die zunächst sanft und dann recht steil zu einem der schönsten Architekturensembles der Insel ansteigen. Oben: Santuari de Sant Salvador (S. 162)

4 HISTORISCHE HIGHLIGHTS

Zug von Palma nach Sóller

Im ratternden Nostalgiezug geht es durch die eindrucksvolle Berg- und Tallandschaft der Tramuntana. Wer will, fährt danach mit einer altmodischen Straßenbahn weiter nach Port de Sóller. S. 87

Pol·lèntia

Ein Besuch dieser spannenden Ruinen außerhalb von Alcúdia (oben) entführt einen in Mallorcas römische Vergangenheit. Ein Highlight ist das prächtige Theater unter Bäumen, doch es gibt vieles mehr zu sehen. S. 137

Kathedrale von Mallorca

Als architektonisches Prachtstück der Insel dominiert die Kathedrale von Palma (unten) die Skyline der Stadt. Diese Kirche besucht man immer wieder – um sich zu orientieren oder um sie zu bewundern. Schön ist auch der Blick von den Dachterrassen. S. 53

Auch wenn es die meisten Besucher zuerst ans Wasser zieht – Mallorca hat viel mehr zu bieten als weiße Sandstrände am blauen Meer. Wer die Insel besser kennenlernen will, sollte sich mit ihrer reichen Vergangenheit befassen: Beeindruckende Megalithen aus der Bronzezeit, spannende römische Ruinen, charmante mittelalterliche Bergdörfer, prachtvolle Kirchen und Paläste, großartige Patios und altehrwürdige Züge zeugen von Mallorcas bewegter Geschichte.

5 KLEINE FLUCHTEN

Wer sich von den belebten Küstenorten nur ein klein wenig entfernt, entdeckt ein ganz anderes Mallorca – eine Schatztruhe, gefüllt mit einsamen Buchten und stillen Wäldern, beschaulichen Bauernhöfen und abgelegenen Orten, in denen die Ruhe nur von den Glocken der Ziegen oder dem sanften Rauschen des Meeres gestört wird. Über allem wölbt sich ein (vor allem nachts) unglaublich klarer und weiter Himmel.

Barranc de Biniaraix

Ein Ausflug ins Dorf Biniaraix (unten) lohnt sich vor allem, um die Stille dieser herrlichen Schlucht zu genießen. S. 117

Platja des Coll Baix

Wenige Buchten können mit der Platja des Coll Baix (oben) konkurrieren. Dieser nur per Boot oder über einen Fußweg durch duftende Wälder erreichbare Strand am kiefernbestandenen Cap des Pinar bildet ein wunderschönes Halbrund vor strahlend blauem Wasser. S. 141

Finca-Urlaub

Mallorcas Hinterland ist übersät mit *fincas* – kleinen Landgütern (rechts), auf denen es oft so ruhig ist, dass man eine Olive fallen hört. Ein Urlaub hier ist eine einzige Siesta: Tagsüber liegt man am Pool und abends speist man unter Sternen. S. 22

6 KULTURELLE HIGHLIGHTS

Ab und zu sollte man sich den Sand aus den Schuhen schütteln, den Strand hinter sich lassen und Mallorcas kulturelle Seite entdecken: Künstlerorte in den Bergen und jede Menge Galerien zeugen von der kreativen Dimension der Insel. Hier findet man Werke von Joan Miró ebenso wie das Wohnhaus von Frédéric Chopin und George Sand.

Museu Fundación Juan March

Im Can Gallard des Canyar in Palma, einem Haus aus dem 17. Jh., sind Werke von Picasso, Miró, Dalí und Juan Gris, von Eduardo Chillida und Julio González sowie von dem aus Mallorca stammenden Miquel Barceló zu sehen. S. 65

Fundació Pilar i Joan Miró

Das frühere Wohnhaus des Katalanen Joan Miró ist noch immer erfüllt von seinem Geist. Mit über 2500 Werken des Künstlers ist es ein Muss für alle Miró-Fans. S. 89

Real Cartuja de Valldemossa

Ein Besuch dieses Kartäuserklosters (oben), in dem schon Chopin zu Gast war, lohnt sich immer. Oder man schlendert durch Valldemossa und hört Chopin auf dem Smartphone. S. 106

7 CELLERS, SOBRASSADA & ENSAÏMADES

Essen ist eine der größten Freuden auf Mallorca und hat viel mit der Identität der Insel zu tun. Ob man nun *conill amb ceba* (Kaninchen mit Zwiebeln), sättigende *empanades* (Pasteten mit herzhaften Füllungen) oder die verlockenden Genüsse einer *confiteria* (Konditorei) bevorzugt – die lokale Küche sollte man sich nicht entgehen lassen. S. 32

Sobrassada

Diese für die Balearen typische, scharf geräucherte Wurst aus Schweinehack, Paprika, Salz und Gewürzen genießt man auf Brot (oben links) oder als schmackhafte Zutat mallorquinischer Gerichte.

In einem Celler in Inca speisen

In den Celler-Restaurants drehen sich Spanferkel langsam am Spieß, übertönen plaudernde Menschen den Lärm aus der Küche und Kellner eilen von Tisch zu Tisch. Unten links: Celler Ca'n Ripoll (S. 149)

Mallorquinisches Gebäck

Besser als mit einer köstlichen, locker-leichten *ensaïmada* (oben rechts) und einem *cafè amb llet* (Espresso mit Milch) kann ein Tag auf Mallorca gar nicht beginnen.

8 AKTIVURLAUB

Man kann natürlich seinen gesamten Mallorca-Urlaub liegend am Strand oder sitzend in einem der erstklassigen Restaurants verbringen, doch wer sich unterm Sonnenschirm hervorwagt und aktiv wird, hat die Chance, die etwas wildere Seite der Insel zu entdecken und weniger bekannte Regionen zu erforschen. Die Auswahl an Aktivitäten ist riesig und reicht von der gemütlichen Vogelbeobachtung bis zu echten Kicks wie Klippenspringen oder Kitesurfen.

Wassersport

Beim Blick auf das tiefblaue Meer vor Mallorca wollen Wassersportfreunde am liebsten sofort den Wetsuit anziehen oder aufs Surfbrett hüpfen. Sporttaucher können die Höhlen und Inseln am Cap Formentor erkunden, während andere Adrenalin-Junkies womöglich Coasteering, Kitesurfing oder Cliffjumping bevorzugen. S. 41

Vogelbeobachtung im Parc Natural de S'Albufera

Echte Vogelliebhaber besuchen den Parc Natural de S'Albufera, einen der besten Beobachtungsplätze im Mittelmeerraum. Hier sieht man viele Reiher und Fischadler. S. 142

Wandern

Als eines der schönsten Wanderparadiese Europas bietet Mallorca eine riesige Auswahl an Routen sowohl für passionierte Wanderer als auch für Leute, für die ein bisschen Trekking einfach zum Urlaub dazugehört. S. 40

Unten: Wandern im Süden von Mallorca

Gut zu wissen

Weitere Hinweise siehe Praktische Informationen (S. 215)

Währung
Euro (€)

Sprachen
Spanisch, Mallorquinisch (Dialekt des Katalanischen)

Einreise
Deutsche, Österreicher und Schweizer benötigen lediglich einen gültigen Personalausweis oder einen Reisepass

Geld
Geldautomaten sind weithin verfügbar. Kreditkarten werden in den meisten Hotels, Restaurants und Geschäften akzeptiert

Handys
In Spanien bekommt man problemlos SIM-Karten und kann diese in europäischen Handys nutzen

Zeit
Mitteleuropäische Zeit.

Reisezeit

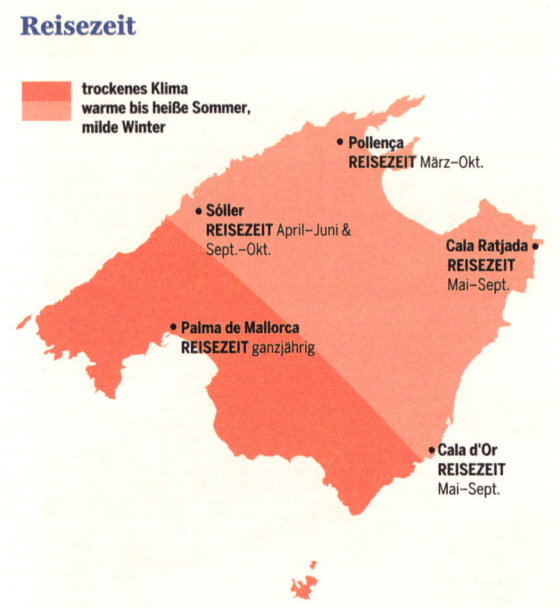

trockenes Klima
warme bis heiße Sommer, milde Winter

- **Pollença** REISEZEIT März–Okt.
- **Sóller** REISEZEIT April–Juni & Sept.–Okt.
- **Cala Ratjada** REISEZEIT Mai–Sept.
- **Palma de Mallorca** REISEZEIT ganzjährig
- **Cala d'Or** REISEZEIT Mai–Sept.

Hauptsaison (Juli/Aug.)
➡ Blauer Himmel, sonnige Tage, warmes Wasser.

➡ Mit den Temperaturen steigen auch die Zimmerpreise. Im Voraus buchen oder auf ein Last-minute-Angebot hoffen.

➡ Fiesta-Zeit in den Inselorten! Partys, Paraden und Musikfestivals.

Zwischensaison (Ostern–Juni, Sept. & Okt.)
➡ Hotels und Restaurants öffnen von Ostern bis Oktober.

➡ Tagsüber ist es meist noch mild und es sind keine Touristenmassen unterwegs.

➡ Ideal zum Wandern, Klettern, Mountainbiken und Canyoning.

Nachsaison (Nov.–Ostern)
➡ Viele Hotels und Restaurants schließen. Palma ist die Ausnahme.

➡ Wärmende Kleidung für eventuelle kühle Abende einpacken.

➡ Besucher haben die Inselpfade, Strände und Sehenswürdigkeiten ganz für sich allein.

Nützliche Websites

ABC Mallorca (www.abc-mallorca.com) Lifestyle-Portal für Einheimische und Touristen.

Balearsnatura.com (www.balearsnatura.com) Exzellente Quelle für die Nationalparks der Balearen.

Consell de Mallorca (www.mallorca.es) Exzellente Website Mallorcas offizielles Tourismusportal.

Lonely Planet (www.lonelyplanet.com/spain/mallorca) Informationen zu Reisezielen, Hotelbewertungen, Reiseforum etc.

Mallorca Zeitung (www.mallorcazeitung.es) Deutschsprachiges Portal mit Nachrichten und Tipps.

See Mallorca (www.seemallorca.com) Separater Abschnitt über Unterkünfte umfasst Hotels und Fincas.

TIB (www.tib.org) Info und Tickets für öffentliche Verkehrsmittel auf der Insel.

Wichtige Telefonnummern

Internationaler Zugangscode	☏00
Landesvorwahl	☏34
Internationale Vorwahl	☏118 25
Notruf	☏112
Policía Nacional	☏91

Wechselkurse

Schweiz	1 SFr	1,01 €

Aktuelle Wechselkurse siehe unter www.xe.com.

Tagesbudget

Günstig: unter 150 €
➡ Schlichtes Zimmer in einem Hostel oder einer Pension oder ein Last-minute-Angebot: 45–60 €

➡ Frühstück im Hotel, dreigängiges *menú del día* zum Mittagessen: 15–20 €

➡ Busfahrt zu nahe gelegenen Orten und Stränden: 2–5 €

Mittelteuer: 150–300 €
➡ Doppelzimmer in einem Mittelklassehotel: 75–150 €

➡ Mittagessen im Café, Abendessen in einem Restaurant: 30–40 €

➡ Mietwagen: ab 30 € pro Tag

Teuer: mehr als 300 €
➡ Doppelzimmer in einem Luxushotel: ab 150 €

➡ Mittag- und Abendessen in erstklassigen Restaurants: 80–100 €

➡ Bootstour oder geführte Aktivität: etwa 50 €

Öffnungszeiten

In diesem Reiseführer werden die Geschäftszeiten während der Hauptsaison genannt. In der Zwischen- und Nachsaison werden diese meist verkürzt. Viele Resortlokale und -hotels schließen von November bis März.

Banken Mo–Fr 8.30–14 Uhr; manche auch Do 16–19 und Sa 9–13 Uhr

Bars 19–3 Uhr

Clubs 24–6 Uhr

Geschäfte Mo–Sa 10–14 & 16.30–19.30 oder 17–20 Uhr; große Supermärkte und Kaufhäuser im Allgemeinen Mo–Sa 10–21 Uhr

Postämter Mo–Fr 8.30–21.30, Sa 8.30–14 Uhr

Restaurants 13–15.30 und 19.30–23 Uhr

Ankunft auf Mallorca

Palma de Mallorca Airport (PMI; S. 222) Bus 1 fährt alle neun Minuten vom Flughafen (Erdgeschoss der Ankunftshalle) zur Plaça d'Espanya im Zentrum Palmas (5 €, 20 Min.); Fahrkarten gibt es beim Fahrer. Wer ein Auto mieten möchte, findet die meisten Autovermieter vor Ort. Die Fahrt ins Zentrum von Palma dauert 20 bis 25 Minuten über die Autobahn MA-19. Taxis mit Taxameter kosten zwischen 19 € und 22 € nach Palma. Einige Hotels bieten einen Abholservice.

Fährhafen, Palma (www.portsdebalears.com) Bus 1 (der Flughafenbus) fährt alle 15 Minuten vom Fährhafen (Estació Marítima) zur Plaça d'Espanya (3 €, 15 Min.). Taxis mit Taxametern berechnen zwischen 10 € und 12 € für die Fahrt ins Stadtzentrum.

Leitungswasser

Leitungswasser kann auf ganz Mallorca bedenkenlos getrunken werden und ist umweltfreundlicher als der Kauf von Wasser in Plastikflaschen. Man muss sich nicht scheuen, danach beim Essen im Restaurant zu bitten *(agua del grifo, por favor).*

Mehr zum Thema **Unterwegs vor Ort** siehe S. 223

Mallorca für Einsteiger

Weiteres siehe Praktische Informationen (S. 215)

Checklist

➡ Reisepass oder Personalausweis auf Gültigkeit prüfen

➡ Gepäckbeschränkung der Fluggesellschaft prüfen

➡ Unterkünfte, Restaurants, Mietauto, Touren zum Teil vorab buchen

➡ Auslandskrankenversicherung abschließen

➡ Herausfinden, was man benötigt, um einen Wagen zu mieten (S. 223, inkl. Infos zur Versicherung mit Selbstbehalt)

Ins Gepäck

➡ Sonnenmilch mit hohem Lichtschutzfaktor

➡ Insektenschutzmittel

➡ Wanderschuhe für Tramuntana-Touren

➡ Ladegerät fürs Handy und andere Geräte

➡ Kopfhörer fürs Handy

➡ Sonnenhut und -brille

➡ Strandhandtuch und Badesachen

➡ Trockensack

➡ Wörterbuch

➡ Ein geselliges Wesen – die Mallorquiner lieben ein Schwätzchen

Top-Tipps für die Reise

➡ Abseits der Touristenroute locken friedliche Landschaften, gemütliche Fincas (Landhäuser) und menschenleere Strände.

➡ Die beste Aussicht hat man von den Klöstern, Festungen und Burgen, die sich an zahlreiche Hügel klammern. Mit dem richtigen Timing kann man glühendrote Sonnenuntergänge aufs Foto bannen.

➡ Es dauert, von A nach B zu gelangen. Der Blick auf die Karte ist irreführend, denn Mallorca ist zwar eine recht kompakte Insel, doch die Serpentinenstraßen ziehen die Reisezeiten in die Länge.

➡ Zu einem Kloster pilgern, auf Kopfsteinpflaster durch ein Altstadtviertel laufen oder zu einer versteckten Bucht wandern – viele der schönsten Sehenswürdigkeiten Mallorcas kann man nur zu Fuß richtig erleben.

➡ Mallorca ist wie geschaffen für den Radsport: Viele Profiteams absolvieren hier ihr Wintertraining. Nicht vergessen: Die steilen Straßen der Serra de Tramuntana sind ein Killer!

Kleidung

Die meisten Traveller packen zu viel ein, besonders für Strand- bzw. Pool-Urlaube – man braucht nicht viel mehr als Badesachen, ein paar kurze Hosen und T-Shirts. Auch wer abends ausgeht, kann Schlips und Jackett meist zu Hause lassen.

Im Sommer wird es sehr heiß, für den Rest des Jahres empfiehlt sich das altbewährte „Zwiebelsystem" mit mehreren Kleiderschichten. Hohe Hacken werden einem keine Freude bereiten. Das Kopfsteinpflaster der Bergdörfer bewältigt man am besten mit flachen Schuhen.

Schlafen

Wer in der Hauptsaison (Juli und August) nach Mallorca reist, sollte die Unterkünfte mindestens zwei Monate im Voraus buchen.

Von November bis Ostern sind die meisten Hotels in den Küstenorten geschlossen. Palma ist jedoch das ganze Jahr über eine Option, und auch in Städten wie Pollença und Sóller gibt es einige geöffnete Hotels.

Feilschen

Auf Märkten kann man von seinen Fähigkeiten zum Feilschen Gebrauch machen, überall sonst ist es unangebracht. Wer etwas kaufen möchte, sollte auch bereit sein, den angegebenen Preis zu zahlen.

Trinkgeld

Hotels Nach Ermessen: Portiers bekommen rund 1 € pro Koffer und Reinigungskräfte 2 € pro Tag.

Cafés und Bars Nicht üblich, aber guten Service kann man durch Aufrunden auf den (über-)nächsten Euro honorieren.

Restaurants Das Trinkgeld ist bereits im Rechnungsbetrag inbegriffen, außer anders angegeben (*servicio no incluido*). Viele Gäste zahlen trotzdem etwa 5 % mehr.

Taxis Nicht üblich, doch man kann natürlich den Fahrpreis aufrunden oder dem Fahrer etwas Geld zustecken, vor allem bei längeren Strecken.

Verzierte Stufen in einem mallorquinischen Herrenhausgarten

Etikette

Mallorquinos sind ein angenehm lockeres Völkchen und an Gäste aus den unterschiedlichsten Ländern gewöhnt, aber sie freuen sich immer, wenn man sich Mühe gibt.

Kennenlernen Beim ersten Treffen wird die Hand geschüttelt, dazu heißt es *bon dia* (Guten Tag) oder *bona tarda* (Guten Abend). In ungezwungenerem Umfeld gibt's zwei Wangenküsse (rechts anfangen).

Unters Volk mischen Auf Mallorca geht's meist gesellig zu. Wer den rasanten Gesprächen folgen kann, sollte sich ruhig einklinken. Achtung: Der Mallorquiner an sich hält nicht unbedingt großzügigen Gesprächsabstand.

Essen & Trinken Bei Einheimischen geladen? Dann ist ein kleines Geschenk angebracht, wie eine Flasche Wein, Blumen oder Schokolade. Wenn der Gastgeber *Bon profit!* (Guten Appetit!) sagt, darf zugelangt werden. Brot in die Suppe zu tunken gehört sich nicht, davon abgesehen geht es beim Essen aber sehr entspannt zu. Beim Anstoßen erhebt man das Glas und sagt *Salut*!

Sprache

Auf Mallorca finden sich auch Reisende ohne jegliche Spanisch- bzw. Mallorquín-Kenntnisse zurecht, aber wer sich die Mühe macht, ein paar Brocken zu lernen, wird die Herzen der Einheimischen im Sturm erobern. In den Badeorten und Städten spricht fast jeder Englisch oder Deutsch, im „Hinterland" und in kleinen Dörfern können ein paar einfache Sätze Spanisch/Mallorquinisch sehr nützlich sein. Außerdem macht es Spaß! Mehr zur Sprache auf S. 226.

Unterkünfte

Weitere Unterkunftsempfehlungen finden Sie im Kapitel Reiseziele (ab S. 49)

Unterkunftsarten

Apartments Airbnb ist eine sichere Bank, wenn es um die Wahl der richtigen Unterkunft geht. Die Auswahl riesig – sogar komplett eingerichtete Villen sind im Angebot.

Fincas Egal ob lauschige *fincas* (Gutshöfe), Landhäuser oder B&B – auf Mallorca findet man eine Vielzahl an Unterkünften im ländlichen Bereich.

Hostales Ein *hostal* (oder eine *pensión*) ist ein kleines, günstiges Hotel, das sich meist in Familienbesitz befindet.

Hotels Hier reicht die Auswahl von einfachen Herbergen bis zu stylischen Boutique- und Luxushotels.

Klöster Diese Rückzugsorte in ländlicher Umgebung bieten schlichte Schlafgelegenheiten in umgebauten Mönchszellen.

Refugis Hierbei handelt es sich um Hütten für Wanderer, hauptsächlich in der Serra de Tramuntana.

Beste Unterkünfte

Die besten Budgetunterkünfte

Auf Mallorca gibt es ein recht gutes Angebot an günstigen Unterkünften, doch in den wichtigsten Ferienorten und in der Altstadt von Palma sind diese schnell ausgebucht. Am besten sucht man sich ein Quartier etwas abseits der Touristen-Hotspots oder in der Nähe der Estació Intermodal in Palma (S. 225). Von hier aus kommt man mit Bus und Bahn schnell überall hin.

Hotel Brick Palma, Palma (www.staybrick.es; Zi. 45 €)

Hostal Pons, Palma (www.hostalpons.com; Zi. 65 €)

L'Hostal, Pollença (www.pollensahotels.com; DZ 73 €)

Die besten Familienunterkünfte

Die größte Auswahl an familienfreundlichen Hotels findet man in den Küstenorten südwestlich von Palma oder in und um Port de Pollença im Norden. Zwar mussten aufgrund der Insolvenz des Reiseveranstalters Thomas Cook im Jahr 2019 etliche Hotels in diesem Segment schließen, doch wurden die meisten inzwischen unter neuer Leitung wiedereröffnet.

HPC Hostal Porto Colom, Porto Colom (www.hostalportocolom.com; EZ/DZ 75/120 €)

Pension Bellavista Port de Pollença (www.pensionbellavista.com; EZ 35–45 €, DZ 55–65 €, 3BZ 65–75 €, 4BZ 70–80 €)

Die besten Landhotels

Obwohl jedes Jahr rund 16 Millionen Touristen nach Mallorca reisen, ist es immer noch möglich, Menschenmassen zu umgehen und verschlafene Dörfer in unberührter Natur zu entdecken. Landhotels (Fincas) und Klöster (oder Einsiedeleien) sind gute Ausgangspunkte, um diese weniger bekannte Seite der Insel kennen und schätzen zu lernen.

➡ **Cases de Son Barbassa** (www.sonbarbassa.com; EZ/BZ/Suite 185/250/315 €)

➡ **Ca N'Ai** (www.canai.com; Suite ab 170 €)

➡ **Santuari de la Mare de Déu des Puig** (Kloster; 971 18 41 32; EZ/DZ/3BZ 14/22/30 €)

Haus und Gärten von Son Marroig (S. 108)

➡ **Petit Hotel Hostatgería Sant Salvador** (Kloster; www.santsalvadorhotel.com; DZ/Suite 64/110 €)

Die besten Unterkünfte für Alleinreisende

Für alleinreisende Mallorca-Urlauber ist Palma zweifelsohne die beste Option. Wie auf dem spanischen Festland auch können Männer und Frauen hier problemlos allein in eine Bar gehen, und auch in kultureller und kulinarischer Hinsicht gibt es hier für Alleinreisende jede Menge zu entdecken.

Hotel Sant Francesc (www.hotelsantfrancesc.com; EZ 195 €)

Protur Naisa Palma (www.protur-hotels.com; Zi. 114 €)

Hotel Hostal Cuba (www.hotelhostalcuba.com; Zi. 120 €)

Planungs- und Buchungsdienste

Im Voraus zu reservieren ist sinnvoll, vor allem in der Hauptsaison zwischen Mai und September. Da sich Palma immer mehr zu einem Ziel für Wochenendtrips entwickelt, sollte man hier auch in der Nebensaison im Voraus buchen. In der Hauptreisezeit sind alle Preise deutlich höher als sonst.

Lonely Planet (www.lonelyplanet.com) unabhängige Bewertungen und Empfehlungen zu den besten Unterkünften.

See Mallorca (www.seemallorca.com) Ein separater Abschnitt über Unterkünfte umfasst Hotels, ländliche Anwesen und Fincas.

Fincas & Villas (www.fincavillamallorca.com) Die Unterkünfte reichen von Villen mit Meerblick bis hin zu Stadthäusern.

Airbnb (www.airbnb.com) Verschiedene Unterkünfte, einschließlich Villen.

Apartment-Vermietung

Palma war die erste Stadt in Europa, in der es privaten Eigentümern verboten wurde, ihre Wohnungen an Touristen zu vermieten. Mit diesem Verbot reagierte die Stadt auf ein Überangebot an unangemeldeten Ferienapartments, das zu Overtourism und einem Anstieg der Mieten um schätzungsweise 40 % geführt hatte.

Unterwegs vor Ort

Weitere Informationen finden Sie unter Verkehrsmittel & -wege (S. 222)

Mit dem Auto

Autovermietung

Mit dem Mietauto lässt sich Mallorca hervorragend erkunden. Alle großen Agenturen haben Büros am Flughafen. Die Kosten variieren zwischen 40 und 70 € pro Tag. Man muss einen gültigen Führerschein haben, mindestens 21 Jahre alt sein und eine Kreditkarte besitzen.

Führerschein

Die Führerscheine aller EU-Mitgliedstaaten und der Schweiz sind auf Mallorca gültig. Wer einen Führerschein aus einem Nicht-EU-Land besitzt, muss ggf. einen internationalen Führerschein erwerben.

Kraftstoff & Ersatzteile

Die Preise für Benzin *(gasolina)* variieren je nach Tankstelle *(gasolineras)*. Bleifrei *(sin plomo; 95 octane)* kostet im Schnitt 2,30 € pro Liter. Diesel *(gasóleo)* liegt bei 2,06 € pro Liter. Bitte im Vorfeld prüfen; die Preise sind 2022 stark gestiegen.

Parken

Die Parkplatzsuche kann sich in Palma aufgrund von Staus, engen Straßen und einem verwirrenden Einbahnstraßensystem als eine anstrengende Angelegenheit erweisen. Das historische Zentrum ist auf Anwohnerplätze beschränkt. Eine Lösung: am Stadtrand parken und ein Taxi oder einen Bus ins Zentrum nehmen. Es gibt auch eine Park-App: **Mobi-APPark**. Die App ist kostenlos und sie ermöglicht die digitale Bezahlung und Verlängerung der Parkzeit in Palmas blauer Zone. Mit der App können auch

---

INFORMATIONEN

Falk Routenplaner (www.falk.de/routenplaner) Online-Routenplaner.

Real Automóvil Club de España (www.race.es) Notfall-Pannendienst, kooperiert mit dem ADAC (www.adac.de).

Epic Road Rides (www.epicroadrides.com) Tolle Tipps zu Fahrrad-Routen und Fahrradverleih.

Komoot (www.komoot.de) Tourenverzeichnis für Wanderer und Radfahrer.

Parkstrafen übers Mobiltelefon beglichen werden. Nötig sind: Passwort, Kreditkartendaten, E-Mail-Adresse und Kennzeichen des Fahrzeugs.

In anderen Städten ist das Parken nicht so problematisch, außer im Juli und August. An den meisten Stränden gibt es gebührenpflichtige Parkplätze. Auf ganz Mallorca kostet das Parken zwischen 1 € und 1,50 € pro Stunde.

Sicherheit

Landstraßen sind nachts selten beleuchtet. Deshalb gilt es, auf Fahrräder, Motorräder, Esel und natürlich Fußgänger zu achten. Autofahrer nutzen hier ihre Warnblinkanlage, wenn sie gezwungen sind, schnell abzubremsen, z. B. wegen eines Unfalls oder einer Baustelle – und es ist ratsam, dies ebenfalls zu tun.

Verkehrsbedingungen

Im Allgemeinen verfügt Mallorca über ein gutes Netz an gut ausgeschilderten Straßen, was die Navigation auf der Insel relativ einfach macht. Auf enge Straßen und Einbahnstraßen sollte man sich aber gefasst machen, vor allem in Dörfern. Mit einem Geländewagen um enge Kurven zu rangieren ist kein Vergnügen. Mietautos sind preiswert und praktisch für die Inselerkundung.

Kein Auto?
Bus

Mallorca verfügt über ein gut ausgebautes Busnetz, das die gesamte Insel abdeckt. Die Busse sind klimatisiert und bequem. In Palma fahren alle von der zentral gelegenen **Estació Intermodal** (S. 225) an der Plaça d'Espanya ab. Es gibt mehrere Busunternehmen; eine umfassende Übersicht mit Fahrplänen, Routen und Preisen ist auf www.tib.org zu finden. In den Wintermonaten und an den Wochenenden nimmt die Frequenz erheblich ab.

Fahrrad

Mallorca ist ein großartiges Reiseziel für **Radfahrer** (S. 39) – egal, ob sie die anspruchsvollen Steigungen der Serra de Tramuntana oder die malerischen flachen Straßen der Ost- und Südküste bevorzugen. Die Zahl der Radwege steigt stetig und sorgt für mehr Sicherheit. Falls das eigene Rad nicht ins Gepäck passt, keine Sorge, es gibt unzählige Fahrradverleihe auf der gesamten Insel.

Zug

Es gibt nur vier Zuglinien auf Mallorca; alle starten am **Estació Intermodal** (S. 225) an der Plaça d'Espanya in Palma. Die beliebteste (und empfehlenswerteste) Linie ist die mit der historischen Holz-Bahn nach **Sóller** (S. 111) und passiert dabei herrliche Landschaften. Die übrigen drei Linien führen ins Landesinnere von Palma nach Inca und weiter nach Sa Pobla und Manacor.

VERKEHRSREGELN KURZ UND KNAPP

➡ Alle Fahrzeuginsassen müssen den Sicherheitsgurt anlegen.

➡ Das Mindestalter für eine Fahrerlaubnis beträgt 18 Jahre.

➡ Den Führerschein immer bei sich tragen.

➡ Die Höchstgeschwindigkeit beträgt 100 km/h auf Hauptverkehrsstraßen und 50 km/h in geschlossenen Ortschaften.

➡ Die Promillegrenze liegt bei 0,5.

ENTFERNUNGEN (KM)

	Palma	Andratx	Deià	Pollença	Inca	Artà
Andratx	28					
Deià	33	47				
Pollença	55	80	60			
Inca	32	57	55	23		
Artà	73	102	98	41	46	
Santanyí	52	82	78	76	53	51

Monat für Monat

TOP-EVENTS

Sa Fira, Mai
Es Firó, Mai
Nit de Sant Joan, Juni
Festes de la Patrona, August
Festes de la Verema, September

Januar

Es kehrt Ruhe auf der Insel ein. Das Wetter ist teils mild, teils kühl, die Strandorte sind im Winterschlaf und viele Hotels und Restaurants geschlossen. Einzige Ausnahme: Palma.

Heilige Drei Könige

Einen Tag vor dem Dreikönigsfest am 6. Januar bringen die drei Könige (*tres reis*) Gold, Weihrauch und Myrrhe. Sie stehen im Mittelpunkt eines prächtigen Umzugs in Palma.

Festes de Sant Antoni Abat

Die Festes de Sant Antoni Abat (16. und 17. Januar) werden mit Konzerten, Tanz, Dämonen, riesigen Scheiterhaufen, Feuerwerk und Tiersegnungen begangen. Eindrucksvoll sind die Feiern in Sa Pobla (S. 153) und Artà (S. 162).

Sant Sebastià

Am Vorabend des Ehrentags seines Stadtpatrons (20. Januar) lässt es Palma mit Livemusik, Feuerwerk und Partystimmung auf den Plätzen krachen (S. 72).

Februar

Blühende Mandelbäume lassen die Landschaft weiß erstrahlen. Ausgelassene Karnevalisten rütteln die Insel vor der Fastenzeit mit Festen und Umzügen wach. Vieles ist noch geschlossen.

Karneval

Das wird mit Umzügen auf der ganzen Insel gefeiert. In Palma sind bei Sa Rueta zunächst die Kinder dran. Die Version für Erwachsene, Sa Rua, lockt mit lauter Musik, schrillen Kostümen und bunten Wagen (S. 72).

März

Toller Monat! Feierliche Osterumzüge, blühende Wildblumen und beste Bedingungen für die Vogelbeobachtung im Parc Natural de S'Albufera.

Semana Santa

In der Karwoche finden allerorts Prozessionen statt. Besonders eindrucksvoll sind die abendlichen Feierlichkeiten am Gründonnerstag in Palma (S. 72), das bewegende Davallament (Abnahme vom Kreuz) in Pollença (S. 130) am Karfreitag und Montuïris S'Encuentro (S. 155) am Ostersonntag.

April

Allmählich nimmt der Hotel- und Restaurantbetrieb Fahrt auf und die Urlaubsorte füllen sich. Das milde Wetter eignet sich perfekt zum Wandern und Mountainbiken.

Fira del Vi

Ende April stößt Pollença in der Fira del Vi (Weinmesse) im Convent de Sant Domingo auf regionale Weine an.

Mai

Voller Elan erwachen die Urlaubsorte an Mallorcas Küste zum Leben.

Sa Fira

Seit 1318 wird in Sineu am ersten Maisonntag die Sa Fira abgehalten, Mallorcas größter und authentischster Markt für Vieh, Obst und Gemüse (S. 152).

✨ Es Firó

Am zweiten Maiwochenende findet in Sóller das Es Firó statt. Höhepunkt ist die Darstellung eines Angriffs maurischer Piraten im Jahr 1561, der von Einheimischen unter der Führung der „Tapferen Frauen" abgewehrt wurde (S. 113).

✨ Fronleichnam

Der Donnerstag der 9. Woche nach Ostern, wird in Palma groß gefeiert. In dieser Zeit gibt's Konzerte in den barocken Höfen der Stadt (S. 72).

Juni

Mallorca läuft zur absoluten Hochform auf. Die Namenstage der Schutzheiligen, bei denen religiöse und heidnische Traditionen vermischt werden, bieten perfekte Gelegenheiten für ausgelassene Feste.

✨ Nit de Sant Joan

In der Johannisnacht (vom 23. auf den 24. Juni) steigt auf der Insel eine ausgelassene Feier namens Nit de Sant Joan. Palma lockt mit *correfocs* (Feuerläufe), Konzerten und Strandfeten bis zum Morgengrauen.

Juli

Kaum etwas unterbricht die faulen Strandtage und feuchtfröhlichen Nächte.

✨ Festa de la Verge del Carme

Am 16. Juli finden in vielen Küstenstädten Prozessionen anlässlich der Festa de la Verge del Carme, der Schutzheiligen der Fischer und Seefahrer, statt.

✨ Festa de Sant Jaume

Zur Festa de Sant Jaume am 25. Juli bieten *cossiers* auf den Straßen Algaidas im Landesinneren traditionelle Tänze dar. Sechs Männer und eine Frau tanzen neben einem Dämon, der sich zuletzt befreien kann (S. 153).

August

Heißes Wetter, jede Menge Veranstaltungen und Hochbetrieb in den Hotels und an den Stränden.

✨ Festes de la Patrona

In Pollença wird eines der buntesten Feste gefeiert. Das Highlight der einwöchigen Festes de la Patrona ist eine inszenierte Schlacht zwischen Städtern und maurischen Piraten (S. 132).

⭐ Chopin-Festival

Valldemossa erinnert im August mit großartigen Klassikkonzerten in der prächtigen Real Cartuja de Valldemossa an den Komponisten und Stadtbewohner Frédéric Chopin (S. 107).

⭐ Sa Pobla International Jazz Festival

Jeden August richtet Sa Pobla eines der besten Jazz-Festivals im Mittelmeerraum aus. Auf dem Programm stehen einige große Namen (S. 153).

September

Zeit für den letzten genussvollen Drink vor der Katerstimmung. Der Herbst eignet sich bestens für das Beobachten von Zugvögeln im Parc Natural de S'Albufera, Küstenwanderungen, Radtouren und Wassersport.

🍷 Festes de la Verema

Ende September wird im Landesinneren mit den Festes de la Verema die Weinernte gefeiert. Binissalem veranstaltet aus diesem Anlass eine wild-klebrige Traubenschlacht (S. 149).

Oktober

Letzte Runde! In den Resorts verabschieden sich Besucher von ihren Urlaubsbekanntschaften.

✨ Fira d'Alcúdia

Am ersten Oktoberwochenende sorgen Konzerte, Lebensmittelmärkte, Musik und Umzüge in Alcúdia für Abwechslung (S. 138).

November

Wenn die Temperaturen sinken, schließen die meisten Hotels und Restaurants für den Winter. Die Herbstmärkte schießen aus dem Boden und verkaufen Wein, frisch geerntete Oliven und Pilze.

Dezember

Die meisten Unterkünfte und Häfen sind geschlossen. Auf dem Puig de Massanella, dem Puig Major und in anderen hohen Lagen der Serra de Tramuntana fällt wahrscheinlich Schnee, der die Bergdörfer einhüllt.

Reiserouten

 Die große Tour

Die große Tour deckt den überwiegenden Teil der Insel ab. Sie umfasst Palmas historische Attraktionen, die Steilküste der Serra de Tramuntana, charmante Bergdörfer, Buchten und Wanderungen am Meer. Schlusspunkt sind die wunderschönen Höhlen der Illa de Cabrera.

Nach ein paar Tagen im faszinierenden **Palma** geht's nach Norden in die Berge und ins faszinierende **Valldemossa**. Dann folgt man der Küstenstraße nach Osten in den ruhigen Künstlerort **Deià** und ins abgeschiedene **Fornalutx**. Hat man die epischen Serpentinen hinunter nach **Sa Calobra** bewältigt, findet man im **Monestir de Lluc** spirituellen Ausgleich. Nächste Stationen sind das hübsche **Pollença** und die historischen Sehenswürdigkeiten des ummauerten **Alcúdia**. Aufs Kulturprogramm folgt dann eine belebende Wanderung entlang des wunderschönen **Cap des Pinar**. Die alte Siedlung **Artà** im Süden ist eine gute Ausgangsbasis, um die herausragende Landschaft des **Parc Natural de la Península de Llevant** zu erkunden. Danach locken das charmante **Santanyí** und das nahe gelegene **Cala Mondragó**, bevor die Tour mit einem Abstecher zum wunderschönen Archipel **Illa de Cabrera** endet.

 ## Von Palma nach Pollença

 ## Von Artà zur Illa de Cabrera

Die Tour startet in der Inselhauptstadt und lädt zu einem Pflichtprogramm mit vielen Top-Attraktionen Mallorcas ein.

Am Anfang stehen ein bis zwei Tage in **Palma** auf dem Programm, bevor es südwestlich zu der Strandschönheit **Ses Illetes**, der Hafenstadt **Port d'Andratx** und ins ruhige **Sant Elm** geht. Nach einem Abstecher zur **Illa de Sa Dragonera** locken nordöstlich von **Andratx** Ausblicke auf Klippen und Berge in den verwinkelten Orten **Estellencs** und **Banyalbufar** sowie im Bergdorf **Valldemossa**. Nördlich erstreckt sich das malerische **Deià** über einen Hang, östlich davon liegt das Dörfchen Lluc Alcari. Dann wartet im Norden **Sóller** mit Spaziergängen, modernistischen Schätzen, Picasso und Miró. Lohnenswert ist auch ein Abstecher zu den hübschen Bergdörfern **Orient, Biniaraix** und **Fornalutx**, alternativ geht's mit der Bummelbahn nach **Port de Sóller**. Auf der Ma 10 gen Landesinneres folgt man nun der abenteuerlichen Straße nach **Sa Calobra** zur Pilgerstätte **Monestir de Lluc**, bevor die ehrfurchtgebietenden Gipfel der Tramuntana den Weg nach **Pollença** freigeben, der mallorquinischen Stadt schlechthin.

Herrliche Strandpanoramen, geschützte Buchten und ein Archipel mit hügeligen Inselchen – diese Tour bietet von allem etwas.

Auf einen Tag in **Artà** und seiner Festung folgt ein Besuch des abgeschiedenen **Parc Natural de la Península de Llevant** an der Küste. Von Artà aus führt ein Abstecher nach **Capdepera** und hinauf zu seiner imposanten Burg. Nach einem Schlenker zu den sichelförmigen Traumbuchten der Ostküste wie Cala Mesquida nahe **Cala Ratjada** warten im Süden die Coves d'Artà und der mittelalterliche Torre de Canyamel bei der **Platja de Canyamel**. Weiter Richtung Süden locken die Tiefen der Coves del Drac in **Porto Cristo**, während im Landesinneren die Weindörfer **Petra** und **Sineu** sowie auf dem Weg dorthin ein paar Kellereien warten. Die Route zurück zur Küste führt am stattlichen mallorquinischen Anwesen **Els Calderers** vorbei, nach **Santanyí** mit seinem Boheme-Charme und zum Hafen von **Cala Figuera**. Danach geht's ins Künstlerdorf **Ses Salines** und zu ein paar Stränden. Den Abschluss bildet ein Ausflug zur **Colònia de Sant Jordi** samt Besuch der Inseln des **Parc Nacional Marítim Terrestre de l'Arxipèlag de Cabrera**.

Abseits der üblichen Pfade auf Mallorca

BANYALBUFAR
Deià und Valldemossa sind bereits abgehakt, wie wäre es jetzt mit Banyalbufar? Über jahrhundertealte Terrassen geht's hinab zum aufgewühlten Meer – das Dorf bietet echte Postkartenidylle. (S. 104)

SA FORADADA
Die Felsnase ragt am Fuß des Son Marroig ins Mittelmeer. Durch mit Schafen gespickte Olivenhaine führt ein Weg zum Wasser, in dem sich der Sonnenuntergang spiegelt. (S. 108)

CALA BLANCA
Eine kurze Fahrt von Port d'Andratx entfernt versteckt sich die ruhige, wenig besuchte Cala Blanca. Von der Kieselsteinbucht hat man einen tollen Blick übers Meer zu zwei Landzungen und zu vor Anker liegenden Booten an der Küste. (S. 100)

ILLA DE SA DRAGONERA
Die Felsinsel ruht wie ein schlummernder Drache vor dem Westzipfel Mallorcas. Durch das Naturschutzgebiet gelangt man zu ruhigen Kaps, weit vom Trubel der Strände entfernt. (S. 101)

PUIG D'ALARÓ
Nur wenige erklimmen den Felsgipfel. Nach einer anstrengenden zweistündigen Wanderung erreicht man die geheimnisvollen Überreste einer maurischen Burg, wobei die Hälfte des Weges mit dem Auto zurückgelegt werden kann. (S. 121)

TALAIA D'ALCÚDIA

Eine halbstündige Wanderung führt vom Ermita de la Victoria hoch zu diesem tollen Aussichtspunkt. Den Rundumblick über die Halbinsel und das Meer muss man sich oft nur mit Schneeziegen teilen. (S. 129, 142)

SANTUARI DE LA MARE DE DÉU DES PUIG

Stille liegt über den Höfen und der Kapelle des ehemaligen Nonnenklosters oberhalb von Pollença. Der Ausblick über die gesamte Nordküste zieht jeden Besucher in seinen Bann. (S. 130)

CALES DE MALLORCA

Die winzigen Buchten an der Küste nördlich von Cales de Mallorca sind nur zu Fuß erreichbar. Dort hat man das glitzernde Meer dann aber oft für sich allein. (S. 160)

PLATJA DES TRENC

Der 3 km lange schneeweiße und von Dünen gesäumte Sandstreifen an der Südküste wird von aquamarinblauem Wasser umspült. FKKler sind willkommen und sogar im August ist es nicht allzu voll. (S. 179)

REISEPLANUNG ABSEITS DER ÜBLICHEN PFADE AUF MALLORCA

Caragols (Schnecken)

Reiseplanung

Essen & Trinken wie die Mallorquiner

Sich hinzusetzen und in Ruhe zu schlemmen gehört zu den Höhepunkten eines Mallorca-Urlaubs. Hier ist Essen mehr als eine bloße Notwendigkeit. Essen auf die Schnelle ist zum Glück nicht Teil der hiesigen Kultur. Und man stößt auch nur auf wenige Fast-Food-Restaurants. Die paar, die es gibt, werden hauptsächlich von wenig abenteuerlustigen Touristen besucht.

Essen im Wechsel der Jahreszeiten

Frühling
Wilder Rosmarin und Thymian verleihen *anyell de llet* (Baby-Lamm) eine besondere Note und auf vielen Karten stehen *espàrrecs* (Spargel) und *cargols* (Schnecken).

Sommer
Fonoll marí (Meerfenchel), ein Küstenkraut, das mariniert eine beliebte Salatzutat ist, sprießt und gedeiht. Märkte (und Speisekarten) strotzen nur so vor frischem Obst, Gemüse und Fisch.

Herbst
Auf den Hügeln suchen die Einheimischen nach *esclata-sang,* einem Reizker-Pilz. Die Traubenernte und die Weinfeste Ende September machen Laune, insbesondere die **„Traubenschlacht" in Binissalem** (Sep;).

Winter
Fleisch dominiert die Speisekarten – mit *sobrassada* (gepökelte Schweinswurst mit Paprikageschmack), *llom amb col* (Schwein mit Pinienkernen und Rosinen im Kohlmantel) und *lechona asada* (Spanferkelbraten).

Kulinarische Highlights
Unvergessliche Gerichte

➡ **Marc Fosh** (971 72 01 14; www.marcfosh.com; Carrer de la Missió 7A, Convent de la Missió Hotel; Lunchmenü 30–40 €, Abendmenü 72–92 €; 13–15 & 19.30–21.30 Uhr;) Das Flaggschiff-Restaurant des mit einem Michelin-Stern ausgezeichneten Kochs Marc Fosh liegt im schick umgestalteten Speisesaal eines Klosters (S. 75).

➡ **Es Verger** (971 18 21 26; Camí des Castell; Hauptgerichte 8–16 €; Di–So 9–21 Uhr) Unglaublich zartes, langsam gegartes Lamm gibt's an der langen, gewundenen Straße hinauf zum Castell d'Alaró (S. 121).

➡ **Es Racó d'es Teix** (971 639 501; www.esracodesteix.es; Carrer de Sa Vinya Vella 6; Hauptgerichte 35–40 €, 3-Gänge-Mittagsmenü 38 €, mit Wein 52 €, 4-/6-Gänge-Degustationsmenü 78/115 €; Feb.–Okt. Mi–So 13–15 & 19.30–22.30 Uhr;) Mit Michelin-Stern ausgezeichnetes Fusionsmenü und von der Terrasse ein traumhafter Blick auf die Berge (S. 111).

➡ **Trespaís** (971 67 28 14; www.trespais-mallorca.com; Carrer Antonio Callafat 24; Hauptgerichte 22–35 €; Di–So 18–23 Uhr;) Erstklassige moderne mediterrane Küche in einem ultra-romantischen Ambiente (S. 101).

➡ **Celler Ca'n Amer** (971 50 12 61; www.cellercanamer.es; Carrer de la Pau 139; Hauptgerichte 16–18 €, Mittagsmenü 24 €; Mo–Sa 13–16 & 19.30–23, So 13–16 Uhr; P) Rustikaler Charme mit großartiger mallorquinischen Speisekarte (S. 150).

➡ **Cases de Son Barbassa** (971 56 57 76; www.sonbarbassa.com; Camí de Son Barbassa; Hauptgerichte ab 24 €, 3-Gänge-Menü 34,50 €; 12.30–15 & 19–22 Uhr) Auf der ruhigen und romantischen Finca wird Steinbutt in Champagner mit Venusmuscheln und Austern serviert (S. 166).

Günstig schlemmen

➡ In den *forns* oder *confiteries* (**Bäckereien**) bekommt man oft für weniger als 5 € frische Backwaren.

➡ **Ensaïmades** Knuspriges, mit Puderzucker bestäubtes Hefegebäck, verschiedene Füllungen.

➡ **Empanades** Teigtasche mit herzhafter Füllung.

➡ **Cocarrois** Größere Variante von *empanades.*

➡ **Tapas und pintxos (Mini-Tapas)** Toll, um den ersten Hunger zu stillen, gleichzeitig sind sie ein Stück mallorquinischer Alltag. Dienstag- und Mittwochabends gibt's ein Getränk und eine Tapa auf der Ruta Martiana (S. 80) in Palma für nur 2 €.

Für Waghalsige

➡ **Cargols** Schnecken werden in einem Knoblauch-und-Kräuter-Sud gekocht oder in einem kräftigen Eintopf serviert.

➡ **Arròs brut** Der Name „schmutziger Reis" klingt nicht so charmant, dabei schmeckt dieses suppenartige Gericht mit Schwein, Kaninchen und Gemüse einfach himmlisch.

➡ **Botifarró** Die Blutwurst ist erstaunlich lecker.

➡ **Percebes** Entenmuscheln: an den Felsen „klebende" Krustentiere – sehen scheußlich aus, sind aber köstlich als Snack.

➡ **Frit Mallorquí** Gebratene Lamminnereien mit Gemüse, klassisches „Arme-Leute-Essen".

Kochkurse

Mallorcas Kochkursszene ist noch jung und gerade dabei, sich zu entwickeln. Doch von Zeit zu Zeit bieten ausgesuchte Restaurants und Fincas Workshops an, die einen mit den Basics vertraut machen. Bei **Soqueta** (660 62 84 30; www.soquetaexperiences.com; Carrer Gabriel Comas 20; 79 €; 10–15 Uhr; S. 88) östlich von Palma lernt man zum Beispiel, wie man ein Drei-Gänge-Menü aus heimischen Zutaten zubereitet. Palma selbst kann mit zwei Kochschulen der Spitzenklasse punkten: Bei **Lonja 18** (672 23 35 55; www.lonja18.com; Carrer de Sa Llotja 18; 3-stündiger Kurs 70 €; S. 69) gehört zu jedem Workshop ein Besuch auf dem örtlichen Wochenmarkt, während in der **My Muy Bueno Cookery School** (971 72 00 17; www.mymuybuenocookeryschool.com; Carrer Tous Maroto 5B; halber/ganzer Tag 120/195 €; S. 69) das Kursangebot von veganer bis zu traditioneller mallorquinischer Küche reicht.

MITBRINGSEL

Wer den Geschmack Mallorcas mitnehmen will, kann von Hand geerntetes Salz aus d'es Trenc, Feigenbrot, *sobrassada* (gepökelte Schweinswurst mit Paprikageschmack), Oliven, Mandeln, Wein, Kräuterlikör *(licor de hierbas)* und Orangenmarmelade aus Sóller kaufen, z. B. hier:

➡ **Típika** (971 68 58 10; Carrer d'en Morei 7; Mo–Fr 10–20, Sa bis 18, So bis 15 Uhr; S. 84)

➡ **Colmado Santo Domingo** (971 71 48 87; www.colmadosantodomingo.com; Carrer de Sant Domingo 1; Mo–Sa 10–20 Uhr; S. 83)

➡ **Malvasia de Banyalbufar** (971 14 85 05; www.malvasiadebanyalbufar.com; Carrer de Comte Sallent 5; Di–Sa 11–14 & 17–20, Juni–Aug. bis Sa 14 Uhr, Sept.–Mai kürzer; S. 105)

➡ **Mercat de l'Olivar** (www.mercatolivar.com; Plaça de l'Olivar 4; Mo–Do 7–14.30, Fr bis 20, Sa bis 15 Uhr; S. 75)

➡ **Mercat de Santa Catalina** (www.mercatdesantacatalina.com; Plaça de la Navegació; Mo–Sa 7–15 Uhr; S. 75)

➡ **Sonntagsmarkt** (Plaça Major; So 8.30–13 Uhr)

Typisch mallorquinisch

Es liegt die Vermutung nahe, dass auf der Speisekarte vor allem Fisch steht. Die traditionelle Küche ist aber sehr bodenständig und überraschend fleischlastig, insbesondere im Landesinneren. Schweinefleisch ist eine sehr beliebte Zutat, Bestandteil vieler Würste, Eintöpfe und Suppen und sogar in ein paar Gemüsegerichten sowie Desserts enthalten.

Ein Großteil der Fische, die in Mallorcas Kochtöpfen landen, wird eingeflogen, trotzdem gibt's rund um die Insel immer noch viele Arten. *Besugo* (Meerbrasse) und *rape* (Seeteufel) gehen am häufigsten ins Netz. Großer Beliebtheit erfreut sich zudem der *cap roig*; dieser hässliche rote Fisch tummelt sich meistens in der Nähe der Illa de Cabrera.

Fisch und Meeresfrüchte werden zwar in verschiedenen Soßen gekocht, aber vor allem für die Ausländer. Mallorquiner grillen frische Köstlichkeiten am liebsten nur mit etwas Salz und Zitrone. *A la sal* (in Salzkruste gebacken) ist eine andere köstliche Zubereitungsart.

Die Paella kommt ursprünglich aus Valencia, doch die Mallorquiner haben einige der leckersten Varianten kreiert.

Wein

Schon zur Zeit der alten Römer wurde auf Mallorca Wein angebaut, und Mitte des 19. Jhs. florierte die Weinbauindustrie. Ende der 1880er-Jahre jedoch wütete die aus Amerika eingeschleppte „Weinpest". Erst seit ein paar Jahrzehnten genießt mallorquinischer Wein wieder Ansehen. 30 Weingüter mit insgesamt 2500 ha Anbaufläche produzieren eine eher bescheidene Menge, die größtenteils in Mallorcas Restaurants und Hotels weggebechert wird. Sie befinden sich vor allem in Binissalem und einem Gebiet im Inselinneren, zu dem Manacor, Felantix und Llucmajor gehören. Hier gedeiht der Wein optimal.

Internationale Reben wie Cabernet Sauvignon wachsen neben einheimischen Sorten wie Manto Negro, Fogoneu und Callet. Zu den mallorquinischen Weißweinen zählen Prensal Blanc und Girò Blanc. Sie werden mit katalanischen Trauben wie Parellada oder internationalen Rebsorten wie Chardonnay veredelt.

Auch an den zum Meer liegenden Hängen der Serra de Tramuntana wird Wein angebaut, besonders rund um Banyal-

Cocarrois und *empanades* (Teigtaschen mit herzhafter Füllung)

bufar, wo die Sorte Malvasia ein Comeback erlebt. Die Touristeninformationen haben Listen mit örtlichen Weingütern.

Richtig genießen

Speisekarten in englischer oder deutscher Sprache sind Standard in den Ferienorten, nicht jedoch in kleineren Dörfern und auf dem Lande. Es findet sich aber fast immer ein Kellner, der bereit ist zu übersetzen. Dennoch empfiehlt es sich, ein paar Brocken Mallorquín zu lernen, um die Karte auch allein entschlüsseln zu können.

Gewöhnlich wird Mineralwasser *(aigua mineral)* in Flaschen serviert, nach Wunsch entweder mit *(amb)* oder ohne *(sense)* Kohlensäure.

Glückspilze, die zum Abendessen bei jemandem zu Hause eingeladen werden, bringen am besten ein kleines Gastgeschenk wie Wein oder Pralinen mit und machen sich auf ein Festmahl gefasst, denn mallorquinische Gastgeber legen sich schwer ins Zeug. Mittagessen im Kreis der Familie sind häufig ebenfalls ein riesiges Event. Auch wenn es nicht leichtfällt, sollte man versuchen, gegen den Lärmpegel anzukämpfen und mitzureden! *Bon profit* heißt „guten Appetit" und *salut* „Prost".

Wer ins Restaurant eingeladen hat, zahlt gewöhnlich die Rechnung. Der Service ist in der Endsumme inbegriffen, einem netten Kellner kann man aber ein zusätzliches Trinkgeld in Höhe von 5 % geben.

Essenszeiten

Mallorquiner essen alle Mahlzeiten später. Aufgrund der großen ausländischen Bevölkerung öffnen Restaurants oft mindestens eine Stunde früher als auf dem Festland.

Die meisten Mallorquiner starten mit *cafè* (schwarzem Kaffee) in den Tag und gönnen sich am späten Vormittag ein *esmorzar* (Frühstück) im Café. Das ist die ideale Zeit, um eine leichte, lockere *ensaïmada* (mallorquinische Hefeschnecke) mit Puderzucker zu probieren. Dazu passt sehr gut ein *cafè amb llet* (Espresso mit Milch) oder ein köstlicher *suc de taronja natural* (frisch gepresster Orangensaft).

Das Mittagessen ist die wichtigste Mahlzeit. Sonntags im Familienkreis kann sich dies bis in den späten Nachmittag hinziehen. Wenn die Mallorquiner am Mittag kein *menú* bestellen, verputzen sie dennoch meist zwei Gänge und Nachtisch.

VEGETARIER & VEGANER

Es gibt immer mehr Restaurants und Cafés für Vegetarier und Veganer. Die Köche bedienen sich großzügig aus Mallorcas Gemüse-Schatztruhe.

Steht einem der Sinn nach etwas Leichtem, ist vielleicht *trempó* das Richtige: ein erfrischender mallorquinischer Salat aus gehackten Tomaten, Paprika und Zwiebeln mit ein paar Spritzern Olivenöl. Ebenfalls empfehlenswert sind *pa amb oli* und *tumbet* (mallorquinische Ratatouille). Spanische *gazpacho* (kalte Gemüsesuppe) und Tortillas sind weitere Klassiker.

In traditionelle Gemüsegerichte haben sich gepökeltes Schweinefleisch, Fleischbrühe oder Speck eingeschlichen. Wer auf Nummer sicher geht, sagt: *Soy vegetariano/a* (Ich bin Vegetarier/in) oder *no como carne* (Ich esse kein Fleisch).

Der an mallorquinische Esszeiten gewöhnte Magen beginnt gegen 19 Uhr zu knurren. Dann ist Tapas-Zeit! Als Import vom Festland sind diese zwar nicht so allgegenwärtig wie im restlichen Spanien, trotzdem bieten viele Bars und Cafés eine kleine Auswahl an. Oliven und *ametllas* (Mandeln) eignen sich perfekt als Snack zu einer *caña* (Bier).

Die meisten Einheimischen essen gegen 21 Uhr. Zumeist startet das Abendessen mit *pa moreno* (Bauernbrot) und manchmal mit *pica pica* (ein Berg Appetithäppchen auf einem großen Gemeinschaftsteller). Als Nächstes folgt der *primer plato* (Vorspeise), z. B. Salat, Pasta, gegrilltes Gemüse oder etwas Einfallsreicheres. Zum Nachtisch gibt's oft einfach ein Eis, Pudding oder Obst.

Wohin zum Essen

➡ **Celler** Weingüter auf dem Land mit Restaurant. Die Spezialität ist solide Hausmannskost. Viele einheimische Gäste, entspanntes Flair.

➡ **Café** Hier gibt's alles vom Morgenkaffee bis zu Tapas und alkoholischen Getränken am Abend, auch leichte Mahlzeiten wie Salate und *pa amb oli* (Brot mit Öl).

➡ **Chiringuito** Eine Strandbude, in der man neben Getränken und Snacks manchmal auch Tapas und Meeresfrüchtegerichte bekommt.

➡ **Confiteria** Die Bäckereien werden z. T. auch als *forn* oder *pastelería* bezeichnet. Hier gibt's die besten *ensaïmades* (Hefeschnecken).

➡ **Gelateria** Eiscafé

➡ **Marisquería** Spezialisiert auf Fisch und Meeresfrüchte, auch *restaurant de marisc*.

➡ **Restaurant** Von schlicht bis edel ist alles dabei. Ist ein „ca'n" oder „ca's" im Namen enthalten, darf man sich auf traditionelle Küche in familiärer Atmosphäre freuen.

➡ **Tabernas** Rustikale „Tavernen", die Tapas und vollwertige Mahlzeiten servieren. *Tascas* sind ähnlich aufgemacht.

Was steht auf der Karte?

Arròs bogavante – saftiger Hummerreis

Arròs brut – wörtlich „schmutziger Reis", ein Suppengericht mit Schwein, Kaninchen und Gemüse

Arròs negre – „Schwarzer Reis", mit Tintenfischtinte gefärbt und manchmal mit Schalentieren serviert

Botifarra – Die Schweinswurst mit viel Geschmack ist eine der leckersten Wurstspezialitäten der Insel.

Botiffarón – eine längere Version der *botifarra*

Cocas de patata – zuckerbestäubtes brotähnliches Gebäck; besonders beliebt in Valldemossa

Conill amb ceba – Kaninchen mit Zwiebeln

Ensaïmada – Das mallorquinische Gebäck schlechthin ist eine mit Puderzucker bestreute süße Hefeschnecke, manchmal mit Creme, Schokolade oder *cabell d'àngel* (Kürbispaste) gefüllt.

Gató Mallorquí – ein mächtiger Mandelkuchen

Lechona – Spanferkel, oft an einem Spieß über offenem Feuer gegart

Llom amb col – Schweinelende im Kohlmantel, mit Knoblauch, Tomaten, *sobrassada*, Petersilie, Rosinen und Pinienkernen

Marisquada – eine riesige Schüssel voller gedünsteter Schalentiere, ideal zum Teilen

Pa amb oli – wörtlich „Brot mit Öl"; traditionell wird *pa moreno* (Roggenbrot) mit gehackten Tomaten oder anderen Belägen serviert

Sobrassada – pikante gepökelte Schweinswurst, gewürzt mit Paprika und Meersalz

Suquet – Eintopf mit Fisch oder Meeresfrüchten, in einem reichhaltigen Fischfond gekocht

Trempó – erfrischender Salat aus klein gehackten Tomaten, Paprika und Zwiebeln

Tumbet – erinnert an ein französisches Ratatouille mit Auberginen, Zucchini, Kartoffeln, Knoblauch und Tomaten

Kitesurfer in Ca'n Pastilla (S. 87)

Reiseplanung
Aktivitäten

Wanderungen über zerklüftete Felskuppen an der Nordküste, Mountainbike-Touren durch die wilde Kalksteinlandschaft der Tramuntana oder Kajakfahrten zu einsamen Buchten, die auf keiner Karte eingezeichnet sind: Mallorca ist ein Paradies für Aktivurlauber. Hier warten Berge, Schluchten und eine 550 km lange Küste darauf, entdeckt zu werden.

Die besten Outdooraktivitäten

Bestes Canyoning
Die Serra de Tramuntana ist mit Schluchten durchzogen. Besonders dramatisch sind der Gorg Blau Sa Fosca und der Torrent d'es Pareis.

Beste Radtouren
Mountainbiker und Radfahrer sind in den Höhen der Serra de Tramuntana mit steilen Anstiegen, beeindruckenden Abfahrten und wunderschönen Serpentinen in ihrem Element.

Beste Tauchspots
Der Süden Mallorcas ist ein Tauchermekka, denn um die Illa de Sa Dragonera und die Illa de Cabrera (nur mit schriftlicher Erlaubnis) finden sich Wracks, steile Höhlen und klares Wasser mit Rochen, Tintenfischen und Pfeilhechten.

Beste Wanderregion
Die Halbinseln Cap de Formentor und Cap des Pinar laden mit ihren pinienbewachsenen, steil ins tiefblaue Meer abfallenden Klippen zu großartigen Küstenwanderungen ein.

Beste Wind- & Kitesurfspots
Die Winde, die vor der Küste Sa Marinas in der Badia de Pollença wehen, bieten perfekte Bedingungen für Wind- und Kitesurfen.

Reiseplanung

Reisezeit

Aufgrund des recht milden Winters und der viel beworbenen 300 Sonnentage eignet sich Mallorca theoretisch das ganze Jahr über für Outdoor-Aktivitäten. Viele werden allerdings nur von etwa Ostern bis Oktober angeboten, vor allem im Bereich Wassersport.

Die idealen Jahreszeiten für die meisten Aktivitäten, besonders Wandern und Radfahren, sind Frühling und Herbst. Im Sommer wird es tagsüber oft sehr heiß, außerdem bremst der starke Verkehr auf den Straßen das Radvergnügen. Teilweise entschädigt einen dafür jedoch die Tatsache, dass es lange hell bleibt.

Was man mitbringen sollte

Fast alle Tourveranstalter stellen die entsprechende Ausrüstung zur Verfügung, darüber hinaus kann man sich auf der ganzen Insel hochwertige Räder leihen. Professionelle Standardausrüstung für Wanderer ist zwar erhältlich, aber eigene Schuhe gehören trotzdem ins Gepäck. Die Wege durch die Serra de Tramuntana sind für das Einlaufen von neuem Schuhwerk gänzlich ungeeignet!

An Land

Canyoning

Diese Abenteuersportart, bei der man sich in Schluchten stürzt und durch Canyons und Wasserläufe kraxelt, sorgt für den ultimativen Adrenalinkick. Bei einer Tour geht's Felsen hinab, Klippen hinauf und in eiskalte kristallblaue Felsbecken hinein.

Ein professioneller Guide ist unerlässlich. Empfehlenswert sind Món d'Aventura (S. 132), Tramuntana Tours (S. 113, 116) und Experience Mallorca (S. 143), die Touren aller Schwierigkeitsgrade anbieten.

Golf

Palma ist aufgrund des angenehmen mediterranen Klimas und der hübschen Naturkulisse ein beliebtes Ziel für Golfer. Nach letzter Zählung gibt's auf der Insel 22 Golfplätze; zu den besten gehören die rund um Capdepera und Artà im Osten. Für die Runde auf einem 18-Loch-Platz zahlt man von 30 bis 130 €, im Durchschnitt aber zwischen 40 und 75 €.

Höhlenwandern

Mallorcas zerklüftete Kalksteinlandschaft eignet sich perfekt für Höhlenwanderungen. Mit Stirnlampen geht's in die kühle Halbfinsternis der vielen Höhlensysteme unter den Klippen der Süd-, Nord- und Ostküste. Ein Guide ist sehr zu empfehlen.

Experience Mallorca (S. 143) bietet das ganze Jahr über halbtägige Touren.

Klettern

Der Gedanke an Mallorcas erhabene Kalksteinwände lässt bei Sportkletterern die Herzen höher schlagen. Mit Hängen, Felsen und Klippen im Überfluss hat die Insel unter ihnen den Ruf als eines der besten Ziele Europas. Sie strömen vor allem in drei Regionen: den Südwesten mit Mehrseillängenrouten, den Nordwesten mit großartigen Felsen und den Osten mit Deep Water Soloing (DWS).

Radfahren

Mallorcas Beliebtheit bei Mountainbikern und Radfahrern (S. 225) nimmt immer weiter zu. Fast die Hälfte des 1250 km langen Straßennetzes der Insel wurde radfahrerfreundlich gestaltet: von Ausschilderungen bis hin zu extra Radwegen. Für Bergregionen ist die Hauptsaison von März bis Mai bzw. Ende September bis November. Dann ist das Wetter am angenehmsten.

Auch Mountainbiker finden auf Mallorca zahlreiche Routen – von flachen, unbefestigten Strecken bis zu raueren, einspurigen Anstiegen. Vor jeder Tour sollte man sich unbedingt eine gute Straßen- oder Wanderkarte besorgen.

Überall auf der Insel gibt's Fahrradverleihe; bei örtlichen Touristeninformationen erhält man die entsprechenden Adressen. Preise schwanken zwischen 10 € pro Tag für ein einfaches Tourenrad bis zu 30 € für ein hochwertiges Mountainbike oder Rennrad. Auch Kinderräder und -sitze sind erhältlich.

Die besten Routen

Jede Region bietet schöne Strecken: Radwege überziehen die gesamte Insel, und je nach Fähigkeiten und Vorlieben sind überall großartige Touren möglich. Ein paar Favoriten haben wir natürlich trotzdem:

Von Palma nach Capocorb Vell (S. 70)

Von Andratx nach Monestir de Lluc (S. 98)

Parc Natural de la Península de Llevant (S. 164)

Cap de Formentor (S. 135)

Port d'Alcúdia & Cap des Pinar (S. 140)

Von Santa Maria nach Binibona, via Santa Eugenia, Binissalem, Lloseta and Caimari

Guides

Wer nichts gegen Begleitung hat, kann sich einer der großartigen Touren anschließen,

Leuchtturm am Cap de Ses Salines (S. 180)

deren Guides Mallorca wie ihre Westentasche kennen:

Tramuntana Tours (S. 113, 116) Wie der Name schon sagt, nehmen diese Jungs einen mit in das Herz der Tramuntana.

Infoquellen

Die Federació de Ciclisme de les Illes Balears (www.webfcib.es) hat Adressen von lokalen Fahrradclubs. Immer mehr Hotels sind auf Radfahrer eingestellt und verfügen über Fahrradstellplätze sowie spezielle Nahrungsmittel für Sportler.

Reiten

Mallorcas weites Netz von holprigen Pfaden quer durch das bergige Landesinnere und parallel zur Küste ist perfekt für Ausritte. In vielen Orten bieten Ställe Reitstunden (10–20 €) oder Ausritte an. Die erste Stunde kostet etwa 15 €, zwei-/fünfstündige Ausritte schlagen in der Regel mit rund 25/60 € pro Person zu Buche. Auch längere Ausflüge sind möglich. Zudem bieten manche Ställe Ponyritte für Kleinkinder an.

Radfahrer auf dem Weg nach Sa Calobra (S. 121)

Wandern

Von kahlen, dramatischen Kalksteinbergen im Westen bis zu felsigen Küstenpfaden im Norden und Osten vor maritimer Kulisse: Mallorcas Wanderwege zählen zu den besten Europas. Mittlerweile kümmert sich der Consell de Mallorca (www.conselldemallorca.net) intensiv um die Beschilderung und Pflege der Routen, die jahrhundertelang von Lasttieren und reisenden Pilgern genutzt wurden, und die Routen sind deshalb meistens (wenn auch nicht immer) gut zu schaffen.

Die Tramuntana erreicht zwar nicht dieselben Höhen wie die Alpen, ihre rauen Gipfel, Felsen und Schluchten sollte man dennoch nicht unterschätzen. Sie bieten eine ebenso dramatische Kulisse und zudem ist die Wandersaison hier länger. Verschiedene *refugis* (Berghütten) sowie Bergklöster und Einsiedeleien bieten Unterkünfte für die Nacht.

Dank der kurzen Entfernungen zwischen den einzelnen Routen können Wanderer ohne großen Aufwand viele Kilometer bewältigen. Besonders entlegene Ausgangspunkte erreicht man am besten mit dem Auto. Dort angekommen, kann man den Weg dann aber auch ganz für sich allein genießen.

Für jedes Alter und Fitnesslevel gibt's passende Wanderungen – mangelnde Ausdauer oder kleine Kinder sind keine Ausrede!

Die besten Tageswanderungen

Fast jede Touristeninformation auf Mallorca hat Tipps zu Tageswanderungen in der Gegend und berät Besucher bei der Auswahl der geeigneten Route. Unsere fünf Favoriten:

Vom Cap de Ses Salines nach Colònia de Sant Jordi (S. 176) Halbtägige Wanderung an der Südküste mit toller maritimer Landschaft und vielen Bademöglichkeiten.

Vier-Buchten-Hike (S. 160) Den Menschenmassen an der Ostküste entfliehen auf dieser herrlich entspannten Wanderung von Bucht zu Bucht.

Von Sóller zum Mirador de Ses Barques (S. 119) Durch Olivenhaine zu einem Aussichtspunkt und zurück über den Bergort Fornalutx.

Drei Küstengipfel (S. 128) Klippenwanderweg durch Pinienwälder mit Ausblick auf die Nordküste.

Golfkurs auf Mallorca

Von Cala en Gossalba nach Fumat (S. 129) Formentors dramatischster Küstenpfad beginnt sanft und endet mit spektakulärer Aussicht vom 334 m hohen Fumat.

Mehrtägige Wanderungen

Mallorcas zwei bedeutende Fernwanderwege (GR-Wege) sind wie auch überall sonst in Spanien rot-weiß markiert.

Ruta de Pedra en Sec Fitte Wanderer können sich die vier- bis siebentägige „Trockenmauerroute" (GR221; www.gr221.info) vornehmen, die über die Serra de Tramuntana von Port d'Andratx nach Pollença führt. Auf dem Weg findet man Unterschlupf in mehreren *refugis de muntanya* (rustikale Berghütten).

Ruta Artà-Lluc Die Ausschilderung des Wanderwegs GR222 hat eine Weile gedauert, ist aber nun abgeschlossen.

Wanderkarten & Guides

Gute Wanderkarten wie *Tramuntana Central, Tramuntana Norte und Tramuntana Sur* von Editorial Alpina im Maßstab 1:25 000 (www.editorialalpina. com). *Mallorca* von Kompass (1:50 000) ist ebenfalls zu empfehlen.

Wer mehr als eine Karte braucht, wendet sich an einen sachkundigen Guide:

Tramuntana Tours (S. 113, 116) Der renommierte Anbieter mit Sitz in Sóller und Port de Sóller hat sich auf die Serra de Tramuntana spezialisiert.

Mon d'Aventura (S. 132) Der Abenteuerspezialist in Pollença organisiert Wanderungen verschiedener Schwierigkeitsgrade, etwa entlang der Ruta de Pedra en Sec.

Mallorca Muntanya (www.mallorcamuntanya. com, S. 223) Die beiden zertifizierten Guides Salvador und David bieten sechs unterschiedliche Tageswanderungen sowie individuell geführte Touren an.

Infoquellen

Consell de Mallorca veröffentlicht zwei ausgezeichnete Broschüren, die bei der Touristeninformation Consell de Mallorca (S. 85, 221) in Palma sowie der Zweigstelle am Flughafen von Palma erhältlich sind. Die Karten in beiden Broschüren dienen lediglich der Orientierung, deshalb benötigt man unbedingt zusätzlich detaillierte Wanderkarten:

Rutes per Mallorca (Routen durch Mallorca) Sechs Routen zwischen 33,2 und 113,5 km.

Caminar per Mallorca (Wandern auf Mallorca) Zwölf Tageswanderungen zwischen 4,5 und 14 km.

Wassersport
Bootsausflüge

Von Ostern bis Oktober fahren Glasbodenboote die Ostküste hinauf und hinunter und bieten eine unterhaltsame Möglichkeit, das Wasser zu genießen, ohne die Verantwortung für ein eigenes Boot zu tragen. Die meisten Ausflüge sind Halbtagestouren und dauern meist weniger als vier Stunden. Alle Anbieter verkaufen Hin- und Rückfahrtickets, aber auf einigen Routen sind auch Fahrten in nur eine Richtung möglich. Hier sind vier Anbieter:

Transportes Marítimos Brisa (S. 140) Von Port d'Alcúdia nach Cala Sant Vicenç und zurück, über Cap de Formentor.

Barcos Azules (S. 117) Von Port de Sóller nach Sa Calobra.

Excursions a Cabrera (S. 180) Hin- und Rückfahrt mit Schnellbooten oder langsameren Booten von

REISEPLANUNG AKTIVITÄTEN

Oben: Kayakfahrer vor Port de Sóller (S. 116)

Unten: Stand-up-Paddling (SUP)

Colònia de Sant Jordi zum Parc Nacional Marítim-Terrestre de l'Arxipèlag de Cabrera.

Starfish (S. 172) Von Portocolom nach Cala Figuera.

Kajakfahren

Mallorcas zerklüftete Küste ist mit reizvollen Buchten gespickt, von denen viele nur per Boot erreichbar sind. Mit dem Kajak lassen sich zum gemächlichen Rhythmus des Meeres Felsformationen, Höhlen und ruhige Strände erkunden. Oftmals sieht man Falken, Kormorane und Wildgänse sowie vielleicht sogar Delfine oder fliegende Fische. Die Buchten im Parc Natural de la Península de Llevant (S. 164), die man nur vom Meer aus erreicht, sind ein Paradies aus perfektem Wasser, löchrigen Felsen und einer lebendigen Tierwelt. Rund um Sóller (S. 111) im Westen, Porto Cristo (S. 171) im Osten und Port de Pollença (S. 130) im Norden laden die Küsten zu Kajaktouren ein.

Segeln

In vielen von Mallorcas 35 Marinas kann man Yachten chartern, Jollen mieten und Segelkurse buchen. Palma, Port de Pollença und andere Ferienorte haben große Segelschulen. Ein zweitägiger Kurs kostet zwischen 400 und 500 €; die Sea School (S. 71) in Palma ist der professionellste Anbieter.

Llaüts (S. 100) in Port d'Andratx verleiht Yachten ab 120 € pro Tag. Mezzo Magic (S. 116) in Port de Sóller ist ebenfalls ein empfehlenswerter Anbieter.

Tauchen & Schnorcheln

Mallorca gehört zu den besten Tauch- und Schnorchelrevieren Südeuropas. Dank des kristallklaren Wassers und der professionellen Tauchzentren eignet sich die Insel perfekt für einen entspannten Tauchgang sowie für PADI-Kurse im offenen Meer. Von Mai bis Oktober sind die Bedingungen am besten.

Mallorca Diving (www.mallorcadiving.com) führt sieben renommierte Tauchschulen auf.

Wind- & Kitesurfen

Da es hier zu wenig Wind und Wellen gibt, ist Mallorca kein echter Hotspot für Wind- und Kitesurfer. Ausnahmen sind die Badia de Pollença und Port d'Alcúdia, wo eine steife Brise für viel Action sorgt.

Sail & Surf Pollença (S. 135) Segel- und Windsurfingkurse und -verleih in Port de Pollença.

Wind & Friends (S. 140) In Port d'Alcúdia, mit einer Reihe von Kursen für Erwachsene und Kinder.

Reiseplanung
Reisen mit Kindern

Mallorca ist ein Bilderbuchziel für einen aufregenden, aber stressfreien Familienurlaub. Zweifellos ein Spielplatz für Erwachsene, hat es auch für die Kleinen jede Menge Abwechslung zu bieten: Sie können Burgen erobern, im warmen Meer und in Wasserparks planschen, Höhlen erforschen und sich an den tollen Stränden austoben.

Kosten niedrig halten

Aktivitäten
An Angeboten für Kinder mangelt es nicht: Wasserparks, Museen, Wandern, Schwimmen und Surfen … Mallorca ist ein beliebtes Ziel für Radtouren; die meisten Fahrradverleihe vermieten auch Kinderfahrräder.

Essen
Auswärts essen mit den Kleinen ist auf Mallorca ein Kinderspiel, denn große Familienessen sind hier die Norm. Viele Restaurants in den Ferienorten bieten preiswerte Kindermenüs an oder zaubern kleinere Portionen. Hochstühle sind in der Regel vorhanden und auch Wickelräume sind häufiger zu finden.

Transport
Kinder unter fünf Jahren fahren kostenlos mit den öffentlichen Verkehrsmitteln. Kinder zwischen fünf und 12 Jahren erhalten Ermäßigungen. Bei den meisten Autovermietungen sind Kindersitze zu mieten, sollten aber vorher reserviert werden.

Unterkunft
Auf Mallorca gibt es reichlich familienfreundliche Unterkünfte. Viele Hotels in den Küstenorten bieten Apartments oder Ein-Zimmer-Suiten an, die groß genug für Familien sind. Babybetten oder Kinderbetten sind entweder kostenlos oder erfordern einen geringen Aufpreis.

Das lieben die Kids …

Naturwunder

Coves del Drac, Porto Cristo Wasserreiche Höhlen voller jahrtausendealter Stalaktiten erkunden. (S. 171)

Serra de Tramuntana, im Westen In den seltsam verwitterten Gipfeln der Gebirgskette Gesichter und eigenartige Formationen erkennen. (S. 103)

Sa Cova Blava, Illa de Cabrera Bei einer Bootsfahrt zur Illa de Cabrera, Teil von Mallorcas einzigem Nationalpark, das unwirklich blaue Wasser der Blauen Grotte auf sich wirken lassen. (S. 181)

Coves d'Artà, Canyamel Eine magische Höhle voller Formationen, darunter die „Königin der Säulen" und die „Höllenkammer" bestaunen (S. 169)

Parc Natural de S'Albufera, im Norden Fernglas mitbringen und watende Vögel, Schildkröten und sogar Wasserbüffel im von Schilf gesäumten Naturpark beobachten (S. 142).

Strände & Schwimmen

Cala Mondragó, Parc Natural de Mondragó Die südliche mit blauer Flagge ausgezeichnete Bucht im Parc Natural de Mondragó mit kristallklarem Wasser und feinem Sandstrand ist wunderschön. Ideal zum Schnorcheln. (S. 184)

Platja de Muro, Ca'an Picafort Traumhafter weicher Sand und flaches türkisfarbenes Meer in der Badia d'Alcúdia im Norden, die an den Parc Natural de S'Albufera angrenzt. (S. 143)

GUT ZU WISSEN

Dieses Symbol 👶weist in diesem Reiseführer auf familienfreundliche Adressen hin.

Essen gehen Auf Touristen ausgerichtete Restaurants bieten in der Regel eine separate Kinderkarte an (die Auswahl ist manchmal fragwürdig), während einheimische Restaurants gern eine kleinere Menge eines – wahrscheinlich gesünderen – Gerichts zubereiten. Tapas sind eine gute Option für Kinder.

Kindersitze Die meisten Autovermietungen stellen gegen eine Gebühr Kindersitze zur Verfügung. Bei Taxiunternehmen fragt man ebenfalls im Voraus nach.

Rhythmus Wer seine Kids nicht an den Lebensrhythmus (spät aufbleiben) gewöhnt, verpasst was. Bitte daran denken, dass viele Attraktionen für Kinder nur von April bis Oktober geöffnet sind. Um Enttäuschungen (und Tränen) zu vermeiden, sollte man sich im Vorfeld nach den Öffnungszeiten erkundigen.

Spielplätze gibt es überall; im Fremdenverkehrsbüro nach den Standorten fragen.

Stillen Obwohl die meisten Einheimischen eine entspannte Einstellung zum Stillen in der Öffentlichkeit haben, gilt dies nicht unbedingt für Touristen.

Unterkunft Die meisten Hotels stellen Kinderbetten zur Verfügung, die All-inclusive-Resorts verfügen in der Regel über Kinderclubs und organisierte Aktivitäten.

Wickelmöglichkeiten In den meisten Museen, Themenparks und Sehenswürdigkeiten gibt es eine Toilette mit Wickeltisch; zunehmend verfügen auch Restaurants über eine barrierefreie Toilette mit Wickeltisch.

Platja de Formentor, Cap de Formentor Mit dem Boot oder über die kurvige Küstenstraße an den ruhigen, piniengesäumten Strand zu fahren ist an sich schon ein Vergnügen. (S. 135)

Cala Mesquida, Cala Ratjada Die traumhafte leicht abfallende Cala Mesquida an der Ostküste mit glasklarem Wasser, kräftigem Wind und tollen Wellen eignet sich eher für größere Kinder. (S. 168)

Zurück in die Vergangenheit

Castell de Bellver, Palma Von der mächtigen runden Burg aus die Badia de Palma im Miniaturformat bewundern. (S. 76)

Ferrocarril de Sóller Der klapprige alte Zug von Palma nach Sóller ist ein herrliches Relikt – und ein Hit bei Groß und Klein. (S. 87)

Santuari de Sant Salvador, Artà Über die Befestigungsmauern der Burg auf einem Hügel oberhalb von Artà schlendern. (S. 157)

Mittelalterliche Stadtmauer, Alcúdia In Alcúdia einen Rundgang über die alte Stadtmauer machen. (S. 137)

Torre des Verger, Banyalbufar In diesem Wachturm in gewagter Lage über dem Meer bei Estellencs Pirat spielen. (S. 104)

Energiefresser

Aqualand, S'Arenal In den drei Wasserparks der Insel auf den Rutschen, Fahrgeschäften und im Wellenbad austoben. (S. 89)

Península de Llevant, im Osten Naturparks wie dieser sind nichts anderes als riesige Abenteuerspielplätze unter freiem Himmel, voller geheimer Höhlen, alter Felstürme und Herden knopfäugiger Ziegen. (S. 164)

Parc Natural de S'Albufera, südlich von Alcúdia Entspannte Radtouren entlang der Küste und durch die vogelreichen Sumpfgebiete dieses Naturparks. Aktive Teenies können in der Tramuntana Mountainbike fahren. (S. 142)

Port de Sóller, im Westen Mit einem Kind in ein Tandemkajak hüpfen und die Höhlen und Buchten rund um Port de Sóller erkunden. (S. 116)

Region für Region
Palma & Badia de Palma

Ein Spaziergang in der Hauptstadt der Insel ist wie eine lebendige Geschichtsstunde: bei der Suche nach Wasserspeiern an der Kathedrale (S. 53) oder der Eroberung des Castell de Bellver (S. 76). In der Nähe warten riesige Wasserparks (S. 89, 93) und ein großartiges Aquarium (S. 88). Weitere Attraktionen in Palma siehe S. 68.

Westliches Mallorca

Ältere Kinder, die gern wandern, lieben diese Gegend wegen ihrer vielen Wanderwege, insbesondere rund um die Serra de Tramuntana (S. 103) sowie die raue und unberührte Illa de Sa Dragonera (S. 101). Wassersportarten wie Paddelsurfen und Kajakfahren sind weitere Optionen, ebenso wie unterhaltsame Bootsfahrten (S. 116) vom trubeligen Port de Sóller aus.

Nördliches Mallorca

Alcúdia und Port de Pollença sind mit ihren riesigen, sanften Buchten ideal für lange Sandtage. Der Hidropark (S. 140) ermöglicht rasante Rutschen und der Parc Natural de S'Albufera (S. 142) sanfte Radtouren sowie Vogelbeobachtungen. Außerdem gibt es jede Menge Aktivitäten für Teenager – von Kajakfahren bis zu gruseligen Höhlenwanderungen.

Das Inland

Diese Region, die für ihre malerischen Dörfer und Landschaften berühmt ist, ist nicht gerade fesselnd für Kinder, auch wenn die Glasbläser im Museu de Gordiola (S. 154) und das unheimliche Dickicht der Stalaktiten und Stalagmiten in den Coves de Campanet (S. 151) ihre Fantasie anregen.

Östliches Mallorca

Durch die glitzernden Kammern der riesigen Höhlen schleichen und dabei Geschichten von Höhlenmenschen zum besten geben – die Coves del Drac (S. 171) sind am imposantesten. Schlösser, Ponyreiten, Bootsausflüge, Safaritouren und viele schöne und sanft abfallende Buchten erwarten die Kids im Osten der Insel.

Südliches Mallorca

Hier dreht sich alles um Strände und Wassersport, darunter Bootsfahrten (S. 179) und Tauchen. Außerdem gibt es ein echtes prähistorisches Dorf (S. 178).

Nützliche Informationen

Lonely Planet Kids (www.lonelyplanetkids.com) Zahlreiche Aktivitäten und Infos im Blog.

Buch: First Words Spanish (shop.lonelyplanet.com) Eine wunderschön illustrierte Einführung in die spanische Sprache für 5- bis 8-Jährige (engl.).

Kinderecke

Wie bitte?

Hallo!	¡Hola!
Tschüss!	¡Adiós!
Danke!	¡Gracias!
Mein Name ist ...	Me llamo ...

Wusstest du's?

- Mallorca ist die Heimat eines echten prähistorisches Dorfs.
- Die Nationalhymne basiert auf einem alten Kinderreim über eine Spinne!

Schon probiert?

Ensaïmada Leckeres Gepäck mit einer Füllung deiner Wahl.

Mallorca im Überblick

Palma & Badia de Palma

Architektur
Galerien
Essen

Mittelalterliche Architektur

Palma ist wie ein 3D-Lehrbuch zu mediterraner Architekturgeschichte. Das Prunkstück ist die gotische Kathedrale, daneben warten die Gassen der Altstadt mit Meisterwerken der Modernisten, mittelalterlichen Villen und barocken *patis* (Patios) auf.

Miró, Barceló, Picasso & Dalí

Viele bedeutende spanische Künstler des 20. Jhs. hatten ein Faible für Palma. Mirós verspieltes Erbe prägt die ganze Stadt, Miquel Barceló kam aus dem nahe gelegenen Felanitx – und Werke von Picasso und Dalí schmücken die Galerien.

Mallorquinische Küche

Die Hauptstadt ist der kulinarische Star Mallorcas, dafür sorgen die besten Fischrestaurants der Insel, Meisterkoch Marc Fosh, die gemütlichen Tapasbars um die Plaça Major, die innovativen vegetarischen und (zunehmend) veganen Angebote sowie die unwiderstehlichen Konditoreien.

S. 50

Westliches Mallorca

Dörfer
Landschaft
Wandern

Bergdörfer

Die honigfarbenen Bergdörfer im Westen Mallorcas sind idyllische Fleckchen in einem atemberaubenden Panorama. Dörfer wie Valldemossa, Deià, Fornalutx, Binaraix und Orient verzaubern einfach jeden.

Mallorcas Rückgrat

Ein Highlight der einzigartigen mallorquinischen Natur ist die Serra de Tramuntana mit ihren wilden Kalksteingipfeln, steilen Klippen und der maritimen Kulisse.

Bergwanderungen

Die mehrtägige Ruta de Pedra en Sec durch die Tramuntana ist ein unvergleichliches Erlebnis. Daneben locken Touren auf den Puig de Massanella, durch Sóllers Zitronenhaine oder zur Pilgerstätte Monestir de Lluc.

S. 95

Nördliches Mallorca

Landschaft
Dörfer
Strände

Cap de Formentor

Schwindelerregende Berggipfel und steile Klippen über abgelegenen Buchten machen diese Halbinsel zum Höhepunkt der Serra de Tramuntana.

Pollença & Alcúdia

Im nördlichen Küstenhinterland liegen das traumhafte Pollença mit seinen 365 Stufen zum Calvari und das traditionsreiche Alcúdia mit römischen Ruinen und Festungsmauern.

Traumhafte Sandstrände

Der breite Sandstrand und das kristallklare Wasser der Badia de Pollença und der Badia d'Alcúdia im Norden ziehen Besucher scharenweise an. Ruhigere Buchten bieten Cala Sant Vicenç, das Cap de Formentor und das Cap des Pinar.

S. 125

Das Inland

**Weine
Essen
Architektur**

Wein & Bodegas

Mallorcas Anbaugebiete verteilen sich über das gesamte Inselgebiet. Manche Weingüter – wie Bodegas Castell Miquel – veranstalten auch Führungen.

Herzhafte Regionalküche

Ob in einem *celler*-Restaurants in Inca oder Sineu oder in den ländlichen *finca*-Hotels und Restaurants – im Inland gibt's viele Gelegenheiten, authentische Küche wie *lechona* (Spanferkel) oder *tumbet* (Gemüseratatouille) zu probieren.

Klöster & mittelalterliche Städte

Fast jede Bergstadt im Inland war einst Sitz eines Klosters. Von ihnen bieten sich faszinierende Ausblicke. Städte wie Sineu und Petra besitzen einen stillen Charme.

S.145

Östliches Mallorca

**Strände
Höhlen
Natur**

Abgeschiedene Strände & Buchten

Die wilden abgeschiedenen Strände nordwestlich von Cala Ratjada sind absolut hinreißend. Als ebenso schön gelten die idyllischen *cales* (Buchten) südlich von Porto Cristo.

Unterirdische Kathedralen

Zu Mallorcas beeindruckendsten Naturphänomenen gehören die gewaltigen Formationen und Stalaktitenwälder der Höhlen im Osten, z. B. Coves del Drac, Coves d'Artà und Coves dels Hams.

Península de Llevant

Der Parc Natural de la Península de Llevant im Norden Artàs lockt Vogelfreunde und Wanderer an. An seinem Ende liegt Cap Ferrutx. Die Ermita de Betlem berührt die Seele.

S.158

Südliches Mallorca

**Strände
Natur
Archäologie**

Unberührter Sand

Der Süden ist mit großartigen Stränden und klarem Wasser ideal für Taucher. Zudem kann man sich an der endlosen Platja des Trenc erholen, oder die Küstenschönheiten Cala Pi, Cala Llombards und Parc Natural de Mondragó besuchen.

Küstenbollwerke

Die hohen Klippen an der Küste haben den Süden vor der allgemeinen Bauwut geschützt, vor allem zwischen dem Cap Blanc und dem Cap de Ses Salines. Auf der Illa de Cabrera ist es besonders schön.

Talayot-Stätten

Mallorcas Urgeschichte liegt noch weitgehend im Dunkeln. Talayot-Stätten wie Capocorb Vell und das nahe Ses Salines bieten Einblicke in diese Epoche.

S.174

Reiseziele auf Mallorca

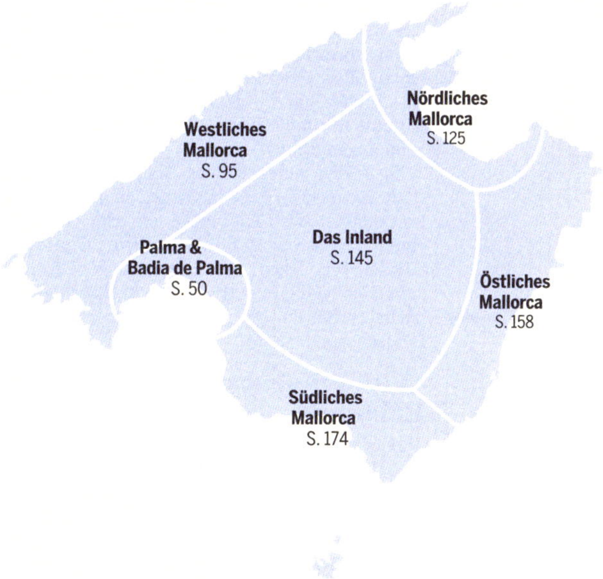

Nördliches Mallorca
S. 125

Westliches Mallorca
S. 95

Das Inland
S. 145

Östliches Mallorca
S. 158

Palma & Badia de Palma
S. 50

Südliches Mallorca
S. 174

Palma & Badia de Palma

Inhalt ➜
Palma de Mallorca 53
Geschichte 53
Sehenswertes........53
Aktivitäten...........69
Kurse 69
Geführte Touren 72
Feste & Events 72
Essen 73
Ausgehen & Nachtleben 79
Unterhaltung........82
Shoppen............83
Badia de Palma.......87

Gut essen
- Marc Fosh (S. 75)
- El Camino (S. 73)
- Beatnik (S. 77)
- Mola (S. 78)
- Simply Delicious (S. 77)

Die besten Bars
- Bar Flexas (S. 81)
- Clandestino Cocktail Club (S. 80)
- Lórien (S. 80)
- Idem Café (S. 81)
- Atlantico Café (S. 81)

Auf nach Palma

Herausragende Ästhetik, kulturelle Vielfalt, eine faszinierende Geschichte und eine Traumlage: Palma verdient es, zu Europas Top-Zielen gezählt zu werden. Natürlich ist die Stadt eine Spielwiese für die High Society (und zunehmend ein Anlaufhafen für Kreuzfahrtschiffe), trotzdem kommen hier wirklich alle Besucher auf ihre Kosten. Dafür sorgen stimmungsvolle mittelalterliche Straßen mit aristokratischen Villen, Galerien mit Werken renommierter Künstler, eine breite Bucht voll maritimer Reize, innovative Restaurants mit moderner spanischer Küche und ein riesiges Shoppingangebot.

Zu beiden Seiten Palmas, Mallorcas attraktiver Hauptstadt, erstreckt sich die Badia de Palma (Bucht von Palma). Im Osten ist sie flach, im Westen geben zerklüftete Berge einen Vorgeschmack auf die höchsten Gipfel der Insel im Westen. Die Gegend ist facettenreich: Während in einer *cala* (Bucht) die Superreichen vor Anker liegen, lockt die nächste scharenweise junge, partyverrückte Briten und Deutsche an.

Reisezeit

Anders als die übrigen Orte auf der Insel gibt Palma konstant Vollgas: Fast alle Sehenswürdigkeiten, Hotels und Restaurants sind 365 Tage im Jahr geöffnet. Von April bis Oktober, wenn es schön warm ist, verströmt die Stadt eine besonders unwiderstehliche Gute-Laune-Stimmung. Dann schaukeln unzählige Masten im Yachthafen hin und her und Segelregatten locken die Reichen und Schönen an.

Es vergeht kaum ein Monat ohne Festival, Markt oder Parade: Im Februar stehen Karnevalsumzüge auf dem Programm, im Juni Feuerwerk anlässlich des Nit de Foc und im Dezember wird der Weihnachtsmarkt aufgebaut. Im Winter sind die Strandresorts an der Badia de Palma geschlossen.

Was gibt's Neues?

→ Dachterrassen der Kathedrale (S. 53) Die Dachterrassen lassen sich im Rahmen einer einstündigen Tour besichtigen. Nach dem Erklimmen der 280 Stufen entlohnt der Anblick der prächtigen Glocken, die zum Teil aus dem 14. Jh. stammen. Auch die Strebebögen und die größte gotische Fensterrose Europas sind einem ganz nah. Nicht zu vergessen: die herrliche Aussicht über Stadt und Meer!

→ Can Balaguer (S. 65) Die Dauerausstellung umfasst 4000 Jahre Geschichte, die sich in der zeittypischen Ausstattung und Möblierung der verschiedenen Räume eindrucksvoll widerspiegeln.

PALMAS HÖFE

Es gibt kaum ein schöneres Erlebnis, als sich durch die Gassen der Altstadt treiben zu lassen, die sich östlich der Kathedrale erstreckt. Hinter Eisentoren verstecken sich die *patis*: In diesen prächtigen Höfen empfingen einst Adelige ihre Gäste, die in Pferdekutschen anreisten. Sie waren die Schnittstelle zwischen öffentlichem und privatem Leben und mussten als solche natürlich repräsentativ sein – sie wurden geputzt, bis sie blinkten, und quollen über vor Blumen und anderem Grün.

In Palma gibt's immer noch 150 Patrizierhäuser mit *patis*, ein Großteil kann aber nur durch verschlossene schmiedeeiserne Tore betrachtet werden. Die Höfe demonstrieren unterschiedliche Baustile: Gotik, Renaissance, Barock, Modernisme ... Die anmutig geschwungenen Bogen und ionischen Säulen, die ausladenden Treppen mit den schmiedeeisernen Balustraden und Brunnen bzw. Zisternen finden sich aber in allen.

Die fünf besten Galerien

→ Museu Fundació Juan March (S. 65) Die Stars der modernen Kunstszene, darunter Miquel Barceló, ein Sohn der Insel.

→ Es Baluard (S. 68) Picasso, Miró und ein toller Blick auf die Stadt. Es ist Teil der Ufermauer aus der Renaissance.

→ Fundació Pilar i Joan Miró (S. 89) Miró total mit mehr als 2500 seiner Arbeiten.

→ Centre Cultural Contemporani Pelaires (S. 63) Beeindruckendes Gebäude aus dem 17. Jh. mit Palmas erster Galerie für zeitgenössische Kunst – die weiterhin sehr populär ist.

→ Palau March (S. 57) Ein exquisiter Palast beherbergt Gemälde Dalís und Skulpturen von Moore, Rodin und Chillida.

SCHNAPPSCHUSS VON DER KATHEDRALE

Die obligatorischen (und besten) Kathedralenfotos bieten sich in in der Dämmerung vom Parc de la Mar aus an – so setzt man das hell angestrahlte Gotteshaus optimal ins Bild.

Gut zu wissen

→ Viele Hauptattraktionen Palmas bleiben montags geschlossen, darunter die Fundació Pilar i Joan Miró und Es Baluard.

→ Sonntags sind die Kathedrale und der Palau March geschlossen.

→ Die Altstadt sollte man weder befahren, noch dort parken. Außer: Das gebuchte Hotel hat die Erlaubnis erteilt. Parken ist Anwohnern vorbehalten. Es drohen hohe Bußgelder.

Zum / vom Flughafen

→ Mallorcas internationaler Flughafen Son Sant Joan liegt in Ca'n Pastilla, nur 8 km von Palmas Zentrum entfernt. Eine Taxifahrt in die Innenstadt sollte etwa 20 € kosten. Zur östlichen Badia de Palma zahlt man weniger, nach Magaluf 40 € oder mehr.

→ Bus 1 startet am Flughafen, umrundet Palma und fährt bis Porto Pi im Westen der Stadt. Bus 21 verkehrt nach S'Arenal im Osten. Beide Fahrten kosten 5 €.

Infos im Netz

Ajuntament de Palma (www.palmademallorca.es) Kommunalverwaltung.

Consell de Mallorca (www.infomallorca.net) Übersichtliche, aktuelle Seite.

Visit Palma (www.visitpalma.com) Umfassende Infos.

Visit Calvia (www.visitcalvia.com) Wissenswertes über westliche Urlaubsorte.

EMT Palma (www.emtpalma.es) Routen und Tarife des ÖPNV.

Highlights

❶ Kathedrale (S. 53) Das Werk von Barceló, Gaudí und anderen Visionären bestaunen.

❷ Es Baluard (S. 68) Entlang der Mauer und durch die Galerien des historischen Festungsmuseums spazieren.

❸ Mercat de l'Olivar (S. 75) Die Fülle des größten Marktes von Palma bestaunen.

❹ Museu Fundación Juan March (S. 65) Ohne Besuchergedränge mit Picasso, Miró und Dalí auf Tuchfühlung gehen.

❺ Castell de Bellver (S. 76) Über der Bahia de Palma thronen.

❻ Palau de l'Almudaina (S. 54) Auf den Fußspuren maurischer Herrscher und spanischer Könige wandeln.

❼ Fundació Pilar i Joan Miró (S. 89) Sich im Atelier des großen katalanischen Künstlers auf einem Hügel inspirieren lassen.

❽ Palma Aquarium (S. 88) Die Bewohner mediterraner Tiefen aus der Nähe betrachten.

PALMA DE MALLORCA

409 661 EW.

Palma ist ein echtes Highlight. Die altehrwürdige Stadt erhebt sich mit ihren honigfarbenen Steinbauten über der weitläufigen Badia de Palma. Sie geht auf die christliche Zurückeroberung der Insel im 13. Jh. zurück, zuvor hinterließen Mauren, Römer und die Talayot-Kultur ihre Spuren. Ein großer Reichtum an historischen Stätten sowie eine schier endlose Auswahl an Galerien, Restaurants, Kunstateliers und Bars machen Palma zur Top-Sehenswürdigkeit Mallorcas. Ein Spaziergang rund um die imposante gotische Kathedrale im geografischen und historischen Zentrum führt in mittelalterliche Gassen mit aristokratischen Stadthäusern, zu düsteren Barockkirchen, belebten öffentlichen Plätzen, dynamischen Künstlervierteln und Märkten mit der reichen Ernte der Insel. Palma ist eine äußerst lebenswerte Stadt mit einem typisch spanischen Flair; man könnte mehrere Wochen hier verbringen und jeden Tag neue Eindrücke gewinnen.

Geschichte

Palma (bzw. Palmeria) wurde 123 v. Chr. von den Römern gegründet. Als Standort wählten sie das erhöhte Areal über der weiten Badia de Palma (Bucht von Palma), wo früher eine Talayot-Siedlung ansässig war. Später gab man die Stadt dem Verfall preis, bis die Ankunft der maurischen Herrscher im 10. Jh. für neue Impulse sorgte. Zwei Jahrhunderte später gehörte die sogenannte Medina Mayurka (Stadt von Mallorca) zu den florierendsten muslimischen Hauptstädten Europas. Die christliche Rückeroberung 1229 unterbrach das Wachstum nur kurz – im 14. Jh. war Ciutat de Mallorca oder Ciudad Capital (Hauptstadt) einer der reichsten Handelshäfen des westlichen Mittelmeers.

Im 16. Jh. versank sie samt dem Rest der Insel für eine ganze Weile in Apathie und litt unter Piratenangriffen. Die hohen Ufermauern (heute Dalt Murada) entstanden weitgehend im 16. und 17. Jh. Damals leitete man auch den Lauf des Flusses Riera von seinem natürlichen Bett entlang des heutigen Passeig d'es Born in den Kanal westlich der Stadtmauern um. Mit der Altstadt ging es derweil immer weiter bergab. Ein Großteil der Ufermauern wurde Anfang des 20. Jhs. abgerissen, um Platz für die rasant wachsende Stadt zu schaffen. Seit der Tourismus in den 1960er-Jahren zur reichlich sprudelnden Einnahmequelle wurde, hat sich das Stadtzentrum zum Positiven verändert und ist kaum wiederzuerkennen. Anfang des 21. Jhs. offenbarte sich eine neue Phase des Reichtums und sorgte dafür, dass die Immobilien um Dalt Murada zu den teuersten in ganz Spanien gehören. Die Einführung von Zonen mit Verkehrsbeschränkungen im historischen Zentrum im Jahr 2016 hat dazu beigetragen, die Integrität und den Charme der Altstadt zu erhalten.

Sehenswertes

⊙ Altstadt

★ **Catedral de Mallorca** KATHEDRALE
(La Seu; Karte S. 60; www.catedraldemallorca.org; Plaça del Almoina; 8 €, inkl. Dachterrasse 12 €;

PALMA IN ZWEI TAGEN

Im großartigen Palma kann man an einem Wochenende jede Menge erleben. Los geht's mit den Top-Attraktionen, der imposanten gotischen Catedral und dem Palau de l'Almudaina (S. 54). Danach laden die verwinkelten Gassen der Altstadt zu einem ausgedehnten Spaziergang ein. Für erholsame Pausen bieten sich der Jardí del Bisbe (S. 59) und die Banys Àrabs (S. 59) an. Nach einem Tapas-Mittagessen in der superstylischen und geselligen Bar El Camino (S. 73), geht's zur Basílica de Sant Francesc (S. 58) und zum Es Baluard (S. 68), wo man einen Snack im Schatten der Stadtmauern verzehren kann. Zum Ausgehen empfiehlt sich Santa Catalina: Nach dem Abendessen im Koh (S. 78) und Drinks im Idem Café (S. 81) wird an der Passeig Marítim getanzt. Tags darauf verlässt man die Stadt in westlicher Richtung, um das Castell de Bellver (S. 76) und die Fundació Pilar i Joan Miró (S. 89) zu besuchen. Mittagessen (Reservieren!) gibt's im Ca'n Eduardo (S. 78). Der Nachmittag verfliegt im Museu Fundació Juan March (S. 65), bevor man im Guinness House (S. 80) einkehrt. Danach ist es Zeit für eine *ensaïmada* (süße Schnecke mit Puderzucker, manchmal mit Crème gefüllt) im Ca'n Joan de S'Aigo (S. 74), gefolgt vom Abendessen im Marc Fosh (S. 75) oder im traditionellen Restaurant Celler Sa Premsa (S. 74). Und schließlich heißt es: hinein in die Bars von Sa Gerreria, etwa ins L'Ambigú (S. 73).

PALMA UND DIE KREUZFAHRTSCHIFFE

Die Zahl der Kreuzfahrtpassagiere, die in Palma von Bord gehen, hatte sich in den letzten zehn Jahren mehr als verdoppelt und lag vor Corona bei etwa zwei Millionen pro Jahr. Im 2019 unterzeichneten mehr als 10 000 Menschen eine Petition, um die Anzahl der anlegenden Kreuzfahrtschiffe zu reduzieren. Im Dezember 2021 einigten sich die Balearen-Regierung und die Vereinigung der Kreuzfahrtreedereien nach langen Diskussionen auf eine Obergrenze von maximal drei Schiffen pro Tag ab 2022. Wer das historische Zentrum als unangenehm überlaufen empfindet, sollte sich in die außerhalb gelegenen Stadtteile Santa Catalina, Es Puig de Sant Pere und Sa Gerraria begeben.

⊙ Juni–Sept. Mo–Fr 10–18.15, April, Mai & Okt. bis 17.15, Nov.–März bis 15.15, Sa ganzjährig 10–14.15 Uhr, Dachterrassen 10, 11, 12, 16, 17 & 18 Uhr) Die Kathedrale (auf Katalanisch „La Seu") ist das Wahrzeichen und prachtvollste Bauwerk Palmas. Ihre immensen Dimensionen, ihre Schätze, ihre Schönheit und die atemberaubende Innenarchitektur von Antoni Gaudí und dem bekannten zeitgenössischen Künstler Miquel Barceló machen sie einzigartig. Der Baustil ist gotisch, nur die ungewöhnliche Hauptfassade vereint verschiedene Stilrichtungen. Die prächtige Fensterrose ist die größte in Europa und kann bei einem Besuch der Dachterrassen aus nächster Nähe betrachtet werden.

Die Kathedrale steht an der Stelle, an der sich einst die zentrale Moschee der Medina Mayurka befand. Diese war unter maurischer Herrschaft 300 Jahre lang Hauptstadt von Mallorca. Obwohl Jaume I. und seine marodierenden Mannen die Stadt bereits 1229 eroberten, begann der Bau der Kathedrale, einem der größten Bauwerke seiner Art in ganz Europa, erst um 1300. Zunächst wurde die alte Moschee als Kirche genutzt und der Jungfrau Maria geweiht. 1601 wurde das neue Gotteshaus fertiggestellt.

Zunächst war es gewissermaßen das Renaissance-Sahnehäubchen auf dem gotischen Kuchen, doch dann richtete ein Erdbeben 1851 erheblichen Schaden an. Statt die alte Fassade nachzubauen, verpasste man dem Ganzen mit verflochtenen Strebebogen und hoch aufragenden Türmchen einen Hauch neugotisches Flair. So entstand ein Mischwesen mit vielen Original-Renaissance-Elementen (vor allem am Hauptportal), ein Beispiel pseudogotischen Monumentalismus des 19. Jhs., das zuweilen recht künstlich anmutet.

Gegen einen Aufpreis von 4 € können Besucher die Dachterrassen der Kathedrale besteigen. Zu sehen sind der Glockenturm, die Strebepfeiler und der Übergang zwischen den beiden Haupttürmen. Von oben bietet sich ein herrlicher Blick auf Stadt und Meer. Achtung: Etwa 280 Stufen sind zu bewältigen, ein Lift existiert nicht. Die einstündigen Führungen finden zu bestimmten Zeiten statt und müssen im Voraus gebucht werden, da die Teilnehmerzahl begrenzt ist.

Die Zeiten für die Gottesdienste variieren, aber eine Messe findet Montag bis Freitag um 9 Uhr statt.

★ **Palau de l'Almudaina** PALAST
(Karte S. 60; https://entradas.patrimonionacional.es; Carrer del Mirador; Erw./Kind 7/4 €, Audioguide 3 €, Führungen 4 €, Mi Nachmittag frei; ⊙ April–Sept. Di–So 10–18, Okt.–März bis 18 Uhr) Ab Ende des 13. Jhs. diente die ehemalige islamische Festung gegenüber der Kathedrale als Wohnsitz der Königsfamilie. Noch heute ist dies, zumindest symbolisch, Juan Carlos' Sitz, doch die Königsfamilie hält sich außer zu feierlichen Anlässen nur selten in diesem Palast auf; sie verbringt den Sommer lieber im Palau Marivent (in Cala Major). Die höhlenartigen Zimmer mit Steinwänden und opulenter Ausstattung können besichtigt werden.

Angeblich errichteten die Römer ein *castrum* (Kastell) an dieser Stelle, an der es vermutlich schon eine prähistorische Siedlung gab. Die muslimischen Wālis (Emire) Mallorcas erweiterten und veränderten das römische Original und errichteten ihren eigenen *alcázar* (Festung), bevor Jaume I. und seine Nachfolger schließlich den maurischen Palast komplett umbauten, sodass kaum etwas davon übrig blieb.

Der erste kleine Raum, der zu besichtigen ist, hat eine schwarz-weiße Mudéjar-Decke als Symbol für Tag und Nacht, Licht und Dunkel (und wurde erst bei der Restaurierung im Jahr 1967 entdeckt). Von dort geht's in eine Flucht aus drei Sälen. Hier fallen gotische Ziegelbogen auf, die auf halber Höhe wie abgeschnitten wirken. Ursprünglich waren diese drei Räume doppelt so hoch wie heute und bildeten einen einzigen Saal, der an die arabische Festung angebaut war. Dieser Saló del Tinell (vom italienischen

DIE SCHÄTZE DER KATHEDRALE

Besucher betreten die Catedral (S. 53) auf der Nordseite. Im Vorraum werden die Eintrittskarten verkauft, dahinter liegt die **Sakristei**. Sie beherbergt den Hauptbereich des kleinen **Museu Capitular** (Kapitelmuseum), in dessen Mitte eine gewaltige vergoldete Monstranz aus dem Jahr 1585 prangt, die bei der jährlich stattfindenden Fronleichnamsprozession zum Einsatz kommt. Zu den weiteren Exponaten gehört ein Reisealtar, der wahrscheinlich aus dem Besitz von Jaume I. stammt. Seine kleinen Fächer enthalten Heiligenreliquien. In einem der ausgestellten Reliquienschreine liegen angeblich drei Dornen von der Dornenkrone Christi.

An die Sakristei schließen sich ein **gotisches Kapitelhaus** von Guillem Sagrera und ein **barockes** an. Im gotischen sind vor allem das Grab von Bischof Gil Sánchez Muñoz (dem Gegenpapst Clemens VIII.), die *Tabla de l'Almoina* (Almosentafel) und zwei Gemälde des Meisters Monti-Sion – *El Calvario* (Der Kalvarienberg) und *Nuestra Señora de la Misericordia* (Unsere liebe Frau der Barmherzigkeit) – beachtenswert. Sie erinnern an eine furchtbare Flut 1403, die 5000 Menschen in Palma das Leben kostete. Das **barocke Kapitelhaus** mit seinen feinen Meißelarbeiten und dem mit Edelsteinen besetzten *relicario de la vera cruz* (Reliquiar des wahren Kreuzes) aus dem 16. Jh. ist ebenso beeindruckend.

Durch eine der **Seitenkapellen** geht's in die eigentliche Kathedrale. Unwillkürlich wird der Blick nach oben zu den Kreuzgratgewölben gelenkt, die auf schlanken Achtecksäulen ruhen. Kapellen flankieren die Gänge und das breite **Mittelschiff**. Kaleidoskopartige „Vorhänge" aus Buntglas – darunter 87 Fenster und acht umwerfende Rosetten – lassen die Wände erstrahlen. Besonders prachtvoll ist das **Oculus Maior**, das „große Auge", das einen Davidstern zeigt. Es besteht aus 1115 Glasscheiben, leuchtet rubinrot, golden und saphirblau und ist die größte Fensterrosette der Welt (ja, sogar größer als die von Notre-Dame in Paris!). Wer morgens herkommt, kann das faszinierende Spiel aus buntem Licht und Schatten an der Westwand bewundern. Um die Rosette zu sehen, sollte man sich eine Dachterrassen-Tour anschließen.

Die drei auffallend unterschiedlichen **Apsiden** der Kathedrale zeigen die Eucharistie in drei Teilen. In der linken Apsis erlebt man sein „goldenes Wunder" in Form des Fronleichnamsaltarbildes, eines überladenen barocken Traums von Jaume Blanquer (1626–1641). Es widmet sich der Eucharistie während des Letzten Abendmahls.

Von 1904 bis 1914 führte Antoni Gaudí Renovierungsarbeiten an der Kathedrale durch. Sein wichtigstes Werk war der merkwürdige **Baldachin** mit einem ausgefallenen Kruzifix, flankiert von Maria und Johannes, über dem Hauptaltar. Der Baldachin wirkt wie das klaffende Maul eines riesigen prähistorischen Hais, das in einem alten Naturkundemuseum von der Decke baumelt. Daran hängen 35 Lampen und darüber spannt sich etwas, das nach einem fliegenden Teppich aussieht. Damit gibt das Genie des Modernisme aus Barcelona dem Betrachter ein echtes Rätsel auf. Zu seiner Entschuldigung muss man sagen, dass die Installation nur als Provisorium gedacht war. Die endgültige Version wurde nie realisiert (typisch für Gaudí).

Als ob diese Absonderlichkeit noch nicht genügt hätte, beauftragte das Domkapitel den modernen mallorquinischen Künstler Miquel Barceló (einen Agnostiker), die **Capella del Santíssim i Sant Pere** im rechten Seitenschiff umzugestalten. Die Traumlandschaft aus 15 Tonnen Keramik, die das Wunder der Vermehrung von Brot und Fisch darstellt, wurde 2007 eingeweiht. Links brechen Fische und andere Meerestiere aus der Wand. Gegenüber verbreiten die Darstellungen von Brot und Früchten ein Dschungelfeeling. Zwischen den Fischen und Palmzweigen steht auf Totenköpfen eine leuchtende Gestalt, die Christus darstellen soll, aber vielmehr dem gedrungenen Künstler nachempfunden ist.

Im Inneren der Kathedrale sind neben der **gigantischen Orgel** von 1798 (kostenlose Vorführungen an jedem ersten Dienstag im Monat um 12 Uhr) noch die beiden **Kanzeln** bemerkenswert. Die kleinere wurde von Gaudí teilweise umgestaltet.

tinello für „Essplatz") diente als riesiger Bankett- und Festsaal. Die Räume sind mit Stilmöbeln, Tapisserien und anderen Raritäten eingerichtet. Die sechs nächsten, leeren Räume und die Terrasse gehören zur ursprünglichen maurischen Zitadelle.

Palma

Im Haupthof, dem **Patio de Armas**, traten die Truppen zur Inspektion und Parade an, bevor sie in die Stadt marschierten. Der hier befindliche Löwenbrunnen aus dem 11. Jh. ist eines der wenigen Relikte aus maurischer Zeit. Über die imposante Königstreppe gelangt man in die **Königsgemächer**, mehrere üppig ausgestattete Räume – man beachte vor allem die herrliche Kassettendecke. Neben den Königsgemächern liegt die königliche **Capella de Sant'Anna**.

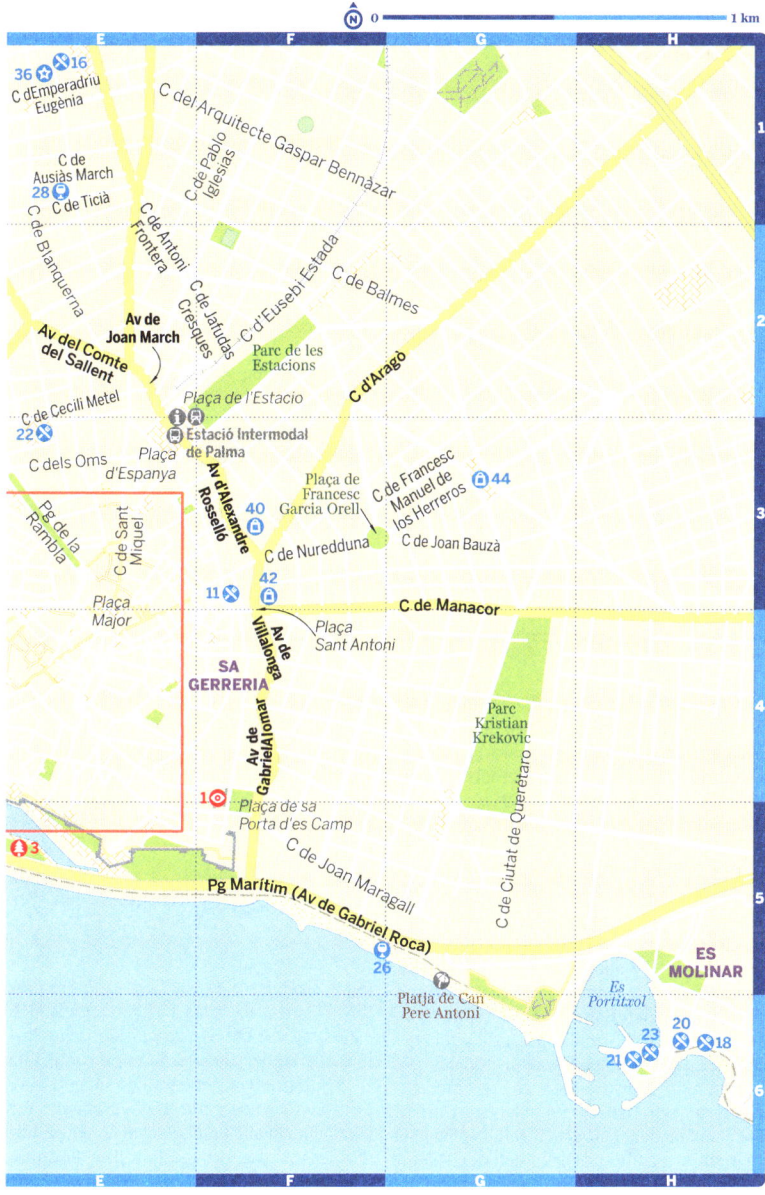

Der Eingang der Kapelle ist eines der wenigen spätromanischen Portale Mallorcas aus weißem und rosafarbenem Marmor.

Nach dem Tod Jaumes III. 1349 residierte hier kein König mehr auf Dauer.

An der Avinguda d'Antoni Maura liegt der S'Hort del Rei (Königsgarten).

★ **Palau March** MUSEUM
(Karte S. 60; ☎ 971 71 11 22; www.march.es; Carrer del Palau Reial 18; Erw./Kind 4,50 €/frei; ◉ April–Okt. Mo–Fr 10–18.30 Uhr, Nov.–März bis 14 Uhr, ganzjährig Sa 10–14 Uhr) Dieses palastartige Gebäude war nur einer von mehreren Wohnsitzen der sagenhaft reichen Familie March.

Palma

Sehenswertes
1. Arabische Stadtmauer F4
2. Església de Sant Crist de la Sang D3
3. Parc de la Mar E5

Aktivitäten, Kurse & Touren
4. Cruceros Marco Polo C5
5. Deep Blue Sea A2
6. Magic Catamarans B4
7. Palma Sea School A6
8. Real Club Náutico C4

Essen
9. Ca'n Eduardo C4
   El Náutico ..... (siehe 8)
10. El Perrito B1
11. Horno San Antonio F3
12. Hórreo Veinti3 ..... B1
13. Japo Sushi Bar B2
14. Koh B2
15. La Baranda B2
16. Mercado Gastronómico San Juan E1
17. Mercat de Santa Catalina B2
18. Mola H6
19. Nola B2
20. Ola del Mar H6
21. Portixol H6
22. Restaurant Celler Sa Premsa E3
23. Sa Roqueta H6
24. Simply Delicious B2
25. Toque A4

Ausgehen & Nachtleben
26. Anima Beach F5
27. Bar Michel A5
28. Dark Cruising Bar E1
29. Hotel Hostal Cuba B2
30. Idem Café B2
31. Pacha A5
32. Soho Bar B3
33. Tito's A5
34. Varadero D5

Unterhaltung
35. Auditòrium B4
36. Cine Ciutat E1
37. Garito Cafe A6
38. Novo Café Lisboa A2

Shoppen
39. B Connected Concept Store A2
40. El Corte Inglés F3
41. El Paladar D3
42. Flea Market F3
43. Magatzem de Santa Catalina B2
44. Mercat de Pere Garau G3

Auf der Terrasse tummeln sich Skulpturen bedeutender Künstler des 20. Jhs. (Henry Moore, Auguste Rodin, Barbara Hepworth, Eduardo Chillida & Co.). Bemerkenswert sind die kunstvoll gefertigten Figuren einer neapolitanischen Krippe (*belén*) aus dem 18. Jh.

Der Zugang erfolgt über eine Außenterrasse mit modernen Skulpturen. Besonders eindrucksvoll ist Corberós imposante *Orgue del Mar* (1973).

Im Inneren ziehen einen mehr als 20 Lithografien Dalís zum Thema „Alchimie und Ewigkeit" in den Bann, außerdem die Krippe mit über 1000 unglaublich detaillierten Figuren von Engeln, Königen und Hirten, Tieren und Marktszenen etc. – eine einzigartige Darstellung der Geburt Christi. Sie kam in den 1970er Jahren aus Neapel hierher und sollte ursprünglich der Öffentlichkeit – abgesehen von der Weihnachtszeit – nicht zugänglich gemacht werden. Hier ist ein kurzes Video zu sehen, das die sorgfältige Installation des Exponats an seinem jetzigen Standort im Jahr 2007 dokumentiert.

Im Obergeschoss malte der Künstler Josep Maria Sert (1874–1945) das Hauptdeckengewölbe und die Decke des Musikzimmers aus. Das Deckengemälde im Gewölbe ist viergeteilt: Die drei ersten Felder stellen die drei Tugenden Tapferkeit, Klugheit und Inspiration dar, das vierte die Verkörperung dieser Eigenschaften in Gestalt des Auftraggebers Juan March (1917–1998). Der Speisesaal ist mit großen Gemälden geschmückt, die die heimische Vogelwelt abbilden., ebenfalls von Sert geschaffen.

Basílica de Sant Francesc KIRCHE
(Karte S. 60; Plaça de Sant Francesc 7; Erw./Kind 16/5 €; ⊙ Nov.–März Mo-Sa 10–13.30 & 14.15–17, April–Okt. bis 18 Uhr) Die franziskanische Basílica ist eine der ältesten Kirchen von Palma. 1281 begann man mit dem Bau im gotischen Stil, 1700 wurde die Barockfassade mit ihrem kunstvoll geschnitzten Eingang und der Fensterrose fertiggestellt. Die eleganten Säulen im wunderschönen gotischen Kreuzgang, einer zweigeschossigen trapezförmigen Konstruktion, deuten darauf hin, dass sich die Bauarbeiten eine ganze Weile hinzogen. Das hohe Deckengewölbe im Inneren ist klassisch gotisch, während der glitzernde Hochaltar als barockes Schmuckstück daherkommt, das allerdings dringend einmal aufpoliert werden müsste.

In der ersten Seitenkapelle links befindet sich der ganze Stolz der Kirche: das Grab von Ramon Llull, dem Gelehrten und Mystiker aus dem 13. Jh. Der leidenschaftliche Prediger führte das Katalanische als Literatursprache ein und gilt als Mallorcas Lieblingssohn (vielleicht abgesehen von Tennischampion Rafael Nadal). Llulls Alabastergrabmal befindet sich ganz oben rechts. Wer seine Heiligsprechung (bislang wurde er nur seliggesprochen) unterstützen will, kann ein paar Münzen einwerfen. Die Capilla de los Santos Mártires Gorkomienses rechts im Chorumgang ist 19 Katholiken geweiht, die 1572 in Holland als Märtyrer starben, darunter elf Franziskanermönche. Eine ziemlich verblichene Darstellung dieses Ereignisses zeigt, wie man sie erhängte, ihnen die Innereien herausriss usw.

Església de Santa Eulàlia   KIRCHE

(Karte S. 60; 971 71 46 25; Plaça de Santa Eulàlia 2; Kirche frei, Glockenturm 5 €; Mo–Sa 10–18 Uhr) Santa Eulàlia ist die älteste Pfarrkirche Palmas und wurde nach der christlichen Eroberung im Jahr 1229 errichtet. Sie ist ein hoch aufragendes gotisches Bauwerk mit einer neugotischen Fassade. Die Kirche kann kostenlos besichtigt werden; der Eintrittspreis gilt für den 50 m hohen Glockenturm, von dem aus man einen herrlichen Blick auf die Basílica de Sant Francesc und die Altstadt von Palma hat. Die Sehenswürdigkeiten sind mithilfe von richtungsweisenden Tafeln identifizierbar.

Museu Diocesà   MUSEUM

(Karte S. 60; Carrer del Mirador 5; Erw./Kind 3 €/frei; Juni–Sept. Mo–Fr 10–18.15 Uhr, April, Mai & Okt. bis 17.15 Uhr, Nov.–März bis 15.15 Uhr, ganzjährig Sa 10–14.15 Uhr) Das Museum ist im prachtvollen Palau Episcopal (Bischofspalast; ein gotisch geprägter Bau aus dem 13. Jh.) untergebracht, hinter der Kathedrale Richtung Osten gelegen. Hier steht Mallorcas Geschichte christlicher Kunst im Mittelpunkt. Zu sehen sind neben Arbeiten von Antoni Gaudí, Francesc Comes und Pere Niçard ein aufrüttelndes *retaule* (Retabel, Altaraufsatz) mit der Passion Christi (um 1290–1305) aus dem Kloster Santa Clara.

Die Stationen der Passion sind in allen Details dargestellt: Palmsonntag, das Letzte Abendmahl, der Judaskuss, der Geißelung. Rechts daneben hängt ein Meisterwerk von Francesc Comes: *St. Jaume de Compostela* (der hl. Jakobus ist bei den Spaniern als Maurenschlächter bekannt). Pere Niçards *Sant Jordi* (hl. Georg) entstand um 1468 bis 1470 und besticht durch seine Detailfülle. Georg tötet den Drachen vor dem Hintergrund der Ciutat de Mallorca (Palma). Unter diesem Gemälde hängt ein Werk von Niçard und seinem Lehrer Rafel Mòger. Es zeigt die christliche Eroberung Palmas 1229. Im letzten Saal dieses Flügels befindet sich die gotische Kapelle **Oratori de Sant Pau**. Das Buntglasfenster war Gaudís Generalprobe für seine Kathedralenfenster.

In anderen Sälen kann man Werke mallorquinischer Künstler wie Pere Terrencs und Mateu López (Vater und Sohn) bewundern. Das Obergeschoss bietet eine spärliche Sammlung barocker Kunst, Keramiken und einen schönen Ausblick über die Bucht.

Jardí del Bisbe   GÄRTEN

(Karte S. 60; Carrer de Sant Pere Nolasc 6; Mo–So 7–13.30 Uhr) GRATIS Gleich neben dem Palau Episcopal erstreckt sich der Jardí del Bisbe. Der idyllische botanische Garten erfrischt nach einem heißen Sightseeing-Tag und lädt zu einem Spaziergang zwischen Palmen, Granatapfelbäumen, Wasserlilien, Thymian, Artischocken, Oliven, Orangen- und Zitronenbäumen ein oder zu einer erholsamen Rast auf einer der Bänke.

Banys Àrabs   HISTORISCHES GEBÄUDE

(Karte S. 60; Carrer de Serra 7; Erw./Kind 3 €/frei; April–Nov. 10–19 Uhr, Dez.–März bis 18 Uhr) Die Bäder gelten als das bedeutendste Bauwerk, das aus der Zeit der arabischen Herrschaft erhalten ist. Übrig sind allerdings nur zwei unterirdische Kammern, von denen eine mit einer Kuppel aufwartet, die auf einem Dutzend Säulen ruht. Ein paar Kapitele stammen aus abgerissenen römischen Bauten. Bei den kleinen Räumen handelt es sich um das **Caldarium** oder Heißbad und um das **Tepidarium** (Warmbad). Früher gab es auch ein Kaltbad, das sogenannte Frigidarium. Wie schon die römischen Bezeichnungen andeuten, übernahmen die Araber auf Mallorca ebenso wie in der gesamten arabischen Welt die Idee zu ihren Bädern von den Römern. In diesem speziellen Fall handelte es sich wahrscheinlich nicht um ein öffentliches, sondern um ein privates Bad, das zu einem Herrenhaus gehörte. Es steht in einem hübschen Altstadtgarten, der zum Entspannen einlädt.

Museu de Mallorca   MUSEUM

(Karte S. 60; 971 17 78 38; http://museudemallorca.caib.es; Carrer de la Portella 5; Erw./Kind 2,50 €/frei, So frei; Di–Fr 10–18, Sa & So 11–14 Uhr) Das

Zentrum von Palma

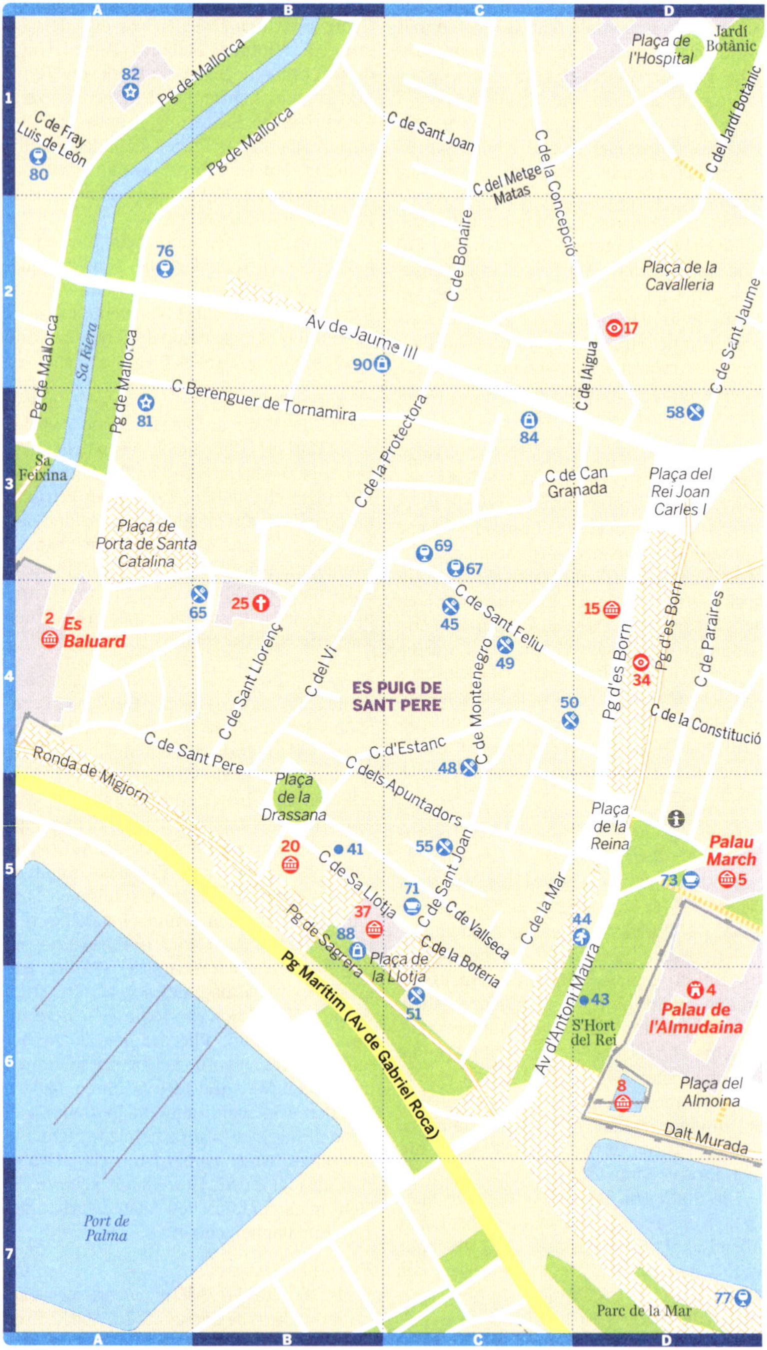

A
B
C
D
1
2
3
4
5
6
7
Pg de Mallorca
Pg de Mallorca
C de Fray Luis de León
80
82
C de Sant Joan
C del Metge Matas
C de la Concepció
Plaça de l'Hospital
Jardí Botànic
C del Jardí Botànic
76
C de Bonaire
Plaça de la Cavalleria
C de Sant Jaume
17
Av de Jaume III
90
Pg de Mallorca
Sa Riera
Pg de Mallorca
81
C Berenguer de Tornamira
C de la Protectora
84
C de l'Aigua
58
Sa Feixina
C de Can Granada
Plaça del Rei Joan Carles I
Plaça de Porta de Santa Catalina
69
67
65
25
2 Es Baluard
C de Sant Feliu
45
49
15
Pg d'es Born
Pg d'es Born
34
C de Paraires
C de Sant Llorenç
C del Vi
ES PUIG DE SANT PERE
C de Montenegro
50
C de la Constitució
C de Sant Pere
C d'Estanc
48
Ronda de Migjorn
C dels Apuntadors
Plaça de la Drassana
Plaça de la Reina
Palau March
5
73
20
41
55
C de Sant Joan
C de Sa Llotja
71
C de Vallseca
C de la Mar
44
37
88
Pg de Sagrera
Plaça de la Llotja
C de la Boteria
Pg Marítim (Av de Gabriel Roca)
51
Av d'Antoni Maura
43
S'Hort del Rei
4
Palau de l'Almudaina
8
Plaça del Almoina
Dalt Murada
Port de Palma
Parc de la Mar
77

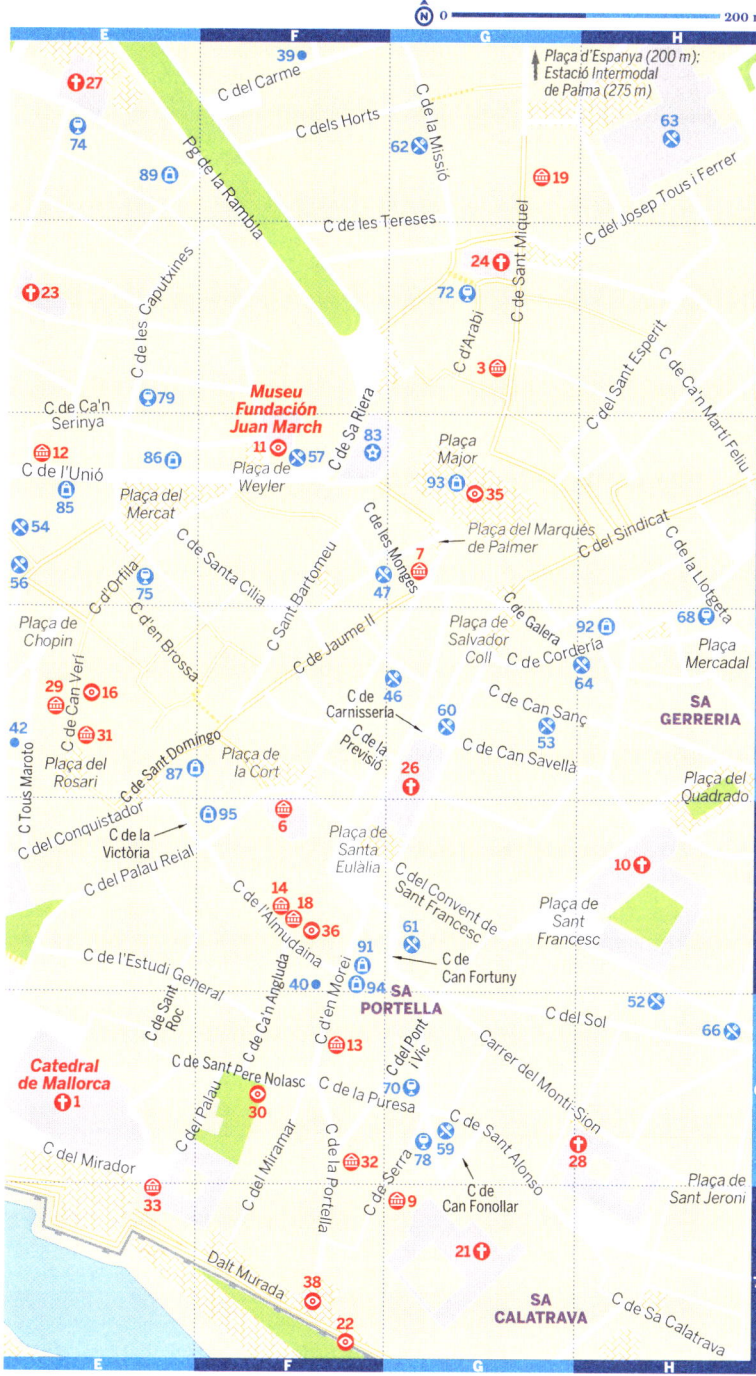

Zentrum von Palma

◉ Highlights
1. Catedral de Mallorca E6
2. Es Baluard A4
3. Museu Fundación Juan March G2
4. Palau de l'Almudaina D6
5. Palau March D5

◉ Sehenswertes
6. Ajuntament F5
7. Almacenes El Águila G3
8. Arc de sa Drassana D6
9. Banys Àrabs G7
10. Basílica de Sant Francesc H5
11. CaixaForum F3
12. Can Balaguer E3
13. Can Oleza F6
14. Can Oms F5
15. Casal Solleric D4
16. Centre Cultural Contemporani Pelaires E4
17. Centre de Cultura Sa Nostra D2
18. Centre Maimó ben Faraig F5
19. Claustre de Sant Antoniet G1
20. Consolat de Mar B5
21. Convent de Santa Clara G7
22. Dalt Murada F7
23. Església de Sant Jaume E2
24. Església de Sant Miquel G2
25. Església de Santa Creu B4
26. Església de Santa Eulàlia G4
27. Església de Santa Magdalena E1
28. Església del Monti-Sion H6
29. Galeria K E4
30. Jardí del Bisbe F6
31. La Caja Blanca E4
32. Museu de Mallorca F6
33. Museu Diocesà E7
34. Passeig d'es Born D4
35. Plaça Major G3
36. Porta de l'Almudaina F5
37. Sa Llotja B5
38. Sa Portella F7

◉ Aktivitäten, Kurse & Touren
39. Akzent F1
40. Die Akademie F5
41. Lonja 18 .... B5
42. My Muy Bueno Cookery School E4
43. Palma City Sightseeing D6
44. Palma on Bike D5

◉ Essen
45. 13% C4
46. Bagel G4

exzellente Stadtmuseum ist in einem weitläufigen Ensemble von Villen aus dem 17. Jh. entlang des Carrer de la Portella untergebracht. Neben archäologischen Artefakten und religiöser Kunst sind Antiquitäten und arabische Keramikwaren, talayotische Bronzen und fein gearbeiteter Almohaden-Goldschmuck zu sehen. Das Museum präsentiert auch hervorragende Wechselausstellungen.

Dalt Murada   HISTORISCHE STÄTTE
(Karte S. 60) Ende des 19. Jhs. riss man Palmas Mauern größtenteils ab, um die Ausdehnung der wachsenden Stadt zu erleichtern. Nur ein Teilstück der imposanten Renaissance-Ufermauer (erb. 1562–1801), die Dalt Murada, ist erhalten. Der hübsche angrenzende Parc de la Mar (S. 63) lädt im Sommer zu einer Erfrischung in einem der Terrassencafés ein. Von hier aus lässt sich die Kathedrale in all ihrer Pracht fotografieren.

Sa Portella   TOR
(Karte S. 60; Dalt Murada) In der mittelalterlichen Mauer blieb ein Tor zum Meer erhalten.

Arabische Stadtmauer   HISTORISCHE STÄTTE
(Karte S. 56; Carrer de Mateu Enric Lladó) Am Ostrand der Altstadt liegt hinter einem Teilstück der arabischen Stadtmauer (mit einigen Steinblöcken aus der römischen Mauer) ein Park. Er ist nach dem Stadttor benannt, das sich früher hier befand: Porta d'es Camp (Landtor).

Església del Monti-Sion   KIRCHE
(Karte S. 60; Carrer del Monti-Sion; ⊙ 17.15–19 Uhr) Seit ihrer Innen- und Außenrenovierung im 16. sowie im 17. Jh. verfügt die Església del Monti-Sion, eine ehemals gotische Synagoge, über ein sehr auffälliges barockes Aussehen. Heute gilt sie als eines der besten Beispiele für den Architekturstil auf der Insel. Die Spitzbogen vor den Kapellen, die Kreuzrippengewölbe und der niedrige, langgestreckte katalanische Bogen hinter dem Eingangsbereich verraten noch die gotischen Ursprünge des Gebäudes.

Für Besucher schaltet ein Priester manchmal die Beleuchtung des kurven- und schnörkelreichen Barock-*retablo* (Altarbild) ein.

Ajuntament   HISTORISCHES GEBÄUDE
(Rathaus; Karte S. 60; www.palma.ca; Plaça de la Cort 1) Früher war die Plaça de la Cort das städtische Machtzentrum von Palma. Über den Platz wacht das *ajuntament* (Rathaus). Hinter seiner Barockfassade verbirgt sich eine lange Geschichte, denn das Rathaus war mal ein gotisches Hospital, das kurz

47 Bar España	F3
48 Beatnik	C4
49 Bon Lloc	C4
50 Bruselas	C4
51 Caballito de Mar	C6
52 Can Cera Gastro-Bar	H6
53 Ca'n Joan de S'Aigo	G4
54 El Camino	E3
55 Forn de Sant Joan	C5
56 Forn del Santo Cristo	E3
57 Fornet de la Soca	F3
58 La Bodeguilla	D3
59 La Taberna del Caracol	G6
60 L'Ambigú	G4
61 Las Olas	G5
62 Marc Fosh	G1
63 Mercat de l'Olivar	H1
64 Quina Creu	H4
65 Saranna	B4
66 Temple Natura	H6

Ausgehen & Nachtleben
67 Atlantico Café	C3
68 Bar Flexas	H4
69 Bodega Can Rigo	C3
70 Bodega Santa Clara	G6
71 Café La Lonja	C5
72 Café L'Antiquari	G2
73 Cappuccino	D5
74 Clandestino Cocktail Club	E1
75 Gibson	E3
76 Ginbo	A2
77 Guinness House	D7
78 La Vinya de Santa Clara	G6
79 Lórien	E2
80 Siente	A1

Unterhaltung
81 Blue Jazz Club	A3
82 Teatre Municipal	A1
83 Teatre Principal	F3

Shoppen
84 Camper	C3
85 Carmina	E3
86 Chocolate Factory	E3
87 Colmado Santo Domingo	E4
88 Kunsthandwerkermarkt	B5
89 Dialog	E1
90 El Corte Inglés	B2
91 Fine Books	F5
92 Mimbreria Vidal	H4
93 Plaça Major Kunstmarkt	G3
94 Típika	F5
95 Vidrierias Gordiola	F5

nach der christlichen Eroberung der Insel gebaut wurde. Die Rathausuhr in der Fassade wird **En Figuera** genannt, erworben im Jahr 1863 in Frankreich.

Meistens ist nur das Foyer für die Öffentlichkeit zugänglich: eine gotische Eingangshalle mit schöner geschwungener Treppe und etwa einem halben Dutzend *gegants* (riesige Figuren, die Könige, Königinnen und andere Prominente darstellen und bei festlichen Anlässen durch die Straßen getragen werden).

Parc de la Mar   PARK
(Karte S. 56) Der Parc de la Mar (mit künstlichem See, Brunnen und Grünflächen) wurde 1984 eröffnet. In östlicher Richtung befindet sich ein Kinderspielplatz.

Centre Maimó ben Faraig   MUSEUM
(Karte S. 60; 971 22 55 99; Carrer de l'Almudaina 9A; Mo–Fr 9.30–13.30 Uhr) GRATIS Palmas lange jüdische Geschichte wird in diesem kleinen ans Can Bordils angeschlossenen Museum beleuchtet. Illustrierte Infotafeln erwecken die Geschichte der jüdischen Stadtbewohner (ebenso die verschiedenen Verfolgungswellen) zum Leben, zudem zeigt es Mauerüberreste römischer Bauten, die hier einst standen.

Can Oms   HISTORISCHES GEBÄUDE
(Karte S. 60; Carrer de l'Almudaina 7) Der barocke *pati* aus dem 18. Jh. dieses prachtvollen Hauses gehört zu den schönsten Palmas, und ist von der Straße aus sichtbar.

Porta de l'Almudaina   TOR
(Karte S. 60; Carrer de l'Almudaina) Für Geschichtsfans ist der Torbogen über dem Carrer de l'Almudaina östlich des Can Bordils ein echter Leckerbissen. Angeblich war es von der Antike bis ins 13. Jh. in Benutzung und Teil der originalen römischen Stadtbefestigung.

Centre Cultural
Contemporani Pelaires   KULTURZENTRUM
(Karte S. 60; 971 72 03 75; www.pelaires.com; Carrer de Can Verí 3; Mo 16.30–20, Di–Fr 10.30–20, Sa bis 13.30 Uhr) GRATIS Die Architektur des privaten Kulturzentrums, Palmas erster Einrichtung für zeitgenössische Kunst, ist mindestens genauso interessant wie die ständig wechselnden Kunstausstellungen. Eine Zeitlang beherbergte das schöne Stadthaus Can Verí aus dem 17. Jh. ein Kloster.

Convent de Santa Clara   KONVENT
(Karte S. 60; Carrer de Can Fonollar 2; Mo–Sa 9–12.30 & 16.15–17.30, So 9–11 & 16.15–18.45 Uhr) Nach der Rückeroberung Palmas 1229 ge-

ORIENTIERUNG

Die Catedral (S. 53) ist der ideale Kompass. Seit jeher bildeten das wichtigste Gotteshaus und der ehemalige Amtssitz der weltlichen Macht, der Palau de l'Almudaina (S. 54), das Zentrum der Altstadt (die Viertel **Sa Portella** und **Sa Calatrava**). Viele von Palmas Sehenswürdigkeiten liegen dicht gedrängt in diesem Gewirr enger Gassen und sonniger Plätze mit einer Fülle imposanter Kirchen und Patrizierhäuser. Das helle mediterrane Licht und das glitzernde Meer sind nie weit entfernt.

Im Norden liegt die Plaça Major (S. 68), ein typischer spanischer Marktplatz mit Arkaden, Geschäften und Cafés. Nach Osten führt der Carrer del Sindicat zu den Straßen, die Palmas Altstadt begrenzen, und folgt dem Zickzackmuster der heute baufälligen Mauern. Hier befindet sich das über Jahrzehnte verwahrloste **Sa Gerreria**, das gerade seine Wiedergeburt erlebt und sich zu einem Szeneviertel mit tollem Nachtleben mausert. Von der Plaça Major nach Norden erstreckt sich die Einkaufsmeile **Carrer de Sant Miquel** bis zur weitläufigen **Plaça d'Espanya**, dem wichtigsten Verkehrsknotenpunkt Palmas. Von der Plaça Major und dem Carrer de Sant Miquel fällt das Gelände nach Westen hin zum baumbestandenen **Passeig de la Rambla** ab.

Westlich der Kathedrale verläuft der **Passeig d'es Born**, eine typische Flaniermeile und eine der Hauptverkehrsadern der Stadt. Er grenzt an das historische Viertel **Es Puig de Sant Pere**, das im Westen bis an die Festungswälle des Es Baluard (S. 65) und im Norden an die Einkaufsstraße **Avinguda de Jaume III** reicht. Jenseits des Flusses **Sa Riera** liegt **Santa Catalina**. Die schachbrettartig angeordneten Straßen des Viertels, einst ein Seemannsbezirk, werden von traditionellen ein- oder zweigeschossigen Häusern gesäumt. Schon im 17. Jh. entstandene Windmühlen in der noch als **Es Jonquet** bezeichneten Gegend südlich des **Carrer de Sant Magí**, der ältesten Straße im *barri* (Viertel). Die letzten Jahre standen ganz im Zeichen der Gentrifizierung, und heute ist Santa Catalina ein alternatives Künstlerviertel voller Boutiquen, Galerien, Bars und Restaurants. Folgt man dem **Passeig Marítim** an der Küste weiter Richtung Westen, erreicht man den Fährhafen und die größte Attraktion in dieser Gegend: das Castell de Bellver (S. 76).

Im Osten führt ein 1 km langer Spaziergang vom im Zentrum gelegenen Ende der **Platja de Can Pere Antoni** nach **Es Portixol**. Der „kleine Hafen", ein einstiges Fischerdorf vor Palmas Stadttoren, ist heute ein attraktives Gastroziel mit einer Fülle von Sportbooten und ist vom Hinterland (in diskretem Abstand) durch die Autobahn getrennt. Vom Zentrum Palmas gelangt man gemütlich per *pedes*, mit dem Fahrrad oder Inlineskates auf dem Passeig Marítim dorthin. Von Portixol aus kann man um eine Landspitze herum nach **Es Molinar** laufen, einem schlichten „Küstenvorort" mit Fischerhäusern. Jenseits der Brücke erstreckt sich **Ciutat Jardí**, eine ruhige Wohngegend mit breitem Sandstrand.

---

hörten die Klarissen zu den ersten Ordensgemeinschaften, die sich hier niederließen. 1260 wurde ihnen das Klostergelände zugesprochen, wobei der vom Barock und der Gotik geprägte Bau vor allem auf das 16. und 17. Jh. zurückgeht. Inzwischen steht nun schon die dritte Kirche an diesem Standort, die umfassend restauriert wurde. Die wenigen Nonnen des Klosters verkaufen hier traditionell Süßes aus eigener Herstellung.

In ein Fenster ist ein sogenanntes *torno*, eingelassen. Das ist eine Art Drehkreuz aus Holz mit einer Glocke. Auf ein Klingeln erscheint eine Nonne, bei der man bestellt, was man haben möchte. Dann legt man das Geld in das Drehkreuz und bekommt seine *bocaditos de almendra* (Mandelhappen) oder *rollitos de anís* (Anisröllchen) zu 4 € für 200 g. Es gibt auch hausgemachtes Eis (2,50 €).

Arc de sa Drassana   HISTORISCHES GEBÄUDE

(Karte S. 60; abseits des S'Hort del Rei) Der große Arc de sa Drassana wird vom Palau de l'Almudaina dominiert und zählt zu den wenigen erhaltenen Zeugnissen aus arabischer Zeit. Als die Riera noch dort floss, wo sich heute der Passeig d'es Born erstreckt, und das Meer bis an die Stadtmauern reichte, befanden sich hier Werften und das Seetor zum arabischen Palas.

⊙ Plaça Major & Umgebung

Plaça Major PLATZ
(Karte S. 60) Arkaden, Läden, Cafés und Restaurants säumen die Plaça Major, einen grandiosen, typisch spanischen Hauptplatz. Tagsüber herrscht viel Betrieb, abends wirkt sie hingegen gespenstisch still.

Nach Osten führt der Carrer del Sindicat zu den Straßen, die Palmas Altstadt begrenzen. Hier befindet sich das lange verwahrloste und ehemals etwas zwielichtige Sa Gerreria, das gerade seine Wiedergeburt erlebt und sich zu einem Szeneviertel mit tollem Nachtleben mausert. Jenseits der Plaça Major führt die Einkaufsmeile Carrer de Sant Miquel nordwärts zur weitläufigen Plaça d'Espanya. Das erhöhte Areal der Plaça Major und des Carrer de Sant Miquel fällt gen Westen zum schattigen Passeig de la Rambla ab.

★**Museu Fundación Juan March** GALERIE
(Karte S. 60; 97 171 35 15; www.march.es; Carrer de Sant Miquel 11; Mo–Fr 10–18.30, Sa 10.30–14 Uhr) GRATIS Eine kleine, aber bemerkenswerte Sammlung an Gemälden und Skulpturen wartet im Can Gallard del Canya, einem Herrenhaus aus dem 17. Jh. mit ein paar modernistischen Elementen. Die aus rund 80 Stücken bestehende Dauerausstellung der Fundación Juan March umfasst die großen zeitgenössischen Künstler Spaniens, darunter Miró, Picasso, sein Zeitgenosse und Kubist Juan Gris, Dalí und die Bildhauer Eduardo Chillida und Julio González.

Hat man sich deren Arbeiten angeschaut, wird man mit verschiedenen Strömungen der spanischen Kunst vertraut gemacht, z. B. der Bewegung, die die Zeitschrift *Dau al Set* (1948–1953) unter Führung von Antoni Tàpies in Barcelona inspirierte. In Valencia schlugen Eusebio Sempere und Andreu Alfaro zur gleichen Zeit den Weg in die Abstraktion ein. Semperes *Las Cuatro Estaciones* (1980), eine Serie aus vier Bildtafeln, stellt mit verflochtenen Formen aus zarten Linien und subtilen Farbschattierungen die vier Jahreszeiten dar. Bemerkenswert sind auch die Werke von Manuel Millares, Fernando Zóbel und Miquel Barceló, von dem etwa das großformatige *La Flaque* (Der Teich; 1989) ausgestellt ist.

Can Balaguer MUSEUM
(Karte S. 60; 971 22 59 00; Carrer de l'Unió 3; Di–Sa 9.30–20.30 Uhr) GRATIS In diesem Haus, das zu den berühmtesten von Palma gehört und zwischen 1600 und 1951 als Adelsresidenz diente, werden unter dem Titel „La Casa Posible" historische Räume präsentiert. Dabei spiegelt die Einrichtung der einzelnen Räume jeweils eine bestimmte Epoche wider: Da ist das Musikzimmer aus dem 17. Jh. mit seiner prächtigen Orgel, das luxuriös ausgestattete Schlafzimmer aus dem 18. Jh. mit Himmelbett und üppigen Damasttapeten und das bemerkenswerte Zimmer im Louis-XV-Stil, der im späten 19. Jh. groß in Mode war. Der letzte Besitzer des Hauses war der Musiker, Unternehmer und Kunstmäzen Josep Balaguer (1869–1951).

Unbedingt ansehen sollte man sich Balaguers ausgezeichnete Sammlung modernistischer Gemälde gleich beim Eingang. Im Mittelpunkt steht der mallorquinische Maler Antoni Gelabert (1877–1932). Ebenfalls sehenswert ist die 20-minütige, mit englischen Untertiteln versehene Multimedia-Präsentation zur Geschichte des Hauses. Im Erdgeschoss befindet sich ein Café, außerdem gibt es einen kleinen Bookshop.

Església de Sant Miquel KIRCHE
(Sankt-Michaels-Kirche; Karte S. 60; Carrer de Sant Miquel 21; 9.30–13.30 & 17–19.30 Uhr) Die Sankt-Michaels-Kirche zählt mit ihrem eindrucksvollen Stilmix zu Palmas ersten vier Kirchen. Vorher befand sich hier eine Moschee, in der am 31. Dezember 1229 die erste Messe der Insel gefeiert wurde. Die Fassade und das Por-

GALERIENVIERTEL

Liebhaber moderner Kunst werden angesichts der Vielzahl von Galerien in den engen Gassen gleich östlich des Passeig d'es Born in Verzückung geraten.

La Caja Blanca (Karte S. 60; www.lacaja blanca.com; Carrer de Can Verí 9; Mo–Fr 11–14 & 17–20, Sa 11.30–14 Uhr) GRATIS Jedes Jahr finden hier drei bis vier Ausstellungen mit Werken unangepasster mallorquinischer und internationaler Künstler in minimalistischem Ambiente statt.

Galeria K (Karte S. 60; www.galeria-k.com; Carrer de Can Verí 10; Mo–Fr 10.30–20, Sa 11–15 Uhr) GRATIS Die innovative kleine Galerie präsentiert spanische und internationale Maler und Bildhauer.

Centre Cultural Contemporani Pelaires (S. 62) Palmas erste ausgewiesene Galerie für zeitgenössische Kunst ist in einem hübschen Gebäude aus dem 17. Jh. untergebracht.

tal mit seinem flachen, langgestreckten Bogen sind ein typisches Beispiel katalanischer Gotik des 14. Jhs. Auch der gedrungene siebenstöckige Glockenturm ist gotisch. Ansonsten ist die Kirche mit ihrem Tonnengewölbe fast durchgängig barockisiert.

Man beachte die Statue von Papst Johannes Paul II. (beim Betreten der Kirche rechts).

Claustre de Sant Antoniet   GALERIE

(Karte S. 60; Carrer de Sant Miquel 30; Mo–Fr 10–14 & 15.30–20, Sa 10–13.30 Uhr) GRATIS Ein Barockjuwel, das der Bank BBVA gehört. In dem zweigeschossigen ovalen Bau von 1768 finden heute Kunstausstellungen statt. Ursprünglich war es Teil der **Església de Sant Antoni de Viana** nebenan, nachdem Karl III. den Orden Sant Antoni 1788 verboten hatte, wurde es jedoch an den jetzigen Standort verlegt.

Almacenes El Águila   HISTORISCHES GEBÄUDE

(Karte S. 60; Plaça del Marqués de Palmer 1) Gaspar Bennàssar (1869–1933), einer der einflussreichsten Architekten des modernen Palma, experimentierte während seiner langen Karriere mit verschiedenen Stilen, auch mit dem Modernisme. Davon zeugt schon die Hauptfassade der Almacenes El Águila, 1908 als Kaufhaus gebaut und vor Kurzem in das Boutiquehotel L'Aguila Suites verwandelt. Die schmiedeeisernen Verzierungen sind typisch für den Modernisme.

CaixaForum   KULTURZENTRUM

(Karte S. 60; 971 17 85 00; https://obrasociallacaixa.org/en/cultura/caixaforum-palma; Plaça de Weyler 3; Erw./Kind & La-Caixa-Mitglieder 4 €/frei; Mo–Sa 10–20, So 11–14 Uhr) Spaniens größte Sparkasse, La Caixa (Kunden erhalten kostenlosen Eintritt), mit Sitz in Barcelona, betreibt dieses Kulturzentrum mit Galerie in einem wunderschönen Modernisme-Gebäude (dem ersten der Insel), und einstigem Standort des Grand Hotel. Die Sammlung an Gemälden von Hermenegildo Anglada Camarasa wird von Wechselausstellungen zu Themen wie römischen Frauenstatuen aus dem Louvre ergänzt. Außerdem gibt's ein nettes Café im Erdgeschoss und einen exzellenten Buchladen.

Centre de Cultura Sa Nostra   KULTURZENTRUM

(Karte S. 60; www.fundaciosanostra.es; Carrer de la Concepció 12; Mo–Fr 10.30–13.30 & 17–20 Uhr) GRATIS Die große baleariche Sparkasse Sa Nostra unterhält diese Kulturstiftung im Can Castelló, die Ausstellungen, Performance-Kunst und Vorträge veranstaltet. Vor allem die gelegentlichen zeitgenössischen Ausstellungen sind meist einen Besuch wert. Das ursprüngliche Haus entstand im 17. Jh., die Modernista-Elemente gehen auf Renovierungsarbeiten von 1909 zurück. Sein hübscher Innenhof aus dem 18. Jh. mit stilvollem Café lohnt für sich genommen einen Abstecher.

Vor dem Zentrum steht der **Font del Sepulcre**: Das gotische Baptisterium ist ein Überbleibsel einer längst verschwundenen Kirche. Innen gibt's einen maurischen Brunnen aus dem 12. Jh. Der Carrer de la Concepció hieß früher Carrer de la Monedaria, weil sich dort die Prägeanstalt des Königreichs Mallorca befand.

Església de Sant Jaume   KIRCHE

(Karte S. 60; Carrer de Sant Jaume 10; 11.30–13.30 & 17.30–20.30 Uhr) Trotz ihrer Barockfassade ist dies eine der ältesten gotischen Kirchen Palmas. Der graue, hoch aufragende Bau entstand als eine der vier ersten Pfarrkirchen ab 1327 „unter dem Schutz des Königshauses von Mallorca". Angeblich lebte die Familie Bonapart (später Bonaparte geschrieben) in dieser Gegend, bevor sie 1406 nach Korsika zog. Napoleon hätte also Mallorquiner sein können!

Església de Santa Magdalena   KIRCHE

(Karte S. 60; Plaça de Santa Magdalena; 7.30–13.15 & 17.30–19.30 Uhr) Diese Kirche ist vor allem eine Pilgerstätte, denn hier ruht in einem gläsernen Sarg in einer Kapelle links vom Altar die hl. Catalina Thomàs aus Valldemossa. Der Legende nach saß Catalina eines Tages weinend an einem großen Stein, weil sie aufgrund ihrer Armut kein Kloster aufnehmen wollte.

Als ihr dann jemand sagte, sie sei im ehemaligen Kloster der Església de Santa Magdalena willkommen, war sie überglücklich. Inzwischen ist der betreffende Stein in der rückwärtigen Mauer der **Església de Sant Nicolau** aus dem 14. Jh. an der Plaça del Mercat eingemauert. Die Nonnen verkaufen Santa-Magdalena-Gebäck und andere selbstgemachte süße Leckereien aus einer Luke heraus, die sich in einer Seitenstraße rechts vom Eingang befindet.

Església de Sant Crist de la Sang   KIRCHE

(Karte S. 56; Plaça de l'Hospital; 7.30–13 & 16–20 Uhr) Im Hospital General (gegründet im 16. Jh.) kann man die gotische Fassade dieser Pilgerkirche bewundern. Der *paso* (ein Prozessionsbild) des „hl. Christus des Blutes" gilt als wundertätig. Links vom Kircheneingang steht eine Krippe aus dem 15. Jh.,

Stadtspaziergang
Historisches Palma & versteckte Höfe

START S'HORT DEL REI
ZIEL BASÍLICA DE SANT FRANCESC
LÄNGE/DAUER 2,5 KM, 2–3 STD.

Vom ❶ **S'Hort del Rei** (Königsgarten), in dem sich der ❷ **Arc de sa Drassana** über einen Teich spannt, geht's zum „Ei", der Bronzeskulptur von Miró. Hinterm Palau March führen Stufen zur imposanten gotischen ❸ **Kathedrale** (S. 53). Unterhalb erstreckt sich der ❹ **Parc de la Mar** (S. 63) mit seinem See.

Auf der Renaissance-Ufermauer ❺ **Dalt Murada** (S. 62) die Aussicht genießen, dann an dem mittelalterlichen Tor ❻ **Sa Portella** (S. 62) links ab, wo der Carrer de la Portella mit vielen historischen Höfen aufwartet: Der ❼ **Cal Marquès de la Torre** (Haus Nr. 14) geht auf das 17. Jh. zurück, den ❽ **Can Espanya-Serra** (19. Jh., Nr. 8) ziert eine neugotische Treppe. Links um die Ecke auf dem Carrer de la Puresa lockt einer von Palmas ältesten Höfen, der ❾ **Can Salas** (Nr. 2), mit verzierten Säulen, bildschöner Loggia und Wappen aus dem 13. Jh.

Der winzige ❿ **Jardí del Bisbe** (S. 59) lädt zur Pause ein, oder man geht weiter nordwärts den Carrer de Ca'n Angluda hinauf zum ⓫ **Cal Poeta Colom** (Nr. 4), benannt nach dem Dichter, der hier einst lebte. Ein Stück weiter steht die mittelalterliche Villa ⓬ **Can Marquès** (Nr. 2).

Das mittelalterliche Tor ⓭ **Porta de l'Almudaina** (S. 63) auf dem Carrer de l'Almudaina war einst Teil der römischen Mauern. Unweit befinden sich der ⓮ **Can Oms** (S. 63) mit tollem gotischen Portal. Der nahe ⓯ **Can Oleza** (Karte S. 60; Carrer d'en Morei 9) ist ein Barockpatio mit einer Loggia, ionischen Säulen, niedrigen Bogen und schmiedeeiserner Balustrade. Vorbei an der ⓰ **Església de Santa Eulàlia** (S. 59) – ab aufs Dach – geht's zum Carrer de Can Savellà, an dem der von korinthischen Säulen gesäumte ⓱ **Can Vivot** (Nr. 4) und der ⓲ **Can Catlar del Llorer** (Nr. 15), einer der ältesten gotischen Höfen von Palma, zum Träumen einladen. Im Anschluss gibt es eine heiße Schokolade im altmodischen ⓳ **Ca'n Joan de S'Aigo** (S. 74), bevor es zurück zur altehrwürdigen ⓴ **Basílica de Sant Francesc** (S. 58) geht.

PALMA MIT KINDERN

Palmas Strände, Parks, Wasseraktivitäten und zahlreiche Cafés und Eisdielen machen die Stadt zu einem Top-Ziel für Familien. Welches Kind ist nicht verrückt nach Burgen? Das Castell de Bellver (S. 76) hat imposante Märchenbuchausmaße, während das Es Baluard (S. 68) in den Festungswällen gleichermaßen für Kunstfans und Entdecker geeignet ist. Das Palma Aquarium (S. 88) östlich von Palma ist ebenfalls ein Highlight für Kinder. Dort lässt sich gut und gern ein halber Tag verbringen – und die Kleinen können sogar über Nacht bleiben (bei speziellen „Haiübernachtungen" am Freitagabend). Weiteres Highlight ist das Aqualand (S. 89), der größte Wasserpark der Insel mit Rutschen, Becken, Speedballs und weiterem Wasserspaß.

Überall in der Stadt gibt's Kinderspielplätze, z. B. im Parc de les Estacions hinterm (Bus-)Bahnhof und im Park Sa Feixina nahe dem Es Baluard. Ein toller Abenteuerspielplatz ist zudem unweit der Befestigungsanlage gleich östlich des Parc de la Mar (S. 63).

---

vermutlich aus Neapel stammend. Messen finden wochentags um 11.30 Uhr, samstags um 8.30 Uhr und sonntags um 9 Uhr und 18.30 Uhr statt.

◉ Es Puig de Sant Pere

★ Es Baluard   KUNSTMUSEUM

(Museu d'Art Modern i Contemporani; Karte S. 60; ☎ 971 90 82 00; www.esbaluard.org; Plaça de Porta de Santa Catalina 10; Erw./Kind 6 €/frei; ⊙ Di–Sa 10–20, So bis 15 Uhr) Eine der schönsten Galerien für moderne Kunst wurde in die Renaissance-Ufermauern hineingebaut. Die Wechselausstellungen können sich immer sehen lassen, das eigentliche Highlight ist aber die ständige Sammlung mit Arbeiten von Joan Miró, Miquel Barceló und Picasso. Wer mit dem Fahrrad kommt, zahlt nur 2 €.

Geschickt fügt sich der Betonkomplex des 21. Jhs. zwischen die alten Wehranlagen mit den teilweise restaurierten Resten eines maurischen Turms aus dem 11. Jh. (vom Carrer de Sant Pere aus gleich rechts). Im Erdgeschoss werden die wichtigsten Stücke der Dauerausstellung gezeigt: mallorquinische Landschaften lokaler und ausländischer Künstler, darunter Namen wie Joaquín Sorolla aus Valencia, der Mallorquiner Miquel Barceló und der katalanische Modernista-Vertreter Santiago Rusiñol.

Ebenfalls im Erdgeschoss widmet sich ein Raum den Arbeiten von Joan Miró. Im Obergeschoss sind tolle Keramiken von Pablo Picasso zu sehen. Nachdem man diese bewundert hat, kann man auf die Befestigungsmauern hinaustreten und die Aussicht genießen. Insgesamt ist das Es Baluard beeindruckend, aber nicht unbedingt außergewöhnlich. Es lohnt sich jedoch, hier ein paar Stunden zu verbringen.

Sa Llotja   HISTORISCHES GEBÄUDE

(Karte S. 60; Plaça de la Llotja 5; ⊙ Di–Sa 11–14 & 17–21, So 11–14 Uhr) GRATIS Der wunderschöne Sandsteinbau Sa Llotja aus dem 15. Jh. gegenüber dem Meeresufer wurde als Seehandelsbörse errichtet. Vom mallorquinischen Architekten Guillem Sagrera, der außerdem an der Kathedrale mitwirkte, entworfen und 1448 fertiggestellt, ist er der Höhepunkt gotischer Baukunst auf der Insel. Die Kaufmannsvergangenheit hat Sa Llotja lange hinter sich gelassen und beherbergt heute zeitgenössische Ausstellungen.

Im Inneren tragen sechs schlanke, gewundene Säulen die Pfeiler eines luftigen Kreuzgratgewölbes. An den vier Ecken des Gebäudes ragen achteckige Türme auf. Hohe Spitzbogen, feines Maßwerk und Wasserspeier mit gruseligen Fratzen prägen die Fassaden.

Consolat de Mar   HISTORISCHES GEBÄUDE

(Karte S. 60; Passeig de Sagrera 7) 1326 wurde das „Meereskonsulat" als Seehandelsgericht gegründet, das sich um Rechtsstreitigkeiten zwischen Kaufleuten, Seeleuten und Kapitänen kümmerte. Das heutige Gebäude zählt (trotz des Stilmixes) zu Mallorcas wenigen Renaissance-Bauten, wurde 1669 fertiggestellt und grenzt an eine spätgotische Kapelle aus dem Jahre 1600, die für die Mitglieder von Sa Llotja gedacht war. Das Consolat de Mar ist heute Sitz der Regierung der Balearen.

Passeig d'es Born   GEGEND

(Karte S. 60) Der Passeig d'es Born, eine der Prachtstraßen von Palma, mündet in die **Plaça del Rei Joan Carles I.** (benannt nach dem ehemaligen König, vorher nach Papst Pius XII.). Die Einheimischen nennen diesen Kreisverkehr aber nur Plaça de les Tortugues, weil in der Mitte ein Obelisk auf vier Bronzeschildkröten steht. An der Ostseite der Straße findet man hoch oben am Eckhaus zum Carrer de Jovellanos den entstellten Steinkopf eines Mauren mit weißem Turban.

Dieser **Cap del Moro** stellt einen muslimischen Sklaven dar, der angeblich im Oktober 1731 seinen Herrn tötete. Der Sklave wurde hingerichtet und seine abgetrennte Hand an der Mauer des Hauses befestigt, in dem das Verbrechen geschah. Chroniken behaupten, noch 1840 seien die Überreste der Hand hinter einem Gitter zu sehen gewesen. Unter Franco wurde der Passeig umbenannt, nach dem Tod des Diktators kehrte man jedoch wieder zum ursprünglichen Namen zurück.

Casal Solleric   HISTORISCHES GEBÄUDE

(Karte S. 60; 971 72 96 04; https://casalsolleric. palma.cat; Passeig d'es Born 27; Di–Sa 11–14 & 15.30–20.30, So 11–14.30 Uhr) GRATIS Hinter der großartigen Fassade des Barockpalais aus dem 18. Jh. wartet ein typischer mallorquinischer Innenhof mit anmutigen weiten Bogen und unregelmäßigem Pflaster. Es ist Kulturzentrum mit Wechselausstellungen, Buchhandlung und Touristeninformation in einem. Meistens muss man für die Ausstellung auf zwei Etagen keinen Eintritt zahlen. Der Teil gegenüber dem Passeig d'es Born war einst die Rückseite des ursprünglichen Baus von 1763. Erzherzog Ludwig Salvador bezeichnete den Innenhof als „einen der schönsten Palmas".

Església de Santa Creu   KIRCHE

(Karte S. 60; Carrer de Sant Llorenç 4) Mit dem Bau des gotischen Originals der Heilig-Kreuz-kirche, einer der ersten Gemeindekirchen der Stadt, begann man 1335. Das Hauptportal (Carrer de Santa Creu 7) ist eine Ergänzung aus dem Barock des 18. Jhs. Als besonders interessant gilt die Cripta de Sant Llorenç (Krypta des hl. Laurenz), eine frühgotische Kapelle, die vermutlich aus dem späten 13. Jh. stammt. Im Inneren der Kirche sind einige Gemälde von Rafel Mòger und Francesc Comes zu sehen.

 Aktivitäten

Magic Catamarans   BOOTSFAHRTEN

(Karte S. 56; 971 45 61 82; http://magic-catam arans.com/es; 1. OG, Passeig Marítim 8; Erw./Kind 52/26 €; April–Okt. 10–15 & 15.30–20.30 Uhr;) Der Veranstalter bietet täglich zwei fünfstündige Katamarantouren nach Cala Portals Vells oder Cala Vella (östlich der Badia de Palma) an. Mahlzeiten an Bord und Schnorchelausrüstungen sind im Preis inbegriffen, zudem gibt's einen Abholservice ab dem Hotel (Erw./Kind 10/5 €). Günstiger ist die 2 ½-stündige Tour nach Ses Illetes (18/10 € ohne Verpflegung).

Cruceros Marco Polo   BOOTSFAHRTEN

(Karte S. 56; 647 843667; www.crucerosmarco polo.com; abseits des Passeig Marítim; 1-stündige Fahrt 12 €; März–Okt. Mo–Sa 11–16, So 14–16 Uhr stdl.) Marco Polo, einer der ersten Touranbieter in der Badia de Palma, veranstaltet bis zu sechsmal täglich eine Tour durch die Bucht mit der *Mar y Sol II*. Es gibt eine Bar an Bord, zudem kann man Palmas Attraktionen wunderbar vom Wasser aus fotografieren.

Real Club Náutico   BOOTSFAHRTEN

(Karte S. 56; www.rcnp.es; Plaza de San Pedro 1) Palmas renommiertester Yachtclub wurde 1948 gegründet und organisiert mittlerweile das ganze Jahr über mehr als 20 Veranstaltungen. Der Club organisiert auch Segelkurse für Erwachsene und Kinder.

 Kurse

Akzent   SPRACHE

(Karte S. 60; 971 71 99 94; www.akzent-palma. com; Carrer del Carme 14; 2-wöchiger Kurs 395 €; Mo–Fr 9.30–13.30 Uhr) Eigentlich ein Buchladen, der aber sehr gute zweiwöchige Intensivkurse anbietet. Der Unterricht dauert vier Stunden pro Tag und die Teilnehmerzahl ist auf zehn begrenzt. Sie bieten auch Einzelunterricht und Abendkurse an.

My Muy Bueno Cookery School   KOCHEN

(Karte S. 60; 971 72 00 17; www.mymuybueno cookeryschool.com; Carrer Tous Maroto 5B; halbtägig/ganztägig 120/195 €) Eine hochprofessionelle Kochschule, die zertifizierte Langzeitkurse sowie halb- und ganztägige Kurse anbietet. Die große kulinarische Vielfalt reicht von der klassischen spanischen Küche bis hin zu rohen Desserts und Street Food. Außerdem wird nebenan ein Delikatessengeschäft mit Café betrieben, das sich auf vegane Backwaren, frische Säfte und Ähnliches konzentriert.

Lonja 18   KOCHEN

(Karte S. 60; 672 23 35 55; www.lonja18.com; Carrer de Sa Llotja 18; 3-stündige Kurse 70 €) Der beliebteste Kochkurs dieser Schule widmet sich der spanischen Küche. Bei dem praxisorientierten Kurs erlernt man einige bekannte spanische Gerichte. Weitere Kurse konzentrieren sich auf Tapas und Pintxos sowie die vegane Küche. Sie beinhalten alle den Besuch auf dem Mercat de Santa Cata-

RADFAHREN & SEGELN RUND UM PALMA

VON PALMA NACH CAPOCORB VELL

START/ZIEL PALMA DE MALLORCA
DISTANZ 67 KM
SCHWIERIGKEIT EINFACH BIS MODERAT

Palma und die Badia de Palma lassen sich wunderbar mit dem Fahrrad erkunden. Zwischen Palmas Hafen und S'Arenal verläuft ein Radweg entlang der Küste und auch in Palma selbst gehören Radfahrer dank ausgewiesener Routen zum Stadtbild. Stadträder und Mountainbikes kann man bei zahlreichen Anbietern ausleihen (am besten Renn- oder Trekkingrad).

Die Rundtour führt auf einfachem Weg in weitem Bogen an der Badia de Palma entlang und dann etwas landeinwärts zum Cap Blanc an der Südküste der Insel. Zurück in die Stadt fährt man über ruhige, gewundene Landsträßchen und dann bergab.

Ausgangspunkt ist der Radweg an der Uferpromenade im **Zentrum von Palma**. Richtung Südosten geht's größtenteils an der Küste entlang nach Pastilla (S. 87). Danach folgt man der Küstenstraße bis ans Ende des Sandstrands **Platja de Palma** und seiner Verlängerung S'Arenal (S. 89); unterwegs muss man sich auf Fußgänger einstellen, die den ausgewiesenen Radweg ebenfalls nutzen. Von dort geht's den Holzschildern nach in Richtung **Cap Blanc**. Die nächsten 23 km führen zwar über eine größere Landstraße (die Ma 6014), aber durch wunderschöne Landschaft, außerdem sind die Autofahrer an Radler gewöhnt. Die Straße klettert auf 150 m, aber die Steigung ist zu schaffen.

Nun folgt man den Schildern einen sanften Anstieg hinauf bis zum Leuchtturm auf dem Kap, wo man bei einer Verschnaufpause die grandiosen Küstenblicke genießen kann. Zurück auf der Hauptstraße fährt man weiter Richtung Nordosten zu einer Kreuzung, wo es rechts nach Cala Pi (S. 178) geht. Hier hält man sich links und sucht die Schilder nach **Capocorb Vell** (S. 178). Der Eingang befindet sich linker Hand; bei den Ruinen gibt's eine einfache Kaffeebar.

Palmas enges Gewirr an Galerien, Palästen und alten Gassen lässt sich dank der guten Straßeninfrastruktur bestens mit dem Rad erkunden. Im Hafen und an der breiten Badia de Palma kommen Segler auf ihre Kosten.

Frisch gestärkt fährt man rechts auf das ruhige Landsträßchen Camí de Betlem (auch Carreró de Betlem genannt) bis zu einer Kreuzung und weiter zur Camí Estabits de s'Àguila inmitten von Ackerland. Diese geht nach einer scharfen Rechtskurve in die Camí de s'Àguila über. Nach 200 m biegt die Route links ab in die Camí de sa Caseta, die herrlich schattig zwischen Trockenmauern und unter überhängenden Bäumen verläuft. An deren Ende steht eine **Windmühle**, links davon eine Kirche. Hier biegt man links ab und folgt einem Holzschild auf die ruhige Camí de sa Torre und weiter nach S'Arenal. An der Einmündung in die Ma 6014 rechts der Beschilderung nach bis Platja de Palma. Hier ist der Rückweg nach Palma leicht zu finden.

FAHRRADVERLEIH

Palma on Bike (Karte S. 60; ☎971 71 80 62; www.palmaonbike.com; Avinguda d'Antoni Maura 10; Stadtrad/Mountainbike/Elektrorad 12/36/28 € pro Tag; ⊙9.30–13 & 15–19 Uhr) vermietet Palma-Besuchern Stadträder, Rennräder, Inlineskates und Kajaks. Die Leihgebühren sind inklusive Versicherung und Helm. Zum Angebot gehören außerdem Stadtführungen (25 € pro Person; mind. 2 Pers.), darunter Tapas-Touren (35 €) und Wein-Touren (55 €).

Am Strand von S'Arenal gibt's eine ganze Reihe von Fahrradverleihstellen. Wer ein anständiges Straßenrad sucht, könnte es bei **Ciclos Quintana** (☎971 44 29 25; www.ciclosquintana.com; Carrer de San Cristóbal 32; Aluminium-/Karbonräder 20/30 € pro Tag; ⊙Mo–Fr 9.30–13 & 16–20 Uhr–18 & Mo–Fr 21.30–24 Uhr) etwas abseits der Hauptstraße versuchen.

Bei **Palma Lock & Go** (S. 86) im Untergeschoss des Bahnhofs kann man sein Gepäck aufbewahren, wenn eine Radtour plant.

SEGELN IN PALMA

Segeln gilt in Palma als große Sache. Im Laufe des Jahres finden hier zahlreiche Regatten statt. Abgesehen von denen, die wir unten aufgelistet haben, organisiert der **Real Club Náutico** (S. 69), der renommierteste Yachtclub der Stadt, im Laufe eines Jahres über 20 Events, teilweise in Zusammenarbeit mit anderen Vereinen.

Copa del Rey (S. 72) Der Königspokal im Juli/August gehört zu den Höhepunkten auf Palmas Regatta-Kalender.

PalmaVela (www.palmavela.com; ⊙Ende April/Anfang Mai) Bei der PalmaVela treten Hunderte Yachten aller Klassen aus der ganzen Welt an.

Trofeo SAR Princesa Sofía (www.trofeoprincesasofia.org; ⊙März/April) Eine von sechs Regatten der World Cup Series, die Olympia-Crews von überallher anlockt.

Superyacht Cup (www.thesuperyachtcup.com; ⊙Juni) Eines der größten Rennen für Superyachten mit einer Länge von 25 bis 90 m, an drei Tagen im Juni.

Trofeo Ciutat de Palma (S. 73) Große Veranstaltung für kleinere Boote an vier Tagen im Dezember.

MARITIME KURSE & TOUREN

Für Bootstouren und Kreuzfahrten empfehlen sich **Magic Catamarans** (S. 69), **Cruceros Marco Polo** (S. 69) oder **Real Club Náutico** (S. 69) um Palma. **Attraction** (S. 88) ist eine weitere Option in nahegelegenen Ca'an Pastilla während **Cruceros Costa de Calvià** (S. 93) in Magaluf eine Reihe verschiedener Bootstouren anbietet, darunter auch ganztägige Törns.

Palma Sea School (S. 72) bietet eine breite Palette an Segel-, Motorboot- und Jetski-Kursen an.

Deep Blue Sea (Karte S. 56; ☎971 90 21 00; www.deepbluesea.training; Calle de Sant Magi 46, Santa Catalina; 2-tägige Segelkurse ab 30 €; ⊙Mo–Fr 8.45–18 Uhr) operiert von Santa Catalina aus und bietet eine große Auswahl an Segelkursen an.

lina (S. 75) sowie eine komplette Mahlzeit, inklusive Getränke.

Die Akademie
SPRACHE
(Karte S. 60; ☎ 971 71 82 90; www.dieakademie.com; Carrer d'en Morei 8; 1-wöchiger Kurs 198 €; ⊙ Mo–Fr 9–13.30 & 17–19.30 Uhr) Die Akademie ist in einer spätgotischen Villa aus dem 16. Jh. untergebracht und hat verschiedene Spanischkurse im Programm, die auf der eindrucksvollen „Superlearning"-Methode basieren. Der Standardunterricht findet jeden Morgen von 9.30 bis 13.30 Uhr statt.

Palma Sea School
SEGELN
(Karte S. 56; ☎ 971 10 05 18; www.palmaseaschool.com; Passeig Marítim 38; 2-tägiger Segelkurs ab 299 €; ⊙ 9–17 Uhr) Ob blutiger Anfänger oder Wiederholungstäter: In dieser Segelschule, die zur Royal Yachting Association gehört, findet jeder den passenden Kurs (ob Segeln, Motor-, Rennboot- oder Jetski-Fahren).

Geführte Touren

Palma City Sightseeing
BUS
(Karte S. 60; ☎ 902 10 10 81; www.city-ss.es/en/destination/palma; Avinguda d'Antoni Maura; Erw./Kind Bus 18/9 €, Boot 12/6 €, Bus & Boot 28/14 €; ⊙ 9.30–22 Uhr, außerhalb des Sommers kürzer; ⛵) Der Hop-on-Hop-off-Bus vom *ajuntament* (Rathaus) mit Audioguides in verschiedenen Sprachen fährt alle 20 Minuten von der Avinguda d'Antoni Maura ab. Auf seinem Rundkurs passiert er das Zentrum, den Hafen und das Castell de Bellver. Wer möchte, kann die Fahrt mit einer Bootstour durch die Bucht kombinieren.

Feste & Events

Fiesta Sant Sebastiá
MUSIK
(⊙ 18.–20. Jan.) Am Vorabend des Namenstags von Palmas Schutzheiligem finden auf den öffentlichen Plätzen Konzerte statt (alles von Funk bis Folk). Dann gibt's Freudenfeuer und das *aiguafoc*, ein Feuerwerk über der Bucht – trotz frösteliger Temperaturen eine Riesenparty!

Sa Rueta & Sa Rua
KARNEVAL
(⊙ Feb.–März; ⛵) Palmas Version des Karnevals (der in den letzten Tagen vor Beginn der Fastenzeit gefeiert wird) besteht aus einem Kinderumzug (Sa Rueta), gefolgt von einer größeren Parade (Sa Rua) mit extravaganten Festwagen.

Semana Santa
RELIGIÖSES FEST
(Karwoche; ⊙ März–April) In der Karwoche werden zahlreiche Prozessionen abgehalten, die imposanteste am Gründonnerstag: Bei der Processó del Sant Crist de la Sang (Christus des Blutes) ziehen Angehörige der *confraries* (Bruderschaften) in langen Roben und Kapuzen mit einem *paso* (schweren Kruzifix) durch die Straßen. Die Prozession startet um 19 Uhr in der Església del Crist de la Sang.

Fronleichnam
RELIGIÖSES FEST
(⊙ Mai–Juni) Fronleichnam ist zwar am neunten Donnerstag nach Ostern, aber die Hauptprozession am darauffolgenden Sonntag an der Kathedrale. Hier werden an diesem Tag Blumenteppiche ausgelegt. Konzerte (viele in den *patis* der Stadt) sorgen für den feierlichen Rahmen.

Nit de Foc
FIESTA
(⊙ 23. Juni) In Palma wird der Vorabend des Johannistags feurig gefeiert: Beim *correfoc* (Feuerlauf), der im Parc de la Mar startet, hüpfen und tanzen kostümierte Dämonen in einem teuflischen Umzug. Danach gibt's an den Stadtstränden Musik, Lagerfeuer und Partystimmung bis zum Morgengrauen.

Cinema a la Fresca
FILM
(⊙ Juli–Sept. Di, Mi, Sa & So 21.30 Uhr) Seit 1986 findet dieses Filmfestival jeden Sommer statt und ist damit fester Bestandteil von Palmas Veranstaltungskalender. Im Parc de la Mar unterhalb der Kathedrale gibt's kostenloses Open-Air-Kino. Die Filme starten um 21.30 oder 22 Uhr.

Copa del Rey
SEGELN
(www.regatacopadelrey.com; ⊙ Juli/Aug.) Ein Höhepunkt auf dem Segelkalender ist der „Königspokal" an acht Tagen im Juli und August. König Felipe VI und sein Vater Juan Carlos I. traten in der Vergangenheit regelmäßig in konkurrierenden Booten gegeneinander an.

Nit de l'Art
KULTUR
(www.nitdelartartpalma.com; ⊙ Mitte Sept.) An einem Samstagabend im September übernimmt die Kunst in Palmas historischem Zentrum das Zepter. Die vielen Galerien der Stadt öffnen ihre Tore und auf den Straßen gibt's Installationen, Ausstellungen und Live-Vorführungen.

TaPalma
ESSEN & TRINKEN
(www.tapalma.es; ⊙ Ende Nov.) Sich einmal quer durch Palma essen – diese Möglichkeit besteht bei diesem Event, das die besten Tapas der Stadt zelebriert. Rund 40 Restaurants und Bars machen mit. Man folge den

„Tapaspfaden" – eine Karte ist auf der Website erhältlich.

Weihnachtsmarkt MARKT
(Plaça Major; Mitte Dez.–Anfang Jan. 10–21 Uhr;) Beim Weihnachtsmarkt auf der Plaça Major, der Plaça d'Espanya und Las Ramblas gehören Kunsthandwerkerstände, Musik und verschiedene Weihnachtsmänner zum Programm.

Trofeo Ciutat de Palma SEGELN
(www.trofeociutatdepalma.com; Dez.) Die riesige Veranstaltung für kleinere Boote unter Leitung des Real Club Náutico de Palma dauert vier Tage Anfang Dezember.

Essen

Palmas kulinarisches Angebot war schon immer beeindruckend – wie in den meisten größeren spanischen Städten – und wird ständig besser. Neben kühnen Experimenten mit traditionellen mallorquinischen Gerichten von innovativen jungen Köchen locken exzellente Tapas, spanische Klassiker und auch eine große Auswahl an sehr guter internationaler Küche.

Altstadt

Temple Natura VEGETARISCH €
(Karte S. 60;  971 71 86 88; Carrer del Temple 4; Hauptgerichte 8,50–10 €; Mo-Sa 12.30–17.30 Uhr;) Dieses Restaurant mit dem passenden Namen bietet eine ruhige Atempause vom Straßenlärm. Im hinteren Bereich befindet sich der „geheime Garten" mit seinen Glyzinien, Zitrusbäumen und Bananenstauden. Die Speisekarte konzentriert sich auf leichte, gesunde Gerichte wie geräucherten Tofu-Salat und Guacamole mit weißen Arepas, während knurrende Mägen sich für einen Veggie-Burger mit allem Drum und Dran entscheiden können. Regelmäßig gibt es Kunstausstellungen.

Forn del Santo Cristo BÄCKEREI €
(Karte S. 60; 971 71 26 49; www.hornosantocristo.com; Carrer de Paraires 2; Ensaïmades ab 1,50 €; Mo-Sa 8–20.30, So 8.30–13 Uhr) Der „Ofen von Jesus Christus" backt seit 1910 *ensaïmades* (inseltypisches luftiges Gepäck in Spiralform) und bietet eine Auswahl von zwölf Füllungen, die von samtweichem Marzipan bis zu weißer Schokolade mit Nuss reichen. Es gibt auch eine Reihe anderer traditioneller Leckereien, darunter *cocas patatas* (süße Kartoffelbrötchen).

DIE PERFEKTE ENSAÏMADA

Die meisten Mallorquiner und fast jeder Inselbesucher haben einen kulinarischen Favoriten: die bescheidene *ensaïmada*, ein feines, luftig-leichtes, Croissant-ähnliches Gebäck, das mit Puderzucker bestäubt und manchmal mit Creme gefüllt wird. Bei der Frage, wo es die besten gibt, herrscht erstaunliche Einigkeit. Folgende Adressen favorisieren die Einheimischen als die besten Palmas und vielleicht sogar der gesamten Insel:

➡ Horno San Antonio (S. 74)
➡ Ca'n Joan de S'Aigo (S. 74)
➡ Fornet de la Soca (S. 74)
➡ Forn del Santo Cristo (S. 73)

★ El Camino MODERN SPANISCH €€
(Karte S. 60; www.elcaminopalma.es; Carrer de San Brondo 4; Tapas 7–10 €; Mo-Sa 13–16 & 18–22.45 Uhr;) Diese Tapasbar ist den ganzen Hype wert. Sie ist superstylisch, mit Kassettendecken, Eichentäfelung, Mosaikfliesen und einer langen Marmortheke, von der aus man die Zubereitung der leckeren Häppchen beobachten kann. Die Gerichte sind klassisch, die Ausführung hervorragend: saftige Tortilla-Scheiben, mit Knoblauch gebratener Tintenfisch, gebratene Pimientos de Padrón, knusprige Kroketten, die auf der Zunge zergehen. Keine Reservierung.

L'Ambigú MODERN EUROPÄISCH €€
(Karte S. 60; 971 57 21 51; www.elambigubar.com; Carrer de Carnissería 1; Hauptgerichte 12–18 €; Mo-Sa 12–24 Uhr;) Hinter der Església de Santa Eulàlia versteckt sich dieses unwiderstehliche kleine Bar-Restaurant mit einer einladenden Terrasse. Es verarbeitet frische saisonale Zutaten zu Gerichten wie Avocado-Erdbeer-Tartar und geräucherte Sardinen. Die Atmosphäre erinnert noch immer an die Tapasbar, die hier einst untergebracht war. Freitags und samstags geht's hier ziemlich gesellig zu.

Las Olas VIETNAMESISCH, FRANZÖSISCH €€
(Karte S. 60; 971 21 49 05; www.lasolasbistro.com; Carrer de Can Fortuny 5; Hauptgerichte 14–17 €, Tapas 2–9 €; Mi-Sa 12.30–15.30 & 20.15–23, Mo & Di 12.30–15.30 Uhr) Im Las Olas ist der Tag zweigeteilt: Mittags gibt es neu interpretierte französische Mittelmeerküche (z. B. Kabeljau mit Äpfeln und weichem Knob-

lauch), während abends vietnamesisch-kambodschanische Speisen mit frischen Kräuteraromen wie *chao tom* (Garnelenbällchen auf Zitronengras) auf den Tisch kommen. Der versierte Chefkoch und Inhaber ist Franzose südostasiatischer Abstammung – das erklärt so einiges.

La Taberna del Caracol TAPAS €€
(Karte S. 60; ☎971 71 49 08; www.tabernacaracol.com; Carrer de Sant Alonso 2; Tapas 4,50–19 €, Tapas-Probierteller 16 €; ⊗Di–Sa 12–15 & 19.30–23, Mo 12–15 Uhr) Drei Treppenstufen führen in den hohen gotischen Gewölbekeller, wo traditionelle Tapas wie gegrillte Artischocken, Schnecken, *jamón* (Räucherschinken) und Pilze mit Knoblauch auf den Tisch kommen. Ein breiter Sandsteinbogen gibt den Blick auf den Küchenbereich im hinteren Teil frei. Der leckere Tapasteller (min. 2 Pers.) ist eine vollständige Mahlzeit. Reservierung empfohlen.

Can Cera Gastro-Bar MEDITERRAN €€€
(Karte S. 60; ☎971 71 50 12; www.cancerahotel.com; Carrer del Convent de Sant Francesc 8; Tapas 10–24 €, Hauptgerichte 18–27 €; ⊗12.30–22.30 Uhr; ☎) Die Außentische des Restaurants befinden sich im hübschen Innenhof des Hotels Can Cera, das in einem *palau* aus dem 13. Jh. untergebracht ist. Unter Laternenlicht kommen hier kleine Gerichte wie wie Andalusischer Tintenfisch mit Orangen-Alioli oder unkomplizierte Hauptgerichte wie gebratene Lammhaxe oder gegrillter Oktopus.

Plaça Major & Umgebung

★ Fornet de la Soca BÄCKEREI €
(Forn des Teatre; Karte S. 60; ☎673 49 94 46; www.fornetdelasoca.com; Plaça de Weyler 9; Gebäck ab 1,50 €; ⊗Mo–Sa 9–20 Uhr) Tomeu Arbona ist hier der Meisterbäcker. Er ist auch der Autor des Kochbuchs *Traditionelle Küche auf Mallorca* und so etwas wie eine kulinarische Legende in der Stadt. Arbona bezeichnet sich selbst als gastronomischen Archäologen, der uralte Rezepte ausfindig macht und sie neu erfindet. Die köstliche Auswahl an Kuchen, Gebäck und herzhaften Torten, darunter auch vegetarische, zeugt von seiner Hingabe.

Bagel BAGELS €
(Karte S. 60; ☎871 57 10 10; www.bagelpalma.es; Carrer dels Set Cantons 4; Bagels ab 3 €; ⊗Mo–Fr 10–17 Uhr; ☎) Bagel werden hier täglich frisch gebacken. Sie besitzen die authentische, leicht zähe Textur, die außerhalb von New York City so schwer zu finden ist. Daruf kommt nur vegetarische und vegane Kombis wie Avocado, Hummus und Rote Bete oder Mozzarella, Pesto und Tomate oder – für Traditionalisten –, der klassische, leicht getoastete Bagel mit Butter und Erdbeermarmelade.

Restaurant Celler Sa Premsa MALLORQUINISCH €
(Karte S. 56; ☎971 72 35 29; www.cellersapremsa.com; Plaça del Bisbe Berenguer de Palou 8; Hauptgerichte 9–14 €, Menüs 14 €; ⊗Mo–Sa 12–16 & 19.30–23.30 Uhr) Diese lokale Institution mit toller Atmosphäre, die seit 1958 erfolgreich betrieben wird, gehört zum Pflichtprogramm. Zwischen alten Weinfässern und verblichenen Stierkampfpostern werden mallorquinische Spezialitäten serviert. Restaurants dieser Art findet man en masse im Inselinneren, in Palma sind sie eine aussterbende Gattung.

Zu empfehlen sind gut zubereitetes gebratenes Lamm, *tumbet* (mallorquinisches Gemüse-Ratatouille), *frito mallorquín* (gebratene Lamminnereien mit Bratkartoffeln, Zwiebeln und Kräutern), Schweinefleisch mit Kohl oder Kaninchen mit Zwiebeln. Der Service ist exzellent und zurückhaltend, das eigentlich Bemerkenswerte ist jedoch die Atmosphäre.

Ca'n Joan de S'Aigo BÄCKEREI €
(Karte S. 60; ☎971 71 07 59; www.canjoandesaigo.com; Carrer de Can Sanç 10; Gebäck 1,30–3 €; ⊗8–21 Uhr) Dieses herrliche Café, das seit 1700 mit seinen süßen Kreationen lockt, ist der richtige Ort für eine dickflüssige heiße Schokolade (2,20 €) und Gebäck in einem stimmungsvollen historischen Ambiente mit Kronleuchtern, dunklen Holzmöbeln und dekorativen Fliesen. Die Spezialität des Hauses ist der *quarto*, ein federweicher Biskuitkuchen, der bei Kindern sehr beliebt ist, mit Madeleis.

Horno San Antonio BÄCKEREI €
(Karte S. 56; ☎971 71 59 32; www.hornosanantonio.com; Plaça Sant Antoni 6; ensaïmades ab 1,35 €; ⊗Di–Fr 8–20, Sa & So bis 14 Uhr) In der traditionellen alten Konditorei bekommt man den Aussagen von Einheimischen zufolge die besten *ensaïmades* überhaupt, und das in allen Größen und Spielarten: neben einfachen Schoko-*ensaïmades* auch Varianten mit Sahne- bzw. Aprikosenfüllung. Die Kuchen gibt's alle auch zum Mitnehmen, sie werden dafür äußerst hübsch verpackt.

NICHT VERSÄUMEN

AUF ZUM MARKT

Ein Besuch der farbenfrohen Stände von Palmas Lebensmittelmärkten gewährt tolle Einblicke in die Aromen der Stadt. Hier gibt's alles, was man für ein Picknick braucht: von Käse und Wurst bis zu Obst und Gemüse. Der größte und beste ist der zentral gelegene Mercat de l'Olivar. Dort findet man die ganze Palette von dicken Oliven, fremd klingenden Gemüsesorten, fußballgroßen Melonen über an Schnüren aufgereihte *sobrassadas* (geräucherte Schweinswurst mit Paprikageschmack), große Stücke Serrano-Schinken bis hin zu genug Fisch, um einen kleinen Ozean zu füllen. So kann man sich problemlos den kompletten Morgen vertreiben und anschließend an den Ständen Tapas und Austern zum Mittagessen bestellen. Ähnlich betriebsam, aber weniger touristisch sind der Mercat de Santa Catalina und der **Mercat de Pere Garau** (Karte S. 56; 971 24 46 74; https://mercatperegarau.es; Plaça de Pere Garau; Mo–Sa 7–15 Uhr). Gourmets sind auf dem Mercado Gastronómico San Juan richtig, der in einem umgebauten Schlachthof im Norden der Stadt verschiedene Feinkost verkauft.

Mercado Gastronómico San Juan (St John Gastronomic Market; Karte S. 56; 971 78 10 04; www.mercadosanjuanpalma.es; Carrer d'Emperadriu Eugènia 6; 12–24 Uhr) Ein korallenfarbenes Modernista-Gebäude im Kulturzentrum S'Escorxador, einem ehemaligen Schlachthof, beherbergt den Lebensmittelmarkt. Das Feinschmeckerparadies lockt mit einer Bar, einem Café, einer Terrasse und 20 Ständen, die *fideuà* (Paella mit dünnen Nudeln), gehaltvolle *croquetas*, erstklassigen *jamón* von Eichelschweinen, *sobrassada* (geräucherte Schweinswurst mit Paprikageschmack) und viele andere mallorquinische und spanische Köstlichkeiten verkaufen.

Mercat de l'Olivar (Karte S. 60; www.mercatolivar.com; Plaça de l'Olivar 4; Mo–Do 7–14.30, Fr bis 20, Sa bis 15 Uhr) Palmas größter Einzelhandelsmarkt für Agrarerzeugnisse ist ein Wunderland mallorquinischer und spanischer Leckereien, darunter Käse, Fleisch, Fisch, Gemüse und fertige Speisen. Cafés und Tapasbars laden zum Verweilen ein.

Mercat de Santa Catalina (Karte S. 56; www.mercatdesantacatalina.com; Plaça de la Navegació; Mo–Sa 7–17 Uhr) Hiesige Lebensmittelmärkte wie dieser sind das Lebenselixier von Palmas Stadtvierteln und die beste Adresse für frisches Obst und Gemüse (auch Bio), Fisch, Wurstwaren, Brot und Ähnliches. Drinnen bieten sich vier strategisch platzierte Tapasbars für eine Pause an.

Bar España SPANISCH €€
(Karte S. 60; 971 72 42 34; Carrer de Ca'n Escurrac 12; Tapas-Menüs 12–22 €; Mo–Fr 18.30–24, Sa 12.30–16.30 & 18.30–1 Uhr) Wer sich abends in diese Bar begibt, nachdem ringsum schon alle Läden dichtgemacht haben, glaubt fast, auf einen geheimen Ort gestoßen zu sein. Das Restaurant mit den Steinmauern ist extrem beliebt: Hier unterhalten sich die Gäste angeregt, während sie feine *pintxos* (baskische Tapas) verputzen, die an der Theke aufgereiht oder auf einer Kreidetafel aufgeführt sind.

Quina Creu TAPAS €€
(Karte S. 60; 971 71 17 72; www.quinacreu.com; Carrer de Cordería 24; Hauptgerichte 17–23 €, Cocktails ab 6,50 €; Mo–Sa 12–1 Uhr;) Quina Creu ist die Königin des schäbig-schicken Looks. Dafür sorgt der Mischmasch aus Vintage-Möbeln, glitzernden Kronleuchtern und mit Postern „tapezierten" Wänden. Tiefe Sofas, eine von Tapas eingerahmte Bar und auf Tafeln angeschriebene Leckereien. Wie wär's mit gegrillten Thunfisch-Tataki oder Lammhaxe mit Couscous. Es gibt auch eine exotische Cocktailkarte, die von einem Mint Julep bis zu einem Moscow Mule (Wodka, Limette und Ginger Beer) reicht.

★ Marc Fosh MODERN EUROPÄISCH €€€
(Karte S. 60; 971 72 01 14; www.marcfosh.com; Carrer de la Missió 7A, Convent de la Missió Hotel; Mittagsmenü 30–40 €, Abendessen 72–92 €; 13–15 & 17.30–21.30 Uhr;) In einem ehemaligen Kloster aus dem 17. Jh., dem heutigen Luxushotel Convent de la Missió, serviert dieses stilvolle Flaggschiff altgediente mediterrane Gerichte und Zutaten mit einem innovativen Anstrich. Das erschwingliche wöchentliche Mittagsmenü bietet die Möglichkeit, Gerichte wie Bries und Trüffelravioli oder geschmorte Rinderbacke mit Kapuziner-

ABSTECHER

CASTELL DE BELLVER

Die Rundfestung aus dem 14. Jh. (mit einem einzigartigen Rundturm) an einem bewaldeten Hang ist die einzige ihrer Art in Spanien. Jaume II. ließ das **Castell de Bellver** um 1300 auf dem Berg Puig de Sa Mesquida errichten. Nach zehn Jahren Bauzeit war sie weitgehend fertiggestellt. Highlight eines Besuchs ist der tolle Blick über die Bäume hinweg nach Palma, auf die Badia de Palma und das Meer.

In erster Linie war das Gebäude wohl als Königsschloss gedacht, erwies sich aber offenbar als eher lästiger Besitz. Nur König Sanç (1314) und Johann I. von Aragón (1395) verbrachten hier längere Zeit. Ab 1717 diente die Burg als Militärgefängnis, sowohl in den Napoleonischen Kriegen als auch im Spanischen Bürgerkrieg. Wer auf das Dach steigt, findet noch Inschriften Gefangener in den Stein geritzt.

Das **Museu d'Història de la Ciutat** (Museum für Stadtgeschichte) im Erdgeschoss erläutert die Entwicklung der Stadt von der prähistorischen Talayot-Kultur bis heute. Neben römischen und arabischen Keramiken sind Infotafeln, klassische Statuen aus der Despuig-Sammlung und andere Artefakte zu sehen. Im Obergeschoss kann man einige fast leere Zimmer und die ehemalige Küche besichtigen.

Mit dem Bus (Linie 3, 46 oder 50) fährt man bis Plaça de Gomila und geht von dort 15 Minuten (1 km) den steilen Berg hinauf. Alternativ könnte man den Palma City-Sightseeing-Bus nehmen; die Festung liegt an dessen Route quer durch die Stadt. Wer mit dem Auto unterwegs ist, kann dort auch parken. Es gibt ein kleines Café mit Erfrischungen.

---

kresse-Pflaumen-Jus zu genießen. Vegetarische Optionen sind verfügbar.

Die Aromen sind geradlinig, die Zutaten saisonal unterschiedlich, wobei ein Großteil der Produkte und Kräuter im hauseigenen Garten, der Fosh Farm, angebaut wird. Reservierung erforderlich.

La Bodeguilla SPANISCH €€€
(Karte S. 60; ☎971 71 82 74; www.la-bodeguilla.com; Carrer de Sant Jaume 3; Hauptgerichte 22–28 €; ⊙13–23 Uhr; ⚐) Das Gourmetrestaurant interpretiert spanische Gerichte in einem modernen Speiseraum voll Wein und Schinken neu. Empfehlenswert sind das *porc negre* (seltene Schweineart) aus Mallorca oder das *lechazo* (junges Lamm, nach Córdoba-Art mit Rosmarin gegart). Auch die Auswahl an Tapas ist verführerisch – der gegrillte Tintenfisch mit Kartoffelschaum ist eine perfekt zubereitete maritime Köstlichkeit.

✖ Es Puig de Sant Pere

13% TAPAS €
(Karte S. 60; ☎971 42 51 87; www.13porciento.com; Carrer de Sant Feliu 13A; Tapas 5–9 €, Mittagsmenü 12 €; ⊙Mo–Sa 12.30–23.30, So ab 18 Uhr; ⚐) ⚐ Der L-förmige Laden ist Wein- und Tapasbar, Bistro und Feinkostladen in einem. Meist werden Bio-Produkte verwendet, und die Auswahl an vegetarischen Speisen ist groß. Neben Klassikern wie galizischem Tintenfisch gibt's auch experimentierfreudigere Speisen wie *bacallà* (Salzdorsch) mit Salbeibutter und Honig sowie Salate, Carpaccios und Pasta. Das Mittagsmenü umfasst drei Tapas nach Wahl.

Das Mittagsmenü besteht aus einer Auswahl von drei Tapas.

Bon Lloc VEGETARISCH €€
(Karte S. 60; ☎971 71 86 17; www.bonllocrestaurant.com; Carrer de Sant Feliu 7; Hauptgerichte 9–18 €, Mittagsmenü 15 €; ⊙Di–Sa 3–16 & 19.30–22.30, Mo 13–16 Uhr; ⚐⚐) ⚐ Ein beliebter Klassiker der gesundheitsbewussten Hipstergemeinde: Das rein vegetarische (und zunehmend vegane) Restaurant – Palmas erstes seiner Art – weiß mit Bioprodukten umzugehen und ist außerdem hell, offen und stilvoll. Mittags gibt's ein Vier-Gänge-Menü (Saft oder Salat, Vorspeise, Hauptgericht und Dessert), während das Abendessen à la carte serviert wird. Wegen der großen Beliebtheit sollte man telefonisch reservieren.

Forn de Sant Joan SPANISCH €€
(Karte S. 60; ☎971 72 84 22; www.forndesantjoan.com; Caller de Sant Joan 4; Menü 20–24 €; ⊙13–16 & 19–23.30 Uhr; ⚐⚐) Diese ehemalige Bäckerei ist ein weiteres Beispiel für Palmas progressive Gastroszene. Das Lokal serviert perfekt gemixte Cocktails und innovative mallorquinische/mediterrane

Küche auf höchstem Niveau in einem Gebäude mit nacktem Backstein. Die Zutaten und Produkte stammen weitestgehend aus der Region, was sich in Gerichten wie Thunfischtartar mit Guacamole widerspiegelt. Das dreigängige – reguläre oder vegetarische – Mittagsmenü bietet eine hervorragende Einführung in die Küche.

Saranna INTERNATIONAL €€
(Karte S. 60; ☎ 971 53 64 32; www.sarannacafe.com; Forn de l'Olivera 4; Hauptgerichte 12–16 €; ⊙ So-Mi 8.30–18, Do–Sa bis 20 Uhr; 🛜) Dieses Restaurant versprüht skandinavischen Charme durch seine zurückhaltende creme- und türkisfarbene Einrichtung sowie seine entspannte Atmosphäre. Die Gerichte haben jedoch nichts Minimalistisches an sich: von den Fusion-Aromen der Thai-Currys bis hin zum Cajun-Hühnchen-Burger mit Guacamole, Jalapeño-Paprika und roten Zwiebeln – die Aromen machen sich laut und deutlich bemerkbar. Das Personal ist ein Traum – und die Desserts ebenso.

Bruselas STEAK €€
(Karte S. 60; ☎ 971 71 09 54; www.restaurantebruselas.net; Carrer d'Estanc 4; Hauptgerichte 15–20 €; ⊙ Mo-Sa 13–15.30 & 20–23.30 Uhr; 🛜) Hier wird rotes Fleisch ansprechend in Szene gesetzt: Die argentinischen Steaks, darunter *solomillo con foie* (Steakfilet mit Gänsestopfleber), Gourmet-Hamburger und Kobe-Rind, werden in einem Keller mit Steingewölbe serviert, außerdem gibt's ein paar innovative Tapas (nur wenige vegetarische Optionen). Dazu werden vollmundige mallorquinische Rotweine wie Son Bordils Negre gereicht.

★Beatnik AMERICAN FUSION €€€
(Karte S. 60; ☎ 971 28 28 72; www.beatnikpalma.com; Puro Oasis Urbano, Carrer de Montenegro 12; Hauptgerichte 20–32 €, Lunchmenü 25 €; ⊙ Mo-Fr 12.30–17 & 19–23.30, Sa & So bis 1 Uhr; 🛜) Mit seinen Retro-Schalensesseln sowie die Fotos und Zitaten von Jack Kerouac entführt einen dieses Lokal in die USA der 1960er-Jahre. Die Gerichte orientieren sich an dieser Ära, darunter Hähnchen-Lollipop mit Büffelsauce, Hummer-Tacos, ein Tex-Mex-Salat mit schwarzen Bohnen und der New York *cheesecake*. Die angeschlossene Bar ist länger geöffnet als das Restaurant.

Caballito de Mar FISCH & MEERESFRÜCHTE €€€
(Karte S. 60; ☎ 971 72 10 74; www.caballitodemar.info; Passeig de Sagrera 5; Hauptgerichte 19–34 €; ⊙ 13– 24 Uhr; 🛜) Eine kulinarische Institution in Palma und eine verlässliche, wenn auch touristische Adresse für hochwertige Leckereien aus dem Meer mit Blick auf den Hafen. Das „Seepferdchen" serviert Seeteufelmedaillons, *sobrassada* (pikante mallorquinische Wurst) und *butifarrón* (Blutwürste), in Kohlblätter gewickelt mit Nusssoße. Wer Lust auf etwas Traditionelleres hat, sollte Steinbutt mit Gemüse-Confit oder rote Krabben aus Sóller probieren.

On sonnigen Tagen ist die Terrasse eine gute Anlaufstelle.

✗ Santa Catalina & Umgebung

El Perrito SCHWEDISCH €
(Karte S. 56; ☎ 971 45 59 16; Carrer d'Aníbal 20; Hauptgerichte 8–11 €; ⊙ Mo-Sa 8–17 Uhr; 🛜) Seinen Namen verdankt das „Hündchen" den Schwarz-Weiß-Fotos der geliebten Vierbeiner der Kunden, die an der Wand hängen. Der Laden wird von Schweden betrieben und ist wahnsinnig niedlich, mit einer angenehm relaxten Atmosphäre und Bohemian-Flair. Die Karte bietet Bagel, hausgemachte Kuchen, frische Säfte und herzhafte Tagesgerichte wie Gulasch, Fleischbällchen mit Preiselbeeren und „Janssons Verführung" (cremiger Kartoffelauflauf mit Sardellen).

★Simply Delicious ISRAELISCH €€
(Karte S. 56; ☎ 871 23 37 05; http://simplydeliciou s.es; Plaça Navegació 5; Hauptgerichte 10–15 €; ⊙ Mo-Sa 11–17 Uhr; 🛜) Dieses Eckcafé mit gemütlicher Boho-Atmosphäre ist einen Besuch wert. Die Speisekarte konzentriert sich auf köstliche Gerichte wie *shakshuka* (pochierte Eier in einer reichhaltigen Tomaten-Paprika-Knoblauch-Soße) in fünf subtilen Variationen, darunter *picante* und mit Fetakäse-Krümeln. Der Hummus ist ähnlich vielfältig und die Falafel einfach großartig.

Japo Sushi Bar SUSHI €€
(Karte S. 56; ☎ 971 73 83 21; Carrer de Sant Magí 25; Menüs 19–29 €; ⊙ 13.30–16 & 19–23.30 Uhr; 🛜) Kenner halten dies für das beste japanische Restaurant in der Gegend. Hier gibt es alle Klassiker, darunter frisches Sushi – Maki, Sashimi und Nigiri – sowie eine Auswahl an fabelhaft leichtem und knusprigem Tempura, einschließlich Gemüsetempura mit Avocado als Topping. Die Einrichtung ist in kühlen Grautönen und geschmackvollen fernöstlichen Kunstwerken gehalten – und der Service ist exzellent.

Koh
SÜDOSTASIATISCH €€

(Karte S. 56; ☎971 28 70 39; Carrer de Servet 15; Hauptgerichte 13–15 €; ⊙Mo–Sa 19–23 Uhr) Das stilvolle, freundliche südostasiatische Restaurant in Santa Catalina serviert aromatische (vor allem thailändische) Currys, Suppen und Pfannengerichte. Alles schmeckt intensiv, von den saftigen Garnelen-Schnittlauch-Teigtaschen bis hin zu perfekt gewürztem gelbem Meeresfrüchte-Curry.

Die Zutaten stammen vom benachbarten Markt von Santa Catalina und der hübsche Innenhof lädt bei schönem Wetter zu einem Ingwer-Mojito ein.

Nola
CAJUN-KÜCHE €€

(Karte S.56; ☎971 66 70 06; www.disfrutadenola.com; Carrer de Sant Magí 13; Hauptgerichte 15–18 €; ⊙Mo–Sa 19.30–23 Uhr; ✶) Das flippige Santa Catalina ist die passende Umgebung für dieses auf kreolische Cajun-Küche ausgerichtete Restaurant, den ersten Außenposten von New Orleans in Palma. Bayou-Klassiker wie Jambalaya, Gumbo und Rippchen werden ein wenig verfeinert (ein Schuss Calvados-Jus hier, ein Tröpfchen Trüffelöl dort), ansonsten hält man sich streng an die Originalrezepte.

La Baranda
ITALIENISCH €€

(Karte S. 56; ☎971 45 45 25; www.labaranda.net; Carrer de Sant Magí 29; Pizza 8,50–12 €, Hauptgerichte 14,50–20 €, Tapas ab 6,50 €; ⊙Mi–So 13–15.30 & 18.30–24 Uhr) Der entspannte Italiener mit toskanischem Einschlag ist eine gute Adresse für Pizzas aus dem Holzofen, Pastagerichte und hausgemachten Kuchen. Die Gäste erwartet eine angenehme Atmosphäre mit unverputztem Mauerwerk, Wänden in warmem Gelb und einfachem Holzmobiliar, dafür aber mit dem einen oder anderen Kunstwerk. Es gibt auch verschiedene Tapas.

Hórreo Veinti3
SPANISCH €€€

(Karte S.56; ☎649 03 38 06; http://horreoveinti3.jimdo.com; Carrer de Sa Fàbrica 23; Hauptgerichte 19–27 €; ⊙Do–Mo 13–0.30, Di & Mi 19–0.30 Uhr; ✶) Transparente Stühle, glänzende Kacheln und Lampenschirme aus Weidengeflecht prägen das Bild dieses modernen, fröhlichen Lokals, dessen Tische sich bis auf die Terrasse ausdehnen. Die Gerichte reichen von Muscheln in Albariño über gegrillten Thunfisch bis hin zu einer Spezialität, dem Chateaubriand, das am Tisch auf einem heißen Stein gegart wird.

✕ Passeig Marítim & Western Palma

★ Toque
INTERNATIONAL €€

(Karte S. 56; ☎971 28 70 68; www.restaurantetoque.com; Carrer Federico García Lorca 6; Hauptgerichte 17–19 €, 3-Gänge-Mitagsmenü 16,50 €; ⊙Di–Sa 3–16 & 19–23 Uhr; ✶) Ein Vater-Sohn-Gespann betreibt dieses individuelle kleine Lokal mit viel Stolz und Herzlichkeit. Die belgisch-mediterrane Küche (etwa Steak Tartar mit Pommes frites und Salat oder Spanferkel auf Süßkartoffelpüree) hat sich unter den *Palmeros* eine treue Fangemeinde erkocht. Die Weine sind gut gewählt und preislich moderat. Das dreigängige Mittagsmenü für 16,50 € ist ein absolutes Schnäppchen.

El Náutico
FISCH & MEERESFRÜCHTE €€

(Karte S. 56; ☎971 72 66 00; https://tast.com/en/restaurant/el-nautico; Real Club Náutico, Plaza de San Pedro 1; Hauptgerichte 18–22 €; ⊙13–24 Uhr; ✶✶) Im Royal Sailing Club wartet eines der besten Fischrestaurants der Stadt. Auf den Tisch kommen Seehecht in verschiedenen Varianten (u. a. nach „römischer Art" mit Essig und Rosinen), gegrillte Meeresfrüchte und andere frische Köstlichkeiten aus dem Meer. Die Räumlichkeiten samt Fenstern ringsum mit Blick auf den Yachthafen und einer Terrasse sind in hübschem maritimem Stil gehalten.

Ca'n Eduardo
FISCH & MEERESFRÜCHTE €€€

(Karte S. 56; ☎971 72 11 82; www.caneduardo.com; Es Mollet, 3. OG, Travesía Contramuelle; Hauptgerichte 23–29 €; ⊙13–23 Uhr; ✶) Es gibt wohl kaum einen besseren Ort für ein Fischrestaurant als direkt über dem Fischmarkt. Das Ca'n Eduardo wurde bereits in den 1940er-Jahren eröffnet und ist sicherlich nicht die innovativste Adresse, dafür punktet es mit traumhaftem Hafenblick und allerfrischsten Zutaten. Kellner servieren gegrillten Fisch und Meeresfrüchte sowie Reisgerichte (für mind. 2 Pers.). Großer Beliebtheit erfreut sich auch der *arroz bogavante* (Hummer mit Reis; 26 € pro Person).

✕ Es Portixol & Es Molinar

★ Mola
MODERN MEDITERRAN €€

(Karte S. 56; ☎634 33 93 44; www.grupomola.com; Carrer del Vicari Joaquim Fuster 83; Hauptgerichte 13–19 €; ⊙13–22.30 Uhr; ✶) Das Mola ist ein hippes und intimes kleines Lokal, das

LGBTIQ+ IN PALMA

Die LGBTIQ+-Szene der Insel konzentriert sich hauptsächlich in und um Palma. Viele Schwulenbars findet man auf der Avingunda de Joan Miró südlich der Plaça de Gomila. Der Abend könnte etwa mit folgenden Läden beginnen: Bar Michel, Siente und Dark Cruising Bar. Ben Amics (S. 85) verfügt über einen LGBTIQ+-Beratungsdienst. Nützliche Website, die helfen, sich in der queeren Community auf Mallorca zu vernetzen, sind: www.mallorcagaymap.com und www.gaymallorca.es.

Bar Michel (Karte S. 56; 971 90 02 84; Avingunda de Joan Miró 58; Mo-Sa 8-2.30 Uhr, So 16-24 Uhr;) Diese freundliche Terrassenbar im Herzen von Palmas „Schwulenviertel" ist ein großartiger Ort, um den Abend zu beginnen. Sehr günstige Cocktails und Tapas und ein gesprächiges Barpersonal sind Teil des Charmes. Facebook-Seite checken.

Siente (Karte S. 60; 971 77 39 33; www.sientespa.com; Carrer de Fray Luis de León 5; Mo-Mi & So 15-23 Uhr, Fr bis 4 Uhr, Sa bis 8 Uhr) Ein Pool, ein Jacuzzi, feuchte und trockene Saunas sowie Privatzimmer machen das Siente zur am besten ausgestatteten und empfehlenswertesten Schwulensauna der Innenstadt.

Dark Cruising Bar (Karte S. 56; www.darkcruisingmallorca.com; Carrer de Ticià 22; 19-3 Uhr) Hat einen Darkroom für rein männliche Klientel, u. a. mit Nackt- und Fetischpartys. Die Bar ist an einem kleinen beleuchteten Schild und dem tiefblauen Licht zu erkennen.

---

mit auffälligen abstrakten Gemälden dekoriert ist. Es gibt nur eine Handvoll Tische (drinnen und draußen), an denen köstlich frische, innovative Gerichte serviert werden. Ungewöhnliche Kombinationen wie Erbsen-Hummus mit Zuckerschoten und Minze oder Steinbutt mit Trüffel-Vinaigrette sind an der Tagesordnung. Reservierung empfohlen.

Portixol MEDITERRAN €€
(Karte S. 56; 971 27 18 00; www.portixol.com; Carrer de la Sirena 27; Hauptgerichte 19-27 €, 3-Gänge-Mittagsmenü 19 €; 7.30-23 Uhr;) Hell und luftig-frisch ist das Ambiente des in Blau und Weiß gehaltenen Lokals im Hotel Portixol am Hafen. Hier werden hochwertige, international interpretierte mediterrane Zutaten verarbeitet. Wie wär's mit Meeresfrüchte-Laksa mit Reis anstelle von Nudeln oder gegrilltem rotem Thunfisch mit Edamame und Wasabi-Mayonnaise?

Vegetarier erwartet ein Miso-Burger mit Süßkartoffelpommes.

Sa Roqueta FISCH & MEERESFRÜCHTE €€
(Karte S. 56; 971 24 94 10; www.restaurante saroqueta.com; Carrer Sirena 11, Portixol; Hauptgerichte 20-24 €; Mo-Sa 13-15.30 & 19.30-22.30 Uhr) Eins der exzellenten Fischrestaurants im ehemaligen Fischerdorf Portixol: Das Sa Roqueta serviert seit 1987 den Fang des Tages auf die fast gleiche Weise. Gegrillter Fisch, Muscheln mit Artischocken, Hummerreis und Meeresfrüchte-*fideuà* (Nudeln)

sind allesamt minimalistisch und fachmännisch zubereitet.

Einfach einen Tisch auf der kleinen Terrasse schnappen und den Blick auf die schaukelnden Boote genießen.

Ola del Mar FISCH & MEERESFRÜCHTE €€€
(Karte S. 56; 971 27 42 75; www.oladelmar.es; Carrer del Vicari Joaquim Fuster 1; Hauptgerichte 22-26 €; 13-16) 19.30-23.30 Uhr;) Ola del Mar ist spezialisiert auf erstklassige frischen Fisch-, Meeresfrüchte- und Reisgerichte dem hohen hiesigen Standard an. Überraschungen sucht man auf der Speisekarte vergeblich, dafür ist alles fachmännisch zubereitet. Die weitläufige Terrasse direkt am Meer und der aufmerksame Service laden zu einem längeren Aufenthalt ein.

Ausgehen & Nachtleben

Palmas Clubszene konzentriert sich auf den Passeig Marítim und den Club de Mar.

Die meisten Clubs öffnen erst gegen Mitternacht, allerdings herrscht erst ab 2 Uhr richtig Stimmung. Heiß her geht's bis 5 Uhr, dann übernehmen die Morgenclubs (z. B. an der Plaça de Gomila).

Die Eintrittspreise liegen zwischen 10 und 20 € (das erste Getränk ist zumeist inbegriffen), aber ohne stylisches Outfit kommt niemand rein, egal wie viel er oder sie zu zahlen bereit ist.

Altstadt

★ Lórien CRAFT BIER
(Karte S. 60; ✆971 72 32 02; www.sauep.com; Carrer de les Caputxines 5; ⏱ Di–Fr 17–1 Uhr; 📶) Der hilfsbereite Inhaber führt einen gern durch die breite Palette der lokalen, spanischen oder internationalen Biersorten. Dies ist eine freundliche, gemütliche und lockere Kneipe, in der seit Kurzem auch ein hochgelobtes Brown Ale der mallorquinischen Brauerei Sa Cerviseria ausgeschenkt wird.

La Vinya de Santa Clara WEINBAR
(Karte S. 60; ✆666 66 43 30; Carrer de Santa Clara 8A; ⏱ Mo–Sa 13–24, So ab 17 Uhr) Wer mallorquinische (und auch andere) Tropfen kosten will, ist in dieser geselligen kleinen Bar mit über 60 Weinsorten, die glasweise (ab 4 €) serviert werden, genau richtig. Einfache Tapas – z. B. Käse, *sobrassada* und Empanadas – sorgen für eine unterhaltsame Grundlage.

Bodega Santa Clara BAR
(Karte S. 60; ✆655 77 01 93; Carrer de Santa Clara 4; ⏱ Di–Sa 18–21 Uhr) Diese geräumige und seltsam überladene kleine Bar ist leicht mit einem Geschäft zu verwechseln. Eintreten, auf eine alte Wasser-Kiste setzen und sich einfach vom enthusiastischen Besitzer führen lassen. Die Spezialität ist Wermut mit Soda, ein mallorquinischer Klassiker, aber auch lokale Weine sind im Angebot.

NICHT VERSÄUMEN
LA RUTA MARTIANA

Sa Gerreria südöstlich der Plaça Major hat sich enorm verändert. Einst war das Viertel verschrieen, heute ist es eine der schicksten Ausgeh-Adressen der Stadt. Das hat es vor allem der „Marsianerroute", La Ruta Martiana, zu verdanken! Mehr als 25 Bars säumen die Straßen, in denen man dienstags von 19.30 bis 0 Uhr und mittwochs zwischen 19.30 und 2 Uhr kleine Häppchen (Tapas oder *pintxos*) und ein Getränk für 2 € bekommt. Das ist nicht nur supergünstig, sondern auch die perfekte Rechtfertigung für eine „Tapas-und-Kneipen-Tour" in diesem lange vernachlässigten Viertel. Zu den teilnehmenden Bars gehört u. a. das exzellente L'Ambigú (S. 73), das im Zentrum des Geschehens liegt. Facebook-Seite checken.

Gibson BAR
(Karte S. 60; ✆971 71 64 04; www.gibsonbar.es; Plaça del Mercat 18; ⏱ So–Do 8–2, Fr & Sa bis 3 Uhr) In dieser munteren Cocktailbar mit Sitzgelegenheiten im Freien ist auch unter der Woche immer noch etwas los, wenn rundherum schon alles andere dicht gemacht hat. Hier verkehren vor allem Einheimische.

Cappuccino CAFÉ
(Karte S. 60; www.grupocappuccino.com; Carrer del Conquistador 13; ⏱ So–Mi 8.30–1, Do–Sa bis 24 Uhr; 📶) Das Cappuccino gehört zu einer stylishen Cafékette und überzeugt vor allem mit seiner Lage beim Palau March. An den leichten Gerichten, Kuchen und an dem guten (wenn auch übertreuerten) Kaffee ist zwar absolut nichts auszusetzen, überzeugend ist jedoch vor allem der Blick auf das bunte Treiben von der erhöhten Terrasse.

Guinness House BAR
(Karte S. 60; Parc de la Mar; ⏱ 8–1 Uhr) Insgesamt ist diese Bar eher unscheinbar, doch sie punktet mit einer Traumlage zwischen Kathedrale und Meer. Am besten kommt man für einen frühmorgendlichen Kaffee, bevor der Gästeansturm einsetzt, oder nach Einbruch der Dunkelheit. Die Terrassentische sind auch ein guter Platz, um die Kinovorführungen zu genießen (S. 72), die im Sommer dienstags, mittwochs, samstags und sonntags um 21.30 Uhr direkt westlich von hier im Freien gezeigt werden.

Plaça Major & Umgebung

★ Clandestino Cocktail Club COCKTAILBAR
(Karte S. 60; ✆618 18 92 37; Carrer de Sant Jaume 12; ⏱ Di & Do–Sa 19–2, Mi 21–2 Uhr; 📶) Es lohnt sich, das Clandestino aufzusuchen, falls man Lust auf mondänes Großstadtfeeling hat. Hier gibt's schmusigen Jazz als Soundtrack, Tische mit Kerzenlicht, ausgezeichnete Cocktails und eine breite Auswahl an Spirituosen, darunter eine Reihe von Ginsorten (in richtigen Ballongläsern). Facebook-Seite checken.

Café L'Antiquari BAR
(Karte S. 60; ✆871 57 23 13; Carrer d'Arabi 5; ⏱ Mo–Sa 11.30–1 Uhr) Das ehemalige Antiquariat ist heute eine der urtümlichsten Bars von ganz Palma, ideal für einen Drink und ein paar Tapas. Kuriositäten, Drucke und Krimskrams zieren jede noch so kleine Ecke und jeden freien Zentimeter an der Wand. Selbst die Tische und Stühle gehören in eine andere

Epoche. Gelegentlich finden Konzerte oder Fotoausstellungen statt, zudem ist der Kaffee exzellent. Facebook-Seite checken.

★ Bar Flexas   BAR
(Karte S. 60; www.barflexas.com; Carrer de la Llotgeta 12; ⊙ Di–Do 18.30–24, Fri & Sat ab 12 Uhr) Lange bevor die Straßen südöstlich der Plaça Major zum „In"-Pflaster wurden, gab es dort schon diesen gut besuchten Einheimischen-Treff, der viel Retro-Coolness verströmt. Bis heute ist der charmante Exzentriker eine gute Alternative zu den Touristenläden und bietet neben Kunstausstellungen und gelegentlichen Livekonzerten leckere Tapas und die richtige Einstellung.

Es Puig de Sant Pere

★ Atlantico Café   BAR
(Karte S. 60; ☎ 971 72 62 85; www.cafeatlantico.es; Carrer de Sant Feliu 12; ⊙ Mo–Do 19–2.30, Fr–So bis 3 Uhr) Ein bunter Mix an Krimskrams, herzliches, entspanntes Personal und großartige Stimmung machen diese Bar zu einer der charismatischsten der Stadt. Die ständig zunehmenden Wandkritzeleien zeugen von unzähligen geselligen Cocktail-Nächten seit der Eröffnung 1997.

Bodega Can Rigo   BAR
(Karte S. 60; ☎ 971 41 60 07; www.bodegacanrigo.es; Carrer de Sant Feliu 16; ⊙ Mo, Di, Do & Fr 10.30–24, Sa ab 12, So ab 19 Uhr) Die Tapas und *pintxos* in dieser atmosphärischen kleinen Bar, deren Erfolgsgeschichte auf das Jahr 1949 zurückgeht, zählen zu den besten der Stadt. Als wären das intime Flair, die gemütlichen Sitzecken und die tolle Weinkarte nicht schon genug!

Café La Lonja   CAFÉ
(Karte S. 60; ☎ 971 72 27 99; Carrer de Sa Llotja 2; ⊙ Mo–Sa 10–2, So 11–1 Uhr) Mit der geschwungenen Marmortheke, den Fliesen im Schachbrettmuster, ein paar Tischen und gepolsterten Bänken sowie bunt gemischtem Dekor mit alten Gepäckstücken und Porträts eignet sich dieses Café ebenso für ein Frühstück wie für Tapas und eine großzügige *pomada* (Menorca-Gin mit Zitronenlimo). Viele Gäste sitzen am liebsten draußen im Schatten von Sa Llotja.

Ginbo   BAR
(Karte S. 60; ☎ 971 72 21 75; Passeig de Mallorca 14A; ⊙ Mo–Fr 16–3, Sa & So ab 18 Uhr; 🛜) Das Viertel ist zwar nicht das angesagteste, dafür serviert das Ginbo den besten Gin Tonic von ganz Palma. Neben über 120 verschiedenen Sorten gibt's auch noch großartige Cocktails wie den leckeren Tangerine (Gin Sour mit Rosmarinsirup), die man in der betriebsamen, stilvoll großstädtischen Bar oder auf der Terrasse schlürfen kann. Facebook-Seite checken.

Santa Catalina & Umgebung

★ Idem Café   BAR
(Karte S. 56; ☎ 619 35 62 95; Carrer de Sant Magí 15A; ⊙ 19–2, im Sommer bis 3 Uhr; 🛜) Dunkelroter Samt wie im Bordell, Kronleuchter, Barockspiegel und recht gewagte Kunst. Der burleske Look und die „Vorglüh-Stimmung" machen das Idem zu einer tollen Anlaufstelle für einen Mojito oder Gin, bevor es in den Club geht.

Hotel Hostal Cuba   BAR
(Karte S. 56; ☎ 971 45 22 37; www.hotelhostalcuba.com; Carrer de Sant Magí 1; ⊙ So–Do 8–2, Fr & Sa bis 4 Uhr; 🛜) In einem Gebäude aus dem frühen 20. Jh., in dem einst Seemänner auf der Durchreise einzukehren pflegten, befindet sich heute diese Bar. Mittlerweile ist die Klientel gediegener, aber immer noch durstig. Das Erfolgsrezept: eine von 9 bis 24 Uhr geöffnete Küche, gelegentliche DJ-Musik und eine Dachbar mit großartigen Panoramaausblick auf die Innenstadt und die Badia de Palma.

Soho Bar   BAR
(Karte S. 56; ☎ 971 45 47 19; www.sohobarpalma.com; Avinguda d'Argentina 5; ⊙ 18–3 Uhr; 🛜) Eine selbst ernannte „Urban Vintage Bar" mit einem grün beleuchteten Bierkühlschrank, Vintage-Dekor im 1960er-Stil und einem Faible für Indie-Musik. Dem entspannten Publikum an den Tischen draußen macht der vorbeirauschende Verkehr offenbar nichts aus, zudem kann man sich an altmodischen Spielekonsolen die Zeit vertreiben. Cocktails kosten 7 €; die Spezialität des Hauses ist der Mojito.

Passeig Marítim & Western Palma

Pacha   CLUB
(Karte S. 56; www.pachamallorca.es; Passeig Marítim 42; ⊙ Juli/Aug. tgl. 22–6 Uhr, Sept.–Juni nur Do–Sa; 🛜) Dieser glamouröse Club bringt ein Stück Ibiza in Palmas Nachtleben. Der dreistöckige Party-Tempel abseits des Zentrums unten

am Hafen bietet regelmäßige Fiestas, bunt gemischte, tanzbare DJ-Musik und verschiedene Lounge-Terrassen. Der Eintritt liegt bei 15 €.

Tito's CLUB
(Karte S. 56; www.titosmallorca.com; Passeig Marítim 33; 15–20 €; ☺Juni–Sept. tgl. 23–6 Uhr, Okt.–Mai Fr & Sa; 📶) Ray Charles, Marlene Dietrich und Frank Sinatra ließen in diesem Clubklassiker, der seit den 1950er-Jahren besteht, einst die Haare fliegen. Heute legen die DJs Euro-House und populäre Tanzmusik auf. Das Publikum kommt wegen der guten Stimmung, dem weiten Blick über die Stadt und der gelegentlichen heißen Show. Bei warmem Temperaturen öffnet eine Außenbühne.

Varadero BAR
(Karte S. 56; ☎971 72 64 28; www.varaderomallorca.com; Camí de l'Escullera; ☺So–Do 8–1, Fr & Sa bis 3 Uhr; 📶) Der tolle Standort dieser minimalistischen Bar mit Glasfront über der Badia de Palma vermittelt das Gefühl, vor Anker gegangen zu sein. Möwenschreie mischen sich unter die Geräusche aus dem Lokal, während man sich auf der Teakholz-Terrasse seinen Lieblingsdrink mit Blick auf die majestätische Kathedrale schmecken lässt.

Es Portixol & Es Molinar

Anima Beach BAR
(Karte S. 54; ☎971 59 55 91; www.animabeachpalma.com; Platja de Can Pere Antoni; ☺Mai–Okt. 10.30–1.30 Uhr, Nov.–März 11–20 Uhr; 📶) Eine gemütliche Strandlounge und eine beliebte Anlaufstelle für einen Sundowner und Tapas. DJs sorgen donnerstags bis sonntags für Stimmung. Wer möchte, kann sich für 25 € eine Sonnenliege mieten, und dazu einen Cocktail, Wasser und ein Handtuch für 35 € bestellen. Die Speisen sind auf die internationale Kundschaft ausgerichtet, darunter Salate, Pasta u. ä.

☆ Unterhaltung

Ob Popkonzerte, Oper, Kino, traditionelle Tänze, internationale Regatten oder Fußballspiele: In Palma ist immer für Unterhaltung gesorgt. Tickets für die meisten Veranstaltungen gibt's online unter www.ticketmaster. es oder beim Kaufhaus El Corte Inglés (www.elcorteingles.es).

Ein aktueller Veranstaltungskalender findet sich auf http://ocio.diariodemallorca.es. Alle zwei Monate erscheint *YouThing Guia de Mallorca,* der in Touristeninformationen, Bars und anderen Lokalen.

Kinos
In Palma gibt's zwar mindestens sieben Kinos mit jeweils mehreren Sälen, doch nur in einem werden Filme im Originalton gezeigt.

Cine Ciutat KINO
(Karte S. 56; ☎971 20 54 53; www.cineciutat.org; Carrer de Emperadriu Eugènia 6) Das Programmkino rund 2 km nördlich der Innenstadt zeigt viele Filme im Original mit spanischen Untertiteln. Montags zahlt man 5,50 € anstelle von 7,75 €.

Theater
Teatre Principal THEATER
(Karte S. 60; ☎Kartenverkauf 971 21 96 96; www.teatreprincipal.com/en; Carrer de la Riera 2; ☺Kartenverkauf Mi & Do 17–21, Fr & Sa 11–14 & 17–21 Uhr) Auf dem Grund eines Originalgebäudes aus dem 17. Jh. entstand 1854 dieses Prestigehaus der Stadt für Theater, klassische Musik, Opern und Ballett. Bereits 1858 wurde es durch einen Brand zerstört, 1860 wieder aufgebaut und 2007 umfassend renoviert. Jetzt erstrahlt es wieder in der klassizistischen Pracht seiner Blütezeit und wartet zusätzlich mit modernster Technik auf. Die Akustik ist hervorragend.

Teatre Municipal TANZ
(Karte S. 60; ☎971 73 91 48; www.palmacultura. cat; Passeig de Mallorca 9; ☺Kartenverkauf 1 Std. vor Vorstellungsbeginn) Breit gefächertes Programm von zeitgenössischem Tanz bis hin zu Drama.

Livemusik
Die meisten Livekonzerte in Palma finden in den kleinen Bars rund um Sa Llotja statt. Sie fangen zwischen 22 und 24 Uhr an und sind spätestens um 2 Uhr zu Ende.

Novo Café Lisboa LIVEMUSIK
(Karte S.56; ☎661 78 56 67; Carrer de Sant Magí 33; ☺Mi–So 21–3 Uhr) An der geschwungenen Holzbar, einer der besten Locations für DJ-Musik in Palma, herrscht an betriebsamen Abenden jede Menge Stimmung. Auf dem Programm stehen u. a. Jazz-Funk, Disco, Elektromusik und Synthpop. Der Eintritt ist meist kostenlos. Facebook-Seite checken.

Auditòrium LIVEMUSIK
(Karte S. 56; ☎971 73 47 35; www.auditoriumpalma.es; Passeig Marítim 18; ☺Kartenverkauf

MARKTFIEBER

Flohmärkte, Fachmärkte, Kunsthandwerkermärkte ... Palma ist das Paradies für Marktfans. Kunsthandwerk gibt's auf der **Plaça Major Artisan Market** (Karte S. 60; Plaça Major; ⊙ Juli–Sept. tgl. 10–14 Uhr, Feb.–Juni & Okt.–Dez. Mo, Di, Fr & Sa, Jan. & Feb. Fr & Sa) oder dem **Kunsthandwerkermarkt** (Karte S. 60; Passeig de Sagrera, La Llonja; ⊙ Mai–Sept. Di–So 10.30–13.30 & 17.30–23 Uhr) nahe La Llonja. Ein riesiger **Flohmarkt** (Karte S. 56; Avinguda de Gabriel Alomar & Avinguda de Villalonga; ⊙ Sa 8–14 Uhr) wird in den *avingudes* östlich des Stadtzentrums (Avinguda de Gabriel Alomar und Avinguda de Villalonga) jeden Samstag aufgebaut. Der Weihnachtsmarkt (S. 73) findet vom 16. Dezember bis 5. Januar auf der Plaça Major statt.

10–14 & 16–21 Uhr) Palmas Hauptort für große Events (und Kongresse) von Oper über Lightrock, Ballett und Musicals bis hin zu Tribute-Bands und Gospel-Chören. In der Sala Mozart kommt ein Teil des Opernprogramms auf die Bühne (der andere im Teatre Principal). Von Oktober bis Mai tritt hier regelmäßig das Orquestra Simfònica de Balears (Balearen-Symphonieorchester) auf.

Garito Cafe LIVEMUSIK
(Karte S. 56; ☏ 971 73 69 12; www.garitocafe.com; Dàrsena de Can Barberà; ⊙ 20–4 Uhr, Okt.–Mai So–Mi geschl.; 🎵) DJs und Livebands, deren Bandbreite von Nu Jazz über Discoklassiker bis zu Elektro reicht, sorgen donnerstags bis samstags ab 22 Uhr für Stimmung. Die recht unkonventionelle Küche experimentiert mit Klassikern und kreiert Gerichte wie Quinoa-Risotto oder gebratene schwarze Ravioli. Gewöhnlich ist der Eintritt frei (Mindestverzehr: ein Getränk).

Blue Jazz Club LIVEMUSIK
(Karte S. 60; ☏ 971 72 72 40; www.bluejazz.es; 7. OG, Passeig de Mallorca 6; ⊙ Do–Sa 22 Uhr–spät, Mo 20.30 Uhr–spät) Vom Edelclub im Hotel Saratoga genießt man einen tollen Blick über die Dächer von Palma. Außerdem lockt der Laden mit Jazz-, Soul- und Blues-Konzerten nach dem Abendessen (Do–Sa 23–1 Uhr) und einer Jamsession am Montagabend (21–23 Uhr). Der Eintritt ist frei, man muss allerdings etwas trinken.

Football
RCD Mallorca FUSSBALL
(☏ Kartenverkauf 971 22 15 35; www.rcdmallorca.es; Iberostar Estadi, Camí dels Reis, Polígon Industrial) Palmas RCD Mallorca spielt im Iberostar Estadi, etwa 3 km nördlich von Palma, und zählte lange zu den Mittelfeldteams der ersten Liga. Im Jahr 2013 stieg man allerdings in die zweite Liga ab und kämpft dort derzeit erneut um den Klassenerhalt. Tickets gibt's im Stadion oder telefonisch.

Iberostar Estadi STADIUM
(☏ Kartenverkauf 971 22 15 35; www.rcdmallorca.es; Camí dels Reis, Polígon Industrial; 🚌 6, 8) Im Iberostar Estadi, rund 3 km nördlich der Innenstadt Palmas, finden Fußballspiele statt, u. a. von Palmas Zweitliga-Team RCD Mallorca. Tickets gibt's am Stadion oder telefonisch. Busse No. 6 oder 8 nehmen.

 Shoppen

Der beste Ausgangspunkt für den Einkaufsbummel sind die schicken Läden am Passeig d'es Born. Auf der Haupteinkaufsmeile gibt's Läden von Ketten wie Massimo Dutti und Zara, aber auch echte Nobelboutiquen. Im Labyrinth der Fußgängerzone westlich vom Passeig verstecken sich ein paar der attraktivsten und teuersten Geschäfte der Stadt. Eine weitere gute Adresse ist der Carrer de Sant Miquel (Fußgängerzone).

 Altstadt

Colmado Santo Domingo ESSEN
(Karte S. 60; ☏ 971 71 48 87; www.colmadosantodomingo.com; Carrer de Sant Domingo 1; ⊙ Mo–Sa 10–20 Uhr) In dem kleinen Laden ist es so eng und die Regale sind so voll beladen mit mallorquinischen Produkten wie Käse, Honig, Oliven, Olivenöl, Pasteten, Feigenbrot, Balsamico-Essig, Marmeladen aus Sóller etc., dass man sich kaum drehen und wenden kann. Ach, und ducken muss man sich auch, da an der Decke *sobrassada* hängen.

Vidrierias Gordiola GLASWAREN
(Karte S. 60; ☏ 971 66 50 46; www.gordiola.com; Carrer de la Victòria 2; ⊙ Mo–Fr 10.15–13.45 & 16.30–20, Sa 10.15–13.45 Uhr) Die Gordiola-Familie blickt auf eine 300-jährige Tradition der Glasherstellung zurück. Davon zeugen in diesem Laden Vasen, Lampen, Stielgläser und andere Glaskunstwerke in fantastischen Formen und Farben.

Tipika
KUNST & KUNSTHANDWERK

(Karte S. 60; 971 68 58 10; Carrer d'en Morei 7; Mo–Fr 10–20, Sa bis 18, So bis 15 Uhr) In diesem kleinen Geschäft werden mallorquinisches Kunsthandwerk und die lokaltypische Küche vermarktet. Man kann Weine, Olivenöle, Salz und Liköre kaufen sowie Tonwaren u. Ä. aus den Werkstätten von Familienbetrieben auf der Insel erstehen.

Chocolate Factory
SCHOKOLADE

(Karte S. 60; 971 22 94 93; www.chocolatfactory.com; Plaça des Mercat 9; Mo–Sa 10.30–20.30, So 11–15 Uhr) In der Schokoladenfabrik passiert genau das, was man erwartet: Neben unwiderstehlich guten Pralinen, *macarons* und Tafeln mit 100 % Kakaogehalt werden hier auch köstliche *ensaïmadas* mit Schokofüllung, Schokofondues, Kuchen und Eiscreme gezaubert.

Carmina
SCHUHE

(Karte S. 60; www.carminashoemaker.com; Carrer de l'Unió 4; Mo–Sa 11–20.30 Uhr) Diese traditionelle einheimische Schuhmarke steht für dezente dunkle Töne, Lederschuhe mit Lochverzierungen und Slipper, die zwischen 340 und 500 € kosten. Exemplare aus Cordovan-Leder gibt's ab 600 €.

Fine Books
BÜCHER

(Karte S. 60; 971 72 37 97; Carrer d'en Morei 7; Mo–Sa 10–20 Uhr) Auf drei Etagen findet man eine außergewöhnliche Auswahl an gebrauchten Büchern, darunter den einen oder anderen kostbaren Schatz. Palmas beste Adresse für gebrauchte englischsprachige Bücher; Rodney ist gern bei der Suche behilflich. In unserem digitalen Zeitalter ist Fine Books in der Tat ein echtes Juwel.

Plaça Major & Umgebung

El Paladar
FEINKOST

(Karte S. 56; 971 71 74 04; www.elpaladar.es; Carrer de Bonaire 21; Mo–Sa 9–21 Uhr) Ein Paradies für *jamón*-Liebhaber. Es duftet nach luftgetrocknetem Schweinefleisch, Käse, *sobrassada* und anderen Leckereien, die auch die Auslage von „Der Gaumen" zieren. Zur großen Auswahl an mallorquinischen Produkten gehören Weine und Fischkonserven. Wer möchte, kann sich einen Hocker schnappen und einen guten Tropfen mit Probierteller schmecken lassen.

El Corte Inglés
KAUFHAUS

(Karte S. 56; 971 77 01 77; www.elcorteingles.es; Avinguda d'Alexandre Rosselló 12–16; Mo–Sa 9.30–22 Uhr) In der Hauptfiliale von Palmas größtem Kaufhaus gibt's Bekleidung, Kosmetik, Haushaltswaren, Accessoires und Tickets für hiesige Vorführungen und Veranstaltungen. Es gibt auch eine kleinere Filiale in Palma.

Mimbrería Vidal
KUNST & KUNSTHANDWERK

(Karte S. 60; 971 71 12 43; Carrer de Cordería 13; Mo–Sa 9.30–13.30 & 16.30–20 Uhr) In diesem weitläufigen Geschäft werden Korbwaren ausgestellt, die zum großen Teil auf Mallorca und auf dem spanischen Festland hergestellt werden. Es gibt Matten, Körbe, Hüte und kleinere Dekoartikel, die sogar noch ins Handgepäck passen.

Dialog
BÜCHER

(Karte S. 60; 971 66 63 31; www.dialog-palma.com; Carrer de Santa Magdalena 3; Mo–Fr 11–14 & 16.30–20, Sa 10–14 Uhr) Zwar ist das Sortiment an deutschen und englischen Titeln überschaubar, aber mit Bedacht zusammengestellt. Vor allem die Sprach- und Mallorca-Literatur kann sich sehen lassen.

Es Puig de Sant Pere

Camper
SCHUHE

(Karte S. 60; 971 71 46 35; www.camper.com; Avinguda de Jaume III 5; Mo–Sa 10–20.30, So bis 20 Uhr) Die berühmteste Schuhmarke Mallorcas: Dank ihres originellen Ökoschicks liegen die Treter von Camper weltweit im Trend.

El Corte Inglés
KAUFHAUS

(Karte S. 60; 971 77 01 77; www.elcorteingles.es; Avenida de Jaime III 15; Mo–Sa 9.30–21.30, So 11–20.30 Uhr) Ein breites Sortiment findet sich in dieser Filiale der riesigen spanischen Kaufhauskette.

Santa Catalina & Umgebung

★ Magatzem de Santa Catalina
SCHUH

(Karte S. 56; 606 40 29 40; Plaça Navegació 2; Mo–Sa 10–15 Uhr) Schuhmachermeister Domingo Moya stellt die schönsten Espadrilles her, den Klassiker unter den mallorquinischen Sommersandalen, und bietet mehrere Modelle zur Auswahl an. Die Preise beginnen bei etwa 26 €.

B Connected Concept Store
HAUSHALTSWAREN

(Karte S. 56; 971 28 21 95; www.bconnectedconceptstore.com; Carrer de Dameto 6; Mo–Fr 10–14.30 & 17–21, Sa 10–15 Uhr) Der Designer-„Konzeptladen" passt hervorragend nach

Santa Catalina und zählt zu einer von mehreren Filialen, die sich verschiedenen Facetten stilvollen Wohnens verschrieben haben. Neben Haushaltswaren und Inneneinrichtung gibt's jede Menge Krimskrams, den man nicht braucht. Die moderne Aufmachung wird durch ein paar Retro-Elemente ergänzt.

Praktische Informationen

INFOS IM INTERNET

Website der Stadt Palma (www.imtur.es) Das wichtigste Touristenportal der Stadt.
Empresa Municipal de Transports Urbans de Palma de Mallorca (www.emtpalma.es) Palmas öffentlicher Verkehrsbetrieb.
Federación Empresarial Hotelera de Mallorca (www.fehm.info) Hotel- und allgemeine Informationen zu Palma de Mallorca.

MEDIEN

Eine Auswahl an fremdsprachigen Zeitungen:
→ *Daily Bulletin* (www.majorcadailybulletin.es) Die englischsprachige Zeitung wird seit 1962 verlegt.
→ *The Olive Press* (www.theolivepress.es) Englischsprachige Zeitung mit lokalen und nationalen spanischen Nachrichten.
→ *Mallorca Magazin* (www.mallorcamagazin.net) Beliebte deutschsprachige Wochenzeitung.
→ *Mallorca Zeitung* (www.mallorcazeitung.es) Deutsche Wochenzeitung.

Veranstaltungstipps liefern kostenlose Broschüren in Touristeninformationen und Bars:
→ *Youthing* (www.youthing.es) Erscheint vierzehntägig.
→ *Dígame* (www.digamemallorca.com) Das monatliche Magazin erscheint inselweit und informiert über Veranstaltungen, Aktivitäten und Aktuelles.
→ *See Mallorca* (www.seemallorca.com) Nützliche Online-Quelle für Veranstaltungen und Empfehlungen.

Palma bietet eine wachsende Auswahl an Hochglanzmagazinen und Lifestyle-Websites auf Englisch und Deutsch:
→ *abcmallorca* (www.abc-mallorca.com) Kostenlose Artikel zur Stadt und zur Insel.
→ *Mallorca Geht Aus!* (www.mallorca-geht-aus.de) Das jährlich veröffentlichte Hochglanzmagazin (10 €) ist auch in Deutschland, Österreich, in der Schweiz und online verfügbar. Auf über 200 Seiten liefert es Artikel und Empfehlungen zu allen möglichen Themen wie Fincas oder Clubs.

MEDIZINISCHE VERSORGUNG

In den großen Tageszeitungen wie *Diario de Mallorca* werden Listen der Apotheken mit langen Öffnungszeiten veröffentlicht.

Farmácia Castañer-Buades (971 07 06 35; Plaça del Rei Joan Carles I 3; 8.30–22.30 Uhr)
Farmácia Salvà Saz (971 45 87 88; Carrer de Balanguera 15; 24 Std.)
Hospital Universitari Son Espases (871 20 50 00; www.hospitalsonespases.es; Carretera de Valldemossa 79) Das Krankenhaus befindet sich 4 km nördlich der Stadt und ist am besten mit den Buslinien 20, 29, 33 und 34 zu erreichen.

NOTFALL

Landesvorwahl	+34
Allgemeiner europäischer Notruf	112
Policía Local	092 (Notfall)
	971 22 55 00
Policía Nacional	091 (Notfall)
	71 22 55 00
Rettungswagen	061

SICHER REISEN

→ Palma ist im Allgemeinen eine sichere Stadt. Das größte Problem sind Taschendiebe.
→ Nachts sollte man einige Orte meiden, da dort schon mal zwielichtige Gestalten auftauchen. Wer nach Einbruch der Dunkelheit allein unterwegs ist, wird sich außerdem auf der Plaça de Sant Antoni und in umliegenden Straßen wie der Avinguda de Villalonga und der Avinguda d'Alexandre Rosselló nicht so wohl fühlen. Dennoch ist das Risiko fast verschwindend gering.

TOURISTENINFORMATIONEN

Ben Amics (871 96 54 66; www.benamics.com; Carrer del General Riera 3; 9–15 Uhr) Der inselweite Verband für die queere Community. Im Büro gibt's einen Beratungsdienst.
Consell de Mallorca (Karte S. 60; 971 17 39 90; www.infomallorca.net; Plaça de la Reina 2, Palma de Mallorca; Mo–Fr 8.30–20, Sa bis 15 Uhr) Das Fremdenverkehrsamt der Provinz hilft mit Infos über die Insel und stellt Karten zur Verfügung.
Oficinas del Parque Nacional Marítimo y Terrestre de Cabrera (971 17 76 45; http://en.balearsnatura.com; Carrer Gremi de Corredors 10, Palma de Mallorca; Mo–Fr 11–15 Uhr) Informiert über und erteilt Genehmigungen für den Parc Nacional Marítim-Terrestre de l'Arxipèlag de Cabrera (S. 181).
Touristeninformation am Flughafen (971 78 95 56; www.visitpalma.com; Aeoport de Palma; Mo–Sa 8–20, So bis 14 Uhr) Bietet viele nützliche Informationen über die Stadt sowie einen guten Stadtplan.
Touristeninformation Parc de Ses Estacions (Karte S. 56; 902 10 23 65; www.infomallorca.net; Plaça d'Espanya; 9–20 Uhr) Ein klei-

nes Tourismusbüro in der Nähe des Bahnhofs und des Busbahnhofs.

 An- & Weiterreise

BUS

Alle Busse nach/ab Palma fahren am (oder nahe dem) Estació Intermodal de Palma (S. 225) ab. Von dort werden Ziele auf der ganzen Insel angesteuert, z. B. Valldemossa (2,30 €, 30 Min., bis zu 17-mal tgl.), Sóller (2,45–3,90 €, 45 Min., tgl. regelm.), Pollença (5,50 €, 45–60 Min., bis zu 14-mal tgl.) und Alcúdia (5,45 €, 1 Std., bis zu 18-mal tgl.). Alle anderen größeren Orte an der Küste und im Landesinneren werden meist regelmäßig von Palma aus angefahren, wobei ein Teil von einer der drei Bahnlinien bedient wird.

FLUGZEUG

Flughafen Palma de Mallorca Airport (PMI; 902 40 47 04; www.aena-aeropuertos.es) liegt 8 km östlich der Stadt und weist beeindruckende Start- und Landezahlen vor. Er wird oft Son Sant Joan Airport genannt und ist mit Direktverbindungen in 105 europäische und nordafrikanische Städte der drittgrößte Flughafen Spaniens.

SCHIFF/FÄHRE

Palma dient als Haupthafen der Insel. Zahlreiche Fähren (S. 223) verkehren zwischen Mallorca und dem spanischen Festland bzw. anderen Baleareninseln. Palma wird als Reiseziel für Kreuzfahrtschiffe (S. 54) immer beliebter (was kontrovers diskutiert wird).

ZUG

Die beliebte Nostalgiebahn **Ferrocarril de Sóller** (Bahn von Sóller; 971 75 20 51; www.trendesoller.com; Carrer Eusebio Estada 1; einfach/hin & zurück 25/50 €; April–Okt. 10.10–19.40 Uhr; Nov.–März 10.30–18 Uhr;) fährt vom alten Bahnhof am Carrer Eusebio Estada neben dem Estació Intermodal (S. 225) über Bunyola bis nach Sóller im Nordwesten. Am Estació Intermodal enden Mallorcas drei Standardlinien, der T1 (nach Inca; 3,15 €, 25–40 Min.), der T2 (Sa Pobla; 3,75 €, 1 Std.) und der T3 (Manacor; 3,44 €, 55 Min.). Werktags fahren die Züge zwischen 5.45 und 22.10 Uhr.

Vor der Abfahrt sollte man sich vergewissern, dass es sich nicht um einen Expresszug handelt, der die gewünschte Station nicht bedient. Verbindungen zu Stoßzeiten, bei denen die Fahrradmitnahme nicht gestattet ist, sind mit einem Fahrradsymbol gekennzeichnet, und bei manchen Zügen muss man in Enllaç umsteigen. Der T1 nach Inca fährt nicht am Wochenende – da der T2 und der T3 sowieso dort halten – und es gibt am Wochenende auch keinen Expressdienst.

Unterwegs vor Ort

VOM/ZUM FLUGHAFEN

Bus 1 fährt etwa alle 15 Minuten vom Flughafen zur Plaça d'Espanya/Estació Intermodal de Palma im Stadtzentrum (5 €, 20 Min.) und weiter zum Eingang des Fährterminals mit mehreren Zwischenhalten auf der Strecke. Es geht auf der Avinguda de Gabriel Alomar i Villalonga in die Innenstadt, am Rand des Zentrums entlang sowie auf dem Passeig de Mallorca und der Avinguda d'Argentina wieder Richtung Küste. Über die Avinguda de Gabriel Roca (Passeig Marítim) erreicht der Bus die Endstation am Estació Marítima (Fährhafen). Tickets bekommt man beim Fahrer.

Taxis sind in der Regel sauber, verlässlich und reichlich vorhanden – wenn sie nicht gerade streiken. Die Fahrt vom Flughafen ins Zentrum von Palma kostet 19 bis 22 €.

VOM/ZUM FÄHRHAFEN

Im 15-Minuten-Takt fährt Bus 1 (Flughafenbus) von der **Estació Marítima** (Fährhafen) durch die Stadt (über Plaça d'Espanya/Estació Intermodal de Palma) und weiter zum Flughafen. Ein Taxi vom Fährhafen ins Zentrum kostet 10 bis 12 €.

AUTO & MOTORRAD

Das Parken in der Innenstadt gestaltet sich schwierig. Die meisten Straßen in der Altstadt dürfen nur von Anwohnern befahren werden oder sind Fußgängerzonen. In den übrigen Straßen um das Zentrum, einschließlich der Ringstraßen *(avingudes* oder *avenidas),* herrscht Parkverbot. Wer dann doch einen Parkplatz entdeckt, muss meist einen Parkschein ziehen. Zahlungspflichtige Plätze sind an der blauen Markierung zu erkennen. Gewöhnlich kann man dort bis zwei Stunden stehen bleiben (2,50 €), maximale Parkdauer und Gebühren variieren aber. Zahlen muss man normalerweise montags bis freitags zwischen 9 und 14 und 16.30 und 20 Uhr sowie samstags zwischen 9 und 14 Uhr.

Mallorca Vintage Motors (620 47 62 85; www.mallorcavintage.com; Plaça Espanya; 9–19 Uhr) verleiht Vintage-Vespas und Ducatis, mit denen man Palma und die Insel erkunden kann. In der Hochsaison kostet ein Roller 38 € und eine Ducati 98 € pro Tag, inklusive zweier Helme und Versicherung. Der Veranstalter befindet sich im Untergeschoss des Bahnhofs.

Gepäck kann im angeschlossenen **Palma Lock & Go** (971 71 64 17; www.palmalockandgo.com; Estación Intermodal de Palma, Plaça d'Espanya; große Taschen pro Tag 5,90 €; April–Okt. 9–20, Nov.–März 9.30–19 Uhr) aufbewahren, zudem gibt's eine weitere **Filiale** (Plaza de Porta de Santa Catalina 5; 9–19 Uhr) in der Nähe des Museums Es Baluard.

MIT DEM BUMMELZUG NACH SÓLLER

Mit der Schmalspurbahn kann man einen der schönsten Tagestrips auf ganz Mallorca unternehmen. Bereits seit 1912 bummelt diese auf der gewundenen, 27,3 km langen Strecke von Palma nach Sóller (S. 111). Der Zug ersetzte ursprünglich einen Postkutschendienst, verkehrt siebenmal täglich ab der Plaça de l'Estació (Nov.–Feb. 5-mal tgl.) und braucht für die Fahrt 1 ¼ Stunden; zurück geht's täglich vier- bis fünfmal.
Die Strecke führt durch eine abwechslungsreiche Landschaft und durchquert im Norden die dramatische 496 m hohe Serra de Alfàbia mit 13 Tunneln (teils über 2 km lang) sowie jeder Menge Brücken und Viadukte.

In den Straßen Palmas beginnt die Tour, doch innerhalb von 20 Minuten ist man bereits mitten auf dem Land. Auf diesem Teilstück hat man in Fahrtrichtung links die schönere Aussicht auf die Serra de Tramuntana. Das Gelände steigt sehr sanft an, links schweift der Blick über Olivenhaine und vereinzelte sandgelbe Häuser zu den Bergen im Hintergrund. Eine halbe Stunde hinter Palma erreicht der Zug Bunyola. Wer möchte, kann auch hier seine Reise starten (ab Palma oder Sóller einfach/hin & zurück 9/15 €).

Kurz hinter Bunyola rücken die Berge immer näher (an einer Stelle sieht man hinter sich Palma und das Meer) und es geht hinein in den ersten von mehreren Tunneln. Manche Züge halten für einen Moment an einem herrlichen Aussichtspunkt, dem **Mirador Pujol de'n Banya**, kurz hinter dem **Túnel Major** (Haupttunnel mit fast 3 km Länge, der in dreijähriger Bauzeit 1907 bis 1910 in den Fels gehauen wurde). Hier bietet sich eine Aussicht über das gesamte Sóller-Tal. Dann rattert der Zug über ein Viadukt und schon bald in einen weiteren Tunnel, der in einer gemächlichen 180-Grad-Kehre nach Sóller hinunterführt. Dort wird ein umgebautes Herrenhaus aus dem frühen 17. Jh. als Bahnhof genutzt. Rückfahrkarten behalten zwei Wochen ihre Gültigkeit.

BUS

In Palma und den Vororten verkehren 29 Buslinien der **EMT** (☎ 971 21 44 44; www.emtpalma.es). Die Linie 1 pendelt zwischen Flug- und Fährhafen (5 €), die 23 bedient die Strecke Palma–S'Arenal–Cala Blava (via Aqualand). Eine Einzelfahrt zu anderen Zielen neben Flughafen und Hafen kostet 2 €, eine 10er-Karte 15 €.

FAHRRAD

Infos zum Fahrradverleih in Palma finden sich in einem extra Abschnitt (S. 70).

METRO

Von der Plaça d'Espanya gelangt man per U-Bahn zur Universidad de las Islas Baleares (UIB; Universität von Palma), aber die Strecke ist touristisch uninteressant. Ein Einzelticket kostet ab 1,60 €.

TAXI

Taxis sind unter ☎ 971 40 14 14 zu erreichen, spezielle Wagen für Menschen mit Behinderung unter ☎ 971 70 35 29. Alle haben Taxameter, bei Überlandfahrten sollte man allerdings vorher einen Festpreis ausmachen. Grünes Licht zeigt an, dass ein vorbeifahrendes Taxi frei ist. Ansonsten stehen Wagen an den Taxiständen im Zentrum bereit, z. B. am Passeig d'es Born. Die Grundgebühr beträgt 2,45 €, danach zahlt man 1,05 € pro Kilometer (an Wochenenden und Feiertagen mehr). Für Fahrten ab dem Flughafen gibt's einen Mindesttarif von 19 €, und wer zum Castell de Bellver möchte, zahlt einen Aufpreis.

BADIA DE PALMA

Die weite Badia de Palma (Bucht von Palma) erstreckt sich vom Stadtzentrum aus nach Osten und Westen. Hier befinden sich ein paar der am dichtesten besuchten Urlaubsgebiete der Insel, aber vor allem westlich von Palma gibt's trotz der Betonburgenkulisse herrliche Strände. Diese sind größtenteils sehr sauber, in der Hochsaison aber auch überlaufen, wobei das Publikum bunt gemischt ist. Weiter südlich Richtung Cap de Cala Figuera geht's ruhiger zu.

Östlich von Palma

An der Ostseite der Bucht buhlen große Bierkeller-Reklametafeln und deutsche Speisekarten um Gäste. Ganz in der Nähe locken jedoch einige weniger trubelige Fleckchen.

Ca'n Pastilla

5125 EW.

Im Schatten des Flughafens liegt das dicht bebaute Ca'n Pastilla, wo Palmas östliches Pauschaltourismusgebiet anfängt. Die Platja de Ca'n Pastilla markiert das westliche, windigere Ende des 4,5 km langen Sandstrands **Platja de Palma**; hier herrschen teilweise gute Bedingungen für Windsurfer. Gleich

ABSTECHER

CALA BLAVA

Trotz der direkten Nähe zu den Biergärten der Platja de Palma ist Cala Blava eine andere Welt. Nicht nur von Touristen, sondern auch von Einheimischen geprägt, bietet es ein paar ruhige Buchten (mehrere steinige und eine mit Sand), um das Wasser zu testen. Der Trubel von S'Arenal ist nur einen Katzensprung entfernt; nach ein paar Kilometern auf der Ma6014 Richtung Süden führt eine kurze Nebenstraße zum Ziel. Direkt dahinter liegt Bella Vista, wo ein Teil der Küste geschützt und nicht zugänglich ist. Wer möchte, kann jedoch unten bei Calò des Cap d'Alt im kristallklaren Wasser schwimmen. Alle zwei Stunden fährt der Bus 23 von der Plaça d'Espanya nach S'Arenal weiter nach Cala Blava (2 €).

westlich von Ca'n Pastilla stößt man auf die herrlich ruhige Bucht Cala Estancia. Ihr Strand ist ideal für Familien mit Kleinkindern. Am Ufer verläuft eine breite Fußgängerpromenade, auf der sich vor der Kulisse vieler kleinerer Hotels, Lokale, Cafés und Bars Radfahrer, Touristenbahnen und Segways tummeln.

Sehenswertes & Aktivitäten

Palma Aquarium   AQUARIUM
(902 70 29 02; www.palmaaquarium.com; Carrer de Manuela de los Herreros i Sorà 21; Erw./Kind 22,50/14 €; Mai–Sept. 9.30–17 Uhr, Okt.–April kürzer;) Meeresforschungs- und Schutzprogramme lassen bei einem Besuch des exzellenten Aquariums jegliche Bedenken bezüglich des Wohls der Tiere vergessen. In 55 Becken und 5 Millionen Litern Salzwasser tummeln sich Tiere aus dem Mittelmeer (u. a. Rochen, Seepferdchen, Korallen) und fernen Ozeanen. Ein durchsichtiger Tunnel führt durch das Hauptbecken mit 20 Haien, mit denen man für 175 € tauchen kann. Hier lässt sich locker ein halber Tag verbringen.

Insgesamt gibt's gut 8000 Tierarten aus unterschiedlichen maritimen Lebensräumen und verschiedene Ausstellungen zu bewundern, z. B. zu Themen wie den weltweit schwindenden Thunfischpopulationen. Für Kinder hält es noch einen ganz besonderen Kick bereit: Einmal im Monat an einem Freitag findet eine Übernachtung mit Haien statt – das sollte für ordentlich Aufregung sorgen!

Attraction   BOOTSFAHRTEN
(971 74 61 01; www.attractioncatamarans.com; Carrer de Nanses; Erw./Kind 55/49 €; Mitte April–Sept.) Der Veranstalter Attraction organisiert 5-stündige Touren auf einem 24 m langen Katamaran in der Badia de Palma. Dabei wird Kurs auf Höhlen und Badestellen genommen, mittags gibt's Paella. Die Abfahrt in Ca'n Pastilla erfolgt am Carrer Nanses. Es gibt Fahrten bei Tag und bei Sonnenuntergang.

Segway Palma   TOUREN
(971 49 19 15; www.segwaypalma.com; Carretera del Arenal 9; 1-/2-/3-stündige Touren 40/75/110 €; 9.30–18 Uhr) Mal etwas anderes: Sightseeing mit einem Segway, wendigen batteriebetriebenen Rollern mit zwei Rädern, entweder eine Stunde am Strand entlang, in zwei Stunden bis Es Portixol oder in 3 Stunden zur Kathedrale und wieder zurück zur Platja de Palma.

 Kurse

Soqueta   KOCHEN
(660 62 84 30; www.soqueta.com; Carrer Gabriel Comas 20; 79 €; 10–15 Uhr) Paula ist eine begeisterte Lehrerin, die einem beibringt, ein traditionelles Drei-Gänge-Menü zu zaubern. Davor geht es auf den Markt, um die regionalen Zutaten zu erwerben. Die Teilnehmer probieren ihre zubereiteten Gerichte, dazu gibt's lokale Weine.

Ausgehen & Nachtleben

Eine vorwiegend deutsche Klientel frequentiert Ca'n Pastilla, um bei ohrenbetäubend lauter Musik ihre Trinkfestigkeit zu erproben und das Ballermann-Feeling zu erleben. Der Trubel konzentriert sich auf riesige Biergärten rund um den Carrer del Pare Bartomeu Salvà (alias Schinkenstraße) sowie auf drei Viertel der Strandpromenade Richtung S'Arenal.

Puro Beach   LOUNGE
(971 74 47 44; www.purobeach.com; Mai–Aug. 10–22 Uhr, März, April & Sept.–Nov. bis Sonnenuntergang;) Dieser weißen Strandbar haftet mehr als nur ein Hauch von Ibiza an: Ihr Außenbereich über dem Wasser ist prädestiniert zum Cocktailschlürfen bei Sonnenuntergang und Musikhören (DJs

legen auf), wie auch für Wellnessbehandlungen unter freiem Himmel. Ein Großteil der meist durchtrainierten, braungebrannten Gäste kommt ganz in Weiß gekleidet, um mit dem eleganten Dekor der Bar zu verschmelzen.

Wir empfehlen, nur auf ein oder zwei Getränke vorbeizuschauen, denn die Preise für die Fusionsküche sind astronomisch. Das Puro liegt zwei Gehminuten östlich von Cala Estancia.

❶ An- & Weiterreise

Bus 23 fährt von der Plaça d'Espanya nach Ca'n Pastilla, parallel zur Platja de Palma durch S'Arenal und weiter bis Aqualand. Die Linie verkehrt etwa im Halbstundentakt. Alle zwei Stunden geht's weiter bis Cala Blava. Bus 15 fährt alle 10 Minuten von der Plaça de la Reina über die Plaça d'Espanya nach S'Arenal. Wer zum Aquarium möchte, steigt an der 366 (Ses Fontanelles) aus.

S'Arenal

6599 EW.

S'Arenal ist schon so lange bevorzugtes Reiseziel junger, vorwiegend deutscher Strandgänger, dass der hiesige lange, breite Abschnitt der Platja de Palma komplett bebaut ist. Mittlerweile verteilen sich die Hotels, Bars, Souvenirläden und Kebab-Imbisse über mehrere Kilometer in jede Richtung ins Landesinnere. Der jungen Partymeute gefällt's, schließlich sind sie hier zweifellos in der belebtesten Ecke der Insel.

Aqualand   VERGNÜGUNGSPARK

(☎ 971 44 00 00; www.aqualand.es; Ma6014; Erw./Kind 30/21 €; ⊙ Juli & Aug. 10–18, Mai–Juni, Sept. & Okt. bis 17 Uhr; 🅿 🚻; 🚌23) Dank zwölf Rutschen und Becken wartet Mallorcas größer Wasserpark mit jeder Menge Plansch-Spaß auf, auch für die ganz Kleinen. Dann gibt's noch „Stromschnellen" und natürlich Rutschen mit hohem Adrenalin-Faktor – die Namen wie Anaconda, Harakiri und Kamikaze sagen alles. Parken kostet 4 €, „Minis" (Kinder zwischen drei und zehn Jahren) zahlen nur 12 €.

❶ An- & Weiterreise

Die Busse 15 und 25 (der Express) fahren entlang der Platja de Palma von der Plaça de la Reina in Palma nach S'Arenal. Bus 21 verkehrt zwischen S'Arenal und Flughafen, während Bus 23 Cala Blava und S'Arenal mit der Plaça d'Espanya verbindet. Eine einfache Fahrt kostet 2 €, zum Flughafen werden 5 € fällig.

Westlich von Palma

Cala Major

5633 EW.

Cala Major, ein einst schickes Resort 4 km südwestlich des Stadtzentrums, bietet einen hübschen durch Felsen geschützten Strand und ist die erste der Buchten, die sich südlich von Palma die Westküste der Badia hinab erstrecken. Im Gegensatz dazu, was einen weiter unten an der Ma1 erwartet, geht es hier ruhig und gediegen zu, zwischen Hügeln und Strand gibt's jedoch immer noch genügend kleinere Hotels, Cafés, Restaurants und Clubs.

Die Hauptattraktion – abgesehen vom Strand – ist die wunderbare Fundació Pilar I Joan Miró im Landesinneren; einfach vom Meer aus bergaufwärts gehen.

Die Avinguda de Joan Miró, die wichtigste Küstenstraße, bietet die meisten Einkehrmöglichkeiten.

★ Fundació Pilar i Joan Miró   MUSEUM

(☎ 971 70 14 20; http://miro.palma.cat; Carrer de Saridakis 29; Erw./Kind 7,50 €/frei; ⊙ Mitte Mai–Mitte Sept. Di–Sa 10–19, So bis Mitte Sept.–Mitte bis 18 Uhr; 🅿) Der katalanische Künstler Joan Miró lebte und arbeitete in diesem wunderschönen Komplex auf einem Hügel, der heute ein großes Museum zu seinem Leben und Werk beherbergt. Mirós Freund, der Architekt Josep Lluís Sert, gestaltete für ihn das Atelier, das größtenteils unverändert blieb, den Hauptausstellungsbereich entwarf der spanische Architekt Rafael Moneo 1992. Die beträchtliche Sammlung umfasst 2500 Werke von Miró, darunter Skulpturen, Skizzen und 118 Bilder.

1956 zog Miró nicht zuletzt deshalb, weil seine Frau und seine Mutter Mallorquinerinnen waren, nach Palma, wo er bis zu seinem Tod 1983 blieb.

Eine Auswahl von Miros Werken hängt in der Sala Estrella, einem Raum in Form eines ungleichmäßig gezackten Sterns, mit dem der Architekt Moneo sich dem Werk des Künstlers nähern wollte. Der Rest des Gebäudes wird für wechselnde Ausstellungen genutzt. Im Garten stehen verstreut Skulpturen von Miró. Hinter dem Ateliergebäude befindet sich Son Boter; Miró kaufte das Bauernhaus aus dem 18. Jh., um sich etwas Privatsphäre zu schaffen. An den weißen Wänden drinnen hängen einige gigantische Skizzen für seine Bronzeskulpturen.

FAULE TAGE AM STRAND

Es ist die perfekte Kombination: Sonne, Meer und Sand. Und Mallorca bietet Strandleben in Hülle und Fülle, vor allem rund um die Hauptstadt Palma, wo die Auswahl von einsamen Buchten bis hin zu familienfreundlichen Sandstränden mit Häfen, Sonnenliegen und eiskaltem Cerveza (Bier) reicht.

RUHIGE BUCHTEN & STRÄNDE

Trotz der vielen Touristen an den Küsten gibt es immer noch Strände, an denen man unter dem Sonnenschirm döst, während die Möwen und die Brandung um die Wette lärmen. Im weniger erschlossenen Süden liegen Strände wie **Platja des Trenc** (S. 179), mit FKK- und Textilbereichen, und **Cala Pi** (S. 178). Felsige Wanderwege verbinden die hübsche Bucht **Cala Mondragó** (S. 184) mit einer Reihe weiterer ruhiger Buchten im **Parc Natural de Mondragó** (S. 184) während die **Platja des Coll Baix** (S. 141) am anderen Ende der Insel hinter steilen bewaldeten Klippen verborgen liegt und nur per Boot oder zu Fuß erreichbar ist. Diese schimmernde Sichel aus perlweißem Sand erhält deshalb nur selten Besuch.

FAMILIENSTRÄNDE MIT GUTER INFRASTRUKTUR

Ein Familientag am Strand verläuft viel angenehmer, wenn Essen, Trinken, Eis (und Toiletten) in der Nähe sind. Östlich von Palma liegen die beiden familienfreundlichen **Cala Estancia** (S. 88) und **Cala Major** (S. 89), während im Norden das ruhige **Port de Pollença** (S. 135) einen breiten Sandstrand mit seichtem Wasser bietet – ideal zum Planschen und mit vielen Einrichtungen in der Nähe. Im Hafen von Sóller ist **Platja d'en Repic** (S. 116) gerade weit genug vom Trubel entfernt, aber dennoch in der Nähe von Cafés und der Möglichkeit zu Bootsfahrten.

1. Cala Pi (S. 178)
2. Höhle am Platja des Coll Baix (S. 141)
3. Platja de Palma, Ca'n Pastilla (S. 87)

1

Geführte 45-minütige Touren in englischer Sprache finden jeden Dienstag und Freitag um 12.30 Uhr statt und kosten zusätzlich 1 €. Reservierung über die Website möglich.

Il Paradiso   EUROPÄISCH €€€
(971 10 33 79; www.ilparadiso.es; Avingunda de Joan Miró 243; Hauptgerichte 25–36 €; 12.30–16 & 18–24 Uhr; P) Ein wunderschöner Ausblick über die Badia de Palma ist nicht die einzige Stärke dieses schicken Restaurants am Strand. Die große Auswahl an Pasta, darunter Penne mit Scampi in Safransoße und Spaghetti al Pescatore, lässt die italienische Handschrift erkennen, eigentliches Highlight sind jedoch die einfachen Fischgerichte, darunter gegrillter roter Thunfisch und Seehecht mit Brokkoli und neuen Kartoffeln.

An- & Weiterreise

Von Palma fahren die Busse 3 und 46 (ab der Plaça d'Espanya) sowie 20 (ab der Plaça del Mercat) hierher (alle Fahrten 2 €).

Gènova
3962 EW.

Wer Palma besucht, kommt meist auch nach Gènova, rund 1 km nördlich von Cala Major, um die der Hauptstadt nächsten Höhlen, die Coves de Gènova, zu besichtigen. Abgesehen von der Aussicht und einigen guten mallorquinischen Restaurants gibt's kaum etwas Interessantes. Wer selbst motorisiert ist, kann von Genovas Ortsmitte (etwas nördlich hinter der Abzweigung zu den Höhlen) den Schildern nach **Na Burguesa** folgen. Eine schlechte einspurige Straße führt ungefähr 1,5 km an den Mauern von Feriendomizilen der Reichen entlang bis zu einer ziemlich hässlichen Marienstatue. Hier bietet sich ein herrlicher Blick auf Palma und die Bucht (vermutlich ist dies die einzige Stelle, an der man auf das Castell de Bellver runterschauen kann).

Coves de Gènova   HÖHLEN
(971 40 23 87; www.covesdegenova.com; Carrer d'es Barranc 45; Erw./Kind 10/5 €; 10–17.45 Uhr; P) Die 1906 entdeckten Höhlen mit Kammern voller gewundener Stalaktiten und spitzen Stalagmiten sind einen Besuch wert. Man dringt bis 36 m Tiefe vor und sieht dabei herrliche, von hinten beleuchtete Steinformationen. Diese entstanden im Laufe von Jahrtausenden durch herabtropfendes Wasser. In den Höhlen herrscht durchweg eine Temperatur um etwa 20 °C. Man nimmt in Palma den Bus 46 (2 €, 40 Min., alle 30 Min.) mit einem Zwischenstopp in Cala Major.

Mesón Ca'n Pedro   MALLORQUINISCH €€
(971 70 21 62; www.canpedro.es; Carrer del Rector Vives 14; Hauptgerichte 16–20 €; 12.30–0.30 Uhr) Im Mesón Ca'n Pedro gibt's einige der besten herzhaften traditionellen mallorquinischen Gerichte Gènovas. Es ist bekannt für *frit mallorquí* (klein geschnittene Stücke von Lamm, Leber und Gemüse), Schnecken und *pa amb oli* (mit Öl, Knoblauch und frischer Tomate eingeriebenes Brot). Seit 1976 erfreut es sich bei Einheimischen großer Beliebtheit. Bei warmem Wetter sitzen die *palmeros* gerne auf der Terrasse.

Casa Jacinto   MALLORQUINISCH €€
(971 40 18 58; www.casajacinto.es; Camí de la Tramvía 37; Hauptgerichte 14–20 €, Menüs 15–22 €; 13–17 & 19–0.30 Uhr; P) Seit den 1980er Jahren lockt dieses traditionelle familiengeführte Restaurant Mallorquiner aus nah und fern, die hier üppige Portionen spanischer und regionaler Küche genießen, vor allem gegrilltes Fleisch, darunter auch Wild wie Reh und Wildschwein. Vegetarier haben das Nachsehen. Das Lokal hat einen eigenen Parkplatz.

An- & Weiterreise

Bus 46 fährt vom Carrer del Sindicat am Ostrand der Altstadt Palmas nach Gènova (2 €, alle 20–40 Min.).

Ses Illetes & Portals Nous

Ses Illetes (3209 Ew.) und Portals Nous (2356 Ew.) liegen zwischen schmalen idyllischen Buchten und steilen, von Pinien bedeckten Hügeln. Zusammen bilden sie ein exklusives Urlaubsgebiet, das zu den etwas besseren Gegenden zählt. Außerdem ist die Badia de Palma hier besonders schön. Die Küste fällt steil zu den türkisblauen Buchten mit der Platja de Ses Illetes und der etwas weniger überlaufenen Platja de Sa Comtesa ab. Einen Parkplatz zu finden kann manchmal einige Zeit dauern.

Zu Ses Illetes gehört auch **Bendinat**; der Name geht auf eine neogotisch wiederaufgebaute Anlage aus dem 13. Jh. in der Nähe zurück, die nur von der Autobahn Ma 1 zu sehen ist. Als Nächstes folgt Portals Nous mit seinem Superhafen für die Superyachten der Superreichen in **Puerto Portals**. Restaurants säumen die Marina, an die sich nördlich ein Strand anschließt, der länger und breiter ist als die Sandstreifen auf den Ses Illetes.

Restaurante Illetas Playa MALLORQUINISCH €€
(✆971 70 18 96; www.illetasplaya.es; Passeig d'Illetes 75, Ses Illetes; Hauptgerichte 16–18 €; ⊙ Do–Mo 13–15.30 & 19–23.30, Mi 19–23.30 Uhr) Das etwas altmodische mallorquinische Restaurant über dem Meer blickt auf den Strand von Ses Illetes und ist eine willkommene Alternative zum Glamour, der diesen Teil der Bucht prägt. Das Ambiente ist nicht gerade leger, jedoch auch nicht zu schick. Die ideale Adresse für fachmännisch gegrillten Tintenfisch oder wunderbar zart gebratene Lammschulter. Auch die Paella wird regelmäßig gelobt.

Roxy Beach Bar BAR
(✆696 06 28 31; Portals Nous; ⊙ April–Sept. 10–22 Uhr) Auf dem Weg hierher stellt sich der Durst ganz von allein ein (es sei denn, man reist mit einer Privatyacht an). Die Bar befindet sich auf einer felsigen Landzunge am östlichen Ende des Hauptstrandes; von Portals Nous aus muss man über Felsen klettern und steile Stufen hinuntersteigen. Von der Terrasse aus, die direkt am Meer liegt, bietet sich ein herrlicher Blick, vor allem bei Sonnenuntergang.

Auch das Essen ist nicht schlecht (sowohl preislich als auch qualitativ). Die Bar ist für kleine Kinder aufgrund der Absturzgefahr nicht geeignet.

ⓘ An- & Weiterreise

Bus 3 fährt vom Zentrum Palmas (2 €, 30 Min., mehr als 15-mal tgl.) ab Passeig de la Rambla oder Avinguda de Jaume III nach Ses Illetes. Von Palmas Busbahnhof verkehren die Linien 103, 104, 106 und 111 nach Portals Nous (2 €; häufig).

Palmanova & Magaluf

2 km südwestlich von Portals Nous mit seinem Eliteyachthafen beginnt eine völlig andere Welt. Palmanova (6577 Ew.) und Magaluf (4288 Ew.) sind der Inbegriff des Sonnen-, Strand-, Sangria- und Bumstourismus, der den Ruf Mallorcas ungerechterweise bis heute prägt. Die Blütezeit des unkontrollierten Hedonismus ist jedoch überstanden: Kommunale Projekte und neue Gesetze zur öffentlichen Ordnung haben den schlimmsten Auswüchsen ein Ende gesetzt.

Ruhiger geht's südlich von Magaluf zu, wo einige hübsche *calas* (Buchten) locken. Die Cala Vinyes wartet mit ruhigem Wasser und einem Sandstrand zwischen Wohnsiedlungen auf. Als Nächstes folgt die Cala de Cap Falcó, ein smaragdgrüner Meeresarm mit bewaldeter Felsküste. Leider rücken die Bauunternehmer immer näher. Zunächst folgt man den Schildern Richtung Süden nach Sol de Mallorca. Dort sind die Buchten ausgeschildert. Buslinie 107 von Palma fährt über Magaluf nach Cala Vinyes (3,90 €, 1 Std., 9-mal tgl.).

◉ Sehenswertes & Aktivitäten

Es gibt einen Grund dafür, warum Palmanova und Magaluf so populär sind: Die vier großen hübschen Hauptstrände zwischen den beiden Orten sind toll gepflegt. An manchen Stellen sorgen strategisch günstig gepflanzte Kiefern und Palmen für Schatten und lassen die feinen weißen Sandstrände noch verlockender erscheinen. Auch die Bebauung dahinter könnte schlimmer sein.

Western Water Park VERGNÜGUNGSPARK
(✆971 13 12 03; www.westernpark.com; Carretera de Cala Figuera a Sa Porrasa, Magaluf; Erw./Kind 30/21 €; ⊙ Juli & Aug. 10–18 Uhr, Mai, Juni & Sept. bis 17 Uhr; P ⓕ) Dieser Wasserpark ist mit Wellenbädern, Rutschen mit Namen wie Tijuana Twins, Boomerang und Beast (wo man eben mal so 30 m geradezu vertikal in die Tiefe stürzt) gewissermaßen der wilde Bronco unter den Freizeitbädern in Magaluf. Für Kinder und geruhsamere Besucher gibt's auch ruhige Attraktionen und Becken. „Minis" (Drei- bis Vierjährige) zahlen 12 € Eintritt.

Big Blue Diving TAUCHEN
(✆971 68 16 86; www.bigbluediving-mallorca.net; Carrer de Martí Ros García 6, Palmanova; Schnorcheln 39 € pro Pers., 1/2 Tauchgänge mit Ausrüstungsverleih 73/93 €; ⊙ April–Okt.) Das gut geführte Tauchzentrum am Strand von Palmanova ist der erste Veranstalter von Apnoetauchgängen auf Mallorca und bietet das komplette Paket an PADI-Zertifizierungen. Anfängerkurse im Sport- und Freiwassertauchen kosten 269 bzw. 399 €.

Cruceros Costa de Calvià BOOTSFAHRTEN
(✆971 13 12 11; www.boattour.es; Avinguda de Magaluf 10, Magaluf; ⊙ Mai –Okt. Mo–Fr 11, 13 & 15, Sa & So 11 & 15 Uhr; ⓕ) Cruceros Costa de Calvià bietet zweistündige Touren im Glasbodenboot an, bei denen man die Chance hat, Delfine zu sichten (Erw./Kind 21/10 €). Zudem gibt's Schnellbootfahrten (26/15 €), Palma-Touren vom Wasser aus (30/16 €) und

eintägige Ausfahrten (38/20 €). Abfahrt ist am Hauptstrand von Magaluf, 15 Minuten später wird in Palmanova gehalten.

Ausgehen & Nachtleben

Während sich junge Deutsche in den Biergärten an der Platja de Palma austoben, ist die entsprechende Partymeile in Magaluf fest in britischer Hand. Es handelt sich um das Territorium wilder Junggesellenabschiedspartys. Die Saufgelage der Briten in Magaluf sind seit Langem legendär (aus allen möglichen Gründen). 2020 hat sich die Regionalregierung mit diesem Problem befasst und mehrere Gesetze erlassen. Seitdem sind organisierte Kneipentouren (Pub Crawl), Happy Hours, Partyschiffe, Automaten zum Alkoholverkauf, Gratisbars und Werbeanzeigen für alkoholische Getränke in Magaluf und an der Platja de Palma verboten. Europaweit sind dies die ersten Gesetze, die Werbung für und Verkauf von Alkohol in Touristenorten limitieren.

Nikki Beach BAR
(☏ 971 12 39 62; https://mallorca.nikkibeach.com; Avenida Notario Alemany 1, Magaluf; ⊙ Ende April–Sept. 11–20 Uhr; ☎) Sushi, Champagner, kuschelige weiße Lounges, gebräunte Körper, DJ-Beats und sommerliche Barbecues sind das Angebot des Nikki Beach in Magaluf. Es gibt auch einen Shuttleservice für Yachtbesitzer, falls nötig.

ⓘ Praktische Informationen

Über Hotels informiert die Website www.palmanova-magaluf.com, die von der lokalen Hotelvereinigung betrieben wird.

Touristeninformation Magaluf (☏ 971 13 11 26; www.visitcalvia.com; Carrer de Pere Vacquer Ramis 1, Magaluf; ⊙ 9–18 Uhr) Ganzjährig geöffnet.

Touristeninformation Palmanova (☏ 971 68 23 65; www.visitcalvia.com; Passeig de la Mar 13, Palmanova; ⊙ April–Okt. 9–18 Uhr, Nov.–März bis 14 Uhr)

ⓘ An- & Weiterreise

Die Busse 104, 106 und 107 verbinden Palma mit Palmanova/Magaluf (3,10 €, 50 Min.).

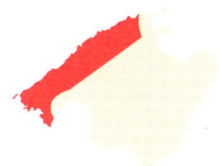

Westliches Mallorca

Inhalt ➜
Andratx 100
Port d'Andratx. 100
Sant Elm 101
Valldemossa 106
Port de
Valldemossa 109
Deià. 109
Sóller 111
Port de Sóller 116
Biniaraix. 117
Fornalutx 118
Bunyola 119
Orient 120
Alaró. 120
Monestir de Lluc 122

Gut essen
➜ Trespaís (S. 101)
➜ Es Verger (S. 121)
➜ Molón (S. 119)
➜ Béns d'Avall (S. 115)
➜ QuitaPenas (S. 107)

Beste Strände
➜ Cala Blanca (S. 100)
➜ Cala Portals Vells (S. 102)
➜ Cala Banyalbufar (S. 104)
➜ Platja d'en Repic (S. 116)

Auf ins westliche Mallorca

„Der Himmel wie ein Türkis, das Meer wie der Azur, die Berge – wie Smaragde. Und die Luft – wie im Himmel!" So schwärmte der romantische Komponist Frédéric Chopin 1838 von seiner neuen Heimat Valldemossa. Fast zwei Jahrhunderte später treffen seine Worte noch immer auf das westliche Mallorca zu.

Die Gebirgskette Serra de Tramuntana zieht sich hoch über dem Mittelmeer an der gesamten Westküste entlang. Olivenhaine und Pinienwälder säumen ihre spitzen Kalksteingipfel, die über 1000 m zum Wasser abfallen und an den Schutzwall einer imposanten Inselfestung erinnern. Sei es bei einer Wanderung durchs Hochland, einer Radtour über verschlungene Serpentinen und steile Aufstiege oder einer luftigen Bootsfahrt entlang der von Klippen flankierten Küste: Diese einzigartige, dramatische Kulisse zieht jeden Betrachter in ihren Bann.

Reisezeit

Für Radfahrer, die Touren durch die Tramuntana planen, sind Frühling und Herbst die Hauptsaison. Von ihnen abgesehen hat man die wunderschönen Buchten, Wege und blumenbedeckten Höhen in dieser Zeit jedoch fast für sich allein. Die meisten Hotels und Restaurants sind von Ostern bis Oktober geöffnet. Im Sommer sind die Badeorte und Dörfer an der Küste überlaufen, in den Weiten der Natur findet sich aber immer ein ruhiges Plätzchen, sei es eine Finca (Landhaus), eine Burg oder ein Kloster. Mit steigenden Temperaturen füllt sich auch der Veranstaltungskalender: In Deià und Valldemossa etwa finden im Sommer Klassikkonzerte statt. Echte Pilger unternehmen im August eine Nachtwanderung von Palma nach Lluc.

Highlights

❶ Deià (S. 109) Der malerischen Schönheit eines der hübschesten Bergdörfer Mallorcas erliegen.

❷ Monestir de Lluc (S. 122) Die gesamte Küste von der Hafenstadt Port d'Andratx bis zu diesem friedlichen Kloster erkunden.

❸ Valldemossa (S. 106) Mit Chopin-Klängen im Ohr durch die engen Gassen schlendern.

❹ Biniaraix (S. 117) Durch Zitronen-, Mandel- und Olivenhaine in dieses malerische Städtchen wandern.

❺ Sóller (S. 111) In der Orangenhauptstadt der Insel historische Züge, Miró und Modernisme-Flair erleben.

❻ Sa Calobra (S. 121) Mit erhöhtem Puls die Serpentinenstraße hinabfahren.

❼ Castell d'Alaró (S. 121) Zu den unbezwingbaren Festungsruinen klettern.

❽ Illa de Sa Dragonera (S. 101) In kristallklarem Wasser tauchen.

❾ Sa Foradada (S. 108) Am von der Abendsonne rot gefärbten Meer entlangspazieren.

❿ Cala Llamp (S. 100) In der Schönheit dieser großartigen Bucht hinter der Landspitze von Port d'Andratx schwelgen.

AUTOTOUR: VON ANDRATX ZUM MONESTIR DE LLUC

Westmallorca lädt mit seiner dramatischen Küste, den hohen Kaps, den versteckten Buchten und den malerischen Dörfern am Meer förmlich zu einer Autotour ein. Wer die spektakuläre Küste in ihrer Pracht erleben will, sollte ein Auto (oder Rad) mieten und die 140 km lange Strecke von Andratx im Süden bis zur Pilgerstätte Monestir de Lluc im Norden fahren.

❶ Andratx

Los geht's in der alten Stadt **Andratx** (S. 100), die 4 km landeinwärts von ihrem Hafen **Port d'Andratx** (S. 100) liegt und ein entspannter Ausgangsort für die Erkundung der Küste und der Berge ist. Von hier klettert die Straße (die Ma 10, der diese Tour überwiegend folgt) stetig durch Kiefernwälder hinauf, bis tief unten zum ersten Mal das Mittelmeer zu sehen ist.

1 Tag 140 km

Toll für: Natur, Geschichte & Kultur

Beste Zeit: Juni bis Oktober

❷ Mirador de Ricardo Roca

Etwa 14 km hinter Andratx parkt man gegenüber vom Restaurant El Grau und klettert hinauf zum Mirador de Ricardo Roca, um eine der faszinierendsten Aussichten der gesamten Westküste zu genießen.

❸ Banyalbufar

4 km weiter erreicht man **Estellencs** (S. 3), ein hübsches Dorf mit großartigem Blick auf den 1025 m **Puig Galatzò** (S. 103). Von dort sind es weitere 5 km bis zum berühmten **Torre des Verger** (S. 104), einem spektakulär gelegenen Wachturm. Unweit davon liegt auf den Klippen das charmante Küstendorf **Banyalbufar** (S. 104), das mit seinen ummauerten Terrassenfeldern und einer Bodega zu einer Pause einlädt. Von hier führt die Straße landeinwärts. Nach 7 km geht's bei der Kreuzung auf eine schmale Straße Richtung Norden, die durch Kiefernwälder und Geröll bergan steigt und dann ein Hochplateau überquert.

❹ Valldemossa

Die Hauptstraße führt in Richtung Valldemossa, doch vorher kommt ein Abzweig Richtung Westen nach **Port de Valldemossa** (S. 109), eine wilde 5,5 km lange Abfahrt hinunter zur Küste und zu einem guten Restaurant. Zurück auf der Hauptstraße sind es nur noch 1,5 km bis **Valldemossa** (S. 106), das auf halber Strecke der Tour liegt. Hier lohnt eine Pause. Die Hauptattraktion ist das markante Kloster **Real Cartuja de Valldemossa** (S. 106), zudem locken viele Restaurants und Bars.

❺ Deià

Neun spektakuläre Kilometer hinter dem Abzweig von der Ma 10 nach Valldemossa liegt das Dorf **Deià** (S. 109) inmitten von Hügeln und im Schatten des 1062 m hohen Puig des Teix. Ein absolutes Muss ist der 3 km lange Abstecher von der Hauptstraße zur **Cala de Deià** (S. 110), einer der schönsten Buchten Mallorcas mit einem hübschen Kieselstrand und einer beliebten Bar mit Restaurant. Der Blick von der Hauptstraße auf den Weiler Lluc Alcari mit seinen Terrakottadächern vor der Kulisse des Mittelmeers ist fantastisch.

❻ Sóller

Von Deià sind es 10 km bis **Sóller** (S. 111), das wunderschön in einem Tal tief in der Serra de Tramuntana liegt. Hier kann man mit der historischen **Tram** (S. 116) fahren oder zwei der besten Kunstgalerien Mallorcas besuchen. Danach geht's zu zwei der hübschesten Dörfer der Insel, Biniaraix und Fornalutx.

❼ Fornalutx

Von Sóller nach Fornalutx sind es nur 7 km, doch den Abstecher von der Hauptstraße Ma 10 zum charmanten Dörfchen **Biniaraix** (S. 117, nur 2 km von Sóller, man kann also auch wandern) sollte man sich nicht entgehen lassen. Am pittoresken Hauptplatz des Dorfes stehen die Kirche und ein einzelnes Café. Dahinter folgt das größere, aber nicht weniger malerische Dorf **Fornalutx** (S. 118) mit seinen Steinhäusern, idyllischem Bergblick und einem fotogenen Dorfplatz. Von Fornalutx klettert die Ma 10 steil hinauf zum Aussichtspunkt **Mirador de Ses Barques** (S. 119), vorbei an hoch gelegenen Seen im Schatten der höchsten Berge Mallorcas. Wenn man den Abzweig nach Sa Calobra erreicht hat, ist die Berglandschaft kahl und unwirklich geworden.

❽ Sa Calobra

Die haarsträubende 12 km lange Serpentinenstraße hinunter zur beliebten weißen Kieselbucht **Sa Calobra** (S. 121) ist einer der aufregendsten Abschnitte dieser Tour. Auf dem Rückweg führt ein Abzweig nach ca. 2 km zur nicht ganz so überlaufenen, aber ebenso magischen Bucht **Cala Tuent** (S. 121). Nach einer Pause am Strand geht's zurück zur Hauptstraße und Richtung Norden zum Monestir de Lluc.

❾ Monestir de Lluc

Das malerisch in einem Tal gelegene, von Bergen umringte **Monestir de Lluc** (S. 122), ein großer Klosterkomplex und eine Pilgerstätte, ist die letzte Station auf der Tour. Der Nachmittag vergeht schnell beim Besuch der Klostergärten und des Museums, dann fährt man weiter nach Süden oder zurück nach Palma.

DER SÜDWESTEN

Neben vereinzelten geschmacklosen Bunkern warten in Mallorcas Südwesten jede Menge wenig bekannte Schätze. Von Andratx, Port d'Andratx oder Sant Elm aus lassen sich Tagesausflüge zu den eindrucksvollen Höhlen von Portals Vells oder Bootsfahrten zur Illa de Sa Dragonera unternehmen. Wassersportler kommen dank des klaren Wassers voll auf ihre Kosten.

Andratx

12 150 EW.

Andrax, die größte Stadt im Südwesten Mallorcas, wurde (zum Schutz vor Piratenangriffen) ein gutes Stück von der Küste landeinwärts erbaut, während sich der Hafen, Port d'Andratx, 4 km entfernt befindet. Der unauffällige, untouristische Ort ist ein hervorragender Ausgangspunkt für Ausflüge an die Küste im Westen und in die Berge im Nordosten.

Castell de Son Mas HISTORISCHES GEBÄUDE
(Avinguda de la Cúria) Das Castell de Son Mas, ein eleganter Verteidigungspalast aus dem 16. Jh. auf einer Anhöhe am nördlichen Ende der Stadt, beherbergt heute das *ajuntament* (Rathaus) und das Tourismusbüro.

Església de Santa Maria d'Andratx KIRCHE
(Carrer de General Bernat Riera; ⊙ Zeiten variieren) Die hübsche Kirche mit markantem Turm wurde im 18. Jh. am Platz der ursprünglichen Kirche aus dem Jahr 1248 errichtet.

**Bar Restaurante
Sa Societat** MALLORQUINISCH €€
(☏ 971 23 65 66; Avinguda Juan Carlos I 2; Hauptgerichte 11–19 €, 2-Gänge-Menü 9–16 €; ⊙ Mi–So 13–16 & 19.30–23, Mo 13–16 Uhr) Ob im Innenraum unter Holzbalken oder im Hinterhof unter freiem Himmel – hier speist man stilvoll. Serviert wird gehobene Inselküche wie *trampó* (Salat mit Tomaten, Paprika und Zwiebeln), gefolgt von Paella, knusprigem Spanferkel oder Kabeljau in Aioli-Kruste.

ⓘ Praktische Informationen

Touristeninformation (☏ 971 62 80 19; www.andratx.cat; Avinguda de la Cúria; ⊙ Mo–Fr 10–14 Uhr) Im historischen Rathaus.

ⓘ An- & Weiterreise

Bus 102 verkehrt täglich etwa stündlich zwischen Palma und Andratx (4,75 €, 65 Min.).

Port d'Andratx

3150 EW.

Port d'Andratx erstreckt sich um eine schöne lange, natürliche Bucht, die Yachten von nah und fern anlockt. Der Ort mutet eher international als mallorquinisch an, ist ziemlich wohlhabend und geprägt von Kunstgalerien, Immobilienmaklern und Restaurants. Die hübsche Promenade lädt zum Spaziergang und Essen am Meer ein.

⦿ Sehenswertes & Aktivitäten

★ Cala Llamp STRAND
Sand gibt's hier zwar nicht, dafür lockt das glitzernde flaschengrüne Wasser der Cala Llamp 2 km südlich von Port d'Andratx erholungssuchende Einheimische an. Ausstrecken kann man sich auf Felsplatten, die sanft ins Meer abfallen. Mit den zerklüfteten, pinienbedeckten Klippen rundum erinnert die Bucht an ein Amphitheater und versprüht ein ganz besonderes Flair. Zu Fuß benötigt man vom Hafen aus 30 Minuten hierher, mit dem Auto folgt man der Ma 1020 ab Port d'Andratx und dann den Schildern über den Bergrücken.

Cala Blanca STRAND
Die nur 100 m breite geschwungene Bucht, zu der vom oberhalb gelegenen Parkplatz ein Sandweg führt, lockt mit kleinen Kieseln, Felsen und friedlicher Aussicht. Sie zwängt sich zwischen zwei felsige Kaps und versprüht Ruhe und Frieden, denn hierher verschlägt es kaum Besucher. Von Port d'Andratx fährt man auf der Ma 1020 in Richtung Es Camp de Mar und achtet auf die Schilder.

Llaüts BOOTSVERLEIH
(☏ 971 67 20 94; www.llauts.com; Carrer de San Carlos 6A; halber Tag 120 €; ⊙ April–Okt.) Dieser empfehlenswerte Verleih hat 4 m lange führerscheinfreie Boote. Preise für führerscheinpflichtige Boote gibt's auf Anfrage. Im August zahlt man rund 10 % mehr. Der Laden liegt südwestlich der wichtigsten Restaurantmeile; Öffnungszeiten variieren, deswegen am besten vorher anrufen.

Diving Dragonera TAUCHEN
(☏ 971 67 43 76; www.aqua-mallorca-diving.com; Avinguda de l'Almirante Riera Alemany 23; Paket mit 6/10 Tauchgängen 210/340 €; ⊙ Mitte März–Okt. 8–19 Uhr) Wer die Unterwasserhöhlen und Wracks um Port d'Andratx und Sa Dragonera erkunden möchte, ist hier genau

richtig. Das freundliche und beliebte von Deutschen betriebene Unternehmen bietet die gesamte Bandbreite an PADI- und SSI-Kursen an.

Essen

Restaurante
El Coche FISCH & MEERESFRÜCHTE €€
(971 67 19 76; www.restaurantecoche.com; Avinguda de Mateu Bosch 13; Hauptgerichte 14–22 €; Mi-Mo 13–15.30 & 19–22.30 Uhr;) Dieses Restaurant sticht unter den Läden am Ufer hervor und ist bereits seit 1977 gut im Geschäft, hat also die meisten Konkurrenten überlebt. Auf der Karte stehen mallorquinische Seafood-Klassiker wie schwarze Paella mit Tintenfischtinte und Gerichte mit einem raffinierten Twist wie Wolfsbarsch mit Garnelen und wildem Spargel.

★ **Trespaís** MODERN MEDITERRAN €€€
(971 67 28 14; www.trespais-mallorca.com; Carrer Antonio Callafat 24; Hauptgerichte 22–35 €; Di-So 18–24 Uhr;) Mit seiner schicken Einrichtung sowie dem von Bäumen gesäumten und mit Kerzen beleuchteten Patio versprüht das Trespaís moderne Romantik. Sternechefkoch Domenico Curcio hat es in eine der Top-Adressen der Stadt verwandelt und kreiert gemeinsam mit seiner Frau Jenny Terler unvergessliche aromatische Gerichte.

Ausgehen & Nachtleben

Im Laufe des Abends verwandeln sich die meisten Restaurants am Hafen in Bars. Am südwestlichen Ende sind einige gute Anlaufstellen, wo gelegentlich DJs oder Bands auftreten.

Gran Folies Beach Club BAR
(www.beachclubgranfolies.com; Carrer de Congre 2, Cala Llamp; Mai–Okt. 10–23.45;) Diese nette Restaurant-Bar thront über der felsigen Bucht im hübschen Cala Llamp. Hier können die Gäste zwischen den Frozen Margaritas in den Salzwasserpool springen. Zum Angebot gehören auch Frühstück, Tapas, komplette Mahlzeiten und Veranstaltungen wie mexikanische Abende oder Gin- & Tonic-Proben. Die Aussicht ist fantastisch, parken kann man ein kurzes Stück die Straße hinauf.

Tim's BAR
(Avinguda de l'Almirante Riera Alemany 7; 10 Uhr–spät;) Tim's ist eine der ursprünglichen Bars im Yachthafen aus den 1970er Jahren und kann im Hochsommer schon mal bis 4 Uhr morgens geöffnet bleiben. Es ist ein guter Ort, um ein Bier zu trinken oder mit einem Mojito auf den Sonnenuntergang anzustoßen. Live-Fußball wird auf der großen Leinwand gezeigt und am Freitag- und Samstagabend gibt es Livemusik *(en vivo)*.

Praktische Informationen

Touristeninformation (971 67 13 00; www.andratx.cat; Avinguda de Mateu Bosch; Di-Sa 9–16, So 9.30–14.30 Uhr) Gut ausgestattetes Fremdenverkehrsbüro.

An- & Weiterreise

Die meisten Busse der Linie 102 aus Palma fahren von Andratx weiter zum Hafen (1,50 €, 10 Min.). Bus 100 verkehrt sieben- oder achtmal täglich zwischen Andratx und Sant Elm (2,20 €, 35 Min.) und hält unterwegs in Port d'Andrat.

Sant Elm

410 EW.

Die schmale Landstraße Ma 1030 führt von S'Arracó tief durch Pinienwälder nach Sant Elm. Zwar ist es kein Geheimtipp, doch die relative Abgeschiedenheit hat den Massentourismus ferngehalten. Zudem hat der Anblick der hinter der Illa de Sa Dragonera untergehenden Sonne etwas Magisches, und die Serra de Tramuntana liegt praktisch gleich hinter der nächsten Kurve.

Sehenswertes & Aktivitäten

★ **Illa de Sa Dragonera** INSEL
Wie ein schlafender Drache erstreckt sich die unbewohnte 4 km lange Illa de Sa Dragonera im Westen von Sant Elm. Zur Insel, einem Naturpark (dem Parc Natural de Sa Dragonera), fährt eine Fähre, die in einem geschützten Naturhafen auf der Ostseite der Insel anlegt. Von dort führen Wanderwege zu den Landzungen der Insel sowie zum **Na-Pòpia-Gipfel** (Puig des Far Vell, 352 m).

Platja Sant Elm STRAND
(P) Sant Elms Hauptstrand, ein schöner, aber auch schattenloser Sandstreifen, erstreckt sich am sanft plätschernden Mittelmeer. Schwimmer mit guter Kondition können zur **Illa Es Pantaleu** kraulen, einer felsigen Insel, die an ein Meeresreservat grenzt. Südlich von Sant Elms Hauptstrand

(die Carrer de Cala es Conills hinunter) liegt eine hübsche sandlose Bucht namens **Cala es Conills**.

Keida
ABENTEUERSPORT

(☏ 971 23 91 24; www.keida.es; Plaça de na Caragola 3; ⊙ Zeiten variieren) Keida hat ein breitgefächertes Programm, von geführten Wanderungen (ab 45 €) über halbtägige Bootsfahrten zur Illa de Sa Dragonera (45 €) und zweistündige SUP-Kurse (45 €). Zudem werden Fahrräder (pro Tag 35 €) oder Kajaks (½ Tag/Tag 35/45 €) verliehen.

Scuba Activa
TAUCHEN, SCHNORCHELN

(☏ 971 23 91 02; www.scuba-activa.com; Plaça de Mossèn Sebastià Grau 7; Tauchgang inkl. Ausrüstung ab 39 €; ⊙ April–Okt. 9–18 Uhr) Diese sehr gute Tauchschule bietet Ausflüge in die Tiefen des wunderbar klaren Wassers rund um die Illa de Sa Dragonera, einen der besten Tauchspots Mallorcas, sowie Leihausrüstung, verschiedene Kurse und einstündige Schnorcheltouren (38 €).

Essen

Am Hafen und in der Avinguda Jaume I ist die Auswahl an Restaurants, Cafés und Bars groß.

★ Es Molí
MEDITERRAN €€

(☏ 971 23 92 02; http://esmoli.cat; Plaça de Mossèn Sebastià Grau 2; Hauptgerichte 14,50–21 €; ⊙ April–Okt. 13–16 & 18.30–22 Uhr; 🛜🐾) Das Es Molí versteckt sich an einer Plaza in Meeresnähe (Ausschau halten nach dem himmelblauen Seat 600, der vor der Tür parkt). Beim Dekor ist dezenter Minimalismus angesagt, das Serviceteam ist jung und freundlich und auf den Tisch kommt mediterrane Küche mit italienischem Touch. Hier überzeugt jedes Gericht, von Lachs-Carpaccio mit Mango bis zu hausgemachten Ravioli mit Wildpilzen, Trüffelöl und iberischem Schinken.

🛈 Praktische Informationen

Touristeninformation (☏ 971 23 92 05; www.andratx.cat; Avinguda de Jaume I 28B; ⊙ Mo–Sa 9–16 & So 9.30–14 Uhr) Nur ein paar Schritte vom Strand.

🛈 An- & Weiterreise

Bus 100 fährt sechsmal täglich über S'Arracó zwischen Andratx und Sant Elm (2,20 €, 40 Min.). Zwischen Sant Elm und Port d'Andratx verkehrt auch eine Fähre (8 €, 20 Min., Feb.–Okt. tgl.).

Autofahrer können sich die Parkgebühr von 3,50 € am Strand sparen – etwas weiter bergauf zahlt man nichts.

Fähren zur Illa de Sa Dragonera (hin & zurück 12 €, 15 Min., Feb.–Nov. 3–4-mal tgl.) starten am kleinen Hafen nördlich des Hauptstrands. Zu den größten Anbietern zählt **Cruceros Margarita** (☏ 639 617545; www.crucerosmargarita.com; Hafen; 13 €; ⊙ Feb.–Nov.); in der Hochsaison sollte man im Voraus buchen.

Portals Vells & Cap de Cala Figuera

Ein kurzer Abstecher von Andratx 20 km nach Süden – zur Ostseite der Halbinsel Cap de Cala Figuera – führt zu einem der letzten unberührten Küstenabschnitte in dieser stark bebauten Ecke im Südwesten. Die Gegend scheint Lichtjahre vom hektischen Trubel im nahen Magaluf entfernt.

Die drei traumhaften Buchten namens Portals Vells liegen wunderbar abgeschieden vor pinienbewachsenen Sandsteinklippen und kristallklarem Wasser.

Cala Portals Vells
STRAND

(🏖) Der schönste der drei Strände, die gemeinsam Portals Vells genannt werden, ist die Cala Portals Vells. Türkisfarbenes Wasser säumt einen recht breiten, mit Strohschirmen gespickten Sandstreifen.

Im Süden führt ein Wanderweg zu **Höhlen**, die sich durch die Felswände ziehen. In einer sind Überreste einer Kapelle zu sehen, deren Altar in den Stein gehauen worden ist. Angeblich wurde sie von genuesischen Seeleuten im 15. Jh. erbaut, aus Dankbarkeit darüber, dass sie ein Schiffsunglück überlebt haben.

Cala Mago
STRAND

Die Cala Mago besteht aus zwei schmalen Buchten: Die eine hat ein Restaurant und ist bei FKKlern beliebt, während die andere einen schattigen Strand bietet sowie länger und etwas hübscher ist.

🛈 An- & Weiterreise

Nach Portals Vells fahren keine öffentlichen Verkehrsmittel, man ist also auf einen fahrbaren Untersatz angewiesen. Von der Ma1 geht's die Ausfahrt 14 Richtung Portals Vells ab, vorbei am Western Park und einem Golfclub. Nach rund 2 km durch Pinienwälder erreicht man eine Kreuzung: Links deuten Schilder zur Cala Mago mit Parkmöglichkeiten über der Bucht. Nach 1,8 km Richtung Süden stößt man auf die Cala Portals Vells.

SERRA DE TRAMUNTANA

Mallorcas Nordwestküste, beherrscht von der prächtigen Bergkette Serra de Tramuntana, ist bemerkenswert wild und gespickt mit zerklüfteten Kalksteingipfeln und Klippen, die von Wind und Wasser geformt wurden und wie natürliche Festungsmauern steil zum Meer hin abfallen. Dörfer aus goldgelben Steinen und ockerfarbene Weiler thronen auf den Hügeln und geben faszinierende Einblicke ins traditionelle Mallorca.

Die Terrassen, die sich ab der Küste erheben, stammen mindestens aus der Zeit der maurischen Besatzung, wenn sie nicht sogar noch älter sind. Das hohe, schroffe Landesinnere mit seinen Pinienwäldern, Olivenhainen und Wildblumen gilt als echtes Wanderparadies. Die einzigartigen kulturellen und geografischen Besonderheiten der Region wurden zum UNESCO-Welterbe erklärt.

Küstenstraße von Andratx nach Valldemossa

Willkommen an einem der faszinierendsten Küstenstreifen des Mittelmeeres! Die Straße Ma 10 folgt ihm von Andratx hinauf in die pinienbewachsenen Hügel, die den Anfang der majestätischen Serra de Tramuntana bilden. Die Dörfchen und Aussichtspunkte auf den Klippen und Hügeln entlang des größtenteils einsamen Straßenabschnitts warten mit einem eindrucksvollen Ausblick auf die wunderbar wilde Küste auf.

Estellencs

402 EW. / 151 M.

Die beigefarbenen Steinhäuser dieses entspannten hübschen Dorfes verteilen sich in den Hügeln unterhalb des Puig Galatzò. Hier genießt man eine atemberaubende Aussicht, vor allem auf der Hauptstraße aus Richtung Norden.

Sehenswertes & Aktivitäten

Cala d'Estellencs STRAND
Eine etwa 1,5 km lange Straße windet sich durch Terrassen mit Palmen, Zitrus-, Oliven- und Mandelbäumen, Kakteen, Pinien und Blumen hinunter zur Cala d'Estellencs, einer felsigen Bucht mit flaschengrünem Wasser.

Puig Galatzò WANDERN
Von der Ma 10 zweigt bei km 97 (ca. 2,5 km westlich von Estellencs) ein Wanderweg zum Puig Galatzò (1025 m) ab. Dabei handelt es sich nicht gerade um einen gemütlichen Spazierpfad, außerdem braucht man dafür eine gute Karte und reichlich Wasser sowie Verpflegung. Für die Gesamtstrecke muss man etwa fünf bis sechs Stunden rechnen. Auf einer Alternativroute geht's zurück nach Estellencs, allerdings hat sich hier schon manch einer verlaufen.

 Essen

Cafeteria Vall-Hermós CAFÉ €
(971 61 86 10; www.vallhermos.com; Carrer de Eusebio Pascual 6; Pizzas 8 €, Tapas 4–6 €; Do–Di 10–23 Uhr) An der Hauptstraße punktet dieses einfache Café mit tollem Meerblick, besonders wenn man bei Sonnenuntergang auf den Rattanstühlen auf der Terrasse sitzt. Tagsüber können sich Gäste einen Kaffee und ein *bocadillo* (belegtes Baguette) schmecken lassen, am Abend ein Glas Rotwein mit ein paar Tapas. Die Pizzas sind sättigend und recht günstig.

Sa Tanca MALLORQUINISCH €
(971 14 91 23; Carrer de la Mar 12; Tapas 3 €; Mi–Mo 10–22 Uhr) Versteckt in den engen Gassen unterhalb der Hauptstraße serviert diese traditionelle, familiengeführte Bar frische Tapas wie *caracoles* (Schnecken), Tortilla und gebratene Sardellen sowie exzellenten *vino de la casa* (Hauswein) zu Preisen, die eher auf Einheimische als auf Touristen zugeschnitten sind.

Montimar MALLORQUINISCH €€
(971 61 85 76; Plaça de la Constitució 7; Hauptgerichte 16–30 €; Di–So 13–15.30 & 19–22.30 Uhr) Die Terrasse bietet einen feinen Blick auf die Dächer und die Kirche. Seit 1976 gehen die Einheimischen bei besonderen Anlässen hierher. Es ist eine Bastion der traditionellen mallorquinischen Küche: Die Auswahl reicht von Fischsuppe über in Salz gebackenen wilden Wolfsbarsch und Spanferkel bis hin zu *sobrassada* (mallorquinische Räucherwurst) mit Honig. Zum Nachtisch gönnt man sich mallorquinischen Käse.

An- & Weiterreise

Bus Nr. 200, der zwischen Palma und Estellencs (4 €, 80 Min., 4–11 mal tgl.) verkehrt, fährt sowohl über Banyalbufar (3,20 €) als auch über Esporles.

ABSTECHER

RUNDFAHRT DURCHS HINTERLAND

Eine lohnenswerte Rundfahrt, die einen Perspektivwechsel und weniger Touristen bietet, führt von der Küste bei Sant Elm oder Port d'Andratx landeinwärts. Bei der Fahrt auf der Ma 10 nach Osten biegt man wenige Hundert Meter nach der Abzweigung gen Port des Canonge auf die Ma 1100 in Richtung Esporles ab. 1 km weiter erreicht man eine Kreuzung und das Anwesen **La Granja**.

Von La Granja führt die Ma 1101 nach Süden durch dichte Wälder und einige beängstigende Haarnadelkurven runter nach **Puigpunyent**. Das typische Inlandstädtchen hat nicht viele Sehenswürdigkeiten zu bieten, doch das luxuriöse rosafarbene **Gran Hotel Son Net**, das auf einem Hügel liegt, ist Grund genug für den Abstecher, wenn man auch das nötige Kleingeld dafür besitzt.

Von Puigpunyent geht's hoch in die Berge nach **Galilea**, ein Dorf vier Serpentinenkilometer weiter südlich. Auf dem Kirchplatz genießt man einen Panoramablick über die Täler und eine Bar gleich um die Ecke ist perfekt für eine Stärkung. Wem es hier noch nicht nah genug am Himmel ist, kann in dem malerischen Ort weiter nach oben kraxeln. Zurück in Puigpunyent fährt man auf der Ma 1101 nach Esporles.

Banyalbufar

590 EW. / 112 M.

Das hübsche Banyalbufar thront hoch über dem Meer in einer Kluft auf der Küstenseite der Serra de Tramuntana. Das steile, verwinkelte Städtchen lädt mit seinen ruhigen, von Blumentöpfen gesäumten Gassen, die sich zum Meer hinabwinden, zu einem Spaziergang ein.

Im 10. Jh. wurde das Dorf, das 8 km nordöstlich von Estellencs liegt, von Arabern gegründet. Sie gaben ihm auch seinen Namen, der „neben dem Meer gebaut" bedeutet. Rund um den Weiler sind sogenannte *ses marjades* in die Landschaft gegraben: jahrhundertealte, von Steinmauern umgebene Terrassenfelder. Sie bilden eine Reihe von Stufen hinunter zum Meer. Bewässert werden sie mit Quellwasser aus den Bergen, das durch offene Kanäle dahingurgelt und schließlich in Zisternen aufgefangen wird. An der Küstenstraße steht westlich der Stadt der Torre des Verger, eines der markantesten Wahrzeichen Mallorcas.

Sehenswertes

Torre des Verger TURM
(Torre de Ses Animes; Ma 10) GRATIS 1 km außerhalb der Stadt an der Straße nach Estellencs erhebt sich der Torre des Verger, ein *talayot* (Wachturm) aus dem Jahr 1579, dessen Bild auf Postkarten überall auf Mallorca zu sehen ist. Seine verrückte Lage ist unübertroffen: Nur 1 m weiter, und er würde ins Mittelmeer tief unten stürzen. Wenn man seine Höhenangst überwindet, kann man hinaufsteigen und die Gewässer, in denen Wachposten einst nach Piraten Ausschau hielten, nach Yachten am Horizont absuchen.

Cala Banyalbufar STRAND
Ein 1 km langer Weg führt die steilen Terrassenhänge von Banyalbufar hinauf zu dieser felsigen Kieselbucht voller Seetang, die zu einem Bad oder einem kühlen Erfrischungsgetränk in der Strandhütte an den Felsen mit Blick aufs dunkle, türkisblaue Wasser einlädt. In der Nähe befindet sich zudem ein hübscher Wasserfall.

Bodega Son Vives WEINGUT
(☎609 60 19 04; www.sonvives.com; Ma 10; ⓘMai–Okt. Do–So 11–19 Uhr) Auf einem Hügel am südlichen Ende des Ortes liegt dieses kleine Anwesen, das im Sommer Weinproben im Keller anbietet und Wein verkauft. Es gibt mehrere Fusionsweine, der beste Tropfen stammt aber von der örtlich angebauten Rebsorte Malvasia. Das Weingut produziert auch Olivenöl.

Essen

Da es in Banyalbufar einige gute Restaurants gibt, lohnt es sich, zum Mittag- oder Abendessen herzukommen.

Pegasón y el Pajarito Enmascarado MEDITERRAN €
(☎971 14 87 13; Carrer del Pont 2; Hauptgerichte 13–16 €; ⓘDi–So 13–19 Uhr) Steinwände, karierte Tischdecken und eine Inneneinrich-

tung aus bunt zusammengewürfelten alten Möbeln verleihen dem niedlichen Bistro ein gewisses Bohème-Flair. Leicht versteckt in der Ecke einer engen Nebenstraße direkt unterhalb der Hauptstraße und mit grünem Patio bietet es einen guten Blick aufs gemächliche Treiben. Die Tageskarte ist kurz gehalten, enthält aber immer Meeresfrüchte, Fleisch und auch vegetarische Optionen.

Ca'n Paco MALLORQUINISCH €€
(971 61 81 48; Carrer de la Constitució 18; Hauptgerichte 11,50–17,50 €; Di–So 13–17 & 19.30–23 Uhr) An der Straße hinunter zur Cala de Banyalbufar bleibt dieses traditionelle Restaurant seinen mallorquinischen Wurzeln treu und serviert großzügige Portionen *arroz negro* (in Tintenfischtinte gekochter Reiseintopf) und gegrillten Fisch. Mit dem mächtigen *gató con helado de almendra,* einem saftigen Kuchen mit Mandeleis, muss man eventuell etwas kämpfen, was auf der Terrasse mit Blick auf den Sonnenuntergang über dem Meer jedoch leicht fällt.

Son Tomás MALLORQUINISCH €€
(971 61 81 49; Carrer de Baronia 17; Hauptgerichte 14–22 €; Mi–Mo 12.30–16 & 19–22 Uhr;) An den Tischen im Freien dieses Restaurantklassikers essen Radfahrer gerne eine Snack, das Restaurant oben ist dagegen hochklassig. Das Restaurant ist seit 1983 in Familienbesitz und ein Großteil der Produkte stammt vom eigenen Land. Beliebte Gerichte sind *lechona* (Spanferkel; 17,90 €) und der Klassiker *frito mallorquín* (gebratene Lamminnereien und Gemüse).

Shoppen

Malvasia de Banyalbufar WEIN
(971 14 85 05; www.malvasiadebanyalbufar.com; Carrer de Comte Sallent 5; Juni–Aug. Di–Sa 11–14 & 17–20, So 11–14 Uhr, Mai–Sept. kürzere Öffnungszeiten) Das von einer Genossenschaft örtlicher Weingüter geführte Geschäft wurde gegründet, um die in der Gegend angebaute Rebsorte Malvasia zu bewerben. Es ist genau der richtige Ort, um sich mit einer Flasche Wein für ein Picknick oder auch als Mitbringsel aus dem Urlaub zu versorgen.

An- & Weiterreise
Bus Nr. 200 fährt von Palma nach Estellencs (4 €, 80 Min., 4–11-mal tgl.) und passiert sowohl Banyalbufar (3,20 €) als auch Esporles.

Esporles
4956 EW.

Dieses hübsche Dorf mit ockerfarbenen Häusern liegt zwischen den zerklüfteten Ausläufern der Tramuntana an einem meist ausgetrockneten Fluss. Samstags findet ein Markt statt und über den von Cafés gesäumten Alleen mit ihrem geruhsamen Flair thront eine neogotische Kirche, die Petrus gewidmet ist. Abends kann es in Esporles richtig lebhaft werden, da viele Leute aus Palma dorthin gezogen sind und nun zu ihren Arbeitsplätzen in der Inselhauptstadt pendeln. Auf dem schönen **Camí des Correu** geht es in 2 ½ Stunden nach Banyalbufar.

Esporles ist ein schöner Zwischenstopp für ein Mittag- oder Abendessen. Es gibt mehrere empfehlenswerte Restaurants, die günstig in der Nähe der begrünten, von hohen Rosskastanienbäumen beschatteten Hauptstraße liegen.

La Granja HISTORISCHES GEBÄUDE
(971 61 00 32; www.lagranja.net; Carretera de Esporles-Banyalbufar; Erw. 15,50, Kind 9 €; Mai–Sept. 10–19, Okt.–April bis 18 Uhr;) Im Laufe der Zeit hat sich die beeindruckende *possessió* (ländliches Anwesen) in ein kitschiges „Mallorca-Land" verwandelt, einschließlich Leuten in Trachten. Das Haus und der riesige Park – einige Teile des Landguts stammen aus dem 10. Jh. – lohnen aber trotzdem einen Besuch. Man kann sich stundenlang die stilecht eingerichteten Zimmer, die Oliven- und Weinpressen, den tollen Speisesaal sowie die Ställe, Werkstätten und mittelalterlichen Foltergeräte im Keller anschauen. Eine Weinprobe ist im Eintrittspreis enthalten.

El Mesón La Villa MALLORQUINISCH €€
(971 61 09 01; Carrer de Nou de Sant Pere 5; Hauptgerichte 15–25 €; Do–Sa 13–16, Do–Sa 20–23, Mo & Di 13–16 Uhr) Einheimische schwärmen von den *asados* (Grillgerichten) im El Mesón La Villa, wo Lamm und Spanferkel in einem holzbefeuerten Lehmofen langsam zu wunderbar saftigen Köstlichkeiten geröstet werden. Balken und Landwirtschaftsgeräte bilden die passende Kulisse zur rustikalen, herzhaften Küche. So sorgt das Gesamtkonzept für eine treue Anhängerschaft.

Es Brollador SPANISCH €€
(971 61 05 39; Passeig del Rei 10; Hauptgerichte 11,50–21,50 €; 10–22 Uhr) Mit seinen ge-

Valldemossa

Valldemossa

Highlights
1 Real Cartuja de Valldemossa B2

Sehenswertes
2 Casa Natal de Santa Catalina Thomàs D1

Essen
3 Forn Ca'n Molinas B2
4 Gelatimossa B2
5 Hostal Ca'n Marió C1
6 La Posada C2
7 QuitaPenas C1

Ausgehen & Nachtleben
8 Aromas C1

fliesten Böden, hohen Decken und einem Hof nach hinten raus ist dieses Restaurant ein netter Stopp, egal ob zum Frühstück, Mittag- oder Abendessen. Wir empfehlen Schweinefilet mit *sobrassada*. Es gibt aber auch kleinere Gerichte. An den Tischen draußen kann man unter grünen Sonnenschirmen wunderbar das Treiben in den Straßen auf sich wirken lassen.

An- & Weiterreise

Der Bus Nr. 200, der zwischen Palma und Estellencs (4 €, 80 Min., 4–11-mal tgl.) verkehrt, hält in Esporles (3,20 €) und Banyalbufar.

Valldemossa

2027 EW. / 425 M.

Der Turm eines Kartäuserklosters, das majestätisch vor der Kulisse der bewaldeten Berge der Tramuntana thront, bietet eines der schönsten Bilder der gesamten Insel. Das Dorf liegt an einem sanften Hang und lädt zu einem ziellosen Spaziergang ein, bei dem man auf schmale Gassen, atemberaubende Ausblicke auf die Täler und Hügel der Umgebung und viele fast unbeschreiblich charmante Eckchen stößt. Die Kopfsteinpflasterstraßen und die gedrungenen Steinhäuser ziehen natürlich viele Besucher an, daher servieren die meisten Restaurants und Bars recht durchschnittliches Essen zu aufgeblähten Preisen. Doch wer hinter die Fassade schaut, wird schnell eine Ecke von Valldemossa für sich selbst entdecken und in der Schönheit der Stadt schwelgen.

Sehenswertes

Das reiche religiöse Erbe Valldemossas, besonders das erstaunliche Kloster, welches das Stadtbild prägt, und die gefeierte Verbindung mit Frédéric Chopin und George Sand sorgen für viele Sehenswürdigkeiten neben den bezaubernden Gässchen.

Viele Häuser des Ortes schmückt eine bunte Kachel, auf der eine Nonne und der Spruch „*Santa Catalina Thomàs, pregau per nosaltres*" („Heilige Catalina Thomàs, bete für uns") abgebildet ist: Valldemossa hat nämlich tatsächlich eine eigene Schutzheilige!

★ **Real Cartuja de Valldemossa** KLOSTER (www.cartujadevalldemossa.com; Plaça Cartoixa; Erw./Kind 9,50/6 €; Feb.–Okt. Mo–Sa 10–16.30, So 10–13.30 Uhr) Dieses großartige alte Kloster blickt auf eine bewegte Geschichte zurück. Früher lebten hier Könige, Mönche und ein berühmtes Paar des 19. Jhs.: der

Komponist Frédéric Chopin und George Sand. Heute vermitteln ein paar Zellen einen Eindruck vom Leben der Mönche. Diese mussten ein Schweigegelübde ablegen und durften pro Woche nur eine halbe Stunde in der Bibliothek miteinander sprechen. Aus der Zeit von Sand und Chopin können Besucher allerlei bewundern, darunter auch Chopins Klavier.

Die Ursprünge des Gebäudes gehen auf das Jahr 1310 zurück, als Jaume II. an dieser Stelle einen Palast errichtete. Nachdem dieser verlassen worden war, übernahm der Kartäuserorden das Gebäude und baute es in ein Kloster um, das 1388 stark erweitert wurde. Nach den Regeln des Ordens lebten nur 13 Mönche in diesem höhlenartigen Bauwerk. Nach der Ausweisung der Mönche im Jahr 1835 wurde das Kloster in ein Mietobjekt umgewandelt (hauptsächlich für Erholungssuchende aus Palma). Zu besichtigen sind Klavierkonzerte (im Sommer achtmal täglich) und der Palau de Rei Sanxo von Jaume II. aus dem 14. Jh., ein Wirrwarr mittelalterlicher Räume, vollgestopft mit Möbeln und Erinnerungsstücken aus Hunderten von Jahren, die sich um einen bescheidenen Kreuzgang gruppieren.

Casa Natal de Santa Catalina Thomàs
HISTORISCHES GEBÄUDE
(Carrer de la Rectoria) Die Casa Natal de Santa Catalina Thomàs, 1531 die Geburtsstätte der hl. Catalina Thomàs, liegt neben der Pfarrkirche Església de Sant Bartomeu am östlichen Ende der Stadt. Hier kann man sich eine schlichte Kapelle und ein Faksimile von Catalina Thomàs' Seligsprechung (1792) durch Papst Pius VI. ansehen. 1930 wurde Catalina heiliggesprochen.

Sie wurde 1531 geboren und soll schon in jungen Jahren Visionen vom Teufel gehabt haben (und von diesem in Versuchung geführt worden sein). Das war offenbar eine gute Sache, denn sie wurde schließlich Nonne in der Església de Santa Magdalena in Palma, wo sie 1574 starb. Sor Tomasseta, wie man sie liebevoll nennt, wird von den Einheimischen seither verehrt. Es gibt keine festen Öffnungszeiten, aber die Türen sind selten geschlossen.

Feste & Events
Sonntags findet im Ort ein Markt statt.

Festa de la Beata
RELIGIÖSES FEST
(28. Juli) Valldemossa ehrt das Leben von Santa Catalina Thomàs bei einem Umzug mit Eselwagen und als Bauern verkleideten Kindern, die Süßigkeiten ins Publikum werfen.

Festival Chopin
MUSIK
(www.festivalchopin.com; Aug.) Den ganzen August über werden im Real Cartuja (S. 106) in Valldemossa klassische Konzerte geboten, vor allem mit Werken Chopins, aber auch anderer Komponisten. Eintrittskarten kosten 20 bis 30 €.

 Essen
In den Straßen verstreut liegen einige freundliche etablierte Restaurants, die meisten sind deutlich ausgeschildert. Mit herausragenden kulinarischen Highlights warten die wenigsten auf, doch viele befinden sich in eleganten Häusern und haben einen herrlichen Blick auf die Berge, das Tal oder die reizvolle Architektur von Valldemossa.

★QuitaPenas
TAPAS €
(626 84 00 06; www.quitapenasvalldemossa.com; Carrer Vell 4; Tapas 3–15 €; 12–16 & 18.30–

CHOPINS WINTER DES MISSBEHAGENS

Valldemossa ist vor allem deshalb berühmt, weil der kränkelnde Frédéric Chopin und seine herrische Geliebte, die Schriftstellerin George Sand, 1838/39 hier ihren „Winter des Missbehagens" verbrachten. Ihr Aufenthalt in der Stadt – immerhin im grandiosen Real Cartuja de Valldemossa (S. 106) – war keine wirklich glückliche Zeit. Sand hielt das später in *Un hiver à Majorque* (*Ein Winter auf Mallorca*) fest – und verdarb es sich dadurch gründlich mit den Mallorquinern. Chopins angeschlagene Gesundheit, der Dauerregen, die ständige Feuchtigkeit und die nicht immer sehr liebenswürdigen Dorfbewohner verwandelten die Flucht aus dem sozialen Dampfkessel Paris in die erhoffte Idylle in einen Albtraum. Doch die Zeit heilt alle Wunden und Valldemossa schlägt aus seinen unzufriedenen ehemaligen Gästen reichlich Kapital: Es gibt ein nach Chopin benanntes Musikfestival und in der ganzen Stadt finden sich Hinweise auf das Paar.

21.30 Uhr) Diese unprätentiöse Tapasbar, die sich über drei mit Naturstein verkleidete Räume in einem ehemaligen einfachen Dorfhaus erstreckt, serviert äußerst appetitliche Gerichte wie *pa amb oli* (Brot mit Olivenöl und reifen Tomaten) oder würzige *sobrassada* mit karamellisierter Feige. Dazu passt ein gekühlter mallorquinischer Wein oder eines der lokalen Craft Biere.

Gelatimossa EIS €
(www.gelatimossa.com; Plaça de Cartoixa 18; eine Kugel Eis 2 €; ⊙ Juni–Sept. 11–22 Uhr, Okt.–Mai kürzere Öffnungszeiten) Pistazie, mallorquinische Mandel, Zitrone, Pfirsich, Wassermelone, Banane, Kaffee oder Joghurt – die vielen Eissorten machen eine Entscheidung schwer. Alle Sorten, die diese freundliche *gelateria* verkauft, sind hausgemacht und lecker. Hat man eine Wahl getroffen, kann man sein Eis im Garten hinter der 50 m entfernten Real Cartuja genießen).

Forn Ca'n Molinas BÄCKEREI €
(☎ 971 61 22 47; Carrer de Blanquerna 15; Coca de Patata/Ensaïmada 1,20/1,25 €; ⊙ 9–19.30 Uhr) In diesem Laden in der Hauptfußgängerzone werden seit 1920 die lokale Spezialität *coca de patata* (mit Puderzucker bestäubtes Kartoffelgebäck) und die auf der Insel beliebten *ensaïmades* mit Puderzucker bestäubte Teigschnecken) gebacken. Auf der herrlichen Gartenterrasse im hinteren Bereich warten eine ganze Reihe weiterer süßer und herzhafter Gebäckstücke, darunter *crenadillo chocolate* (mit Schokolade gefüllt), *hosaldre mermalade, piñon, almendra* (mit Marmelade, Pinienkernen oder Mandeln gefüllte Blätterteigtaschen) und Buttercroissants sowie knusprige Brötchen mit Käse oder Schinken (praktisch für Wanderer). Es gibt eine weitere Filiale in der Stadt, in der Carrer de la Rosa.

Hostal Ca'n Marió MALLORQUINISCH €
(☎ 971 61 21 22; http://hostalcanmario.net; Carrer d'Uetam 8; Hauptgerichte 8,50–14 €; ⊙ Mi–Mo 13.30–15.30 & 20–22 Uhr) Dieses in vierter Generation familiengeführte Restaurant stammt aus dem Jahr 1877 – an der Einrichtung hat sich seither wohl wenig geändert. Hier gibt es keine elegant aufgetürmten Speisen mit Firlefanz, sondern gute, ehrliche mallorquinische Gerichte wie *lomo com col* (Schweinelende mit Kohl), *cargols* (Schnecken), gefüllte Auberginen und *tum-*

> **ABSTECHER**
>
> ## ROMANTISCHE ERZHERZÖGLICHE RESIDENZEN
>
> Nordöstlich von Valldemossa führt die spektakuläre Küstenstraße nach Deià und passiert dabei zwei der bemerkenswertesten Residenzen der Insel. Beide gehörten einst dem Habsburger Erzherzog Luis Salvator (1847–1915), einem hoffnungslosen Romantiker, der seinen Traum vom Paradies hier lebte.
>
> Als Erstes stößt man auf den **Miramar** (www.sonmarroig.com; Carretera de Valldemossa-Deià; Erw./Kind 4 €/frei; ⊙ Mai–Okt. Mo–Sa 10–17.30 Uhr, Nov.–April kürzer). Die prächtige Villa am Meer 5 km nördlich von Valldemossa wurde auf dem Gelände eines Klosters aus dem 13. Jh. errichtet. Die Anlage umfasst eine *tafona* (Olivenölpresse), einen Kreuzgang und Landschaftsgärten. Gründer des Klosters war Ramon Llull, Theologe und Erzvater der katalanischen Literatur. Hier schrieb er einen Großteil seiner Bücher und unterrichtete die Mönche, damit sie die Muslime bekehren konnten. Hinter dem Haus bietet sich ein großartiger Panoramablick.
>
> Etwa 7 km von Valldemossa entfernt liegt eine weitere Residenz des Erzherzogs Luis Salvator, **Son Marroig** (www.sonmarroig.com; Carretera de Valldemossa-Deià; Erw./Kind 4 €/frei; ⊙ Mai–Okt. Mo–Sa 9.30–18 Uhr, Nov.–April kürzer). Die reizende Villa ist mit Möbeln und Antiquitäten, darunter auch viele Bücher des Erzherzogs, vollgestopft. Außerdem genießt man hier einen traumhaften Ausblick.
>
> Besucher, die zuvor um Erlaubnis gefragt haben, können nach **Sa Foradada** hinunterwandern. Die interessante, mit einem Loch versehene Felsformation am Wasser ähnelt aus der Ferne einem Elefanten. Die eindrucksvolle 3 km lange Wanderung dorthin führt durch Olivenhaine samt glockenbehangenen Schafen sowie vorbei an Pinien und Höhlen. Zur Belohnung lockt ein kühles Bad im Windschatten des Felsens. Die Mittagshitze sollte man meiden, denn es gibt nur wenige Schattenplätze. Die feurigen Sonnenuntergänge wirken hier besonders eindrucksvoll.

bet, ein Auberginen-, Tomaten-, Kartoffel- und Zucchiniauflauf mit Knoblauch.

La Posada MODERN MALLORQUINISCH €€
(665 82 23 20; www.laposadamallorca.com; Plaça Miranda des Lledoners 3; 12–22 Uhr;) Von der kleinen Terrasse aus genießt man einen fabelhaften Blick auf das Tal. Das stilvolle Restaurant setzt einen angenehmen Akzent mit einer erfrischend kurzen Speisekarte, die innovative, sowohl vegetarische als auch Fleisch- und Meeresfrüchtegerichte umfasst, etwa den Salat mit Feigen und Queso de Mahón oder das rote Thunfisch-Tataki mit Mango und Passionsfrucht-Coulis.

Ausgehen & Nachtleben

Cafés und Bars findet man im Stadtzentrum. Die meisten sind zwar nichts Besonderes und werden in erster Linie von Touristen besucht, doch es ist kein Problem, ein kühles Bierchen aufzutreiben.

Aromas CAFÉ
(971 61 23 41; Carrer de la Rosa 25; Di–Sa 12–19 Uhr;) Das ruhige Künstlercafé mit Schachbrettmusterboden, warmen Terrakottawänden und Jazzmusik bietet sich für eine entspannte Tasse Tee oder dickflüssige heiße Schokolade an. Es ist eine angenehme Alternative zu den Touristencafés. Hinterm Haus gibt's einen duftenden Garten.

Praktische Informationen

Touristeninformation (971 61 20 19; www.ajvalldemossa.net; Avinguda de Palma 7; Mo–Fr 10–18.30, Sa & So bis 14 Uhr) An der Hauptstraße, ca. 2 Min. von der zentralen Bushaltestelle entfernt.

An- & Weiterreise

Bus 210 verkehrt vier- bis neunmal täglich zwischen Palma und Valldemossa (1,90 €, 30 Min.). Von dort fahren drei bis vier Busse weiter über Deià bis nach Port de Sóller (2,65 €, 1. Std.).

Port de Valldemossa

Etwa 1,5 km westlich von Valldemossa zweigt eine spektakuläre Bergstraße (Ma 1113) von der Straße nach Banyalbufar ab; sie schmiegt sich für 5,5 km bis nach Port de Valldemossa in die Felsen. Die schwindelerregenden Ausblicke aufs Meer und die Klippen sind atemberaubend und der Trip gleicht der Überquerung eines Steilhangs, wobei gelegentlich durch die Bäume ganz tief unten ein Dorf zu sehen ist. Beim Fahren sollte man aber immer die Augen auf der Straße lassen! Unterwegs gibt's nur eine Stelle, an der man zum Fotografieren anhalten kann. Der Ausflug endet an einem „Strand" mit Kies, Algen und niedrigen roten Felsen sowie einer Gruppe von etwa einem Dutzend Häusern. In einem davon befindet sich das beliebte Restaurant Es Port.

Restaurant Es Port FISCH & MEERESGERICHTE €€
(971 61 61 94; www.restaurantesport.es; Carrer Ponent 5; Hauptgerichte 9,50–24,80 €; Juni–Aug. 10–22 Uhr, Sept.–Mai kürzer;) Wie nicht anders zu erwarten, stehen hier Meeresfrüchte im Mittelpunkt. Auf der Terrasse im ersten Stock schmeckt es an einem Hochsommerabend gleich noch besser. Die Reisgerichte sind der Renner, ebenso wie die ausgezeichnete gemischte Meeresfrüchte-Grillplatte und die perfekt zubereiteten *calamares al ajillo con patatas* (mit Kartoffeln gekochter und leicht gewürzter Tintenfisch).

An- & Weiterreise

Zum Hafen verkehren keine öffentlichen Verkehrsmittel, die Fahrt hinunter ist aber malerisch, wenn auch etwas haarsträubend.

Deià

768 EW. / 222 M.

Wenn die späte Nachmittagssonne die honigfarbenen Häuser von Deià erwärmt, die sich malerisch über einen kegelförmigen Hügel erstrecken, und das Meer am Horizont in tiefem Blau glitzert, wird selbst der größte Pragmatiker sentimental. Das hoch in der Tramuntana gelegene Dorf wird von steilen Hängen flankiert, auf denen vor der majestätischen Kulisse des Puig des Teix (1062 m) verschiedene Gemüse, Zitronen, Mandeln, Oliven und auch ein paar Weintrauben gedeihen.

Früher hatten in dem Ort Schriftsteller, Schauspieler und Musiker ihren Zweitwohnsitz, darunter der berühmte englische Schriftsteller Robert von Ranke-Graves.

 Sehenswertes

Wer von der Hauptstraße aus hochläuft, findet sich in steilen, gepflasterten Gassen mit gepflegten Steinhäusern, üppigen Bougainvilleen und außergewöhnlichen Ausblicken aufs Meer, auf die Terrassenfelder sowie auf die Berge wieder. Da kann man gut verstehen, warum Künstler und viele andere Bohemiens diesen Ort lieben, seit die katalanischen Künstler ihn Anfang des frühen 20. Jh. für sich entdeckten.

★ Casa Robert Graves HISTORISCHES GEBÄUDE
(Ca N'Alluny; www.lacasaderobertgraves.com; Carretera Deià-Sóller; Erw./Kind 7/3,50 €; Mo-Fr 10-17, Sa bis 15 Uhr) Ein fünfminütiger Spaziergang entlang der Straße nach Sóller führt zur Casa Robert Graves, einem faszinierenden Denkmal für den britischen Schriftsteller und Poeten, der 1929 nach Deià zog und dort drei Jahre später sein Haus errichten ließ. Dieses bietet einen gut präsentierten und interessanten Einblick in Ranke-Graves' Leben und würdigt seine Arbeit. Zu sehen sind u. a. alte Möbel, ein detailreicher Film über sein Leben, sein Liebesleben und seine Arbeit sowie verschiedene Bücher, Bilder und Gegenstände aus Graves' Besitz.

Cala de Deià STRAND
Die Cala de Deià erreicht man von Deià aus nach 3 km Fahrt auf der Straße Richtung Sóller bzw. durch einen etwas kürzeren Fußmarsch. Mit ihrem klaren Wasser, das von weißem Schaum gekrönt wird, dem kleinen Kieselstrand und den wenigen dahinter liegenden Häusern ist sie eine der bezauberndsten Buchten an der Serra de Tramuntana. Weil die Parkplätze ein paar Hundert Meter weiter oben hart umkämpft sind, sollte man sich frühzeitig auf den Weg hierher machen.

Es Puig AUSSICHTSPUNKT
Dem Hügel im Herzen Deiàs, bietet sich ein hübscher Ausblick über die Dächer des verwinkelten Dorfes und auf das weite Tal bis hin zum glitzernden Meer am Horizont. Über dem Ort thront die einfache Pfarrkiche **Església de Sant Joan Baptista** (deren Museu Parroquial mit einer Sammlung religiöser Objekte aus der Gegend nur selten geöffnet ist). Gegenüber befindet sich der kleine städtische **Friedhof**. Hier wurde „Robert von Ranke-Graves, Poeta, 24.04.1895-07.12.1985 E. P. D." bestattet.

🎆 Feste & Events

Festival Internacional de Deià MUSIK
(678 98 95 36; www.dimf.com; Son Marroig, Carretera de Valldemossa-Deià; 20 €; Mai-Sept. Do) In der Villa Son Marroig an der Küste der Serra de Tramuntana bei Deià findet das Festival Internacional de Deià statt, eine Konzertreihe mit leichter klassischer Musik.

Essen

Die Ma 10 führt als Hauptstraße durch das Zentrum. Sie ist gesäumt von Bars, Restaurants und Läden, vor allem am östlichen Ende. Zwischen den vielen durchschnittlichen Lokalen, die im Laufe der Jahre kommen und gehen, verstecken sich auch einige großartige Adressen.

Bistro Rullan BISTRO €€
(971 18 86 70; Carrer de Arxiduc Luis Salvador 14A; Tapas 5-8 €, Hauptgerichte 12-20 €; Mi-So 12-22 Uhr) Dieses hübsche Haus aus den 1930er Jahren beherbergt heute ein beliebtes Bistro mit mediterraner und französisch inspirierter Küche. Es verfügt über einen romantischen Innenhof mit Kerzenlicht und einem atemberaubenden Blick auf das Tal sowie eine umfangreiche Gin-Karte (Rhabarber- und Hibiskus-Gin probieren). Zur Mittagszeit gibt es auch eine leichtere Tapas-Karte mit ungewöhnlichen Gerichten, wie z. B. einer leicht getoasteten Tortilla *(burrito)* gefüllt mit Huhn und Avocado.

Sa Vinya SPANISCH €€
(971 63 95 00; www.restaurant-savinya.com; Carrer de Sa Vinya Vella 4; Hauptgerichte 12-26 €; Feb.-Nov. Di-So 13-23 Uhr;) Gepflasterte Stufen führen hinauf zur stimmungsvoll beleuchteten Terrasse des Sa Vinya mit Blick auf Zitronenhaine und die bewaldeten Gipfel der Tramuntana. Es ist ein wahrhaft magischer Ort für ein romantisches Abendessen. Die Frische der Gerichte zeigt sich in typisch spanischen Meeresfrüchtegerichten wie Garnelen in Knoblauch-Chili-Sauce, gebratenen Calamari und Paella mit Meeresfrüchten. Sie servieren auch einen guten Burger und einen noch besseren Brownie.

Sebastian MEDITERRAN €€
(971 63 94 17; http://restaurantesebastian.com; Carrer de Felipe Bauzà 2; Hauptgerichte 15-20 €; 7.30-22.30 Uhr;) In einem ehemaligen Stall erlebt man zwischen kahlen Steinwänden und weiß leuchtenden Tischdecken gehobene kulinarische Momente. Die kleine, aber feine Auswahl umfasst drei Fisch- und drei Fleischgerichte, serviert mit köstlicher Soße oder Püree. Das Angebot ist je nach Saison unterschiedlich, Gäste können sich jedoch auf Speisen wie Seehecht mit Hum-

mer und Erbsenravioli und grünem Spargel freuen.

Ca's Patró March — SPANISCH €€
(☎971 63 91 37; Cala de Deià; Hauptgerichte 10–25 €; ⊙ Juni–Aug. 10–23, Sept.–Mai kürzer; P) Wegen der leicht erhöhten Lage ist dieses Restaurant wahrscheinlich das schönere der beiden am Meer mit Blick über die Cala de Deià (S. 110), macht aber nur ganz knapp das Rennen. Serviert wird eine große Auswahl an gegrilltem Fleisch und Fisch, wobei die *gambas* aus Sóller besonders beliebt sind. Das Lokal wird in dritter Generation von einer Fischerfamilie geführt.

Can Lluc — FISCH & MEERESFRÜCHTE €€
(☎649 19 86 18; Cala de Deià; Hauptgerichte 10–20 €; ⊙ Mai–Okt. 10.30–19 Uhr; P) Wer sich nicht allzu weit von seinem Handtuch wegbewegen will, könnte es mit diesem einfachen Bar-Restaurant an der Cala de Deià nicht besser treffen. Kalte Getränke, gegrillte Sardinen und Calamari mit einem Spritzer Zitrone an einem faulen Sommernachmittag – herrlich. Es ist eine gute Alternative, wenn das andere Restaurant in Cala de Deià voll ist, was oft der Fall ist. Die Bedienung kann etwas hektisch sein.

⭐Es Racó d'es Teix — MODERN MALLORQUINISCH €€€
(☎971 63 95 01; www.esracodesteix.es; Carrer de Sa Vinya Vella 6; Hauptgerichte 36–38 €, 3-Gang-Mittagsmenü 38 €, mit Wein 52 €, 4-/6-Gänge-Probiermenü 80/120 €; ⊙Feb.–Okt. Mi–So 13–15 & 17.30–22.30 Uhr; ⊛) Der deutsche Chefkoch Josef Sauerschell ist eine Legende auf der Insel und hat einen Michelin-Stern, den er sich redlich verdient hat. Besonders hervorzuheben sind die herzhaften Fleischgerichte – von Kalbscarpaccio mit Artischocken und Venusmuscheln bis hin zu mallorquinischem Spanferkel, Haxen mit Gänseleber und Lammkarree mit Olivenkruste und Feigen. Josef betreibt das Restaurant zusammen mit seiner Frau Leonor, die aus Deià stammt.

Shoppen

Gres — KUNST
(Carrer de Arxiduc Luís Salvador 4; ⊙Mo–Fr 10–13 & 16.30–18.30, Sa 10–18 Uhr) Die hier zum Verkauf stehenden Keramiken sind Weltklasse und das Werk der gebürtigen mallorquinischen Künstlerin Dora Good, die jetzt in New York lebt und arbeitet. Ihre Mutter Grace ist ebenfalls eine versierte Keramikerin und hält hier in den Wintermonaten Workshops ab.

ℹ An- & Weiterreise
Deià liegt 15 Minuten von Valldemossa entfernt auf der Route von Bus 210, der zwischen Palma (2,95 €, 45–60 Min.) und Port de Sóller (1,65 €, 30–40 Min.) verkehrt. Da Deià gern besucht wird, kann das Parken ein Problem sein. Es gibt zwar kostenpflichtige Parkplätze, doch die sind oft voll. Vielleicht findet man an der Ma 10 gleich außerhalb der Stadt einen Parkplatz.

Sóller
14 150 EW.

Das malerische Sóller liegt in einem Tal und ist umringt von den beeindruckenden Hügeln der Serra de Tramuntana. Die Mauren merkten früh, was für ein wertvolles Stück Land sie mit dem Vall d'Or (Goldenes Tal) vor sich hatten. Schon im 13. Jh. pflanzten sie hier Orangen und Zitronen an, die von Bergquellen bewässert wurden. Der Obsthandel legte den Grundstein für den großen Wohlstand der Stadt, der sich in der Eisenbahnlinie nach Palma (1912), der Straßenbahnlinie nach Port de Sóller (1913) und den prächtigen Handelshäusern in der Stadt, etwa in der Gran Via und in der Carrer de Sa Lluna, widerspiegelt.

Mit ihren historischen Zügen und Straßenbahnen, der prachtvollen modernistischen Architektur und den Galerien mit Werken von Picasso und Miró lohnt die Stadt an sich bereits einen Besuch. Zudem eignet sie sich hervorragend als Ausgangsbasis für Ausflüge an die Westküste und in die Tramuntana sowie als Startpunkt einiger großartiger Bergwanderungen.

Sehenswertes & Aktivitäten

Es ist ein Vergnügen, durch das Gewirr der engen Gassen von Sóller zu schlendern. Egal, in welche Richtung man geht, innerhalb weniger Minuten wechselt man von engen, gewundenen Gassen mit hohen, prächtigen Holztüren zu von Steinmauern gesäumten Landstraßen, hinter denen Orangen- und Zitronenhaine blühen. Der beste Startpunkt der Erkundungstour ist der begrünte Hauptplatz im Stadtzentrum.

⭐Sala Picasso & Sala Miró — GALERIE
(Plaça d'Espanya 6, Estación de Tren; ⊙10.30–18.30 Uhr) GRATIS Sóllers Bahnhof wartet in zwei Räumen des Erdgeschosses, der Sala Picasso und der Sala Miró, mit faszinie-

renden beschaulichen und kontemplativen Ausstellungen auf. Nur wenige Bahnhöfe können ein derartig reiches künstlerisches Erbe vorweisen. In der Sala Picasso befinden sich 50 heiter dekorierte Keramiken von Picasso aus den Jahren 1948 bis 1971, viele mit den für ihn typischen Motiven wie Tänzer, Frauen und Stierkämpfe. In der schönen Sala Miró sind verspielte, geheimnisvolle und faszinierende Drucke des katalanischen Meisters ausgestellt; Mirós Großmutter mütterlicherseits war aus Sóller.

★ Ca'n Prunera – Museu Modernista GALERIE

(☏971 63 89 73; http://canprunera.com; Carrer de Sa Lluna 86–90; Erw./Kind 5 €/frei; ⊙März–Okt. 10.30–18.30 Uhr, Nov.–Feb. Mo geschl.) Das Ca'n Prunera, eines der besten Kunstmuseen Mallorcas, befindet sich in einer berühmten modernistischen Villa in der Carrer de Sa Lluna. Hier werden erstaunlich viele Arbeiten berühmter Künstler präsentiert, darunter Werke von Joan Miró sowie einzelne Zeichnungen von Toulouse-Lautrec, Picasso, Gauguin, Klimt, Kandinsky, Klee, Man Ray und Cézanne. Zur ständigen Ausstellung gehört auch eine Galerie, die dem in Sollér geborenen weltbekannten Künstler Juli Ramis (1909–90) gewidmet ist. Dieser hatte sein Atelier im Nachbardorf Biniaraix eingerichtet. Daneben sind auch Werke von Miquel Barceló, Antoni Tapiès und Eduardo Chillida in dem Museum ausgestellt.

Plaça de la Constitució PLATZ

(Stadtzentrum) 100 m vom Bahnhof entfernt liegt der hübsche Hauptplatz, die Plaça de la Constitució. Ihre Nord-, Ost- und Westseite säumen Cafés mit Tischen im Freien. Die Schienen der überfüllten Straßenbahn nach Port Sóller verlaufen über den Platz, an dem auch die schöne Església de Sant Bartomeu steht. Abends füllt sich der Platz mit spielenden Kindern und Besuchern mit Panamahüten.

Església de Sant Bartomeu KIRCHE

(Plaça de la Constitució; ⊙Mo–Do 11–13.15 & 15–17.15, Fr & Sa 11–13.15, So 12–13 Uhr) GRATIS Ein Schüler des Architekten Antoni Gaudí, Joan Rubió i Bellver, zog in Sóller gleich mehrere Großaufträge an Land. Da die Stadt den Zug in die Moderne nicht verpassen wollte, ließ man Rubió i Bellver 1904 die Església de Sant Bartomeu aus dem 17. Jh. umbauen. Die 1688 bis 1723 erbaute Kirche ist schwerpunktmäßig barock und im Innenraum teilweise noch gotisch. Rubió i Bellver versah sie mit einer schönen und ziemlich ungewöhnlichen modernistischen Fassade.

Der Innenraum ist düster, aber einige helle, vergoldete Seitenkapellen ragen zwischen den Reihen andächtig brennenden Kerzen aus der Düsternis hervor, während das schöne Altarbild einen hoch aufragenden und pompösen Mittelpunkt bildet. Links vom Altar befindet sich eine kleine Kopie von *Das Abendmahl* in Öl. Wenn man auf den Altar zugeht und sich dann umdreht, um einen Blick auf den Kronleuchter, die Orgel und die leuchtende Fensterrose zu werfen, bietet sich eine wunderbare Perspektive. Der kandelabergleiche Kirchturm ist in der Stadt von überall her zu sehen – vor der Kulisse der Serra de Tramuntana.

Jardí Botànic & Museu Balear de Ciències Naturals GARTEN, MUSEUM

(www.jardibotanicdesoller.org; Carretera Palma-Port de Sóller; Erw./Kind 8 €/frei; ⊙Mo–Sa 10–18Uhr) Ein kurzer Spaziergang von 600 m entlang der verkehrsreichen Straße führt vom Zentrum in Richtung Westen nach Port Sóller, wo der friedliche Jardí Botànic wartet. Hier sprießt alles – neben Blumen und weiteren typisch balearischen Pflanzen wie Steineichen, Magnolien, Myrten und einer bedrohten Pinienart auch Gewächse aus anderen Ecken des Mittelmeers.

Die Eintrittskarte gilt zugleich für das **Museu Balear de Ciències Naturals** (Naturkundemuseum), das eine Einführung in die Flora und Fauna der Balearen gibt; interessant ist die Fossiliensammlung.

Banco de Sóller HISTORISCHES GEBÄUDE

(Plaça de la Constitució) Joan Rubió i Bellver, ein katalanischer Schüler von Antoni Gaudí, entwarf die auffällige modernistische Frontfassade der Banco de Sóller von 1912 (heute Banco de Santander). Eine schmale Straße trennt sie von der Eglésia de Sant Bartomeu (deren Fassade er ebenfalls schuf). Das imposante Bankgebäude besteht aus grob behauenen Steinen und hat zwei große, runde Galerien. Die Fenster schmücken kunstvolle schmiedeeiserne Gitter und von der Ecke der Bank späht ein steinerner Löwe mit wildem Blick über den Platz.

Sóller

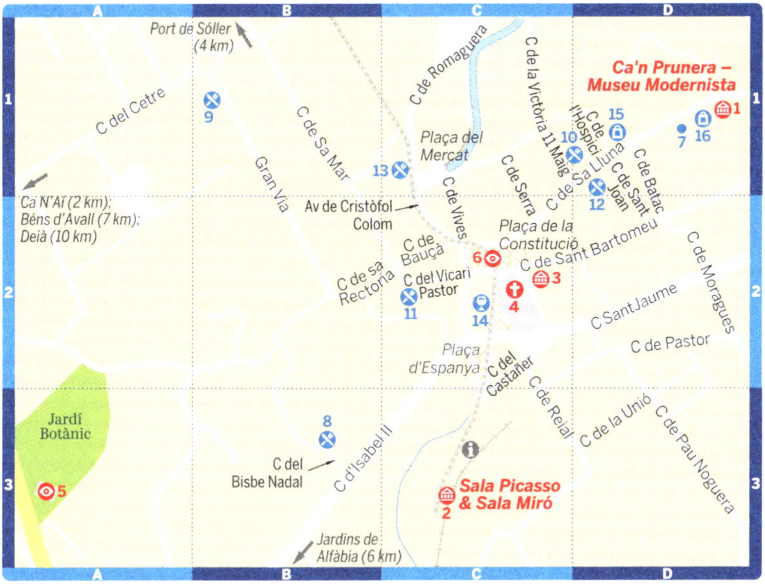

Sóller

◉ Highlights
1. Ca'n Prunera – Museu Modernista D1
2. Sala Picasso & Sala Miró C3

◉ Sehenswertes
3. Banco de Sóller C2
4. Església de Sant Bartomeu C2
5. Jardí Botànic & Museu Balear de Ciències Naturals A3
6. Plaça de la Constitució C2

◆ Aktivitäten, Kurse & Touren
7. Tramuntana Tours D1

✕ Essen
8. Barretes B3
9. Ca'n Boqueta B1
10. Ca'n Limona D1
11. Casa Alvaro C2
12. Luna 36 .... D1
13. Sa Fàbrica de Gelats C1

● Ausgehen & Nachtleben
14. Sa Butigueta C2

⌂ Shoppen
15. Arte Artesanía...................................... D1
16. Ben Calçat... D1

☞ Geführte Touren

Tramuntana Tours  ABENTEUER
(☏971 63 24 23; www.tramuntanatours.com; Carrer de Sa Lluna 72; Fahrradverleih pro Tag 12–75 €; ⊙Mo-Fr 9–13.30 & 15–19.30, Sa 9–13.30 Uhr) Dieser erfahrene Anbieter organisiert Exkursionen, von Canyoning (ab 80 €) über Kajakfahren (50 €) bis zu Wanderungen (ab 25 €) und Mountainbiketouren (ab 24 € ohne Leihfahrrad), in der Serra de Tramuntana. Außerdem werden hier neue Fahrräder verliehen sowie Ausrüstungen für verschiedene Outdoor-Unternehmungen verkauft. Wenn der Laden geschlossen ist, lohnt ein Versuch bei der Filiale in Port de Sóller (S. 116). Die hat nämlich längere Öffnungszeiten.

✦ Feste & Events

Es Firó FIESTA
(⊙Anfang Mai) Rund um das zweite Wochenende im Mai fällt in Sóller eine bunte Horde muslimischer Piraten ein. Das Scharmützel zwischen *pagesos* (Städter und Landbewohner) und *moros* (Mauren) nennt sich Es Firó und ist eine feuchtfröhliche Angelegenheit. Etwa 1200 Einwohner

spielen den erfolgreich abgewehrten Überfall auf die Stadt vom 11. Mai 1561 nach.

 Essen

Sóller ist eine größere Stadt mit zahlreichen Touristen und hat daher eine gute Auswahl an Restaurants, Cafés und Bäckereien, die verlockendes mallorquinisches und mediterranes Essen servieren. Eine besonders malerische Aussicht hat man vom Béns d'Avall an der kurvenreichen Straße nach Deià.

Sa Fàbrica de Gelats EIS €
(Avinguda de Cristòfol Colom 13; eine Kugel Eis 1,50 €; ⊘Juli & Aug. 9–22 Uhr, Sept.–Juni kürzere Öffnungszeiten) Legendäre Eisdiele! Zu den besten der etwa 40 vor Ort hergestellten Sorten gehören die mit frischer Orange und Zitrone. Es gibt eine große Terrasse im hinteren Bereich.

Luna 36 MODERN MEDITERRAN €€
(☏971 94 21 79; www.luna36.es; Carrer de Sa Lluna 36; Hauptgerichte 19–27 €; ⊘Mo–Sa 12.30–15 & 18.30–22 Uhr; 🛜) Dieses dänische geführte Restaurant ist ein wahrer Farbtupfer in der Carrer de Sa Lluna. Am besten nimmt man in dem hübschen Garten im Innenhof Platz, der von scharlachroten Bougainvilleen umrahmt wird. Das Brot wird täglich frisch gebacken, und auch die Gerichte entstehen nach demselben Prinzip, wobei sich die Köche strikt nach dem richten, was gerade Saison hat. Wie wäre es mit Risotto aus schwarzem Reis, weißen Thunfisch mit Dillsauce u. ä.

Casa Alvaro TAPAS €€
(☏871 70 93 15; www.casalvaro.com; Carrer del Vicari Pastor 17; Tapas 4,50–10,50; ⊘Mi–Mo 12–16 & 19–24, So 13.30–16.30 & 19.30–24 Uhr; 🛜) In einer gepflasterten Gasse abseits des Hauptplatzes befindet sich dieses entzückende Lokal im minimalistisch-traditionellen Bodega-Look. Zu empfehlen sind innovative Tapas wie Artischocken auf einem Bett aus Kastanienpüree, knusprige Calamari oder Schweinebauch mit Favabohnen und Wakame-Seetang. Zwei bis drei dieser herrlichen Kreationen sorgen für einen vollen Bauch und ein Lächeln auf dem Gesicht.

Ca'n Llimona ITALIENISCH €€
(☏971 63 81 75; www.canllimonasoller.com; Calle de la Victòria 12; Hauptgerichte 15–20 €; ⊘13–16 & 19.30–22 Uhr) Wenn man das Lokal betritt, fühlt man sich durch das Kirsch-Zitronen-Dekor sofort nach Sorrent versetzt. Auch die Speisekarte ist verlockend, nämlich kurz und knackig – nicht diese endlose Auswahl an Pasta und Pizza. Die Pasta wird täglich zubereitet und die Soßen sind einfach und frisch wie das Zitronenpesto mit Kirschtomaten. Die Besitzer stellen auch ihre eigenen Kräutertees her, die zum Kauf stehen.

ABSTECHER

JARDINS DE ALFÀBIA

Die **Jardins de Alfàbia** (☏971 61 31 23; www.jardinesdealfabia.com; Carretera de Sóller Km 17; Erw./Kind 7,50 €/frei, Erw. März 5,50 €; ⊘April–Okt. Mo–Sa 9.30–18.30 Uhr, März Mo–Fr bis 17.30, Sa bis 13 Uhr) liegen im Schatten der zerklüfteten Gebirgskette Serra d'Alfàbia, die sich östlich von Sóller erstreckt. Inmitten von Gärten, Zitronenhainen, Palmen und einer Handvoll Nutztiere steht eine romantisch-verfallene Finca. Ihre barocke Fassade sieht aus, als hätte man sie einer florentinischen Basilika geklaut. Das gluckernde Wasser in den Bewässerungskanälen erinnert an die Vergangenheit des Ortes, denn der erste, der hier wohnte, war ein maurischer Wali (Vizekönig); nicht umsonst wird im Koran das Paradies als Garten dargestellt.

Abgesehen von der außergewöhnlichen bunten Kassettendecke aus Pinien- und Ilexholz gleich neben dem Eingang ist vom ursprünglichen arabischen Haus kaum noch etwas übrig. Sie ist rundherum mit arabischen Inschriften bedeckt und soll um 1170 entstanden sein. Rechts des Innenhofs steht eine *tafona* (große Ölpresse), die Elemente der Gotik, des Barock und der Renaissance miteinander vereint. Das weitläufige Haus ist vollgestopft mit historischen Möbeln und verfügt über eine prächtige Bibliothek mit 1200 Bänden. Darunter befindet sich auch das Original des *Llibre de les Franqueses* (Buch des Rechts), das König Jaume I. nach der christlichen Eroberung als Grundlage für das gesamte mallorquinische Recht verfasste.

Ca'n Boqueta MEDITERRAN €€

(971 63 83 98; Gran Via 43; 3-Gänge-Menü 17 €; Di–Sa 13–15.15 & 19.45–22.15, So 13–15.15 Uhr) Das Bistro in einem geschmackvoll umgebauten Stadthaus mit Kunst an den Wänden, Balkendecke und Gartenpatio serviert kreative Küche aus saisonalen Zutaten. Neben leckeren Vorspeisen wie Kirsch-Gazpacho und Jakobsmuscheln mit weißer Zucchinicreme überzeugen auch die Hauptgerichte, z. B. Meeresfrüchte-Cannelloni mit weißer Trüffelsauce.

★ Béns d'Avall FISCH & MEERESFRÜCHTE €€€

(971 63 23 81; www.bensdavall.com; Urbanització Costa Deià, abseits der Carretera Sóller-Deià; Probiermenüs 64–94 €; Mi–Sa 13–15.30 & 19–21.30, Di & So 13–15.30 Uhr;) Die Terrasse hoch oben auf einer Klippe versprüht bei Sonnenuntergang Romantik pur. Zudem hat Benet Vicens im Restaurant das Sagen, einer der führenden Köche Mallorcas. Das Probiermenü nach moderner Balearen-Art richtet sich nach der Saison und umfasst gegebenenfalls Gerichte wie Hummerravioli mit Kaninchenlende, mit Obst gefülltes Spanferkel, das langsam bis zur Perfektion gegart wurde, oder Tramuntana-Lamm mit Auberginenkonfitüre.

Barretes MALLORQUINISCH €€€

(971 63 12 28; www.hotelcalbisbe.com; Hotel Ca'l Bisber; Carrer del Bisbe Nadal 10; Menü 29,50–38,50 €; März–Okt. 20–22.30 Uhr;) Eine alte Olivenmühle wurde in das Barretes verwandelt. Schwere Holzbalken prägen den von Laternen beleuchteten Gastraum und draußen am Pool gibt's eine Terrasse. Auf der überdurchschnittlich guten Karte stehen raffinierte Gerichte wie gedämpfter Kabeljau mit Tintenfischnudeln oder Lamm mit einer Kruste aus schwarzen Oliven an Basilikum-Risotto. Dazu werden perfekt passende mallorquinische Weine ausgeschenkt.

Ausgehen & Nachtleben

An der Plaça de la Constitució mitten im Zentrum von Sóller gibt's viele Cafés und Bars. Hier kann man bei einem Drink herrlich das Kommen und Gehen beobachten.

Sa Butigueta BAR

(Avinguda de Jeroni Estades 9;) Die bodenständige Kombination aus Bar, Café und Restaurant verzichtet auf jeden touristischen oder sonstigen Schnickschnack und serviert bezahlbare Drinks und Tapas. Für die Einheimischen fungiert sie zugleich als Club, daher sieht man diese hier in schnörkelloser, authentischer Atmosphäre Karten spielen, schwatzen und zu den günstigsten Preisen der Stadt zechen. Von den Tischen an der Avinguda des Born mit Blick auf die Kirche kann man die Straßenbahn vorbeirumpeln sehen.

Shoppen

Arte Artesanía SCHMUCK

(971 63 17 32; www.arteartesania.com; Carrer de Sa Lluna 43; Mo–Fr 10.30–20, Sa bis 15 Uhr) Dieser dynamische, inspirierende und künstlerische Laden, der vor Ideen regelrecht übersprudelt, kommt gleichzeitig elegant und avantgardistisch daher. Hier werden Designerschmuck und eine kleine Auswahl an Malerei, Keramik und Skulpturen von spanischen sowie internationalen Künstlern und Kunsthandwerkern verkauft. Oben und in dem kleinen Kellerraum werden oft auch Ausstellungen veranstaltet.

Ben Calçat SCHUHE

(971 63 28 74; www.bencalcat.es; Carrer de Sa Lluna 74; Mo–Fr 9.30–20.30, Sa bis 13.30 Uhr) Hier gibt's die echten mallorquinischen handgearbeiteten *porqueras* (Schuhe aus recycelten Autoreifen). Das außergewöhnliche Bowlingschuhdesign in bunt leuchtenden Farben mag nicht jedermanns Sache sein, ist aber typisch für Mallorca. Preise ab etwa 65 €.

Praktische Informationen

Touristeninformation (971 63 80 08; www.visitsoller.com; Plaça d'Espanya 15; Mo–Fr 10–16.30, Sa 9–13 Uhr) Das Fremdenverkehrsbüro von Sóller verfügt über zahlreiche Informationsbroschüren und Karten.

An- & Weiterreise

AUTO & MOTORRAD

Wer von Palma kommt, kann entweder durch den Tunnel fahren (jetzt kostenfrei) oder die längere bergige Route wählen, die über viele Haarnadelkurven hinauf auf den Pass führt, wobei sich unterwegs immer wieder herrliche Blicke auf Palma bieten. Entscheidet man sich für die zweite Variante, dann nimmt man den letzten Abzweig nach Sóller vor dem Tunnel. Auch von der Bergstraße, die von Fornalutx zur Straße zwischen Sóller und Port de Sóller führt, bietet sich eine prächtige Aussicht hinunter auf Sóller und das schöne Tal. Tankstellen liegen günstig an der Tunnelausfahrt Richtung Palma auf beiden Straßenseiten.

BUS
Die Linie 211 fährt die Ma 11 von Palma direkt nach Sóller hoch (2,45 €, 30 Min., bis zu 5-mal tgl.), während die Linie 210 den längeren Weg von Palma (4,05 €) über Valldemossa (2,20 €, 40–50 Min.) und Deià (1,60 €) nimmt. Ein örtlicher Bus verkehrt von Sóller über Biniaraix nach Fornalutx (1,50 €, 15 Min., 2–4-mal tgl.).

TRAM
Sóllers alte **Straßenbahnen**, die an der Seite offen sind (Tranvías; einfache Fahrt 7 €; 8–20.30 Uhr, alle 30 oder 60 Min.), fahren nach Port de Sóller an der Küste und zurück. Sie starten am Bahnhof und halten auch an der Nordwestecke der Plaça de la Constitució. In der Regel fahren sie zwischen 8 und 20.30 Uhr alle 30 Minuten von Sóller nach Port de Sóller und zwischen 8.30 und 21 Uhr alle 30 Minuten in die Gegenrichtung (Fahrpläne gibt's in der Touristeninformation und am Bahnhof).

ZUG
Die Zugfahrt von Palma nach Sóller ist ein echtes Highlight. Von April bis Oktober fahren die Züge (16 €; www.trendesoller.com) zwischen 10.10 und 19.30 Uhr sechsmal von Palma nach Sóller und zwischen 9 und 18.30 Uhr fünfmal in die Gegenrichtung. November, Dezember, Februar und März fahren in jede Richtung nur vier Züge pro Tag.

Port de Sóller
909 EW.

Sóllers Verbindung zum Meer ist ein für Mallorca typischer Fischerei- und Yachthafen, der sich um eine fast vollständig geschlossene Bucht erstreckt. Vor etwa zehn Jahren wurden Millionen von Euro in die Sanierung des Hafens gepumpt. Die Atmosphäre hier schwankt zwischen exklusiv und derb. Bei der Architektur ist der Einfluss Frankreichs und Puerto Ricos nicht zu übersehen, denn dort suchten die meisten mallorquinischen Auswanderer ihr Glück und brachten später Bargeld und außerdem einen neuen Geschmack mit.

Die Sonnenuntergänge können großartig sein, besonders im Hochsommer, wenn die Sonne – vom richtigen Standort aus betrachtet – genau in der Mitte zwischen den beiden den Hafen begrenzenden Landzungen im Meer versinkt.

 Aktivitäten

Die Bucht hat die Form einer Qualle und ist von einer hübschen Promenade mit vielen Restaurants umringt. Sie lädt zum Schlendern ein, vor allem am Nordende, wo sich das Herz der Altstadt befindet.

Die Strände sind akzeptabel, aber nicht gerade die besten der Insel. Am schönsten ist die Platja d'en Repic am Südende der Bucht, schon allein deshalb, weil sie abgeschieden vom Besucherstrom liegt. Läuft man in dieselbe Richtung weiter um das felsige Kap, wird es noch ruhiger und friedlicher und an einigen Stellen kann man wunderbar ins Wasser springen.

★ **Mezzo Magic** BOOTSFAHRTEN
(664 67 98 75; www.mezzomagic.co.uk; Carrer de L'Església; pro Pers. ½ Tag/Tag ab 80/100 €; Yacht ½ Tag/Tag ab 500/750 €; 10–19 Uhr) Mezzo Magic bietet tolle Fahrten auf Charteryachten die Küste hinauf und hinunter, nach Cala Deià, Sa Calobra, Cala Tuent und Sa Foradada. Es sind auch längere Bootstouren (sogar bis nach Ibiza, Formentera und Menorca) möglich, bei denen man Mallorca und das Mittelmeer aus einer ganz anderen Perspektive erlebt, inklusive all dem Glamour, der einer Yacht-Ausfahrt anhaftet. Fahrten zum Sonnenuntergang sind ebenfalls – ganzjährig – im Programm.

Octopus Dive Centre TAUCHEN
(971 63 31 33; www.octopus-mallorca.com; Carrer del Canonge Oliver 13; 1 Tauchgang mit/ohne eigene Ausrüstung 45/60 €, 2 Tauchgänge 80/99 €; Mitte Mai–Okt. 8.30–19 Uhr) Das Fünf-Sterne-PADI-Zentrum gehört Engländern, verfügt über ausgezeichnete Geräte und bietet Kurse und Tauchausflüge für Anfänger und Fortgeschrittene vor der Küste oder vom Boot aus an. Mit dem Boot werden etwa 30 Stellen an der Tramuntana-Küste angesteuert.

Nàutic Sóller BOOTSVERLEIH
(609 35 41 32; www.nauticsoller.com; Platja d'en Repic; Seekajak für 1 Pers. pro Std./½ Tag/Tag 10/30/50 €, für 2 Pers. 15/45/70 €) Vermietet Seekajaks und kann auch Leihboote (½ Tag/Tag 120/170 €) arrangieren. Bootsführer für Exkursionen können ebenfalls bereitgestellt werden.

 Geführte Touren

Tramuntana Tours ABENTEUERTOUREN
(971 63 27 99; www.tramuntanatours.com; Passeig Es Través 12; Radverleih pro Tag 12–75 €, 3-stündige Seekajaktour 50 €; März–Okt. 9–19.30 Uhr) Der hervorragende Ausrüstungsladen und Veranstalter für organisierte Aktivitäten ist der richtige Ansprechpartner für Kajak-

fahrten und Mieträder. Hier werden auch geführte Wanderungen in die Serra de Tramuntana, Canyoning, Mountainbiketouren, Bootscharter und Tiefseeangeln arrangiert. In Sóller (S. 111) gibt's eine weitere Filiale.

Barcos Azules   BOOTSVERLEIH
(971 63 01 70; www.barcosazules.com; Passeig Es Través 3; Erw./Kind einfache Strecke 21/8 €, hin & zurück 30/12,50 €; Öffnungszeiten variieren) Tourboote fahren nach Sa Calobra (bis zu 4-mal tgl.) und Cala Tuent (Mo–Fr bis zu 1-mal tgl., mindestens 7 Pers.) sowie nach Sa Foradada (bis zu 1-mal tgl., mindestens 7 Pers.). Die Tickets werden am Hafen in dem Schalter neben der Touristeninformation verkauft.

 Essen

Rund um die Bucht in Port de Sóller reiht sich ein Restaurant an das nächste. Die meisten servieren Fisch und Meeresfrüchte, wobei die Qualität stark variiert, doch einige sind wirklich herausragend.

Randemar   INTERNATIONAL €€
(971 63 45 78; www.randemar.com; Passeig Es Través 16; Hauptgerichte 14–22 €; Mitte März-Anfang Nov. 12.30–24 Uhr;) Die Villa wäre der perfekte Ort für Partys à la „Der große Gatsby". Doch die meisten Gäste kommen gar nicht so weit, sondern machen es sich lieber auf der mit Kerzen beleuchteten Terrasse bei sanfter Musik und einem Cocktail gemütlich. Die internationale Speiseauswahl reicht von Sushi bis Pasta und ja, sogar Känguru. Die Desserts interpretieren die Klassiker neu und sind köstlich.

Kingfisher   FISCH & MEERESFRÜCHTE €€€
(971 63 88 56; www.kingfishersoller.com; Carrer San Ramon de Penyafort 25; Hauptgerichte 20–28 €; Di–Sa 12 Uhr–open end;) An den Tischen unter großen weißen Sonnenschirmen können sich die Gäste an einer frischen Brise vom Hafen erfreuen. Im Kingfisher stimmt einfach alles: Der Service ist freundlich und herzlich, die Lage schön, dazu gibt's entspannte jazzige Musik und gute Hausmannskost. Die Fish'n'Chips bestehen aus deftigem, saftigem Kabeljau, serviert mit zartem Erbspüree, großartigen Kartoffeln und Essiggurken auf einem Schieferteller.

Es Passeig   MEDITERRANEN €€€
(971 63 02 17; www.espasseig.com; Passeig de Sa Platja 8; Hauptgerichte 17–27 €; März–Okt. Mi–So 13–15.30 & 18.30–22 Uhr;) Am schönsten sitzt man in diesem raffiniert-unprätentiösen Restaurant auf der Terrasse am Meer oder am Fenster. Die frischen, kreativen Gerichte sind saisonal geprägt und werden mit viel Liebe zum Detail serviert, schließlich hat hier Sterneköchin Marcel Battenberg das Zepter in der Hand. Familien sind willkommen – es gibt eine gute Kinderkarte.

Praktische Informationen

Touristeninformation (971 63 30 42; Carrer del Canonge Oliver 10; April–Okt. Mo–Fr 9–15.15 Uhr) Das Hotel befindet sich in einem glänzend renovierten Eisenbahnwaggon mitten im Herzen der Stadt.

An- & Weiterreise

Die meisten Busse nach Sóller enden in Port de Sóller. Wer seinen eigenen Wagen dabeihat, kann den Weg ins Zentrum durch den Tunnel nehmen oder sich für die Strecke an der Platja d'en Repic vorbei entscheiden (den Schildern nach). Die Straßenbahnen (*tranvías*) nach Sóller fahren am Ufer entlang. Am Passeig Es Través gibt's mehrere Autovermietungen.

Wer auf den Straßen Mallorcas ein gutes Bild abgeben will, kann im flotten **Bullimoto Vespa** (971 63 26 96; www.bullimoto.com; Carrer d'Antoni Montis; ab 38 €/Tag) drei verschiedene Vespa-Typen (zwei mit Automatik-, eine mit manuellem Getriebe) ausleihen. Alle sind weiß, schick und in ausgezeichnetem Zustand. Bullimoto veranstaltet auch Vespa-Touren auf der Insel.

Biniaraix

Sowohl von Fornalutx als auch von Sóller ist es eine nette 2 km lange Auto- oder Radtour oder ein hübscher Spaziergang in das charmante Dorf Biniaraix. Viel zu sehen gibt's nicht, darum fahren die meisten gleich weiter in den Nachbarort Fornalutx. Trotzdem hat Biniaraix seinen Reiz. Hier treffen viele Besucher zu Fuß ein oder legen an den engen, von Trockensteinmauern gesäumten Landstraßen eine – wenn auch vielleicht nur kurze – Pause ein. Biniaraix hat sich aus einer arabischen *alquería* (Gehöft) entwickelt und wartet mit einem hübschen Hauptplatz auf.

Ein schöner Spaziergang führt von der Kirche die Carrer de Sant Josep hinauf bis zum Abzweig am oberen Ende der Straße, wo das alte Waschhaus steht (in dem die Frauen des Dorfes ihre Wäsche schrubbten). Am Schild mit der Aufschrift „Barranc de Biniaraix Cúber" biegt man rechts ab und gelangt in eine herrliche Schlucht. Der Wanderweg nach Biniaraix ist von Sóllers Zentrum gut ausgeschildert.

Man kann auch von Fornalutx hierher laufen – entweder auf der kurvenreichen Straße, die vom Hauptplatz hinunter nach Sóller führt, oder auf dem sehr viel schöneren Pfad der am Friedhof von Fornalutx vorbei und entlang terrassierter Felder am Ortsrand über die kleine Siedlung Binibassí verläuft.

Plaça de Sa Concepció   PLATZ
Der sehr kleine, aber überaus charmante Hauptplatz bildet mit seiner einladenden kleinen Bodega und der Església de la Immaculada Concepció das Dorfzentrum. Eine einzelne hohe Platane spendet Wanderern Schatten.

Església de la Immaculada Concepció   KIRCHE
(Plaça de la Concepció) Vom Platz im Dorfzentrum führen Stufen hinauf zur hübschen Kirche der Unbefleckten Empfängnis, die aus dem späten 16. Jh. stammt. Die von einem 19. Jh. angebauten Glockenturm gekrönte Kirche hat eine Gewölbedecke und eine Reihe anmutiger Rundbögen.

Bar Bodega Biniaraix   CAFÉ €
(Plaça de Sa Concepció; Snacks ab 5 €; ☉April–Okt. 9–21.30 Uhr, Nov.–März 10.45–21.30 Uhr) Die charmante Café-Bar mit Tischen im Freien steht allein am Platz in Biniaraix. Sie ist ein hübsches Fleckchen, um sich in Ruhe und Frieden einen *cafe con leche,* ein Glas mallorquinischen Wein, einen frischen Orangensaft, vielleicht *pa amb-oli* sowie ein oder zwei Stücke des saftigen hausgemachten Mandelkuchens zu gönnen.

❶ An- & Weiterreise
Ein Nahverkehrsbus (1,50 €, 15 Min., 2–4-mal tgl.) fährt von Sóller nach Biniaraix und weiter nach Fornalutx (1,50 €). Eine schöne Alternative ist der Wanderweg von Sóller, der weiter bis Fornalutx führt.

Fornalutx
725 E.W.

Zu Fuß erreicht man Fornalutx (der Name bedeutet „Ofenlicht"), eines der hinreißendsten steinernen Dörfer Mallorcas, auf drei Wegen. Der erste ist die schmale und landschaftlich reizvolle Straße von Biniaraix, die durch den winzigen Weiler Binibassi führt und sich dann durch terrassierte Orangen- und Zitronenhaine windet. Der zweite führt über eine Straße, die von der Ma 10 abgeht und Blicke aus der Vogelperspektive auf die hübschen Steinhäuser und Terrakottadächer des kleinen Dorfs ermöglicht. Eine etwas nüchternere Variante ist die kurvenreiche Fahrstraße von Sóller.

Doch welchen Weg man auch nimmt, mit seiner Bergkulisse ist Fornaluxt aus jeder Perspektive ein perfektes Postkartenidyll. Dieser Eindruck verstärkt sich noch, wenn beim Näherkommen die grünen Fensterläden, die Blumenkästen, die gepflegten Gärten und die üppigen Zitronenhaine auftauchen. Viele Häuser gehören Einwanderern (in erster Linie Deutschen und Briten), doch es herrscht längst nicht so ein Trubel wie in Sóller. Wahrscheinlich hat Fornalutx seine Ursprünge genau wie Biniaraix in einer arabischen *alquería*.

◉ Sehenswertes
Beim ziellosen Herumschlendern zeigt sich der Ort von seiner schönsten Seite. Los geht's in den Gassen rund um die zentrale Plaça d'Espanya am oberen Ende der Straße, gefolgt von einem Abstecher ins *ajuntament*. Im kühlen Innenhof steht eine Palme und draußen gurgelt das Wasser durch Bewässerungskanäle. Entlang des Dorfbachs spaziert man Richtung Osten an schönen Häusern und üppigem Grün vorbei. Man kann auch die Stufen hinaufgehen, die von der Església de la Nativitat de Nostra Senyora nach Norden aus dem Ort führen. Steigt man die Stufen immer weiter hinauf und biegt an der Carrer de Tramuntana links ab, kommt man schließlich zu einer Sackgasse und dem letzten Haus des Dorfes. Wer will, geht dort geradeaus weiter und gelangt so in die Berge.

Plaça d'Espanya   PLATZ
Dieser herrliche Platz, das Zentrum des Dorfes, wird an einer Seite von der prächtigen Treppe hinauf zur Kirche flankiert, deren Mauer eine weitere Seite einnimmt. Die Treppe führt weiter zum oberen Ende des Dorfes und darüber hinaus – ein wunderschöner Aufstieg. An der dritten Seite des Platzes hat sich ein Café die beste Lage gesichert, daneben befindet sich ein kleiner

Supermarkt. Gegenüber steht der Hauptbrunnen des Dorfes, aus dem frisches Trinkwasser sprudelt.

Mirador de Ses Barques AUSSICHTSPUNKT
(P) Der Aussichtspunkt Mirador de Ses Barques, etwa 6 km oberhalb von Fornalutx, bietet eine phänomenale Aussicht bis hinunter nach Port de Sóller. Das Restaurant ist empfehlenswert für frischen Orangensaft und Kuchen (aber nicht für das Essen). Vor dem Mirador und an der Kurve auf der gegenüberliegenden Straßenseite befinden sich viele Parkmöglichkeiten. Vom Mirador führt auch eine faszinierende Wanderung hinunter nach Fornalutx – wer mag, kann natürlich auch von dort hinaufkraxeln.

Església de la Nativitat de Nostra Senyora KIRCHE
Die hübsche Kirche von Fornalutx thront über dem Platz. Ihre volltönenden Glocken geben alle Viertelstunde die Zeit an – jedoch nicht nach 22 Uhr, damit die Einwohner schlafen können. Ihr Klang breitet sich über den Terrakottafliesen des Dorfes aus, bis ihn die Berge verschlucken.

Ajuntament HISTORISCHES GEBÄUDE
(Rathaus; Carrer de Vicari Solivellas 1) Nur eine Gehminute vom Platz steht das alte Rathaus mit seinem kühlen Innenhof, den eine Palme dominiert. Draußen plätschert das Wasser in mehreren Bewässerungskanälen, die hinunter zum alten Waschhaus führen, wo die Frauen früher ihre Wäsche schrubbten. Folgt man den Stufen weiter nach unten, stößt man auf den schönen Sturzbach, der von den Hügeln herunterkommt und bei Regen weiter bis nach Sóller strömt.

✗ Essen

Im Dorf gibt's jede Menge Restaurants und Cafés. Die meisten liegen rund um die zentrale Sa Plaça oder 500 m vom Zentrum an der Ma 2121 Richtung Nordwesten, wo die Lokale mit Panoramaterrassen locken.

 Molón FUSION €€
(871 87 23 23; www.molonrestaurant.com; Carrer Arbona-Colom 3; Tapas 7–14 €; Mai–Okt. Mo–Sa 12.30–15.30 & 19–22.30 Uhr;) Die Speisekarte im Molón besteht aus großzügigen Tapas, die zum Teilen gedacht sind. Es handelt sich nicht um gewöhnliche Tapas: Fantasievolle Kombinationen wie frische Austern mit Gin und Gurkengelee oder Lamm-Kofta mit Paprika-Hummus und Tzatziki dominieren das Angebot. Zu ausgefallen? Wie wäre es mit handgeschnittenen Pommes an paniertem Seehecht? Das Dessert-Trio ist köstlich.

Ca N'Antuna MALLORQUINISCH €€
(971 63 30 68; Carrer Arbona-Colom 6; Hauptgerichte ab 12,50 €; 12.30–16 & 19.30–23 Uhr) Das bewährte Restaurant, von dessen Tischen auf der Terrasse man einen herrlichen Blick auf die Berge genießt, hat sich auf bekömmliche, leckere mallorquinische Küche spezialisiert und geizt nicht bei den Portionen. Das *lechona* ist üppig und saftig, und wegen des Lammbratens lohnt es sich, wiederzukommen. Man sollte einen Tisch mit Aussicht reservieren, ansonsten sitzt man vielleicht an der Straße.

Es Turó MALLORQUINISCH €€
(971 63 08 08; www.restaurante-esturo-fornalutx.com; Carrer Arbona-Colom 12; Hauptgerichte 10–21,50 €; Fr–Mi 12–22.30 Uhr) Der Blick über das Dorf von diesem Restaurant bis hin zu den Gipfeln der Tramuntana ist vor allem bei Sonnenuntergang traumhaft. Auf der durch und durch mallorquinischen Speisekarte stehen Gerichte wie *pa amb oli*, *arros brut* („Schmutziger Reis") und knuspriges *lechona*. Unbedingt den frisch gepressten, aromatischen Saft aus regionalen Orangen probieren.

ℹ An- & Weiterreise
Ein lokaler Bus fährt von Fornalutx über Biniaraix nach Sóller (1,50 €, 15 Min., 2–4-mal tgl.).

Bunyola
6662 EW.

Der verschlafene Ort, bekannt für sein Olivenöl und die *palo*-Brennerei (dabei handelt es sich um einen Kräuterschnaps), liegt am Fuße von grünen terrassierten Hügeln und der wilden Felsgipfel der Tramuntana. Die klapprige Holzbahn, die zwischen Palma und Soller verkehrt, hält auch hier. Bunyola ist eine großartige Ausgangsbasis für Kletterer. Zudem bietet die zentrale Sa Plaça, wo samstagmorgens ein kleiner Markt stattfindet, interessante Einblicke ins mallorquinische Dorfleben.

In Bunyola ist die Auswahl an Restaurants nicht groß, doch Orient und Alaró sind mit ihren guten Adressen nicht weit. Außerdem hat Sóller eine ausgezeichnete Auswahl an Restaurants.

NICHT VERSÄUMEN

UNTERWEGS ZWISCHEN SÓLLER & BUNYOLA

Von Sóller aus windet sich eine spektakuläre Panoramastraße in Richtung Süden. Man fährt aus dem Tal hinaus hoch in die Berge (durch den Tunnel ist es nur halb so spannend) und hat von jeder der engen Kurven aus einen großartigen Blick auf Palma. Bevor man Bunyola und die Orte danach erreicht, lohnt sich der Besuch eines prachtvollen Landschaftsdenkmals aus dem Mallorca der Mauren, nämlich der Jardins de Alfàbia (S. 114).

Església de Sant Mateu   KIRCHE
(Carrer de l'Església 2; ⊙zur Messe) Die Església de Sant Mateu steht neben dem Hauptplatz im Ortszentrum. Sie wurde 1230 errichtet und 1756 umfangreich umgebaut. Besucher dürfen nur während der Messe hinein.

Sa Gubia   KLETTERN
Unmittelbar westlich von Bunyola, wo die Ausläufer der Tramuntana ins Flachland rund um Palma übergehen, erhebt sich diese großartige Felskulisse. Das Klettermekka lockt mit 125 Mehrseillängenrouten der Schwierigkeitsgrade 4 bis 8, darunter ein paar exzellente komplett mit Haken gesicherte Strecken. Die Cara Oeste (Westwand) zählt zu den eindrucksvollsten Kalksteinwänden Europas.

Ca'n Topa   MALLORQUINISCH €
(☏971 14 84 67; www.cantopa.com; Careterra Palma a Soller km 22,1; Snacks 5–10 €; ⊙Öffnungszeiten variieren) Seine Lage hoch oben an der windgepeitschten Straße nach Sóller macht das Ca'n Topa bei Radfahrern und Wandern beliebt, die nach einer Tour durch die Tramuntana das gemütliche Ambiente, die Terrasse am Pool, die Snacks (wie Pizzas und *bocadillos*) sowie die eisgekühlten Getränke zu schätzen wissen.

❶ An- & Weiterreise

In Bunyola halten Busse und Züge von Palma nach Sóller (die Bushaltestelle befindet sich an der Sa Plaça, der Bahnhof liegt einen kurzen Fußweg westlich vom Ortszentrum). Der Nahverkehrsbus 221 fährt von hier zweimal täglich Richtung Osten nach Orient (2 €, 30 Min.; vorher unter Tel. 617 36 53 65 reservieren).

Alternativ kann man die Straße über die Berge nehmen, die in vielen Serpentinen hinauf und dann hinunter ins Tal von Sóller führt.

Orient

35 EW.

Mit einem Häufchen ockergelber Häuser auf einer Anhöhe ist Orient eines der hübschesten Dörfchen der Insel. Ein paar Gebäude auf der Nordseite der Straße scheinen fast abzurutschen.

Auf der 9 km langen Straße (die Ma 2100), die nordöstlich von Bunyola nach Orient führt, sieht man oft Pulks von ambitionierten Radfahrern in voller Montur. Die ersten 5 km führen durch ein Tal mit Olivenbäumen und Zypressen, das langsam bis zu einer Ebene und zum Coll d'Honor (550 m) ansteigt. Dann geht's auf der anderen Seite des von Wäldern bestandenen Bergrückens wieder bergab. Auf den nächsten 2 km mit engen Kurven wird die Strecke flacher. Die gesamte Zeit über ist im Norden die Serra d'Alfàbia zu sehen.

★ Mandala   INTERNATIONAL €€
(☏971 61 52 85; Carrer Nou 1; Hauptgerichte 17–25 €; ⊙Juni–Mitte Sept. Di–So 8.30–22.30 Uhr, Mitte Sept.–Nov. & März–Mai kürzer, Dez.–Feb. geschl.; ♠) Verlockende Düfte umwehen diesen unscheinbaren Ort der Fusionsküche, der leicht versteckt in einer malerischen Kopfsteinpflasterstraße liegt. Am besten einen Tisch auf der Terrasse mit Blick auf das grüne Tal, das die Stadt umgibt, sichern und einen französischen Klassiker wie Tatar, Bouillabaisse (provenzalischer Fischeintopf) und exzellentes Lammkarree oder ein asiatisches Gericht wie Thai-Garnelen-Curry wählen. Reservierungen sind unerlässlich.

❶ An- & Weiterreise

Bus 221 fährt zweimal täglich von Bunyola nach Orient (2 €), muss aber am Vortag telefonisch reserviert werden (unter der Nummer ☏617 36 53 65).

Alaró

5438 EW. / 252 M.

Alaró liegt unterhalb einer Burgruine und ist ein angenehm verschlafenes Örtchen, das zu einem Bummel einlädt. An der Plaça de la Vila befinden sich die Casa de la Vila (Rathaus), die Pfarrkirche und einige Cafés.

Samstagmorgens erweckt ein Markt den Platz zum Leben. Cafés findet man auch rund um die Carrer Petit und Carrer de Jaume Rosselló.

★ Castell d'Alaró BURG
(abseits der Carretera Alaró-Bunyola) Eine Wanderung zum Castell d'Alaró, das in geradezu irrwitziger Lage auf einem Felsen thront, gilt als eine der lohnendsten Burgbesteigungen auf der Insel. Von der letzten Schanze christlicher Krieger, die um 911 von den muslimischen Eroberern durch Aushungern bezwungen werden konnten – acht Jahre, nachdem die Muslime auf der Insel eingefallen waren –, sind nur noch Ruinen geblieben, doch dafür genießt man von hier aus eine herrliche Aussicht bis nach Palma und zur Badia de Alcúdia. Wer keine Lust auf die zweistündige Wanderung hat, kann den größten Teil des Aufstiegs mit dem Auto bewältigen.

★ Es Verger SPANISCH €€
(📞971 18 21 26; Camí des Castell; Hauptgerichte 8–16 €; ⏰Di-So 9–21 Uhr; 🍴) Das wunderbar rustikale Lokal an der verschlungenen Straße zum Castell d'Aló lohnt die Anreise, sei es mit dem Auto, dem Fahrrad oder zu Fuß. Die Schafe am Parkplatz geben einen Vorgeschmack auf die Speisekarte. In seiner Bücherreihe *Mediterranean Escapes* bezeichnet der in Großbritannien lebende Koch Rick Stein das Lamm (*cordero*) dort als das saftigste, das er je gekostet hat – zu Recht!

Traffic MALLORQUINISCH €€
(📞971 87 91 17; www.canxim.com; Plaça de la Vila 8, Hotel Can Xim; Hauptgerichte 12–22 €; ⏰Mo & Do-So 12.15–17.15 & 20–23.30, Mi 20–23 Uhr; 🅿🍴) Das ländlich anmutende Restaurant im Hotel Can Xim ist eines der besten an der Plaça de la Vila und kredenzt innovative Interpretationen mallorquinischer Spezialitäten. Highlight sind die Fleischgerichte wie Kaninchen und Spanferkel, doch Kabeljau mit *sobrassada* und Honig schmeckt ebenso köstlich. Gegessen wird auf der Terrasse oder im gekachelten Speisesaal mit Balkendecke.

ℹ An- & Weiterreise
Der Zug auf der Strecke von Palma nach Inca hält im Bahnhof Consell-Alaró (20–30 Min.); hier startet direkt anschließend Bus 320 nach Alaró (1,50 €, 15 Min.).

Cala de Sa Calobra & Cala Tuent

Die 12 km lange wilde Serpentinenstraße hinab nach Sa Calobra ist eines der großartigsten Erlebnisse, die Mallorca zu bieten hat. Ob man nun den Ausblick auf schwindelerregend tiefe Schluchten bewundert, darüber staunt, wie sich ein Bus durch eine augenscheinlich viel zu schmale Felsspalte zwängt oder wie Tour-de-France-Gewinner Bradley Wiggins mit brennenden Oberschenkeln nach oben radelt (er braucht für die Strecke 26 Minuten …): Die spektakuläre verschlungene Straße, die gen Norden von der Ma 10 abzweigt, ist Dramatik pur! Der italienische Straßenbauingenieur Antonio Paretti ließ sie 1932 bauen. Manche sagen, dass er sich beim Krawattenbinden zu den vielen Haarnadelkurven inspirieren ließ (besonders beim sogenannten „Krawattenknoten", wo die Straße nach einer engen Kurve unter sich selbst hindurchführt).

⦿ Sehenswertes

Wer im Sommer herkommt, wird kaum allein sein. Eine Armada von Bussen und Ausflugsbooten karrt Scharen von Urlaubern heran. An einem ruhigen, sonnigen Morgen im Winter präsentiert sich Sa Calobra hingegen von einer ganz anderen Seite. Vom Nordende der Straße führt ein kurzer Küstenpfad zur felsigen Schlucht Torrent de Pareis und zu einer kleinen Bucht mit weißen Kieselsteinen; hier gibt's tolle Badeplätze, die aber meist total überfüllt sind.

Wer Ruhe und Frieden sucht, sollte eine Abzweigung nach Westen nehmen, um zur ruhigen und herrlichen Cala Tuent zu gelangen.

Cala Tuent STRAND
Wer den Massen aus dem Weg gehen will, nimmt etwa 2 km vor Sa Calobra einen Abzweig Richtung Westen zur Cala Tuent, einer smaragdgrünen Bucht im Schatten des Puig Major mit einer einsamen hohen Kiefer direkt am Strand. Den breiten Kiesstreifen säumen zum Land hin ein paar Häuser und üppig grünes Gestrüpp an den Berghängen. Autos parken in der Nähe des Strandes am Straßenrand, die Parkplätze können aber knapp werden.

Sa Calobra STRAND
Hinter dem Abzweig zur Cala Tuent windet sich die Straße hinunter zu dieser klei-

nen, ohne Zweifel malerischen Bucht mit weißen Kieseln. Im Hochsommer drängen sich hier aber neben den vielen Besuchern, die mit dem eigenen Auto kommen, ganze Busladungen von Touristen. Am Ende der Straße gibt's gebührenpflichtige Parkplätze. Ein kurzer Fußweg führt entlang der Küste zum Torrent de Pareis, einer felsigen Flussklamm, die das dramatische Finale der von Escorca hinunterführenden Schlucht bildet.

Puig Major BERG
Mallorcas höchster Gipfel (1445 m) ist von überall in der Gegend zu sehen. Oben steht eine von den USA gebaute kugelförmige Radarstation.

 Essen

Ehe man sich ans Steuer setzt, um die wilden Kurven zurück zur Ma 10 zu bezwingen, sollte man im Es Vergeret, einer alten Finca, essen – aber unbedingt vorher einen Tisch reservieren. Die Aussicht ist einfach fantastisch. In Sa Calobra selbst gibt's ein paar durchschnittliche Restaurants.

Es Vergeret MALLORQUINISCH €€
(971 51 7 1 05; www.esvergeret.com; Camí de Sa Figuera Vial 21; Hauptgerichte 15–20 €; März–Okt. 12.30–16.30 Uhr) Eine schmale Landstraße, die von der spektakulären Straße zur Cala Tuent abzweigt, führt vorbei an Schaffarmen und Olivenhainen zu dieser großartigen alten Finca mit fantastischem Blick nach unten auf die Bucht und nach oben auf die Berge. Die tolle Terrasse bietet sich für ein gemütliches Mittagessen mit Paella, gegrilltem Fisch oder Lammkotelett an.

An- & Weiterreise

Bus 355 (Mai–Okt. Mo–Sa) kommt einmal täglich aus Ca'n Picafort (9.30 Uhr); er fährt über Alcúdia, Cala Sant Vicenç, Pollença und Monestir de Lluc. Um 15 Uhr geht's zurück. Die komplette Fahrt bis Sa Calobra dauert knapp vier Stunden (mit einstündigem Halt am Monestir de Lluc), zurück 2 ½ Stunden. Ab Ca'n Picafort kostet die einfache Strecke 9,05 €. In Port de Sóller starten Ausflugsboote nach Sa Calobra und Cala Tuent.

Monestir de Lluc

Um die heilige Stätte ranken sich viele Legenden. Im 13. Jh. behauptete ein Schafhirte aus der Gegend, er hätte am Himmel ein Bild der Jungfrau Maria gesehen. Später tauchte das gleiche Bild auf einem Felsen auf. Andere erzählen, ein arabischer Schäferjunge hätte 1238 das Bild einer schönen Frau entdeckt. Als er mit einem Mönch aus Escorca zurückkehrte, sah er eine heilige Krone über der Stelle schweben. Es gibt noch eine andere Story: Jemand entdeckte an dieser Stelle eine kleine Marienstatue und brachte sie nach Escorca. Am nächsten Tag stand sie plötzlich wieder an ihrem Fundort. Dreimal wurde sie ins Dorf gebracht und dreimal kam sie zurück. Zur Erinnerung an dieses Wunder wurde nicht weit von der Stelle um 1268 eine Kapelle gebaut. Später kam noch das Kloster dazu. Seither pilgern jedes Jahr Tausende zur Statue der Jungfrau von Lluc aus dem 14. Jh. (es handelt sich also nicht um das Original).

Sehenswertes

Monestir de Lluc KLOSTER
(www.lluc.net; Plaça dels Peregrins; Kloster & Garten Eintritt frei, Museum Erw./Kind 2 €/frei, Lluc-Ticket 3 €; 10–17 Uhr) Durch den Klostergarten mit Kreuzgang gelangen Besucher auf die riesige schmucklose Anlage, die größtenteils aus dem 17. und 18. Jh. stammt. In der Nähe des beeindruckenden zentralen Innenhofes erhebt sich die prächtige Fassade einer Basilika aus der Spätrenaissance, deren Innenraum recht düster ist und ein schönes Altarbild von Jaume Blanquer beherbergt; die Statuette der Jungfrau Maria mit dem Jesuskind befindet sich in einem Raum hinter dem Altar. Anfang des 20. Jhs. wurde die Kirche nach Plänen Gaudís im verschnörkelten Barockstil umgestaltet.

Das dunkle Standbild der Jungfrau Maria mit dem Jesuskind, das ein offenes Buch in Händen hält, auf dessen Seiten die Buchstaben *Alpha* und *Omega* zu lesen sind, wird von zahllosen Pilgern verehrt, die auf den Treppenstufen anstehen, um vor der Statue zu beten und oft auch eine Spende auf einem Tablett zu hinterlassen. Die Figur wird von den Einheimischen La Moreneta, also die Schwarze Madonna genannt, da sie im Laufe der Jahre stark nachgedunkelt ist.

Mit etwas Glück kann man Els Escolanets singen hören. Sie sind auch als Els Blauets – die Kleinen Blauen – bekannt, da sie blaue Soutanen tragen. Es handelt sich hierbei um den Knabenchor des klostereigenen Internats, das seit dem frühen 16. Jh. besteht.

Auch das **Museum** lohnt einen Besuch. Gezeigt werden prähistorische Funde, talayotische Artefakte, volkstümliches Kunsthandwerk, religiöse Kultgegenstände und etliche farbenfrohe Gemälde des katalanischen Impressionisten Josep Coll Bardolet. Ein englischsprachiger Plan, auf dem die Exponate eines jeden Raums verzeichnet sind, ist an der Museumskasse erhältlich. Die Eintrittskarte gilt nicht nur für das Museum, sondern auch für den weitläufigen botanischen Garten – den **Jardí Botànic** – sowie für den (unbewachten) **Swimmingpool** am Ausgang desselben.

Man kann im Kloster auch übernachten, doch die Unterkünfte sind dem Ort entsprechend schlicht und einfach. Ihre Betten müssen die Gäste selber machen.

Im **Magnoliengarten** kurz vor dem zentralen Innenhof wachsen vier Exemplare der Gattung Magnolia grandiflora. Im Sommer entfalten sie ihre ganze Pracht und erfreuen das Auge mit ihren großen samtigen Blütenblättern.

Camí dels Misteris del Rosari HEILIGE STÄTTE
GRATIS Ein alter teilweise von Steineichen beschatteter Steinweg führt hinauf zum Pujol des Misteris (Hügel der Mysterien), der hinter dem Klosterkomplex aufragt. Denkmäler und drei Bronzereliefs entlang des Weges erzählen von den Rosenkranzgeheimnissen. Der Pfad lädt zu friedlicher Kontemplation ein, bietet aber auf dem Weg hinauf auch aufregende Ausblicke, besonders ins dahinterliegende Tal. Am nüchternen, mit Stacheldraht eingezäunten Kreuz auf dem Gipfel öffnet sich ein prächtiges Panorama auf die felsigen Gipfel der Tramuntana.

Centre d'Informació Serra de Tramuntana MUSEUM
(📞971 51 70 83; www.serradetramuntana.net; Carretera Lluc a Pollença; Erw./Kind 2 €/frei; ⊙9–16.30 Uhr; P) Gegenüber von der Klosteranlage widmen sich einige audiovisuelle Exponate und ein kleines Museum der Serra de Tramuntana. Besucher können sich über die Flora und Fauna der Region informieren – etwa über die heimische Vogelwelt, zu der auch Eleonorenfalken und Balearen-Sturmtaucher gehören, sowie über Ackerbau in den Bergen. Vor Ort gibt's außerdem Broschüren in verschiedenen Sprachen zu Wanderungen in der Gegend, und das freundliche Personal organisiert gerne Campingmöglichkeiten auf dem Klostergelände für etwa 5 € pro Nacht.

 **Feste & Events**

Marxa des Güell a Lluc a Peu RELIGIÖSES FEST
(⊙1. Sa im Aug.) Die jährliche Pilgerwanderung von Palma nach Lluc findet am ersten Samstag im August statt.

Essen

Am besten eignet sich für Reisende das Sa Fonda im Refektorium des Klosters.

PILGERPFADE

Wie so viele vor ihm pilgerte Antoni Gaudí im April 1908 zum Monestir de Lluc und spendete 25 Peseten. Im Oktober desselben Jahres kehrte er zurück, diesmal mit seinem Schützling Joan Rubió. Dieser passte die Kirche dem Barockstil des Altarraums an und ließ die Steinmonumente am Pujol des Misteris (Hügel der Geheimnisse) errichten, der sich hinter der Klosteranlage erhebt.

Am Kloster starten mehrere Wanderrouten. Dazu gehört eine 11 km lange anstrengende Rundwanderung (5 Std.) zum **Puig de Massanella** (1365 m), Mallorcas zweithöchstem Berg mit Traumblick vom Gipfel. Zudem gibt's einen 9 km langen Rundweg (3 ½ Std.) zum **Puig Tomir** (1103 m). Der steile felsige Anstieg führt in die einsamen Höhen der Tramuntana, wo man manchmal Geier und Falken sieht. Eine weitere Route ist die vier- bis fünfstündige Wanderung rund um den **Puig Roig** (1102 m) nordöstlich vom Kloster; sie sollte sonntags unternommen werden, da sie teilweise über Privatgrund führt. Lluc ist außerdem eine Etappe auf dem Fernwanderweg GR221 zwischen Sant Elm und Pollença.

Wer eine echte Pilgerreise inklusive Blasen an den Füßen unternehmen möchte, kann gemeinsam mit Tausenden Mallorquinern die Marxa des Güell a Lluc a Peu in Angriff nehmen. Die 42 km lange Nachtwanderung führt beim Schein von Taschenlampen von der Plaça Güell in Palma durch Ackerland, Bergdörfer und die Serra de Tramuntana zum Monestir de Lluc.

Sa Fonda SPANISCH €€
(☎971 51 70 22; Plaça del Lledoner; Hauptgerichte 9–18,50 €; ⊙8–10.30 & 13–23 Uhr) Ein großes Restaurant im erweiterten Speisesaal für Pilger im Kloster. Hier können Gäste in historischem Ambiente unter Marmorbögen und Holzbalken an lackierten Holztischen ein Frühstück, Mittagessen oder Abendessen genießen. Zur durchweg mallorquinischen Auswahl zählen Leckereien wie *frito Mallorquín*, Spanferkel aus dem Backofen (16,50 €) und gegrillte Seezunge (17 €).

ⓘ An- & Weiterreise

Von Mai bis Oktober fahren täglich bis zu zwei Busse von Ca'n Picafort zum Monestir de Lluc (6,55 €, 1 ¾ Std.); ihr Hauptziel ist Sóller bzw. Port de Sóller. Zwei Busse (4,80 €; Linie 330 & 354), die überall halten, verkehren montags bis samstags sowie einmal am Sonntag von Palma nach Inca und fahren anschließend weiter über Caimari bis nach Lluc.

Nördliches Mallorca

Inhalt ➜
Pollença 130
Cala Sant Vicenç 134
Port de Pollença.....135
Cap de Formentor ...136
Alcúdia............137
Port d'Alcúdia.......140
Cap des Pinar....... 141
Ca'n Picafort........142
Colònia de Sant Pere .143

Gut essen

➜ Mirador de La Victòria (S. 142)

➜ Restaurante Jardín (S. 141)

➜ Bellaverd (S. 136)

Beste historische Sehenswürdigkeiten

➜ Pol·lèntia (S. 137)

➜ Calvari (S. 130)

➜ Església de la Mare de Déu dels Àngels (S. 130)

➜ Stadtmauern von Alcúdia (S. 137)

➜ Alcúdias historische Villen (S. 138)

Auf ins nördliche Mallorca

Mit seinen spektakulären Küsten, den weißen Sandstränden, den malerischen Städten, deren Fiestas zum Mitfeiern einladen, und einem Top-Angebot an Abenteuersportarten ist der Norden Mallorcas die perfekte Mischung aus wilder Natur- und gepflegter Kulturlandschaft.

Der höchste Punkt der Serra de Tramuntana ist am Cap de Formentor, wo sie wie ein gezackter Drachenschwanz zum Mittelmeer abfällt. Auf der Straße, die sich um die hohen Felsen windet, müssen Auto- und Radfahrer vor Erstaunen immer wieder tief durchatmen. Gegenüber erstreckt sich das Wandererparadies der von Kiefern bestandenen Halbinsel Cap des Pinar. Andernorts entdecken Kitesurfer, „Klippenspringer", Taucher, Höhlenwanderer und Paraglider die einzigartigen Küstenlandschaften und genießen die stete Brise.

Die Ferienorte des Nordens sind unprätentiös und kinderfreundlich, die Städte im Landesinneren – Alcúdia mit seinen mittelalterlichen Mauern und Pollença mit seinen charmanten Plazas voller Cafés – unverändert authentisch. Hinzu kommen Pilgerpfade und ausgelassene Sommerfestivals.

Reisezeit

Vor Mai und nach Oktober ist in einigen Badeorten wie dem charmanten Cala Sant Vicenç wenig los, denn das beste Strandwetter herrscht von Juni bis August. Pollença z. B. ist im August eine einzige große Party. Dennoch sind unsere Lieblingsjahreszeiten der Frühling und der Herbst: Dann bevölkern Zugvögel den Parc Natural de S'Albufera, der Verkehr ist weniger stark (insbesondere rund um das Cap de Formentor), Pollença veranstaltet eine eindrucksvolle Karfreitagsprozession und in Alcúdia findet Anfang Oktober ein großartiger Markt statt. Die kühleren Temperaturen eignen sich natürlich auch besser zum Wandern und Radfahren.

Highlights

❶ Cap de Formentor
(S. 136) Beim Anblick dieser Klippen sprachlos werden.

❷ Pollença (S. 130) Wie ein Pilger die 365 Stufen auf den Kalvarienberg erklimmen.

❸ Penya Rotja (S. 128) Beim Wandern die Nordküste auf Postkartenformat geschrumpft erleben.

❹ Santuari de la Mare de Déu des Puig (S. 130) Den Geist von der sensationellen Aussicht beflügeln lassen.

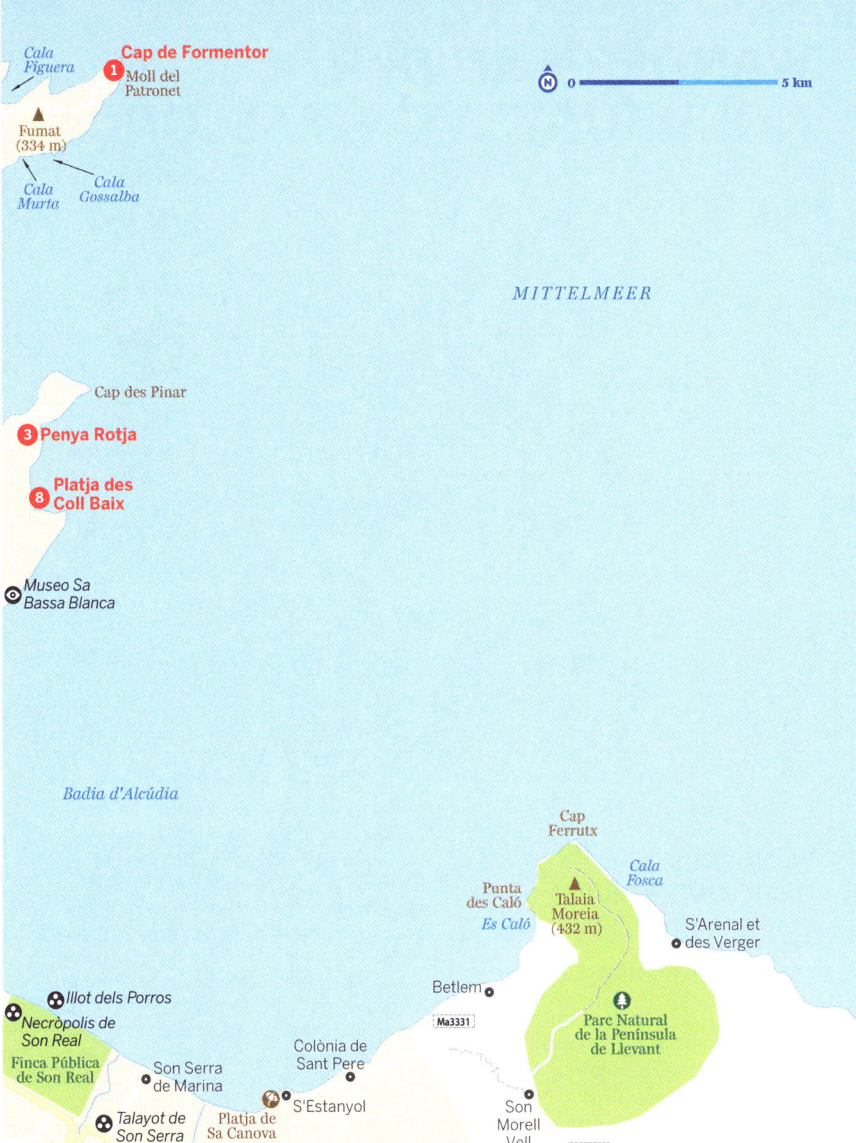

5 **Talaia d'Alcúdia** (S. 142) Einige der schönsten Rundumblicke der Insel erklimmen.

6 **Parc Natural de S'Albufera** (S. 142) Vögel im Schilf beobachten.

7 **Alcúdia** (S. 137) Sich in die Römerzeit und ins Mittelalter zurückversetzen lassen.

8 **Platja des Coll Baix** (S. 141) Zu diesem herrlich abgeschiedenen Strand mit azurblauem Wasser hinabsteigen.

WANDERN AN DER NORDKÜSTE VON MALLORCA

WANDERUNG: DREI KÜSTENGIPFEL
START ERMITA DE LA VICTÒRIA
ENDE PENYA ROTJA
LÄNGE/DAUER 6 KM; 2 ½–3 STD.

Diese mittelschwere Küstenwanderung – eine der spektakulärsten und aufregendsten Mallorcas – verläuft über schwindelerregend hohe Kämme und Felsen zu drei Gipfeln, die wie Adlerhorste oberhalb der Halbinsel Cap des Pinar thronen. Unterwegs begegnet man vielleicht auch ein paar Wildziegen (*Capra ageagrus hircus*). Am besten meidet man die Mittagshitze und nimmt reichlich Wasser und eine Karte mit. Unbedingt robuste Schuhe anziehen!

Von der **Ermita de la Victòria** (S. 142) geht's bergauf durch den Kiefernwald und vorbei an den ausgeschilderten **Ses Tres Creus** – drei Kreuze zwischen den Bäumen mit Blick auf die Badia de Pollença. Nach 15 Minuten biegt man links (den Schildern zur Penya Rotja und Penya des Migdia folgen) auf einen schmalen Pfad ein. Der Pfad windet sich an Bäumen vorbei und wird dann etwas abschüssig. Aufpassen, dass man nicht über Wurzeln stolpert! Nicht den Schildern zum Talaia d'Alcúdia folgen, das ist eine andere Wanderung, die weiter unten beschrieben wird. Bei sensationeller Sicht auf die Badia de Pollença und Formentor im Westen gönnt man sich nun eine Pause und bewundert auch die steilen Felsen, die über einem aufragen. Sieht man nach unten, glitzert dort das Meer. Wenn man die Überhänge passiert hat, geht's an der Gabelung nach rechts den Hügel hinauf. In 1 ½ Stunden ist man am **Puig des Romaní** (387 m). Dort lockt wieder ein sensationelles Panorama.

Vom Gipfel geht's zurück zum Hauptpfad, der entlang eines Grats um einen Felsen herum bergab führt. Linker Hand stürzen sich die Klippen halsbrecherisch in die Tiefe, dann bohrt sich ein Tunnel durch das Gestein. Man gelangt zu alten Befestigungsanlagen mit Geschützstellungen, der Weg passiert die messerscharfe Felswand. An den

> Die felsige, mit Kiefern bewachsene Küste des Cap des Pinar, das ins blaue Mittelmeer hineinragt, ist eines der lohnenswertesten Wanderziele Mallorcas.

steilsten Stellen hilft ein Seil. Nach 1 ½ Stunden ist man an der Kanone der **Penya Rotja** (354 m). Dort genießt man den Rundumblick auf die Nordküste: vom Cap des Pinar bis zur Badia d'Alcúdia, von Pollença bis Formentor.

Wer noch nicht genug vom Kraxeln hat, kann sich zur Kanone auf dem **Canó des Moró** (355 m) aufmachen, den man wahrscheinlich mit Ausnahme einiger Ziegen und des wilden Rosmarins ganz für sich allein hat. Der Blick auf die Halbinsel und das kobaltblaue Wasser an der **Platja des Coll Baix** (S. 141) weit unterhalb ist grandios. Anschließend läuft man auf demselben Weg zurück zur Ermita de la Victòria.

Eine alternative, etwas kürzere Wanderstrecke führt von der Ermita de La Victòria zunächst in die gleiche Richtung wie oben, doch dann folgt man den Schildern nach rechts zum **Talaia d'Alcúdia** (S. 142). Über einen felsigen Pfad und einige Geröllfelder geht es hinauf zum Gipfel mit den Überresten eines alten Wachturms *(talaia)*. Von hier aus hat man einen wunderbaren Panoramablick über die Badia de Pollença und die Badia d'Alcúdia. Beim Abstieg folgt man einem mit blauen Markierungen versehenen, sich talwärts schlängelnden Pfad und erreicht nach 40 Minuten die ersten Kiefernwälder des **Refugi des Coll Baix**. Hier gibt es Picknicktische, einen Unterstand und etwas weiter bergab auf der rechten Seite auch einen Parkplatz. Die berühmten mallorquinischen Wildziegen sind in dieser Gegend in großer Zahl anzutreffen. Zurück zur Ermita de La Victòria geht man den gleichen Weg wie ganz am Anfang und benötigt dafür etwa 90 Minuten. Man kann aber auch einem ausgeschilderten Weg durch den Wald folgen und gelangt so zur idyllischen **Platja des Coll Baix** (S. 141).

WANDERN AM CAP DE FORMENTOR

Auf der Halbinsel führen verschiedene Pfade zu kiesigen Stränden und Buchten hinab. Der 3 km lange leichte Wanderweg von **Port de Pollença** zur halbmondförmigen **Cala Bóquer** ist ab einem Kreisverkehr an der Hauptstraße zum Cap de Formentor ausgeschildert. Er führt durch ein Tal, an dessen Westseite sich die felsige Serra del Cavall Bernat auftürmt.

11 km hinter Port de Pollença auf der Halbinsel beginnen zwei weitere Strecken rechts und links der Straße (einen holperigen Parkplatz gibt's auch): Nach Norden geht's zur **Cala Figuera**, nach Süden zur **Cala Murta**. Der erste Weg führt eine kahle Schlucht hinunter zu einem schmalen Kiesstrand, wo das Meer in faszinierenden Farben leuchtet. Der zweite Weg verläuft vor allem durch Wälder zu einem steinigen Strand mit faszinierendem Wasser. In beiden Fällen braucht man etwa 40 Minuten bis nach unten.

Nahe der Cala Murta gelangt man über einen schattigen Weg innerhalb von 30 Minuten zur **Cala Gossalba** (falls möglich, in der Bucht kurz vor Km 15 parken und den Pfad gegenüber hinablaufen). Von hier aus geht's nach rechts über die Felsen zur nächsten Bucht – dem Ausgangspunkt einer der schönsten Formentor-Wanderungen. Hinter der Bucht läuft man durch eine felsige Schlucht bergauf und folgt einem kurvenreichen alten Militärpfad auf den Gipfel des 334 m hohen **Fumat** (ca. 1 ½ Std. ab der Bucht). Der Panoramablick auf das Kap im Osten und die Badia de Pollença im Süden ist unbeschreiblich. Im Westen ragen die Gipfel der Tramuntana wie zackige Haifischflossen in die Höhe. Auf dem Rückweg hält man sich links; der Pfad führt zurück zur Straße und zur Parkbucht.

Weitere kleine Buchten an der Küste sind **Cala des Caló** und **Cala En Feliu**. Wer will, kann auch den **Camí Vell del Far** zum Kap probieren: Dabei handelt es sich um einen schlecht markierten Weg, der mehrmals die Hauptstraße kreuzt (und ihr z. T. auch folgt). In Port de Pollença trifft man auf den Weitwanderweg GR 221 entlang der Serra de Tramuntana.

Die Touristeninformationen in Pollença und Port de Pollença halten Tourenbeschreibungen mit relativ ungenauen Karten bereit, die jedoch für die genannten Wege völlig ausreichen.

POLLENÇA & UMGEBUNG

Pollença
16 189 EW. / 41 M.

Pollença ist ziemlich schön. An einem Nachmittag im Spätsommer, wenn die Steinhäuser im Licht der tief stehenden Sonne erglühen, die Grillen ihr Liedchen anstimmen und die Unterhaltungen der Cafébesucher auf der Plaça Major die Luft erfüllen, repräsentiert die Stadt genau das Mallorca, das man zu finden gehofft hat. Pollença, das perfekte Postkartenmotiv, hat ein etwas alternatives Flair, das schon zahlreiche Künstler, Schriftsteller und Berühmtheiten wie Winston Churchill bis Agatha Christie in seinen Bann gezogen hat. Die kleinen Gassen laden mit ihren Galerien und Boutiquen zu einem Bummel ein, und bei Sonnenuntergang kann man sich einen Stuhl auf dem Platz schnappen und das Leben vorbeiziehen lassen … Pollença „kriegt" jeden! Am besten übernachtet man in einem der hübschen Hotels, um den historischen Charme Pollenças voll auszukosten.

◉ Sehenswertes & Aktivitäten

★ Calvari   CHRISTLICHE STÄTTE

(Carrer del Calvari) Die Leute nennen ihn nicht ohne Grund Calvari (Kalvarienberg): Manche Pilger rutschen auf Knien hinauf! Dabei ist es eigentlich schon Strafe genug, die von Zypressen gesäumten 365 Stufen vom Zentrum hinauf zur Gipfelkapelle, der Església del Calvari (18. Jh.) mit ihrer schlichten und friedlichen Innenausstattung, zu Fuß zu erklimmen. Die Belohnung ist ein toller Ausblick über die Stadt mit ihrem Mosaik aus terrakottafarbenen Dächern und Kirchtürmen bis zur Tramuntana. Oben neben der Kirche gibt es ein kleines Café. Und vielleicht findet sich dort auf der Treppe ein Gitarrist, der für etwas Kleingeld spielt.

★ Església de la Mare de Déu dels Àngels   KIRCHE

(Plaça Major; ⊙ Juni–Aug. 11–13 & 15–17 Uhr, Sept.–Mai kürzer) Kurz nach der Eroberung 1229 wurde hier erstmals eine gotische Kirche errichtet, im 18. Jh. erfolgte allerdings eine Generalüberholung. Der heutige Bau an der Plaça Major ist größtenteils barock. Die ungewöhnlich einfache Fassade aus grobem Sandstein dient dem Platz als grandiose Kulisse, im Inneren wiederum sind eine Fensterrosette und eine interessant gewölbte Decke mit extravaganten Fresken (die teils etwas grobschlächtig restauriert wurden) sowie ein überladenes Altarbild zu bewundern.

★ Santuari de la Mare de Déu des Puig   KLOSTER

(Puig de Maria; ⊙ Okt.–März 9–18 Uhr, April–Sept. 8.30–20.30 Uhr) GRATIS Südlich von Pollença zweigt von der Ma 2200 eine der kurvenreichsten Straßen Mallorcas ab. Sie windet sich 1,5 km über furchterregend enge Haarnadelkurven auf den 333 m hohen Puig de Maria zu dem ehemaligen Nonnenkloster (Puig de Maria; ⊙ Okt.–März 9–18, April–Sept. 8.30–20.30 Uhr) aus dem 14. Jh. hinauf. Wer wandert – die beste Art, das Kloster zu besuchen – benötigt für den ziemlich anstrengenden Aufstieg, der an Steineichen, Kiefern und Olivenbäumen vorbeiführt, etwa eine Stunde. Man sollte dabei nicht in der Mittagshitze losmarschieren und auf jeden Fall Wasser mitnehmen! Von oben betrachtet sieht Pollença aus wie eine Spielzeugstadt.

Die Auffahrt trauen sich nicht einmal Taxifahrer zu, aber wer brav im ersten Gang bleibt (und dabei betet), schafft es vielleicht bis zur letzten Parkbucht. Dann sind es nur noch 20 Gehminuten.

Oben angekommen, kann man sich das Refektorium, die Küche, die mit alten Gegenständen gefüllten Gänge und die vom Weihrauchduft erfüllte gotische Kapelle ansehen – sofern man sich von der bombastischen Aussicht lösen kann, denn der eher kleine Puig gewährt einen der schönsten Ausblicke der gesamten Insel: Im Westen ragen die Gipfel der Tramuntana auf, im Osten erstrecken sich die sachte geschwungenen Buchten von Alcúdia und Pollença und die zerklüfteten Felsformationen der Formentor-Halbinsel.

Besucher können in einer umgebauten Einsiedlerklause (☎ 971 18 41 32; Puig de Maria, Pollença; EZ/DZ/3BZ 20/25/30 €; 🕿) schlafen und zu unchristlicher Zeit aufstehen, um den spektakulären Sonnenaufgang mitzuerleben. Oder man genießt bei einem leckeren Happen einfach die Stille, denn hier gibt's die vielleicht beste Paella der Gegend.

Museu de Pollença   MUSEUM

(Carrer de Guillem Cifre de Colonya; ⊙ Juni–Sept. Di–Sa 10–13 & 17.30–20.30, Okt.–Mai 11–13 Uhr) GRATIS Besonders bemerkenswert ist in

Pollença

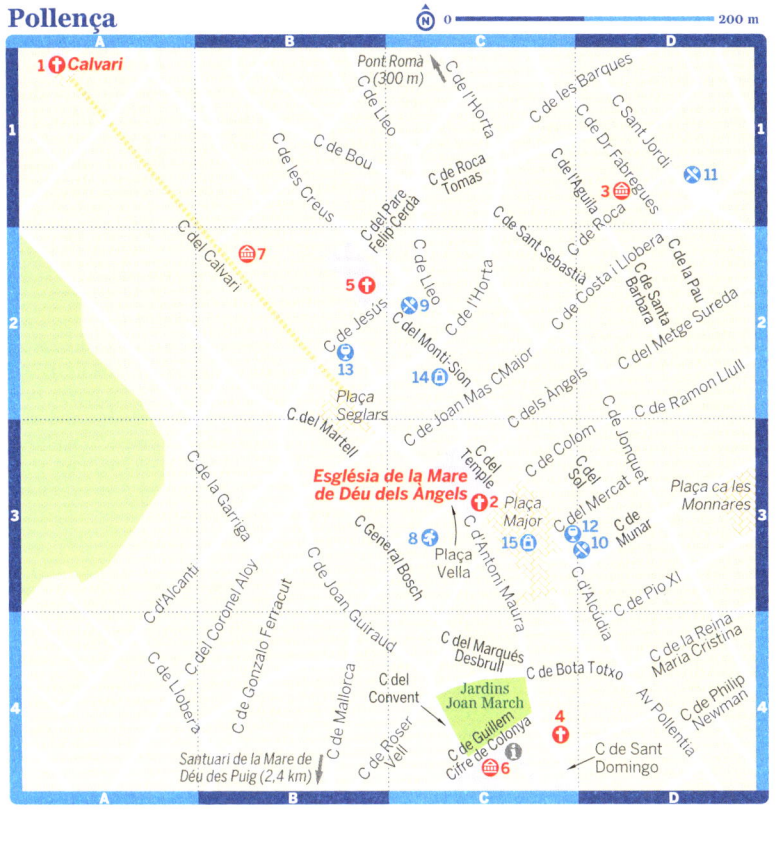

Pollença

⊙ Highlights
1 Calvari A1
2 Església de la Mare de Déu dels
  Àngels C3

⊙ Sehenswertes
3 Casa-Museu Dionís Bennàssar..............D1
4 Església de la Mare de Déu del
  Roser..C4
5 Església de Monti-Sion........................B2
6 Museu de Pollença................................C4
7 Museu Martí Vicenç..............................B2

⊙ Aktivitäten, Kurse & Touren
8 Món d'Aventura C3

⊗ Essen
9 Cantonet C2
10 Il Giardino D3
11 La Placeta...D1

⊙ Ausgehen & Nachtleben
12 Club Pollença C3
13 U Gallet..B2

⊙ Shoppen
14 La Merceria C2
15 Sonntagsmarkt....................................C3

diesem Museum der barocke Kreuzgang des Klosters von Santo Domingo aus dem 17. Jh. – ein Sinnbild des Friedens und der Gelassenheit. Im Eingangsbereich ist eine kleine Keramiksammlung ausgestellt, im Obergeschoss befindet sich eine großartige Sammlung moderner und zeitgenössischer Kunst, darunter auch das aus gefärbten Sandkörnern geschaffene leuchtende buddhistische Kalachakra-Mandala, das die

Stadt 1990 vom Dalai Lama geschenkt bekam.

Església de la Mare de Déu del Roser
KIRCHE

(Carrer de Guillem Cifre de Colonya) Die Església de la Mare de Déu del Roser, Teil des Museu de Pollença, ist eine wundervolle alte Kirche, die leer steht und für Kunstausstellungen und moderne Kunstinstallationen genutzt wird.

Pont Romà
BRÜCKE

(Carrer del Pont Romà) Die zweibogige Brücke befindet sich am nördlichen Stadtrand und stammt eigentlich aus der Römerzeit, wurde aber im Mittelalter umfangreich erneuert.

Casa-Museu Dionís Bennàssar
MUSEUM

(971 53 09 97; www.museudionisbennassar.com; Carrer de Roca 14; Erw./Kind 3 €/frei; April-Okt. Di-Sa 10.30-14 & 17-20, So 10.30-14 Uhr) Dieses Museum, das ehemalige Haus des einheimischen Künstlers Dionís Bennàssar (1904–1967), beherbergt eine ständige Ausstellung seiner Werke. Unten sieht man frühe Radierungen, Aquarelle und Ölgemälde, die meistens ländliche mallorquinische Szenen zeigen. In den anderen Stockwerken gibt's eine Fisch-Serie, die an Miquel Barcelós Werke in der Kathedrale von Palma erinnern, sowie eine Reihe von Akten und Porträts tanzender Mädchen.

Museu Martí Vicenç
MUSEUM

(971 53 28 67; www.martivicens.org; Carrer del Calvari 10; April-Okt. Mo & Mi-Sa 10-14 & 17-20, So 10-14, Nov.-März Mo & Mi-So 10-14 Uhr)  Über die Calvari-Treppen erreicht man das Museu Martí Vicenç. Bevor der Weber und Künstler Martí Vicenç Alemany (1926–1995) das Anwesen in den 1950er-Jahren kaufte, war es Teil eines gigantischen Franziskanerklosters. Auch die ehemalige Església de Monti-Sion (Carrer de Jesús) in der Nähe gehörte dazu. Alemanys Werke sind in mehreren Räumen ausgestellt.

Món d'Aventura
ABENTEUERSPORT

(971 53 52 48; http://mondaventura.com; Plaça Vella 8; Canyoning 50-55 €; Mo-Fr 10-14 & 16.30-20.30, Sa & So 10-14 Uhr) Das Angebot von Món d'Aventura, dem renommiertesten Veranstalter von Sport- und Abenteueraktivitäten an der Nordküste, reicht von Canyoning, Höhlen- und Küstenwanderungen über Kajakfahren und Klettern bis hin zu Trekking.

 Feste & Events

Davallament
RELIGIÖSES FEST

(März/April) Bei dieser ergreifenden Inszenierung des Passionsspiels am Karfreitag wird der Leichnam Christi bei Fackelschein feierlich die 365 Stufen von Calvari hinuntergeführt. Es ist eine der bewegendsten und stimmungsvollsten Osterfeierlichkeiten der Insel.

Festes de la Patrona
KULTUR

(Ende Juli–Anfang Aug.) Aufgemacht wie ein verwegener Pirat oder ganz in Weiß gekleidet stürzt man sich ins Getümmel, um die bunten und lauten Festes de la Patrona zu feiern. Auf dem Programm stehen nachgestellte Kämpfe zwischen Mauren und Christen, um an die Belagerung und den Angriff sarazenischer Piraten, angeführt vom berüchtigten türkischen Piraten Dragut (1500–1565), im Jahr 1550 zu erinnern. Höhepunkt des Festes ist die „Schlacht", bei der die Stadt einen ruhmreichen Sieg errang.

Am Spätnachmittag des 2. August liefern sich als säbelschwingende maurische Piraten und Stöcke schwenkende Dörfler verkleidete Einwohner diverse Scheinschlachten – historisch korrekt zu Trommelklang und Büchsenknall. Am Abend davor ist das Stadtzentrum ein einziger großer Festplatz: Massen von Menschen füllen Bars und Plätze, und ab 23 Uhr finden die ganze Nacht hindurch Live-Konzerte statt. Kein Wunder also, dass die Schlachten des folgenden Tages nicht vor 19 Uhr anfangen! Den Abschluss der Festlichkeiten bildet ein grandioses Feuerwerk.

La Fira
ESSEN & TRINKEN

(2. So im Nov.) Der riesige Markt findet im Kloster Sant Domingo, der Plaça Mayor und an vielen anderen Orten in Pollença statt.

Festival de Pollença
KULTUR

(971 53 40 11; www.festivalpollenca.com; Convent de Sant Domingo, Carrer de Guillem Cifre de Colonya; Ende Juli–Aug.) Orchesterauftritte, Ausstellungen und Filmvorführungen finden im stimmungsvollen Kloster Sant Domingo im Rahmen des seit 1962 stattfindenden Sommerkunstfestivals statt.

Essen

Die Plaça Major ist von freundlichen Restaurants und Café-Bars mit Tischen im Freien gesäumt, die morgens, mittags und abends Heerscharen von Gästen versorgen.

Ein paar bessere Optionen verstecken sich in den Seitenstraßen, nur einen kleinen Spaziergang entfernt.

Cantonet
ITALIENISCH €€

(971 53 04 29; Carrer del Monti-Sion 20; Hauptgerichte 12–20 €; 12–15 & 19–23 Uhr;) Wenn sich die Dunkelheit langsam über die Stadt legt, ist diese Restaurantterrasse vor der Església de Monti-Sion eine bezaubernde Wahl. Der Blick reicht über die Dächer der Altstadt bis zum Puig de Maria. Hier lässt man sich nieder bei Muscheln in Oregano-Soße, Goldbrasse in sardischer Weinsoße oder gegrillten Lammkoteletts mit Honig und Thymian.

Il Giardino
ITALIENISCH €€

(971 53 43 02; www.giardinopollensa.com; Plaça Major 11; Hauptgerichte 17–24 €, Menüs 14,50–19,50 €; Restaurant April–Okt. 12.30–15 & 18.30–22.30 Uhr, Konditorei Mo–Sa 9–15 & 17–19, So 9–15 Uhr;) Für viele ist dies das beste Restaurant an der Plaça Major, mit einer schönen Terrasse und freundlichem Service. Die Speisekarte weckt Sehnsucht nach *bella Italia* – die Hauptgerichte wie Lasagne mit Lachs, frischem Ziegenkäse und Zucchini sind ein echter Leckerbissen. Die angrenzende Konditorei und der Schokoladenladen eignen sich hervorragend für einen Abstecher nach dem Abendessen oder zum Frühstück. Für Kinder ist bestens gesorgt.

La Placeta
SPANISCH €€

(971 53 12 18; www.laplacetarestaurant.com; Carrer Sant Jordi 29; Hauptgerichte 13,50–16 €; Di–So 12.30–15 & 19.30–23 Uhr;) Das La Placeta im Hotel Sant Jordi erhält erstklassige Kritiken, sowohl für das schöne Ambiente unter freiem Himmel auf dem Platz als auch für die kinderfreundlichen Angestellten und die schnörkellose Hausmannskost. Gerichte wie sautierte Garnelen mit Artischocken und im eigenen Saft gebratenes Lammfleisch, begleitet von Madeira-Wein, sind denkbar schlicht, aber voller Geschmack.

Ausgehen & Nachtleben

Pollença ist mit seinen zahlreichen Cocktail- und Café-Bars, die über die stimmungsvolle Altstadt verteilt sind, ein hervorragender Ort für einen abendlichen Drink, am besten in Verbindung mit einer Übernachtung in der Stadt.

Club Pollença
BAR

(Plaça Major 10; 7–24 Uhr) Bei ein paar Drinks und Tapas auf der Terrasse dieses weitläufigen Cafés (1910 eröffnet) mit Kolonialflair in hervorragender Lage an der Plaça Major das facettenreiche Leben auf Pollenças Straßen beobachten … gar nicht übel. Einen „Logenplatz" suchen, das Schauspiel genießen und die Stadt auf sich wirken lassen.

U Gallet
BAR

(971 84 94 29; Carrer de Jesús 40; April–Okt. 11–14, Nov.–März Fr–Mo 18–1 Uhr) Den Einheimischen auch als ‚Gallito' (Hähnchen) bekannt und mit verlockend gemütlichen Ecken sowie Postern von Bowie, den Rolling Stones und Ed Sheeran ausgestattet, ist diese exzellente Kneipe in der Carrer de Jesús eine sehr nette Option, mit großartigen Cocktails und Gin Tonics. Die Stimmung ist entspannt, und auch Sport flimmert über den Fernseher.

Shoppen

In Pollença gibt's zahlreiche nette, kreative Boutiquen, welche die Stadt neben Palma zur besten Anlaufstelle für einen Einkaufsbummel machen.

La Merceria
KUNST & KUNSTHANDWERK

(Carrer del Monti-Sion 3; Di–Fr 10–14 & 17–21.30, Sa & So 10–14 Uhr) Dieses geniale Retro-Kaufhaus führt Vintage-Stil mit modernem Design zusammen. Unter den einzigartigen Schmuckstücken und Geschenken findet man nostalgische Postkarten mit sepiafarbenen Motiven des alten Pollença, Mode aus Barcelona, handgefertigte Strohhüte mit einem Hauch „Great Gatsby"-Glamour, ausgefallene Lampenschirme, großartige Keramik, Fotos von AceDesigns, kreative Kerzen, Kunst, Schmuck und fröhliche Designs. Im hinteren Teil des Geschäfts ist eine sehr gute Abteilung für Kinder (Bücher und Kleidung) untergebracht.

Sonntagsmarkt
MARKT

(Plaça Major; So 8.30–13 Uhr) Dieser Sonntagsmarkt gehört zu den größten und meistbesuchten der Insel und findet das ganze Jahr über statt. Auf der Plaça Major gibt's vor allem Obst, Gemüse, Käse, Wein, Kräuter und Gewürze, in den angrenzenden Straßen (der Radius um die Plaça wird immer größer!) werden Kunsthandwerk und andere Waren verkauft.

KLIPPENSPRINGEN IN CALA SANT VICENÇ

Von einer Klippe zu hüpfen mag „lebensmüde" klingen, tatsächlich ist dies in Cala Sant Vicenç aber ein beliebter Zeitvertreib im Sommer – wenn die Einheimischen aus großer Höhe ins Wasser springen, sieht es so verflixt einfach aus! Wer mitmachen will, sollte sich aber auf jeden Fall einen Guide suchen.

Die Mitarbeiter von Experience Mallorca (S. 143) kennen die Felsen wie ihre Westentasche. Die Sprünge sind zwischen 3 und 12 m tief. Das klingt vielleicht nicht so beeindruckend, aber in dem Moment, in dem man springt, wird einem das Adrenalin durch den Körper rauschen – der absolute Kick!

ⓘ Praktische Informationen

Touristeninformation (☏971 53 50 77; www.pollensa.com; Carrer de Guillem Cifre de Colonya; ☉Mai–Sept. Mo–Fr 8.30–13.30 & 14–16, So 10–13 Uhr, Nov.–April kürzere Öffnungszeiten) Diese Touristeninformation direkt neben dem Museu de Pollença ist eine Fundgrube für Informationen über die Stadt und ihre Umgebung. Sie hat hilfsbereite Mitarbeiter und Berge von Literatur.

ⓘ An- & Weiterreise

Von Palma fährt der Bus 340 nonstop nach Pollença (5,50 €, 45 Min., bis zu 12-mal tgl.). Von dort geht's weiter nach Port de Pollença (1,50 €, 20 Min., bis zu 30-mal tgl.). Bus 345 verkehrt zwischen Pollença und Cala Sant Vicenç (1,50 €, 20 Min., häufig).

Cala Sant Vicenç

300 EW.

Cala Sant Vicenç ist eines der hübschesten Fleckchen an der Nordküste. Es wird von vier traumhaften *cales* (Buchten) am Fuße der Serra de Tramuntana gesäumt, die schöne Ausblicke über das fantastische türkisfarbene Meer und auf die steil abfallenden Kalksteinfelsen am Cap de Formentor im Nordwesten bieten. Touristische Einrichtungen sind in Cala Sant Vicenç nur von Mai bis Oktober geöffnet, danach ist hier fast alles geschlossen.

Man braucht nicht mehr als 20 Minuten, um alle vier Strände abzuklappern: die Cala Barques, die Cala Clara, die Cala Molins und die Cala Carbó.

Wer hinter der Cala Clara ca. 15 Minuten die Carrer Temporal entlang- und dann die Carrer de Dion's Bennàssar hinunterläuft, gelangt auf eine Anhöhe mit Parkbänken und zu den Coves de L'Alzineret, sieben Grabhöhlen aus der Prä-Talayot-Zeit (ca. 1600 v. Chr.).

Die besten Restaurants überblicken die Cala Barques und servieren eine appetitliche – wenn auch nicht besonders herausragende – Auswahl an frischen Meeresfrüchten.

atemrausch   ABENTEUERSPORT
(☏622 12 21 45; www.facebook.com/atemrausch; Carre del Temporal 9; Kinder-/Trekking-/Straßenräder/Mountainbikes pro Tag ab 8/15/25/25 €; ☉Mai–Okt. Mo–Sa 9.30–13 & 16–19 Uhr) Der von Deutschen geführte Laden hat sich auf Abenteuersport spezialisiert, von Kajakfahren und Schnorcheln bis zu Mountainbiking und Tauchen. Er verleiht Fahrräder aller Art, darunter auch Kinderräder. Je länger man sie ausleiht, desto günstiger wird es. Eine Fahrradversicherung kostet 2 € pro Tag.

Bar-Restaurant
Cala Barques   MALLORQUINISCH €€
(☏971 53 43 36; Cala Barques; Hauptgerichte 13–26 €; ☉Mai–Okt. Di–So 12.30–15.30 & 19.30–22.30 Uhr) Dieses Restaurant überzeugt mit seiner Lage auf einer Anhöhe und dem Ausblick auf die Cala Barques. Kombiniert mit gegrilltem Fisch, Tintenfisch und anderen Meeresfrüchten oder leckeren Steaks und Braten ergibt sich eine hervorragende Kombination.

ⓘ Praktische Informationen

Touristeninformation (☏971 53 32 64; Plaça de Cala Sant Vicenç; ☉Mai–Okt. Mo–Fr 9–16, Sa 10–13 Uhr) Ein kleines Stück landeinwärts von der Cala Barques.

ⓘ An- & Weiterreise

Cala Sant Vicenç liegt 6,5 km nordöstlich von Pollença an der Straße nach Port de Pollença. Bus 345 fährt von Pollença und Port de Pollença nach Cala Sant Vicenç (1,50 €, 20 Min., bis zu 6-mal tgl.).

Port de Pollença

6596 EW.

Dieser recht bescheidene Ferienort an der nördlichen Spitze der Badia de Pollença zeichnet sich durch die geradezu hypnotisierend schöne Aussicht über die zerklüftete Halbinsel Formentor aus. Gut, das Ganze ist schon sehr touristisch, doch der Yachthafen, die von Cafés gesäumte Promenade und der lange Sandstrand ziehen immer noch viele Familien und Wassersportfans an.

 Strände

Die Strände gleich südlich vom Hafen sind breit, sandig und sanft abfallend. Auch entlang der schattigen Promenade am nördlichen Dorfrand gibt's immer wieder kleine Strandflächen, die zu den hübschesten Fleckchen in Port de Pollença gehören. Südwärts entlang der Bucht in Richtung Alcúdia besteht der Sand aus einer grauen Kiesmischung, oft durchsetzt mit Poseidongras. Am Ende des mäßigen Küstenstreifens liegen **Ca'n Cap de Bou** und **Sa Marina** (kurz vor Alcúdia). Eine steife Brise macht die Gegend zu einer der besten Locations für Wind- und Kitesurfer.

Aktivitäten

Die Badia de Pollença bietet einige der besten Tauchmöglichkeiten Mallorcas. Felswände, Höhlen und Meeresgetier (z. B. Rochen, Tintenfische, Barrakudas) machen die Südflanke der Formentor-Halbinsel besonders spannend, weitere Spots liegen am südlichen Ende der Bucht zum Cap des Pinar hin.

Rich Strutt WANDERN
(☎ 668 54 22 74; www.mallorcanwalkingtours.puertopollensa.com) Der Wanderführer Rich, der Englisch spricht und fast 30 Jahre Erfahrung vorweisen kann, hat seinen Sitz in Port de Pollença und bietet unzählige Tageswanderungen (und längere Treks) für Gruppen ab vier Personen an.

Rent March RADFAHREN
(☎ 971 86 47 84; www.rentmarch.com; Carrer de Joan XXIII 89; Radverleih 8–45 € pro Tag, E-Bikes ab 16,90 €; ⊙ 9–13 & 13.30–20 Uhr) Rent March ist seit Jahrzehnten im Geschäft und vermietet alle Arten von Fahrrädern, von einfachen Fahrrädern bis hin zu Mountainbikes, E-Bikes, Tandems, leichten Rennrädern und Kinderrädern. Das Unternehmen vermietet auch Motorroller und Motorräder und bietet Unterkünfte in Villen an.

Sail & Surf Pollença SEGELN, WINDSURFEN
(☎ 971 86 53 46; www.sailsurf.eu; Passeig de Saralegui 134; Anfängerkurse Windsurfen/Segeln 132/145 €; ⊙ April–Okt. Mo–Sa 9–18 Uhr, Nov.–März kürzere Öffnungszeiten) Dieser Anbieter hat zwei- bis dreitägige Segel- und Windsurfkurse im Programm. Fortgeschrittene können hier außerdem Ausrüstung leihen. Ermäßigungen für Kinder unter 14 Jahren.

FAHRT VON PORT DE POLLENÇA ZUM CAP DE FORMENTOR

Die aufregende Fahrt von Port de Pollença zum Cap de Formentor ist eines der Highlights der Region und sowohl mit dem Auto als auch auf zwei Rädern ein unvergesslicher Ausflug.

Hinter Port de Pollença steigt die Straße steil an und gibt auf dem Weg zum stürmischen Kap die Sicht über die herrliche Bucht frei. Im Sommer bewegt sich der Verkehr im Schneckentempo, da sich hier ein großartiger **Aussichtspunkt** an den nächsten reiht, z. B. der **Mirador de Sa Creueta** 3 km nordöstlich von Port de Pollença. Im Osten ist die kleine Insel **Illot del Colomer** zu sehen. Vom *mirador* aus kann man eine Seitenstraße ein paar Kilometer bis zum **Talaia d'Albercuix**, einem Wachturm aus dem 18. Jh., wandern. Er wurde gebaut, um vor Piraten zu warnen, und der Rundumblick gab den Ausschlag für diesen Standort. Am besten steigt man zum Sonnenuntergang hinauf.

Die Ma 2210 führt nun 4 km abwärts durch die Wälder bis zur **Platja de Formentor**, (Platja del Pi), einem schmalen Sandstrand mit einladendem Wasser. Vom Hotel Formentor geht's noch 11 km weiter bis zum Kap und dem **Leuchtturm auf dem Cap de Formentor**, von wo der Blick im Süden bis zum Cap Ferrutx auf der anderen Seite der Badia d'Alcúdia reicht. Ein kurzer Wanderweg (der **Camí del Moll del Patronet**) führt nach Süden zu einem weiteren herrlichen **Aussichtspunkt**.

Scuba Mallorca
TAUCHEN

(971 86 80 87; www.scubamallorca.com; Carrer d'Elcano 23; Tauchgang ab 80 €, Ausrüstung 20 €; April–Okt. 8–18.30 Uhr; Nov.–März kürzere Öffnungszeiten;) Scuba Mallorca ist ein Fünf-Sterne-PADI-Shop, das rund 20 verschiedene Tauchkurse für zertifizierte und nicht-zertifizierte Taucher (Mindestalter 10 Jahre) anbietet. Es gibt den einfachen Schnuppertauchgang (80 €, maximale Tiefe 9 m), den zweifachen Schnuppertauchgang (140 €, maximale Tiefe 12 m) und „Bubblemaker" (Blasenmacher) für Kinder.

Kayak Mallorca
KAJAKFAHREN

(971 91 91 52; www.piraguasgm.com/kayakmallorca; La Gola; 3-stündige Tour inkl. Transport ab 40 € pro Pers., Miete pro Std./halber Tag/ganzer Tag 15/30/40 €; Mo–Mi & Sa 10–13, Do & Fr 10–13 & 17–20 Uhr) Am Strand südlich des Yachthafens organisiert das erfahrene Unternehmen Ausflüge für alle Schwierigkeitsstufen, ob man nun entlang der Küste zum Cap des Pinar oder über die Höhlen nach Formentor paddeln möchte. Das Unternehmen vermietet und verkauft auch Kajaks und führt Kajakkurse durch und verkauft SUPs.

✕ Essen

Mittwochs wird auf der Plaça Miguel Capllonch, zwei Blocks landeinwärts und nordwestlich des Yachthafens, der Wochenmarkt aufgebaut. Am Hafen herrscht kein Mangel an einladenden Restaurants.

★ Bellaverd
VEGETARISCH €

(971 86 46 00; www.pensionbellavista.com; Carrer les Monges 14; Frühstück ab 4,50 €, Hauptgerichte 9,50–23,50 €; Di–So 8.30–24 Uhr;) Einfach herrlich sitzt man unter dem Blätterdach eines uralten Feigenbaums im Hofgarten dieser kleinen Künstlerenklave, in der hin und wieder Bildhauereikurse stattfinden. In der Küche werden gesunde, meist vegetarische und vegane Gerichte zubereitet, von kreativen Salaten über Ziegenkäselasagne und Pasteten mit Kürbis, Porree und Walnüssen bis hin zu einfachen Spaghetti mit Pesto. Auch für Kinder ist etwas dabei.

Celler La Parra
MALLORQUINISCH €

(971 86 50 41; Carrer de Joan XXIII 84; Hauptgerichte 10–16,50 €; 13–15 & 19–23 Uhr;) Dieses rustikale, stimmungsvolle und traditionsbewusste Restaurant nahm bereits in den 1960er-Jahren seinen Betrieb auf und ist eine kleine Rarität vor Ort. Hier wird authentische Inselküche wie frischer Fisch, *frito mallorquín* (sautierte Lamm-Innereien), *lechona* (Spanferkel) und *tumbet* (mallorquinisches Ratatouille) serviert. Ein Holzofen, Weinkeller-Dekor und keine einzige Pizza in Sicht – es ist schnell klar, warum sich ein Besuch lohnt.

ⓘ Praktische Informationen

Touristeninformation (971 86 54 67; www.puertopollensa.com; 1 Passeig Saralegui; Mai–Sept. Mo–Fr 8–20, Sa bis 16 Uhr, Okt.–April kürzere Öffnungszeiten) Befindet sich am Meer vor dem Yachthafen.

ⓘ An- & Weiterreise

Bus 340 von Palma nach Pollença fährt weiter nach Port de Pollença (1,50 €, 20 Min. direkt oder 30 Min. via Cala Sant Vicenç). Bus 352 verkehrt zwischen Port de Pollença und Ca'n Picafort (2,60 €, 1 Std.). Unterwegs hält er in Alcúdia (1,80 €, 15 Min.) und Port d'Alcúdia (1,60 €, 25 Min.) Die Linie 353 fährt nach Formentor (1,55 €, 20 Min.). Die Buslinie 445 fährt nach Cala Millor (9,50 €, 95 Min., einmal täglich) an der Südküste. Die Buslinie 446 fährt gen Süden nach Cala Ratjada (8,50 €, zweimal täglich, 75 Min.), über Artà (6,85 €, eine Stunde), ebenso wie die Buslinie 448.

Cap de Formentor

Dies ist die wohl umwerfendste Küstenlandschaft Mallorcas. Die rasierklingenscharfen Klippen wirken wie aus einer anderen Welt und die vom Wind gepeitschten Kalksteinfelsen ragen ins Meer hinein. Aus der Ferne erinnert einen der Anblick an einen gigantischen Wellenkamm. Dies ist eine fantastische Wahl für eine Radtour, eine Autofahrt (S. 135) oder eine Wanderung (S. 129).

ⓘ An- & Weiterreise

Die 18 km lange Strecke von Port de Pollença-Pollença (über die Ma2210) ist natürlich am besten mit dem eigenen Fahrzeug, dem Fahrrad oder zu Fuß zu bewältigen. Alternativ pendelt der Bus 353 montags bis samstags viermal täglich zwischen Port de Pollença und der Platja de Formentor (1,55 €, 20 Min., nur in den Sommermonaten).

BADIA D'ALCÚDIA

Alcúdia

19 793 EW.

Wenige Kilometer von der Küste entfernt verströmt das schöne Alcúdia idyllischen Charme und Charakter. Beeindruckende mittelalterliche Mauern umschließen von Cafés gesäumte Plazas und ein verwirrendes Netz aus schmalen Gassen, in denen sich historische Gebäude und Steinhäuser aneinanderreihen. Am Stadtrand befinden sich die faszinierenden Überreste von Pollèntia, der einst wichtigsten römischen Siedlung der Insel.

● Sehenswertes

★ **Pol·lèntia** ARCHÄOLOGISCHE STÄTTE
(www.pollentia.net; Avinguda dels Príncepsd'Espanya; Erw./Kind inkl. Museu Monogràfic 4/2,50 €; ☉Mai–Okt.Mo–Sa 9.30–21, So 10–14 Uhr, Nov.–April kürzere Öffnungszeiten) Die weitläufigen (aber zu Fuß erkundbaren) faszinierenden Ruinen der römischen Stadt Pollentia liegen gleich außerhalb der Mauern von Alcúdia. Mallorcas größte römische Siedlung und wichtigste archäologische Stätte wurde ca. 70 v.Chr. gegründet. Ihre Blütezeit erlebte sie im 1. und 2.Jh. n.Chr. Der Ort erstreckte sich über 20 ha. Im Norden befindet sich heute das aus einem Raum bestehende Museu Monogràfic mit einer faszinierenden, aber begrenzten Sammlung über Pol·lèntia.

Die weite geografische Ausdehnung von Pol·lèntia (ein Großteil davon noch nicht ausgegraben) lässt darauf schließen, dass es sich um eine Stadt von einiger Größe und Bedeutung handelte.

In der Nordwestecke liegt die Wohngegend **Sa Portella** mit den Fundamenten, sowie den Überresten von den Säulen und Wänden der Häuser (*domus*), zwischen denen zwei Straßen verlaufen. Das am besten erhaltene Haus ist die **Casa dels Dos Tresors** (Haus der zwei Schätze), ein typisch römisches Atriumhaus aus dem 1.Jh., das bis zum 5.Jh. intakt war. Ganz in der Nähe, in der **Casa del Cap de Bronze** (Haus des Bronzekopfes), wurde der 14,4 cm hohe Bronzekopf eines jungen Mädchens gefunden. Nicht weit davon stehen die Überreste des **Forums,** zu dem drei Tempel und eine Reihe *tabernae* (Läden) gehörten. Ein paar Hundert Meter weiter wartet zum Abschluss das faszinierende **Teatre Romà** (römisches Theater) aus dem 1.Jh. n.Chr. Es scheint sich langsam wieder in den Fels zu verwandeln, aus dem es einst geschlagen wurde. Das halbrunde *orchestra* im vorderen Teil und die *cavea* (wo die Zuschauer saßen) sind noch erhalten. Allein das Theater mit einem Durchmesser von 75 m, das früher etwa 1000 Zuschauern Platz bot, ist den Eintritt wert.

Besucher können sich frei zwischen den Ruinen bewegen.

★ **Museu Monogràfic de Pol·lèntia** MUSEUM
(www.pollentia.net; Carrer de Sant Jaume 30; Erw./Kind inkl. Pollèntia 4/2,50 €; ☉Mai–Sept. Di–Sa 9.30–20.30, So 10–14 Uhr, Okt.–April kürzere Öffnungszeiten) Dieses Museum mit nur einem Raum zeigt eine kleine, aber spannende Ausstellung von Münzen, Schmuck, Götterfiguren, Modellen der Casa dels Dos Tresors und des Theaters sowie verschiedene Fundstücke aus den Ruinen der römischen Stadt Pollèntia. Die Exponate sind schön präsentiert, aber nur auf Katalanisch beschriftet, darum kann man ruhig den hilfsbereiten Mitarbeiter am Empfang um das Informationsblatt „English Guidebook" bitten.

★ **Mittelalterliche Stadtmauern** WAHRZEICHEN
Obwohl sie größtenteils rekonstruiert wurden, sind die Stadtmauern von Alcúdia beeindruckend. Jene an der Nordseite sind sogar fast komplett erhalten! In der Nähe der **Porta Roja** (rotes Tor) sieht man die Überreste einer Brücke aus dem 18.Jh. Von dort kann man auf den Mauern 250 m bis zum Carrer del Progres spazieren und dabei die Aussicht auf Hausdächer sowie die Berge genießen. Hinter der Brücke in Richtung Nordosten liegt die Stierkampfarena Plaça de Toros in einer befestigten Renaissance-Bastion.

Porta del Moll TOR
(Porta de Xara; Carrer del Moll) Ein prächtiger Anblick am östlichen Ende der Altstadt mit zwei Türmen. Dieses einsame Tor aus dem 14. Jh. ist eines der beiden noch erhaltenen Tore von Alcúdia.

Museo Sa Bassa Blanca GALERIE
(Fundación Yannick y Ben Jakober; ☏Führung 971 54 98 80; www.fundacionjakober.org; Camí de Coll Baix; Erw./Kind 10/7 €, Di 14–18 Uhr frei, Führungen durch das Gebäude 25 €, Kunstfüh-

ALCÚDIAS HISTORISCHE VILLEN

Alcúdias Altstadt ist mit beeindruckenden und prächtigen Villen gespickt, die nur einen kurzen Fußweg voneinander entfernt liegen. Zu den schönsten Häusern gehören das:

Ca'n Canta (Carrer Major 18) Ein schönes altes Haus mit herrlichen Schnitzereien an den Fenstern im 1. Stock, westlich der Plaça de sa Constitució, gegenüber der Carrer dels Albellons.

Ca'n Domènech (Carrer dels Albellons 7) Eines der schönsten Bauwerke von Alcúdia, ein großes und prächtiges Gebäude mit einer weitgehend schmucklosen Fassade.

Ca'n Fondo (Carrer d'en Serra 13) Dieses stattliche Gebäude mit klassizistischen Schnitzereien an den Fenstern im 1. Stock liegt nur wenige Schritte nördlich der Carrer de Sant Jaume.

Ca'n Torró (Carrer d'En Serra 15) Dieses großartige alte Gebäude befindet sich neben dem Ca'n Fondo.

rungen 10 €, nur Skulpturpark & Rosengarten 5 €; ⊙Mo-Sa 10-13 & 14-18 Uhr) Etwa 6 km östlich von Alcúdia befindet sich diese vielseitige Kultureinrichtung in einem Haus im spanisch-maurischen Stil. Sie hat sich auf Kinderporträts aus dem 16. bis 19. Jh. spezialisiert.

Darüber hinaus sind Werke zeitgenössischer Künstler und ein Skulpturengarten des britischen Künstlerpaars Ben Jakober und Yannick Vu zu sehen sowie der Espacio SoKraTES, der Meistern wie dem mallorquinischen Maler Miquel Barceló gewidmet ist. Ein echter Hingucker ist der Swarovski-Vorhang aus 10 000 Steinen. Ein Höhepunkt der Besichtigung des Hauptgebäudes Hassan Fathy ist die Mudéjar-Kassettendecke aus dem 15. Jh.

Außerdem gibt es eine Sternwarte, ein Aquarium und eine Camera Obscura. Der Frühling ist eine gute Zeit für einen Besuch, denn dann steht der Rosengarten in voller Blüte. Schilder weisen den Weg zur Fundación und nach Bonaire. An der Bodega del Sol geht's rechts ab und dann weiter auf einer Straße, die in eine Piste voller Schlaglöcher mündet. Das Museum befindet sich rechter Hand.

 Feste & Events

Dienstags und sonntags findet der Markt in Alcúdia statt, auf und um den Passeig Mare de Déu de la Victoria.

Fira d'Alcúdia   KULTUR
(⊙Anfang Okt.) Das große jährliche Marktereignis ist die Fira d'Alcúdia am ersten Wochenende im Oktober; ein Markt mit lokalen Produkten, traditionellen Tänzen, Musik und Umzügen.

 Essen

Alcúdia verfügt über eine große Auswahl an Restaurants, die sich vor allem auf die vielen Tagesausflügler einstellen. Einige zeichnen sich durch ihre Lage in attraktiven und ruhigen Seitenstraßen aus. Ihr traditionelles Ambiente wird durch exzellente mallorquinische und internationale Gerichte ergänzt. Etliche Lokale haben Tische im Freien – ideal, wenn man gern Leute beobachtet.

Ca'n Costa   MALLORQUINISCH €€
(☎971 54 53 94; Carrer Sant Vicenç 14; Hauptgerichte 12-19 €; ⊙Di-So 12.30-15 & 18.30-23 Uhr; ♪) Dieses Haus wirkt so, als hätte sich seit seiner Erbauung 1594 kaum etwas daran verändert – die Holzbalken und Ölgemälde sind immer noch an Ort und Stelle. Bei schönem Wetter kann man die Auswahl an katalanischen und mallorquinischen Leibspeisen wie *suquet*, einen reichhaltigen Fischauflauf, Dorsch mit *sobrassada* (würzige, luftgetrocknete Wurst aus Schweinefleisch) und gebratenes Spanferkel im Freien genießen.

Ca'n Pere   MEDITERRAN €€
(☎971 54 52 43; www.hotelcanpere.com; Carrer d'en Serra 12; Hauptgerichte 9-22 €; ⊙12-16 & 18-22.30 Uhr) Das hübsche Restaurant besticht mit seinen Steinmauern und einem Innenhof. Es gehört zum Hotel desselben Namens und hat frische mediterrane Gerichte wie schwarze mit Garnelen und Lachs gefüllte Ravioli im Angebot. Wenn viel los ist, muss man oft lange auf einen Kellner warten.

ⓘ Praktische Informationen

Touristeninformation (☎971 54 90 22; Passeig de Pere Ventayol; ⊙Mai-Okt. Mo-Sa 8.30-17, Nov.-April bis 14.30 Uhr) Das hilfsbereite Fremdenverkehrsbüro bietet Karten, Broschüren und jede Menge Informationen über Alcúdia und seine Umgebung.

Alcúdia & Port d'Alcúdia

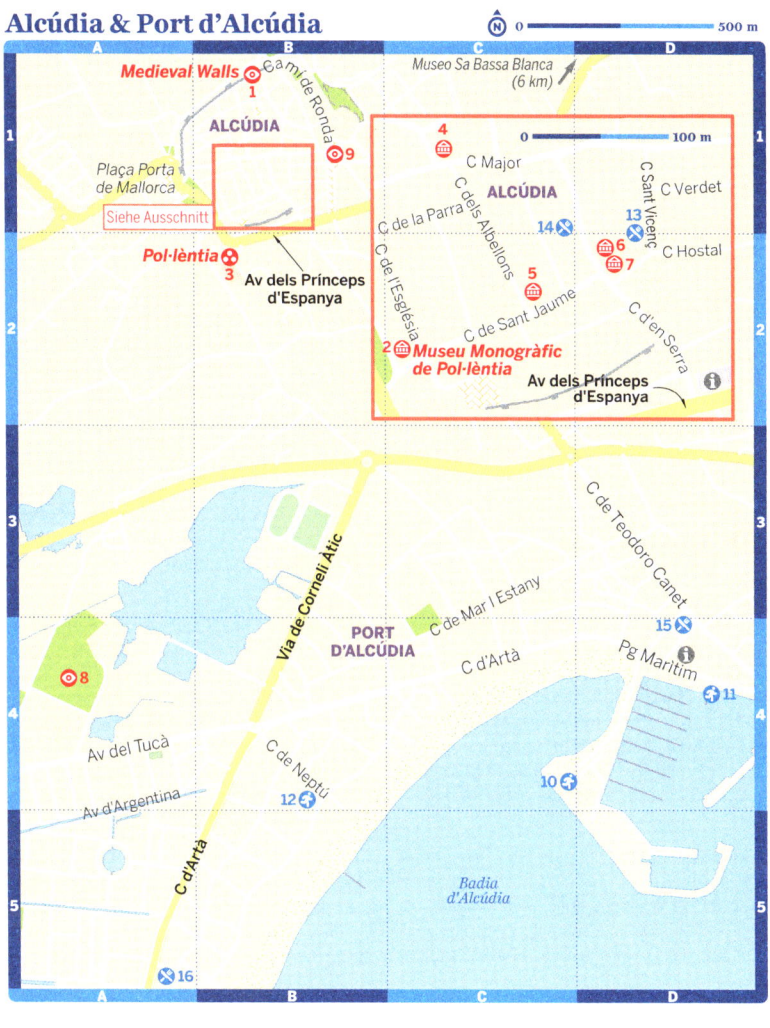

Alcúdia & Port d'Alcúdia

◎ Highlights
1 Mittelalterliche Stadtmauern B1
2 Museu Monogràfic de Pol·lèntia C2
3 Pol·lèntia B2

◎ Sehenswertes
4 Ca'n Canta C1
5 Ca'n Domènech C2
6 Ca'n Fondo D2
7 Ca'n Torró D2
8 Hidropark A4
9 Porta del Moll B1

✪ Aktivitäten, Kurse & Touren
10 Alcudiamar Sports & Nature C4
11 Transportes Marítimos Brisa D4
12 Wind & Friends B4

✕ Essen
13 Ca'n Costa D1
14 Ca'n Pere C1
15 Como en Casa D4
16 Restaurante Jardín A5

ℹ An- & Weiterreise

Bus 351 von Palma nach Platja de Muro hält in Alcúdia (5,45 €, 45 Min., bis zu 16-mal tgl.). Von Mai bis Oktober verbindet Bus 352 Ca'n Picafort (1,85 €, 45 Min.) alle 15 Minuten mit Alcúdia. Der Stadtbus 356A pendelt zwischen Alcúdia, Port d'Alcúdia und der Platja d'Alcúdia (1,55 €, 15 Min., Mai–Okt. alle 15 Min.).

Port d'Alcúdia

4850 E.W.

Port d'Alcúdia, das sich im Nordosten der Bucht von Alcúdia befindet, ist ein angesagter Bade- und Urlaubsort mit einer attraktiven Uferpromenade, einem Yachthafen und einem Fischerhafen. Der leicht abfallende feine Sandstrand wird von Palmen gesäumt, das Wasser in Ufernähe ist seicht und für Familien wird ein umfangreiches Programm geboten.

⊙ Sehenswertes

Cova de Sant Martí HÖHLE

Der Eingang zu der faszinierenden religiösen Stätte und Grotte Cova de Sant Martí liegt in 20 m Tiefe. Sie geht auf das 13. Jh. zurück und befindet sich am Fuße des Puig de Sant Martí (hinter dem Hotel BelleVue Club). In der Touristeninformation (S. 141) von Port d'Alcúdia erfährt man den genauen Weg dorthin. Am Sonntag nach Ostern findet jedes Jahr ein Pilgerzug zur Höhle statt.

Hidropark FREIZEITPARK

(☏971 89 16 72; www.hidroparkalcudia.com; Avinguda del Tucá; Ew./Kind 3–10 J./unter 3 J. 24,90 €/17,90 €/frei; ⊙Juli/Aug. 10–18, Mai, Juni, Sept. & Okt. bis 17 Uhr) Kinder werden sich in diesem Wasserpark mit Rutschen, einem Wellenbad und Planschbereich für Kleinkinder prächtig amüsieren. Er liegt vom Strand 600 m landeinwärts. Wenn man online bucht, wird es etwas billiger.

🏃 Aktivitäten

Pro Cycle Hire MOUNTAINBIKEN

(☏971 86 68 57; www.procyclehire.com; Carrer del Corb Mari 6; Radverleih pro Tag ab 17 €) Dieser erstklassige Anbieter vermietet hochwertige Fahrräder und bietet Touren rund um die Insel an, darunter dreitägige Touren über das Flachland und in die steilen Bergregionen sowie eine 327 km lange, zwölfstündige Rundfahrt um Mallorca.

Alcudiamar Sports & Nature WASSERSPORT

(☏871 57 70 17; www.sportsandnaturealcudiamar.com; Port Turistic i Esportiu; 🚢) Der Wassersportexperte hat eine große Palette von PADI-Kursen im Angebot, von Ein-Tages-Schnuppertauchen bis hin zu Advanced Open Water Diving. Außerdem werden Kajaks vermietet und Kajakfahrten organisiert und darüber hinaus Segel- und Windsurfingkurse sowie Bootsausflüge zu Meereshöhlen organisiert.

Wind & Friends WASSERSPORT

(☏971 54 98 35, 661 74 54 14; www.windfriends.com; Carrer de Neptú; ⊙April–Okt.) Direkt am Wasser, neben dem Hotel Sunwing, bietet dieses Unternehmen Segeln, Windsurfen und Kitesurfen an. Ein fünftägiger Windsurfing-Anfängerkurs kostet 260 € (Kinder 210 €), ein dreitägiger Kurs wird für 170 € angeboten. Auch Boote, Kajaks und Stand-up-Paddle-Boards können gemietet werden (ab 10 €). Ein fünftägiger Segelgrundkurs kostet 280 € (Kinder 210 €).

Transportes Marítimos Brisa BOOTSFAHRTEN

(☏971 54 58 11; www.tmbrisa.com; Passeig Marítim; ⊙Mai–Okt.) Transportes Marítimos Brisa bietet Katamaranfahrten (Erw./Kind 58/29 €, 5 Std.), Ausflüge zur Platja de Formentor (26/13 €, 4 Std.) und zu den Küsten, Buchten und Höhlen im Osten Mallorcas (36/18 €, 3 Std.) sowie Delfinbeobachtungstouren und Fahrten zum Sonnenuntergang (49/38 €, 2 Std.).

Alcanada Golf Club GOLF

(Club de Golf Alcanada; ☏971 54 95 60; www.golf-alcanada.com; Carretera del Faro; 9/18 Löcher ab 62/105 €) Benannt nach einer kleinen, von einem Leuchtturm gekrönten Insel im Süden, genießt dieser 18-Loch-Platz (Par 72) eine beneidenswert schöne und landschaftlich reizvolle Lage mit einem herrlichen Blick auf das Meer (der den Blick vom Ball ablenken kann).

🎉 Feste & Events

Festival de Sant Pere FIESTA

(⊙29. Juni) Das Festival de Sant Pere ist dem Schutzpatron des Hafens von Port d'Alcúdia gewidmet. In der Woche vor diesem Tag finden Konzerte, Shows für Kinder und alle möglichen Aktivitäten statt. Am großen Tag selbst steht bei einem Umzug an Land und auf dem Wasser die Statue des Heiligen im Mittelpunkt.

Essen

In Port d'Alcúdia liegt der Schwerpunkt eher auf Quantität als auf Qualität, doch einige Restaurants sind kulinarisch durchaus anspruchsvoll. Die Auswahl an Lokalen, die sich bis hinunter zur Platja de Muro erstrecken, ist groß.

Willy's Hamburger
FAST FOOD €

(971 89 04 82; www.willymallorca.com; Avenida S'Albufera 21; Snacks & leichte Mahlzeiten 3–12 €; Do-Di 8–14.30 Uhr;) Diese *snackeria* in Platja de Muro ist bei den Einheimischen für ihr ultrafrisches, hausgemachtes Fast Food äußerst beliebt. Obwohl es im Sommer hier zugeht wie im Taubenschlag, wird man immer freundlich empfangen. Die Burger sind gut, ebenso wie der *pepito de lomo* (Schweinelende im Brötchen mit Aioli, 4,20 €).

Como en Casa
SPANISCH €€

(971 54 90 33; www.restaurantcomoencasa.com; Carrer dels Pins 4; Hauptgerichte 7–16 €; Di-So 18–24 Uhr) Das Como en Casa liegt etwas versteckt in einer Seitenstraße, nicht weit von dem Yachthafen entfernt. Trotzdem brummt der Laden und man fühlt sich hier immer gleich willkommen. Am besten schnappt man sich einen der Tische auf der Terrasse. Dort gilt es, die gute Küche zu genießen. Diese basiert auf lokalen Zutaten und selbst angebautem Gemüse. Zu empfehlen sind die pikanten Aromen von gebratenem Thunfisch auf Kiwi-Mango-Salat oder die cremigem vegetarischem Currys. Ein leckeres Kindermenü und mehrere fleischfreie Gerichte sind ebenfalls im Angebot.

★Restaurante Jardín
MEDITERRAN €€€

(971 89 23 91; www.bistrodeljardin.com; Carrer dels Tritons; Hauptgerichte 18–25 €; Fr & Sa 13-15.30 & 19–23, So 13–16 Uhr;) Das elegante Interieur dieses mit einem Michelin-Stern ausgezeichneten Restaurants mag nicht zu der unscheinbaren Villenfassade passen. Dagegen ist die Speisekarte von einheitlicher Exzellenz geprägt. Ein Wirbel von Aromen durchdringt jedes Gericht, von der Lammhaxe mit glasiertem Gemüse bis zum gegrillten Oktopus mit Kartoffeln und schwarzer Olivenmayonnaise. Den süßen Abschluss der Mahlzeiten bilden Desserts wie Schokoladen- und Haselnusskuchen, die alle exquisit angerichtet werden. Im Voraus reservieren.

Praktische Informationen

Touristeninformation (971 54 72 57; www.alcudiamallorca.com; Passeig Marítim; März–Okt. Mo–Fr 8–20.30, Sa & So 8.30–15.30 Uhr) An einem Stand hinter dem Yachthafen; stellt lokale Karten zur Verfügung.

Anreise & Unterwegs vor Ort

Vom Fährhafen aus fahren Boote (25 bis 52 €, 1 ½ bis 2 Std., 2-mal tgl.) nach Ciutadella auf Menorca.

Von hier fahren regelmäßig Busse nach Alcúdia (1,60 €, 15 Min.) and Port de Pollença (1,60 €, 25 Min.).

Easy Rider (606 543099, 971 54 50 57; www.easyridermobilityhire.com; Playa de Muro) Verleih von Mobilitätshilfen.

Cap des Pinar

Von Alcúdia und Port d'Alcúdia aus gesehen ragt das unfassbar schöne Cap des Pinar nach Osten ins tiefblaue Meer und begrenzt gemeinsam mit dem Cap de Formentor weiter nördlich die Badia de Pollença. Am östlichen Ende wachsen Aleppo-Kiefern; hier steigt das Kap zu einer Serie schroffer Klippen an, und man kann ein paar der spektakulärsten Wanderwege der gesamten Insel ablaufen. Leider ist die Landspitze militärische Sperrzone, aber auch der Rest der Halbinsel lohnt einen Besuch.

Zum Cap des Pinar geht's von Alcúdia durch die Wohngegenden Mal Pas und Bonaire auf einer landschaftlich reizvollen Strecke Richtung Nordosten. Nach 1,5 km auf einer kurvigen Küstenstraße kommt man östlich von Bonaire zum Strand. Bei einer so schönen Aussicht auf das Meer es kaum verwunderlich, dass es am Cap des Pinar eine ganz besonders schöne Einkehrmöglichkeit gibt.

★Platja des Coll Baix
STRAND

Schon der Weg zur Platja des Coll Baix ist fantastisch, und dann – was für eine Bucht! Klares Wasser und ein Halbmond aus bleichen Kieseln, überragt von steilen, bewaldeten Felsen ... das lässt jedes Herz höher schlagen. Einziger Nachteil: Man erreicht die Bucht nur zu Fuß oder mit dem Boot. Besonders schön und friedlich ist es hier am frühen Morgen oder Abend. Von Alcúdia sind es 8 km bis zu einem Platz im Wald, wo man parken kann. Man folgt den lila Straßenschildern zum Museum Sa Bassa Blanca (S. 137), auch bekannt als Fundación Yannick y Ben Jakober, und fährt noch 2 km weiter.

Wer will, kann an dieser Stelle zum Talaia d'Alcúdia hinaufklettern und dann den Schildern nach Coll Baix folgen, ein leichter halbstündiger Abstieg zu den Felsen südlich vom Strand. Von hier geht's auf demselben Weg zurück zur Platja des Coll Baix.

★ Talaia d'Alcúdia BERG
Diese schöne, relative einfache Wanderung führt in 30 bis 40 Minuten durch Kiefernwälder zu einem großartigen Aussichtspunkt mit Rundumblick über das Meer. Von der **Ermita de La Victòria** (✆971 54 99 12; www.lavictoriahotel.com; Carretera Cap des Pinar; EZ/DZ 50/60 €, Frühstück 8 €) geht man die Straße entlang, die hinter dem Mirador de la Victòria in den Kiefernwald führt, und folgt den Schildern. Zum Talai d'Alcúdia – einem Wachturm aus dem 16. Jh. – muss man das letzte Stück am Gipfel über Felsen kraxeln, wird aber mit einem traumhaften Blick belohnt.

Man gelangt auch dorthin, wenn man vom Picknickplatz hinter dem letztmöglichen Parkplatz für die Platja des Coll Baix den Schildern nach oben folgt. So lässt sich ein Ausflug zum Strand mit einem Aufstieg zum Aussichtspunkt verbinden.

Platja s'Illot STRAND
Die Kiefern hinter der hübschen Platja s'Illot bilden eine Art Vorhang, hinter dem sich herrlich klares Wasser und ein Inselchen verbergen – ein toller Ort zum Schnorcheln und ein Geheimtipp der Einheimischen. Handtuch mitbringen, denn es gibt keine Sonnenliegen. Oder man genießt den unvergleichlichen Blick bis zum Cap de Formentor vom Standcafé aus. Man sollte sich allerdings nicht der Illusion hingeben, dass man das alles an einem prächtigen Sommertag für sich allein haben wird.

Mirador de La Victòria MALLORQUINISCH €€
(✆971 54 71 73; www.miradordelavictoria.com; Carretera Cap des Pinar; Hauptgerichte 7,50–26 €; ◐Mai–Okt. Di–So 13-15.30 & 19–24 Uhr, Nov.–April kürzere Öffnungszeiten; P 🅿) Eine Treppe durch den Kiefernwald führt vorbei an der Ermita de La Victòria zu diesem herrlich rustikalen Restaurant, in dem man bei traumhafter Aussicht über die Baumwipfel hinweg zum Cap de Formentor bodenständige Küche aufgetischt bekommt. Neben regionalen Gerichten wie *caracoles* (Schnecken) und *lomo con col* (in Kohl gewickelte Schweinelende) sind auch die gegrillten Fisch- und Reisgerichte gut.

ℹ An- & Weiterreise
Bus 356B (1,60 €) fährt dreimal täglich von Alcúdia nach Bonaire, wo er endet. Am besten erreicht man die Ermita de La Victòria und den Ausgangspunkt des Wanderwegs mit dem eigenen Auto, indem man der kurvigen Straße bis ganz oben folgt.

SÜDLICH VON ALCÚDIA

Ca'n Picafort

Ca'n Picafort und der südliche Vorort **Son Bauló** sind eine Satellitenstadt für Pauschaltouristen, die leicht heruntergekommen wirkt, aber die Strände sind ziemlich okay und in der Umgebung gibt's einige faszinierende archäologische Stätten. Der Hauptort liegt an der **Platja de Santa Margalida,** einem überfüllten Sandstreifen mit türkisfarbenem Wasser.

Wer es gern etwas urtümlicher mag, ist an der **Platja de Son Real** südwestlich der Stadt gut aufgehoben. Der fast 5 km lange Küstenstreifen mit sandigen Lücken zwischen den Felsen wird nur von niedrigen Dünen, Gebüsch und Aleppo-Kiefern gesäumt.

★ Parc Natural de S'Albufera PARK
(✆971 89 22 50; www.mallorcaweb.net/salbufera; ◐Besucherzentrum April–Sept. 9–18 Uhr, Okt.–März 9–17 Uhr) GRATIS Der 688 ha große Parc Natural de S'Albufera, der westlich der Ma 12 zwischen Port d'Alcúdia und Ca'n Picafort liegt, ist ein Paradies für Vogelbeobachter. Hier leben 303 verschiedene Arten (über 80 % der auf den Balearen heimischen Spezies), von denen 64 innerhalb des Parks brüten. Über 10 000 Vögel, sowohl Zugvögel als auch Dauergäste, überwintern in der Gegend. Der Eintritt ist frei, allerdings muss man sich beim Besucherzentrum, das sich 1 km vom Eingang entfernt an der Hauptstraße befindet, eine Genehmigung besorgen.

Im Herzen des Parks wurde der sogenannte **Gran Canal** angelegt, um das Wasser ins Meer zu leiten. Über diesen Kanal spannte man im späten 19. Jh. die **Pont de Sa Roca** mit ihren fünf Bogen, um den Weg von Santa Margalida nach Alcúdia abzukürzen. Der Park gehört zu den nach der

Ramsar-Konvention geschützten Feuchtgebieten von internationaler Bedeutung. Neben den zahlreichen Vögeln entdeckt man hier rund 400 Pflanzenarten. Im Frühling sorgen blühende Wildblumen für kräftige Farbtupfer.

Im Besucherzentrum erhält man Informationen über das Gelände und die dort beheimatete Vogelwelt. Außerdem starten dort Wanderwege (mit einer Gesamtlänge von 14 km) durch das geschützte Feuchtgebiet. Die vier markierten Routen sind zwischen kurzen 725 m (30 Min.) und 11,5 km (3 ½ Std.) lang, zwei davon können mit dem Rad befahren werden. Die sechs Unterstände aus Holz zur **Vogelbeobachtung** (*aguaits* genannt, hier ist absolute Ruhe angesagt) sind von unterschiedlicher Qualität. Wattvögel beobachtet man am besten von den *aguaits* Bishop I und II auf der Nordseite des Gran Canal.

★ Platja de Muro STRAND
Ca. 5 km südlich von Port d'Alcúdia (an der Busstrecke nach Ca'n Picafort) liegt die Platja de Muro, ein verführerischer Sandstrand mit weitem blauen Blick auf die Badia d'Alcúdia. Mit seinem hellen, weichen Sand vor den Kiefern und Dünen des Parc Natural de S'Albufera ist er ein Traum. Das Wasser ist seicht und azurblau, allerdings kann es sehr voll werden.

Finca Pública de Son Real GUTSHAUS
(971 18 53 63; 10–17 Uhr) Ein Großteil des Areals zwischen Küste und der Straße Ma 12 wird von diesem Gutshof eingenommen. Ihr Haupteingang liegt etwas südlich von Km 18 auf der Ma 12. Die ehemaligen landwirtschaftlichen Gebäude beherbergen heutzutage ein Informationsbüro für Besucher, die auf den Küstenpfaden des Anwesens wandern wollen. Darüber hinaus gibt's ein Museum über traditionelles Landleben auf Mallorca.

Necròpolis de Son Real ARCHÄOLOGISCHE STÄTTE
(Punta des Fenicis) Die eindrucksvolle Nekropole am Meer, zehn Gehminuten südöstlich von der Platja de Son Bauló gelegen, war wohl ein Friedhof der Talayot-Kultur mit 110 Gräbern (in denen die Überreste von mehr als 300 Menschen gefunden wurden). Die Gräber sind wie Mini-*talayots* (alte Wachtürme) gebaut und datieren ins 7. Jh. v. Chr. zurück. Man nimmt an, dass hier das einfache Volk bestattet wurde.

Illot dels Porros ARCHÄOLOGISCHE STÄTTE
Unweit der Necròpolis de Son Real findet man auf der Illot dels Porros die Überreste einer weiteren alten Nekropole. Wer sie sehen will, muss allerdings ganz gut schwimmen können.

Experience Mallorca ABENTEUERSPORT
(687 35 89 22; www.experience-mallorca.com; Avenida son Noguera 7, Llucmajor; Aktivitäten 45–75 €; 9–21 Uhr) Wer etwas mehr Action braucht, kann bei diesem Spezialisten für Abenteuersportarten vorbeischauen, der von Canyoning und Coasteering über Küsten- und Höhlenwanderungen bis hin zu Abseiling, Trekking und Klettern für jeden Abenteuerlustigen etwas im Programm hat.

ⓘ Praktische Informationen
Touristeninformation (678 37 83 19, 971 85 07 58; Plaça Jaume I; Mo–Fr 9–14 & 15–17; Sa & So 9–14 Uhr) Sehr nützliche Anlaufstelle in unmittelbarer Nähe zur Marina.

ⓘ An- & Weiterreise
Bus 390 fährt von Palma nach Ca'n Picafort (6,70 €, 1 ¾ Std., bis zu 8-mal tgl.). Bus 352 ist die Hauptverbindung zwischen Ca'n Picafort und Port de Pollença (2,70 €, 1 ¼ Std.) via Port d'Alcúdia (1,65 €, 45 Min.).

Colònia de Sant Pere

Das friedliche ehemalige Fischerdorf ist nach dem hl. Petrus benannt und bietet einen echten Kontrast zu den Touristenorten im Westen, allerdings nur wenig historische Sehenswürdigkeiten. Hier herrscht eine Stimmung, als würde die kleine Bewohnerschaft permanent Urlaub machen.

Das Zentrum der Stadt bildet die **Platja de la Colònia de Sant Pere**. Ganz in der Nähe und südwestlich davon liegen die kleine Marina und der Fischerhafen. 2,5 km von Colònia de Sant Pere gelangt man zur **Platja de Sa Canova**, einem schönen, ruhigen Sandstrand, der sich bis Son Serra de Marina zieht. Vom Dorf S'Estanyol erreicht man Sa Canova nur zu Fuß, es ist aber nicht weit, denn das Dorf liegt fast am Rand des Strandes.

Sa Xarxa FISCH & MEERESFRÜCHTE €€
(971 58 92 51; www.sa-xarxa.com; Passeig; Hauptgerichte 12–20 €; März–Okt. Di–So 13–23 Uhr) Von den Tischen unter den Tamarin-

denbäumen entlang der Uferpromenade hat man einen unglaublichen Blick auf das Meer und den Sonnenuntergang. Fisch und Meeresfrüchte sind gut, vor allem der Fang des Tages, der einfach in einer Salzkruste zubereitet wird. Alle Speisen, etwa das Seeteufel-Carpaccio, haben eine delikate Note. Innen besteht es überwiegend aus Holz und ist mit Modellschiffen, vielen Bildern an den Wänden und an Haken hängenden Panamahüten dekoriert.

An- & Weiterreise

Bus 481 fährt von Montag bis Freitag drei- oder viermal täglich von Colònia de Sant Pere nach Artà (2,10 €, 25 Min.).

Das Inland

Inhalt ➡

Binissalem 148
Inca 149
Caimari 151
Campanet 151
Sineu 152
Sa Pobla & Muro 153
Algaida 153
Montuïri 154
Petra 155
Manacor 156
Felanitx 157

Gut essen

➡ Celler Es Grop (S. 152)

➡ Ca Na Toneta (S. 151)

➡ Joan Marc Restaurant (S. 150)

➡ Terra di Vino (S. 149)

➡ Celler Ca'n Amer (S. 150)

Beste Ausblicke

➡ Ermita de Santa Magdalena (S. 149)

➡ Santuari de Nostra Senyora de Cura (S. 153)

➡ Castell de Santueri (S. 157)

➡ Santuari de Sant Salvador (S. 157)

Auf ins Inland

Das friedliche Landesinnere Mallorcas wird häufig übersehen, dabei bildet es einen reizvollen Kontrast zum lebhaften Treiben an der Küste. Hier im Schatten uralter Dorfkirchen schlägt das ländliche Herz der Insel, hier pflegen die Einheimischen ihre Traditionen – und hier feiern sie rauschende Fiestas.

Auch wenn das Meer nur selten weiter als eine Stunde entfernt liegt, bietet das Binnenland doch eine ganz andere Umgebung: Weite Wiesen und Ebenen wechseln sich mit Weinbergen ab, dazwischen wachsen Oliven-, Mandel-, Zitrus- und Johannisbrotbäume. Im Nordwesten bildet die Serra de Tramuntana eine spektakuläre Kulisse, im Osten erhebt sich die grandiose Serra de Llevant.

Bei Radwanderern ist das angenehm flache Gelände beliebt – auch wenn es nicht an Steigungen fehlt, bei denen die Beinmuskulatur immer wieder neu gefordert wird. Einige Straßen winden sich bis hinauf zu sakralen Sehenswürdigkeiten hoch in den Bergen wie dem Santuari de Nostra Senyora de Cura auf dem Puig de Randa, der Ermita de Santa Magdalena oder dem Santuari de Sant Salvador. Von hier aus genießt man wahrhaft atemberaubende Ausblicke.

Reisezeit

Im Inland ist man das ganze Jahr über auf Gäste eingestellt, denn die Bewohner von Palma lieben nichts so sehr, wie im tiefsten Winter – egal wie warm er auch sein mag – aus ihrer Stadt zu fliehen und sich für eine leckere Mahlzeit oder eine ruhige Nacht in ein ländliches Refugium zurückzuziehen. Im letzten Drittel des Jahres fällt der meiste Regen (wobei es in den letzten Jahren wenig geregnet hat) und die Durchschnittstemperatur im Januar liegt bei milden 8–9°C. Im Hochsommer ist es grundsätzlich sehr heiß.

Highlights

① Bodegas Macià Batle
(S. 148) Weinberge erkunden und die Tour mit einem oder zwei edlen Tropfen beenden.

② Festes de la Verema
(S. 149) Auf Binissalems jährlich stattfindendem Erntefest Trauben werfen und mit Teufeln herumhüpfen.

③ Santuari de Sant Salvador (S. 157) Die himmlische Aussicht von dieser hoch gelegenen Einsiedelei in vollen Zügen genießen.

④ Els Calderers (S. 155) In der Villa mit Museum einen Eindruck von der einstigen Macht des Landadels gewinnen.

⑤ Caimari (S. 151) Durch Olivenhaine streifen und wie ein König speisen.

⑥ Coves de Campanet (S. 151) Durch verzweigte Höhlen ins Innere der Insel klettern.

⑦ Santuari de Nostra Senyora de Cura (S. 153) Mit dem Auto oder Rad zu einigen der schönsten Aussichten der Insel touren.

⑧ Sineu (S. 152) Über die Märkte und durch die Steinstraßen des schönen Hügeldorfs schlendern.

IM ZENTRUM

Santa Maria del Camí
7167 EW.

Santa Maria del Camí ist ein kleiner und nicht besonders aufregender, dafür aber hübscher Ort mit einigen schönen Plätzen. Von Palma kommend, verbreitert sich die Ma 13a und wird in der Stadt zur Plaça dels Hostals, die von Bars gesäumt wird und auf der sich oft Scharen von Fahrradfahrern erholen.

★ Bodegas Macià Batle — WEINGUT
(971 14 00 14; www.maciabatle.com; Camí de Coanegra; Mo–Sa 9–18.30 Uhr; P) Bodegas Macià Batle, einer der größten Weinproduzenten Mallorcas mit Sitz etwas außerhalb des Zentrums von Santa Maria, nutzt seit 1858 die 300 Sonnentage im Jahr, um großartige Trauben zu erzeugen. Weinproben werden kostenlos angeboten, außerdem kann eine einstündige Führung durch das Weingut und die Produktionsanlagen mit anschließender Verkostung von vier Weinen und Häppchen (Erw./Kind 15/6 €, März bis Oktober 5-mal tgl.; 3-mal tgl. in den ruhigeren Monaten) gebucht werden. Besucher können auch die Weinetiketten bewundern, die von zeitgenössischen Künstlern entworfen wurden.

Convent de Nostra Senyora de la Soledat — KLOSTER
(Plaça dels Hostals 30) Das Schmuckstück an der Plaça dels Hostals ist der Convent de Nostra Senyora de la Soledat aus dem 17. Jh., auch bekannt als Can Conrado. Falls die Tür offen steht, kann man einen Blick in den großartigen Vorhof werfen. Um die Ecke ist es vom Carrer Llarg aus der hintere Garten zu sehen.

Festes de Santa Margalida — FIESTA
(Juli) Dieses Fest, das sich über fast drei Wochen im Juli erstreckt und dessen Höhepunkt der 20. Juli ist, umfasst Konzerte, traditionelle Tänze und gemeinsame Mahlzeiten.

Moli des Torrent — MALLORQUINISCH €€€
(971 14 05 02; www.molidestorrent.de; Carretera de Bunyola 75; Hauptgerichte 20–26 €; Fr–Di 13–15 & 19–22 Uhr; P) Das stimmungsvollste Restaurant in der Gegend. Man findet es an der Landstraße von Santa María Richtung Norden nach Bunyola. Wenn man eine Windmühle aus Stein erblickt, ist man da. Unter der Gewölbedecke drinnen oder im hübschen Hof wird köstliche Hausmannskost aus hauptsächlich saisonalen Zutaten serviert, von mallorquinischen *gambas* mit *tumbet* (Garnelen mit Ratatouille) bis hin zu Kalb mit Kalbsbries und Pfifferling-Risotto. Unbedingt reservieren.

ⓘ An- & Weiterreise
Santa Maria liegt etwa auf halbem Weg an der Bahnlinie Palma–Inca und wird von allen drei Linien auf der Insel angesteuert. Der Preis für die Fahrt in eine der beiden Städte (18–23 Min.; täglich regelmäßige Abfahrten) beträgt jeweils 1,85 €.

Binissalem
8316 EW.

Vor 2000 Jahren begannen die alten Römer damit, Wein in der hübschen kleinen Stadt am Fuße der Tramuntana anzubauen. Steingebäude und Orangenbäume säumen die langen Straßen von Binissalem, dessen Geschichte schon seit jeher im Zeichen des Weinanbaus steht.

◉ Sehenswertes

Celler Tianna Negre — WEINGUT
(971 88 68 26; www.tiannanegre.com; Camí des Mitjans; Verkauf März–Okt. Mo–Fr 9–18 Uhr, Nov.–Febr. bis 16 Uhr, Führungen nur mit Anmeldung; P) Mit Bio-Anpflanzungen auf einer Fläche von 20 ha, von Architekten entworfenen Gebäuden und einem ehrlichen Engagement in puncto Nachhaltigkeit ist das Tianna Negre auf dem allerneuesten Stand der Weinproduktion. Zudem sind die Erzeugnisse aus Manto Negro, Prensal Blanc und anderen Rebsorten hervorragend. Führungen und Weinproben werden ab 20 € für drei Weine und Käse bis hin zu dreistündigen Führungen mit Tapas und Premium-Weinen (50 €) angeboten.

Casa-Museu Llorenç Villalonga — MUSEUM
(971 88 60 14; www.fundaciocasamuseu.cat; Carrer de Bonaire 25; Mo–Fr 10–14, Di & Sa auch 16–20 Uhr) GRATIS Von der Mitte des 18. bis ins frühe 19. Jh. schlug sich der Reichtum der Weinstadt im Bau mehrerer bemerkenswerter Villen nieder. Prima erhalten ist Can Sabater, der Landsitz des katalanischen Schriftstellers Llorenç Villalonga, der heute das Casa-Museu Llorenç Villalonga beherbergt. Innen kann man Weinfässer aus dem 18. Jh., einen Raum zum Traubentreten und

viele Artefakte aus dem Besitz des Autors wie z. B. sein Tagebuch aus dem Bürgerkrieg bewundern.

Ca'n Novell WEINGUT
(⍾971 51 13 10; Carrer de Bonaire 17; ⏲Mo 8–13 & 14–15, Di 8–13 & 14–22, Mi–Fr 15–20, Sa 8.30–14 Uhr) Auf diesem wunderbar altmodischen Weingut füllen sich Einheimische den edlen Traubensaft (1,50–3 € pro Liter) direkt aus dem Fass in ihre eigenen Flaschen ab. Die riesigen Olivenholzfässer mit den Eichenfassreifen aus dem 18. Jh. gehörten in der Gegend zur Standardausstattung in Kellern und Landhäusern. Hier lässt sich auch kaltgepresstes Olivenöl abfüllen. In dem stimmungsvollen, von Weindämpfen durchzogenen Räumen finden Theateraufführungen statt, auch andere kulturelle Programmpunkte werden zum Besten gegeben.

José Luis Ferrer WEINGUT
(⍾971 10 01 00; www.vinosferrer.com; Carrer del Conquistador 103; geführte Touren ab 10 €; ⏲Mo–Fr 10–19, Sa bis 18, April–Okt. auch So 10–14 Uhr) José Luis Ferrer, eines der größten und renommiertesten Weingüter der Insel, wurde 1931 gegründet. Wer einen besseren Einblick in den Weinherstellungsprozess erhalten möchte, sollte sich einer der 45-minütigen Führungen anschließen. Diese starten an den meisten Tagen um 11 Uhr und um 16.30 Uhr und beinhalten die Verkostung von drei Weinen. Auch umfassendere (und teurere) Führungen sind im Angebot – für die man sich im Vorfeld telefonisch anmelden sollte. Es gibt auch die Möglichkeit, mit dem Zug durch die Weinberge zu fahren.

Feste & Events
Festes de la Verema FIESTA
(⏲Sept.; ✦) Das Weinfest, bekannt vor allem für seinen Höhepunkt – die Traubenschlacht –, dauert eine Woche, während der Weinproben, Konzerte, Lesungen, Ausstellungen und ein wilder nächtlicher *correfoc* (Feuerlauf) mit feuerspuckenden Teufeln und Feuerwerk stattfinden.

Essen

Die Restaurants und Bars rund um die Plaça Església und die umliegenden Straßen sind ein guter Ort, um den lokalen Wein bei ein paar Tapas zu probieren und in den langsamen Rhythmus der Insel zu gelangen.

★ Terra di Vino ITALIENISCH €
(⍾871 91 02 26; Carrer de sa Creu 3; Hauptgerichte ab 13 €; ⏲Mi–Mo 13–16 & 19–23; 🛜) Die Speisekarte ist knapp gehalten, aber dieses kleine, aber feine Restaurant lässt den Gast tief und verführerisch in die warmen Aromen Italiens eintauchen, wobei jedes Gericht von Geschmack und Erfahrung durchdrungen ist. Der Service ist freundlich und die Pasta ist ein Genuss. Drinnen kann es eng werden, aber man kann auch draußen an den Tischen sitzen, gleich neben dem Hauptplatz.

An- & Weiterreise

Binissalem liegt an allen drei Bahnlinien zwischen Palma (1,85 €, 20–30 Min.) und Inca (1,85 €, 8 Min.) und jeden Tag verkehren regelmäßig Züge in beide Richtungen. Achtung: Der morgendliche Expresszug T1 aus Palma hält nicht in Binissalem.

Inca
32 137 EW.

Für einen Besuch in Inca, der drittgrößten Stadt auf Mallorca, gibt's zwei Hauptgründe. Erstens befinden sich in der Stadt einige der besten traditionellen *celler*-Restaurants der Insel, zweitens ist sie das Zentrum der mallorquinischen Lederindustrie: Von hier aus starteten die weltweit gefragten spanischen Schuhmarken Camper und Farrutx ihre Erfolgsgeschichten. Ansonsten ist die Fahrt zur nahegelegenen Ermita de Santa Magdalena eine inspirierende und angenehme Auto- oder Fahrradtour, die mit einer grandiosen Aussicht belohnt wird.

Sehenswertes
★ Ermita de Santa Magdalena AUSSICHTSPUNKT
(⍾971 50 40 08; Puig Santa Magdalena; ⏲Kirche Mai–Okt. 11.30–19, Nov.–April 16 Uhr) GRATIS Lust auf eine sensationelle Aussicht? Dann empfiehlt sich die Wanderung zu dieser Einsiedelei aus dem 13. Jh., die auf dem **Puig de Santa Magdalena** (307 m) thront. An der kleinen Kapelle kann man den Blick weit über die Ebenen bis zur Serra de Tramuntana und zu den Buchten von Alcúdia und Pollença schweifen lassen. Dies ist ein idealer Ausgangspunkt für weitere Wanderungen – vorausgesetzt, man hat die richtigen Schuhe an. Zu Diumenge de l'Àngel

(Engelssonntag, eine Woche nach Ostersonntag) steigen scharenweise Pilger zur Kapelle hinauf.

Claustre de Sant Domingo — KLOSTER
(871 91 45 00; Plaça de Sant Domingo; Mo-Fr 8-15 & 16-20, Sa 10-13.30 Uhr) GRATIS Das Claustre de Sant Domingo ist das letzte auf Mallorca gegründete Dominikanerkloster, ein besonderer Hingucker ist seine barocke Architektur. Das Kloster neben der gleichnamigen Kirche aus dem 17. Jh. wurde im Jahr 1730 erbaut und diente im spanischen Bürgerkrieg als Gefängnis und ist heute ein Kultur- und Kunstzentrum, in dem Musik- und Theateraufführungen, Ausstellungen etc. stattfinden.

Església de Santa Maria Major — KIRCHE
(Plaça de Santa Maria Major; Mai–Okt. 10.30–13 Uhr) An der Plaça de Santa Maria Major erhebt sich stolz diese Barockkirche voller Stolz. Ihr größter Schatz ist das gotische Altarbild von Santa Maria d'Inca aus dem Jahr 1373 vom frühen mallorquinischen Künstler Joan Daurer.

 Feste & Events

Dijous Bo — KULTUR
(Heiliger Donnerstag; Nov.) Das größte Volksfest der Stadt findet am dritten Donnerstag im November statt, mit Umzügen, Nutztierwettbewerben, Sportereignissen, einem Jahrmarkt und Konzerten.

Essen

Die Kellerrestaurants *(cellers)* in einigen der ältesten Häuser im Ortskern sind ganz typisch für die Stadt.

★ Celler Ca'n Amer — MALLORQUINISCH €
(971 50 12 61; www.celler-canamer.es; Carrer de la Pau 139; Hauptgerichte 16–18 €, Mittagsmenü 24 €; Mo-Sa 13-16 & 19.30-23, So 13-16 Uhr; P) Tomeu Torrens, der in diesem belebten *celler* mit seinen rustikal-charmanten Holzbalken und Weinfässern Regie führt, schwört auf raffinierte Zubereitungsarten mallorquinischer Klassiker. Spezialität des Hauses ist Lammschulter mit einer Füllung aus Aubergine und *sobrassada* (Schweinswurst mit Paprikageschmack), aber das Spanferkel mit leckerer Kruste und auch die Gerichte mit Fisch und Meeresfrüchten sowie die gefüllten Zucchini sind empfehlenswert. Reservieren.

★ Joan Marc Restaurant — MEDITERRAN €€
(971 50 08 04; www.joanmarcrestaurant.com; Plaça del Blanquer 10; Hauptgerichte/Menüs 12–16/34–68 €; Di-Sa 13-15.30 & 20-22.30, So 13-15.30 Uhr; im Januar geschl.;) Das Gegenstück zu den dunklen traditionellen *cellers* ist dieses helle, schön aufgemachte Restaurant. Natürliche Designelemente wie Baumstammgarderoben und Mandelschalen nehmen dem minimalistischen Dekor die Kälte. Frische Zutaten und Kräuter krönen Joan Marcs raffinierte Küche. Auf der Speisekarte stehen z. B. *corvina* (Adlerfisch) mit Knoblauchsuppe, Schinken und Oliven oder gebratene Aubergine mit hausgemachter *sobrassada* und Käse aus Mahon.

Celler Ca'n Ripoll — MALLORQUINISCH €€
(971 50 00 24; www.restaurantcanripoll.com; Carrer de Jaume Armengol 4; Hauptgerichte 10–22 €; Mo-Sa 13-15.45 & 19.30-23.30, So 12-16 Uhr) Dieser Kellerraum aus dem 18. Jh. lässt mit seiner hohen Balkendecke, die von mehreren Steinbogen getragen wird, an eine imposante Kathedrale denken. Auf der Karte findet man herzhafte mallorquinische Leckereien wie das großartige Spanferkel (19,95 €) oder den Dorsch (14,95 €) mit *sobrassada*. Die Angestellten sorgen dafür, dass man ein Plätzchen findet, um sein Rad abzustellen.

Shoppen

ReCamper — SCHUHE
(971 88 82 33; www.camper.com; Carrer Cuartel 91, Polígon Industrial; Mo-Sa 10-20 Uhr) Perfekt für Schnäppchenjäger ist das Fabrik-Outlet von Camper. Hier bekommt man Auslaufmodelle etc. besonders günstig.

Mercat d'Inca — MARKT
(Do 8-13.30 Uhr) Der Donnerstagsmarkt ist einer der größten der Insel und erstreckt sich über einen Großteil des Stadtzentrums. An Hunderten von Ständen wird alles von Honig, Kräutern und Keramikwaren über Blumen und Stoffe bis hin zu Obst und Gemüse feilgeboten. Lederverarbeitung ist ein wichtiges lokales Handwerk und man kann Jacken, Taschen und Schuhe kaufen.

An- & Weiterreise

Wer nicht mit dem eigenen Auto über die Ma 13 von Palma kommt, kann per Zug anreisen, der regelmäßig verkehrt (3,15 €, 30 Min).

Caimari

773 E.W.

An den Ausläufern der Serra de Tramuntana, dort, wo Mandel-, Oliven- und Johannisbrotbaumhaine ineinander übergehen und Schafe mit Glocken um den Hals von den Bäumen gefallene Feigen fressen, liegt der hübsche kleine Ort Caimari. Immer mehr Reisende kommen hinter Caimaris offenkundigen Charme, doch die Einheimischen lassen sich durch die steigenden Besucherzahlen nicht aus der Ruhe bringen, ihr Lebensrhythmus scheint sich überhaupt nicht verändert zu haben.

Die Bars von Caimari sind noch immer in einheimischer Hand, aber man ist durchaus freundlich und aufgeschlossen gegenüber Fremden.

★ Ca Na Toneta   MALLORQUINISCH €€€

(971 51 52 26; www.canatoneta.com; Carrer des Horitzó 21; Menü 45 €; April–Okt. tgl. 8–23, Fr 8.30–23, Nov.–Feb. Sa & So 13.30–23 Uhr) Der außergewöhnliche Landgasthof verwandelt Obst und Gemüse aus der Region und aus dem eigenen Garten in leckere Sechs-Gänge-Menüs – ganz nach Lust und Laune des Chefkochs.

Sa Ruta Verda   CAFÉ

(636 68 10 91; Carrer Nuestra Senyora Virgen del Lluc 62; Feb.–Nov. 9–18 Uhr;) Sa Ruta Verda ist bei den vielen Radfahrern beliebt, die diesen Teil der Insel durchqueren, um sich für den Aufstieg ins Tramuntana-Gebirge zu rüsten. Hier gibt es Kaffee, Säfte, *pa amb oli* (Brot mit Öl) und hausgemachte Energieriegel. Sie führen außerdem Werkzeug, Zubehör, Kleidung für Radfahrer, die in Not geraten.

Bar Ca'n Tomeu   BAR

(971 50 00 08; www.facebook.com/barcantomeucaimari; Carrer de Ses Tavernes 9; 6–22 Uhr) Eine mallorquinische Bar durch und durch – dieses traditionelle Lokal ist ein angenehmer Ort in der Nähe des Hauptplatzes und ein guter Rastplatz für einen *café con leche* (Milchkaffee) oder eine *cerveza* (Bier), mit kleinen Snacks und Tischen im Freien.

ⓘ An- & Weiterreise

Wer den ruhigeren Teil der Insel bis in den letzten Winkel erkunden möchte, tut dies am besten mit einem eigenen Verkehrsmittel. Busreisende können Linie 330 zwischen Caimari und Palma (3,75 €, 1 Std., 6-mal tgl.) nutzen, Linie 332 fährt nach Inca (1,50 €, 15 Min., bis zu 5-mal tgl.).

Campanet

2612 E.W.

Campanet ist ein elegantes und charmantes Dorf, das in einer schönen, ruhigen, wenig besuchten Landschaft inmitten von Obsthainen und Schafweiden liegt und einen kurzen Abstecher wert ist. Der zentrale Platz, die Plaça Major, liegt auf einem steilen Bergrücken und wird von einer imposanten gotischen Kirche beherrscht (obwohl in den umliegenden Cafés immer mehr los zu sein scheint als bei der Messe).

Rund um die Plaça Major und entlang der Carrer Llorenç Riber, die in südöstlicher Richtung den Hügel hinunterführt, gibt es eine Handvoll einladender, preiswerter Cafés und Restaurants.

★ Coves de Campanet   HÖHLE

(971 51 61 30; www.covesdecampanet.com; Camí de ses Coves; Ew./Kind 5–10 J./unter 5 J. 15/8 €/frei; Sommer 10–18.30, Winter bis 17.30 Uhr) Die Coves de Campanet sind ein unheimlicher Wald aus wachsartigen Stalaktiten und Stalagmiten 3 km nördlich der Stadt. Zwar sind sie nicht ganz so protzig wie andere Höhlensysteme auf der Insel, dafür aber umso authentischer. Alle 45 Minuten finden Führungen statt, ein Besuch dauert knapp eine Stunde. Wissenschaftler kommen gern, da in den Höhlen ein blinder Käfer lebt, der sich von Fleisch ernährt. Man findet die Höhlen an der Schnellstraße von Palma nach Sa Pobla bei Ausfahrt Nr. 377.

Bar es Club   MEDITERRAN €

(971 51 60 48; www.baresclub.com; Plaça Major 25; Hauptgerichte ab 7 €; 7–1 Uhr) Dieses Restaurant/Bar/Café ist bei Radfahrern, die eine Verschnaufpause einlegen oder einfach nur frühstücken wollen, sehr beliebt. Es serviert ausgezeichnete Pizza, Pasta und Paella (für letztere muss man oft einen Tag im Voraus reservieren) und genießt eine schöne Lage am Platz. Die Tische im Freien sind sehr gefragt, also empfiehlt es sich, einen Tisch zu reservieren, vor allem für ein Abendessen. Ein erschwingliches Kindermenü ist ebenso im Angebot.

ⓘ An- & Weiterreise

Die schönsten Ecken rund um Campanet erreicht man am besten mit einem eigenen Verkehrsmittel. Ansonsten verkehrt Bus 333 zwischen Campanet und Inca (1,50 €, 20 Min., bis zu 9-mal tgl.).

Sineu

3764 EW.

Das einstige Zentrum der königlichen Macht ist heute eine prächtige ruhige Siedlung aus Stein, die sich aus der zentralmallorquinischen Ebene erhebt. Sineu ist nicht nur einer der hübschesten Orte im Inselinneren, sondern auch einer der ältesten. Einer Legende zufolge geht er auf die römische Siedlung Sinium zurück. Stichhaltiger sind jedoch die Verbindungen zur maurischen Siedlung Sixneu.

Unbestritten hingegen ist die langjährige Tradition der zwei Märkte, die bis ins frühe 14. Jh. zurückreichen. Einer davon findet wöchentlich statt, der andere einmal jährlich.

Sehenswertes

Església de Santa Maria KIRCHE
(Plaça Sant Marc) Die düstere gotische Kirche von Sineu mit ihrem freistehenden Glockenturm wurde nach einem katastrophalen Brand im Jahr 1505 wiederaufgebaut. Sie thront mitten im Ort und ist Sineus auffälligstes Merkmal. In der Kirche ist ein kleines Museum für mittelalterliche Töpferkunst untergebracht, das jeden Mittwochmorgen während des Wochenmarkts (S. 152) auf der **Sa Plaça** geöffnet hat.

Convent de la Concepció KLOSTER
(Carrer del Palau 17) Zwischen 1309 und 1349 stand hier der zweite Palast des Königs (nach dem in Palma), wodurch Sineu faktisch zur wichtigsten Stadt des ländlichen Mallorcas wurde. 1583 wurde der Palast dem Orden der Unbefleckten Empfängnis übergeben, der ihn im 17. Jh. massiv vergrößerte. Noch heute leben Nonnen in dem Kloster. Von der Sa Plaça sind es zwei Gehminuten Richtung Südwesten zum Kloster. Beim Betreten sieht man rechts einen *torno*, eine kleine Drehtür, die als Verkaufsschalter dient. Hier bekommt man Gebäck, das von den Nonnen hergestellt wird.

 Feste & Events

Die Osterprozessionen von Sineu gehören zu den größten und eindrucksvollsten der Insel.

Sa Fira JAHRMARKT
(Plaça des Fossar; Anfang Mai) Sineus jährlich stattfindende Sa Fira ist eine große Landwirtschaftsmesse am ersten Sonntag im Mai, deren Tradition bis ins Jahr 1318 zurückgeht.

Festa del Siurell FIESTA
(Llubí; Feb.) Ein Ausflug ins kleine Llubí, 10 km nördlich von Sineu, lohnt sich vor allem während der Festa del Siurell am Samstag vor dem Faschingsdienstag. Zu diesem Anlass verkleiden sich die Einheimischen als *siurells*, typisch mallorquinische Tonpfeifenfiguren. Am Abend verbrennen sie eine riesige *siurell*-Puppe auf der Plaça de l'Església. Dort steht auch die etwas zu groß geratene Església de Sant Feliu.

Essen

Neben den typischen immer gleichen Tapasbars an den großen Plätzen bietet Sineu hervorragende mallorquinische Restaurants, die einen Besuch lohnen.

★ Celler Es Grop MALLORQUINISCH €€
(971 52 01 87; Carrer Major 18; Hauptgerichte 14–18 €; Di–So 9.30–16 & 19–23 Uhr) Vorsicht bei der schmalen Treppe, die in diesen fröhlichen, weiß getünchten Keller aus dem 18. Jh. mit riesigen alten Weinfässern und anderen historischen Gegenständen führt! Auf der stark fleischlastigen Karte stehen mallorquinische Klassiker und galizische Gerichte – der Braten vom Frühlingslamm und die Reisgerichte sind überaus empfehlenswert.

Sa Fàbrica MALLORQUINISCH €€
(971 52 06 21; Carrer del Estació 1; Hauptgerichte 11–18 €; Mi–Mo 12–16 & 19–24 Uhr) Meeresfrüchte und Spieße mit mallorquinischem Schweinefleisch locken sicher die meisten Gäste in dieses gesellige Restaurant, das in einer ehemaligen Teppichfabrik untergebracht ist. Die Lammschulter und die Reisgerichte sind aber genauso großartig. Besitzer Pep sorgt dafür, dass alles reibungslos läuft.

Shoppen

Markt in Sineu MARKT
(Mercat de Sineu; Mi 8–14 Uhr) Eine der altehrwürdigen mallorquinischen Traditionen ist der Wochenmarkt in Sineu, der seit 1306 jeden Mittwochmorgen im Zentrum des Ortes stattfindet. Er erstreckt sich von der Sa Plaça bis hinab zur Plaça des Fossar. Angeboten werden Vieh, Leder- und Töpferwaren, Essen und vieles mehr aus allen Ecken der Insel. Zu dieser Zeit ist in den Bars und Cafés rund um den Markt der Teufel los.

ℹ An- & Weiterreise

Sineu wird von Zügen der Linie T3 aus Palma (3,05 €, 45 Min., regelmäßig) und Manacor (2,35 €, 20 Min., regelmäßig) angefahren. Der Bahnhof liegt ca. 100 m östlich der Plaça des Fossar.

Sa Pobla & Muro

Sa Pobla, ein ländliches Zentrum mit gitternetzartigen Straßen, erstreckt sich im landwirtschaftlichen Herzen der Insel am Ende der Bahnstrecke von Palma. Der Ort hat nur wenig zu bieten, blüht aber während seiner lebendigen Kulturfeste und beim sonntäglichen Wochenmarkt auf. Das fünf Kilometer weiter südlich auf der anderen Seite der Kartoffeläcker gelegene Muro ist ein würdevoller Ort auf einem Hügel mit einer schönen Kirche mitten im Dorf.

⊙ Sehenswertes

Can Planes   MUSEUM
(Carrer d'Antoni Maura 6, Sa Pobla; Ew./Kind 2 €/frei; ⊙ Di-Fr 16-20.30, Sa & So 10-13 Uhr) Im schönen Herrenhaus Can Planes ist das Museu d'Art Contemporani mit wechselnden Ausstellungen einheimischer und ausländischer Künstler, die auf Mallorca leben, untergebracht. Das Museu de Sa Jugueta Antiga im Obergeschoss beherbergt eine nette Sammlung alter Spielzeuge.

Església de Sant Joan Baptista   KIRCHE
(☏ 971 53 70 22; Carrer Bisbe Ramon de Torrella 1, Muro) In Muro ragt eine riesige gotische Pfarrkirche aus Sandstein aus dem frühen 17. Jh. empor, die an Sineus große Kirche erinnert. Der freistehende Glockenturm ist das auffälligste Merkmal des Ortes – über die Ebene kann man ihn schon aus einer Entfernung von mehreren Kilometern sehen.

🎉 Feste & Events

Festes de Sant Antoni Abat   KULTUR
(⊙ 16.–17. Jan.) Das Festival in Sa Pobla und Muro bietet von allem etwas: Umzüge, Feuerwerk, traditionelle Musik, Tanz, kostümierte Teufel und die Segnung von Lasttieren. Schon in der Woche vor dem Fest finden viele Aktivitäten statt, doch besonders viel los ist am Abend des 16. Januar.

Sa Pobla International Jazz Festival   MUSIK
(www.facebook.com/mallorcajazzsapobla; Plaça Major, Sa Pobla; ⊙ Jul/Aug.) Jedes Jahr im August findet in Sa Pobla ein Jazz-Festival statt. Die Konzerte beginnen um 22.30 Uhr in der Sala Es Cavallets an der Plaça Major Sa Pobla und kosten 5 €.

ℹ An- & Weiterreise

Von Palma fährt der T2 (Tren Sa Pobla) nach Sa Pobla und Muro (3,75 €, ca. 1 Std., bis zu 17-mal tgl.); der gleiche Zug fährt außerdem nach Inca (2,05 €, 15–20 Min.).

DER SÜDOSTEN

Algaida

5500 EW. / 201 M.

Der typisch zentralmallorquinische nüchterne und würdevolle Ort Algaida bietet wenige Sehenswürdigkeiten, abgesehen von der gotischen Església de Sant Pere i Sant Pau und der nahe gelegenen Església de la Mare de Déu de la Pau de Castellitx. Echte Highlights sind aber die Festes de Sant Honorat (16. Jan.) und die Festa de Sant Jaume (25. Juli). Auf beiden Festen tanzen *cossiers* vor einem dankbaren einheimischen Publikum. Die Ursprünge der *cossiers* und ihrer Tänze sind umstritten, aber grundsätzlich bestehen die Gruppen aus sechs Männern, einer Frau und einem Teufel. Die Stücke enden damit, dass der Bösewicht besiegt wird. Wer auf der Suche nach gesunder mallorquinischer Hausmannskost und nicht nach modischer Raffinesse ist, kommt hier voll auf seine Kosten.

★ Santuari de Nostra Senyora de Cura   KLOSTER
(Heiligtum Unserer Lieben Frau von Cura; ☏ 971 12 02 60; www.santuaridecura.com; Puig de Randa; ⊙ April–Okt. tgl. 8–19, Nov.–März Mo–Fr 10–16.45 Uhr) Dieses anmutige Kloster steht auf dem 548 m hohen Hügel Puig de Randa. Wie die meisten Klöster wurde es zum Teil zu Verteidigungszwecken gebaut, obwohl die Aussicht einfach göttlich ist. Ramon Llull lebte hier im 13. Jh. als Einsiedler und betete in einer Höhle (geöffnet 10–14 Uhr, an der Café-Rezeption nach dem Schlüssel fragen), und im 16. Jh. gründete die Estudi General (Universität) in Palma hier das Collegi de Gramàtica. Heute können Besucher hier nächtigen (Doppelzimmer 53–65 €, Suiten 80 €).

Die Aussicht über die Ebene bis zur Serra de Tramuntana ist außergewöhnlich. Es gibt auch ein **Museum** und einen schönen und gepflegten Garten. Im Café des Klosters mit Sitzgelegenheiten im Freien lässt es sich gut essen oder einfach nur einen Kaffee trinken. Die Anfahrt mit dem Auto ist kein Problem, es gibt auch ausreichend Parkplätze. Das Santuari, das auch als „Santuari de Cura" oder einfach als „Cura" ausgeschildert ist, liegt 5 km hinter dem kleinen Dorf Randa, südwestlich von Algaida.

Museu de Gordiola　　　　　　　　MUSEUM
(☎971 66 50 46; www.gordiola.com; Carretera Palma-Manacor km 19; ⊙Museum & Shop Mo–Sa 9–18.30, So 9.30–13.30 Uhr, Glasbläserei Mo–Fr 9.30–13.30 & 15–18, Sa 9.30–12 Uhr; P GRATIS) Die Glasbläserei Gordiola mit Museum in einem pseudogotischen Palast ist nach einer Familie benannt ist, die seit 1719 Glas herstellt. In der Manufaktur im Erdgeschoss können Besucher die Glasbläser in Aktion sehen. Das Museum im Obergeschoss zeigt eine faszinierende Sammlung mit Glasgegenständen aus aller Welt, von denen einige sehr hübsch und farbenfroh sind. Im Laden gibt's einige schöne Stücke. Das Museum liegt 2,5 km westlich der Stadt an der Ma 15.

Ca'l Dimoni　　　　　　　　MALLORQUINISCH €
(☎971 66 50 35; Carretera Vella de Manacor km 21; Hauptgerichte 12–15 €; ⊙ Do–Di 12–24 Uhr) Unter Holzbalken und herabhängenden Würsten garen die Köche fleischlastige Gerichte über dem offenen Feuer. *Frit Mallorquín* (gebratene Lamminnereien), *cargols* (Schnecken), *arròs brut* (schmutziger Reis) & Co. sorgen für ein wohliges Gefühl und die wuchtigen Tische sind stets gut besetzt. Am nördlichen Stadtrand von Algaida gelegen

❶ An- & Weiterreise
Buslinie 490 hält auf dem Weg von Palma nach Portocolom (2,45 €, 30 Min., bis zu 10-mal tgl.) in Algaida, Bus 454 fährt von Algaida nach Cala Millor (1,70 €, 80 Min., 1-mal tgl, Mo–Sa). Im Sommer fahren zusätzlich Busse von Algaida zu den Küstenorten.

Montuïri
2867 EW.

Auf einer Anhöhe über weitläufigem Ackerland liegt das bodenständige, unaufdringliche Montuïri, einer der ältesten Orte Mallorcas. Seine Wurzeln gehen zurück bis in die Zeit der Herrschaft der Mauren. Der Ort ist berühmt für seine Aprikosen, und

ABSTECHER

SA FONT

Sa Font (Carrer de Sa Font) GRATIS ist eines der wenigen Zeugnisse der einstigen arabischen Präsenz auf der Insel. Von wann der ausgeklügelte *qanawat* (ein Brunnen plus Wasserleitung) stammt, ist nicht bekannt. 1229 erbten ihn jedenfalls die Christen von ihren maurischen Vorgängern. Er liegt 5,5 km nordwestlich von Montuïri in Pina, nur 50 m südlich der Església de Sants Cosme i Damià an der Straße nach Lloret de Vistalegre. Von der Kirche aus geht's die Carrer de Sa Font hinunter, die Stätte liegt auf der anderen Straßenseite.

passenderweise erstrahlen auch die schönen Steingebäude des Ortes in Apricot, wenn die Morgensonne auf sie scheint. Die **Església de Sant Bartomeu** aus Sandstein dominiert den zentralen Platz Plaça Major, die an die Carrer Major mit ihren Villen und Bars anschließt. In Montuïri gibt es einige sehr angenehme Bars, die sich auf die Carrer de Palma ausdehnen, die durch das Zentrum führt.

★Museu Arqueològic
de Son Fornés　　　　　　　　MUSEUM
(☎971 64 41 69; www.sonfornes.mallorca.museum; Carrer d'Emili Pou, Molí d'en Fraret; Erw./Kind 3,50 €/frei; ⊙März–Okt. 10–17 Uhr; Nov.–Febr. Mo–Fr bis 14 Uhr) In einer Mühle aus dem 18. Jh. am nordwestlichen Stadtrand liegt das engagierte, gut geführte Museum zur Tayalot-Kultur auf Mallorca. Viele Ausstellungsstücke stammen vom nahe gelegenen *talayot* (Wachturm) **Son Fornés**, der von ca. 900 v. Chr. bis ins 4. Jh. bewohnt war. Er gilt als einer der wichtigsten archäologischen Stätten auf Mallorca. Wer den Turm besichtigen möchte, fährt von Montuïri auf der Ma 3200 2,5 km nach Nordwesten Richtung Pina. Das Gebäude steht rechts (östlich) von der Straße.

Festa de Sant Bartomeu　　　　　　　　KULTUR
(⊙Aug.) Das Hauptereignis dieses Festes zu Ehren des Schutzheiligen von Montuïri sind die Tänze der *cossiers* (eine Gruppe von Tänzern aus sechs Männern, einer Frau und dem Teufel) am Abend des 23. und am 24. August).

S'Encuentro
RELIGION

(März/April) Bei diesem Osterumzug begegnen sich eine Figur der Jungfrau Maria und eine Figur des auferstandenen Jesus Christus. Maria macht beim Anblick ihres Sohnes ein paar Freudensprünge.

S'Hostal
BAR

(971 64 60 49; Carrer Constitució 58; Di–So 7–24 Uhr) Nirgendwo bekommt man die allgegenwärtige mallorquinische Snack-Spezialität *amb oli* (Brot mit Öl) besser serviert als in dieser begrünten Bar hügelabwärts vom Zentrum von Montuïri. Das S'Hostal ist einer der „lokalen Geheimtipps", die Traveller so gerne entdecken.

An- & Weiterreise

Linie 411 verbindet Palma mit Montuïri (4,05 €, 30 Min., bis zu 6-mal tgl.). Sie hält vor der Bar S'Hostal hügelabwärts südlich des Ortskerns.

Petra
2816 EW.

Der Geburtsort des katholischen Heiligen und Missionars Juníper Serra ist ein ruhiger, hübscher Ort im Inland. Seine einstige Bedeutung spiegelt sich in den langen mit soliden Steinhäusern gesäumten Straßen und zwei beeindruckenden Kirchen aus dem 16. und 17. Jh. wider. Der unaufdringliche und entspannte Ort punktet mit einem Weingut in der Ortsmitte, einigen sehr guten Restaurants und einem interessanten Museum, der den Abstecher lohnt.

Sehenswertes

Seine historische Bedeutung verdankt das gemütliche Petra Juníper Serra, der hier 1713 auf die Welt kam. Der berühmteste Sohn des Städtchens war Franziskanermönch und sollte später einer der Gründerväter Kaliforniens werden. Ob er das schon ahnte, als er in dem ländlichen Zentrum groß wurde? Bunte Majolika-Kacheln mit Szenen aus dem Leben des Missionars beleben den sowieso schon schönen Ort – die Straße, in der sich das ihm gewidmete Museum befindet, ist eine der schönsten auf Mallorca.

★ Els Calderers
HISTORISCHES GEBÄUDE

(971 52 60 69; Camino Els Calderers; www.elscalderers.com; Erw./Kind 9/4 €; April–Okt. 10–18 Uhr, Nov.–März bis 17 Uhr; P.) An einer hübschen Landstraße stößt man zwischen Montuïri und Petra auf dieses gedrungene 1750 errichtete Herrenhaus, das heute ein historisches Museum beherbergt. Es liegt auf einem Anwesen, das seit 1285 im Besitz der gleichnamigen Familie gewesen war. Im 18. Jh. wurde es an die Familie Verí verkauft. Sein riesiges Ausmaß, das weitläufige Gelände und eine gut erhaltene Sammlung antiker mallorquinischer Möbel lassen eine längst vergangene Welt aristokratischer Privilegien wiederaufleben.

Museu Fra Juníper Serra
MUSEUM

(www.spiritualmallorca.com; Carrer des Barracar 6–10; 5 €; Mo–Fr 10–13.30 Uhr) In dem Museum werden Erinnerungsstücke aus Juníper Serras Leben als Missionar präsentiert. Nebenan befindet sich sein Geburtshaus. In den Boden sind Fliesen eingelassen, die an Serras bewegtes Leben erinnern. Der Einlass erfolgt über das Spiritual-Mallorca-Ticket (5 €).

Bodegas Miquel Oliver
WEINGUT

(971 56 11 17; www.miqueloliver.com; Carretera Petra-Santa Margalida km 1.8; Mo–Fr 10–18 & Sa 11–13 Uhr; P.) Dies ist einer der renommiertesten Weinproduzenten Mallorcas. Seit 1912 wird hier Wein gekeltert. Eine anständige Flasche bekommt man für weniger als 10 €, etwas mehr als 1 km nördlich der Stadt. Es gibt auch eine Reihe von Privattouren, die sich auf Wein, Weinherstellung, Weinanbau, Weinberge und Tapas konzentrieren.

 Essen

Es Celler
MALLORQUINISCH €€

(971 56 10 56; www.restaurantesceller.com; Carrer de l'Hospital 46; Hauptgerichte 12–15 €; 12–23.45 Uhr) Von der Straße geht's die Treppe runter in dieses wunderbare höhlenartige Kellerrestaurant mit hohen Decken und alten Weinfässern. Zu den Spezialitäten gehören gegrilltes Fleisch, Lammbraten und Spanferkel, aber auch mallorquinische Klassiker wie *berenjenas rellenas de carne* (mit Fleisch gefüllte Aubergines), *arroz brut* (dreckiger Reis) und *tumbet*.

An- & Weiterreise

Petra liegt an der Bahnlinie Palma–Manacor (T3), eine Station (1,45 €, 9 Min.) vor Manacor. Stündlich fährt mindestens ein Zug in jede Richtung. Von Palma (3,75 €) aus braucht man knapp eine Stunde hierher.

Manacor

42 600 EW.

Manacor, die zweitgrößte Stadt der Insel, dürfte vor allem als Geburtsort der Tennisgröße Rafael Nadal – Fans können direkt zum Rafa Nadal Museum Xperience pilgern (S. 156) – und als Zentrum der Möbelherstellung bekannt sein. Anderswo gibt's eindeutig reizvollere Sehenswürdigkeiten, doch ganz außer Acht lassen sollte man Manacor nicht.

Sehenswertes

Església de Nostra Senyora Verge dels Dolors — KIRCHE
(Plaça del General Weyler; 8.30–12.45 & 17.30–20 Uhr) Die massive Església de Nostra Senyora Verge dels Dolors thront eindrucksvoll über der Kulisse von Manacor. Sie wurde am ehemaligen Standort einer Moschee errichtet. Ihr Stil reicht von gotisch bis neogotisch, was die lange Bauzeit vom 14. bis zum 19. Jh. widerspiegelt. Es lohnt sich, das herrliche Altarbild und die prächtigen Bögen sowie das Mauerwerk zu bewundern, die durch die Buntglasfenster in wechselndem Licht schimmern. Die Kirche ist vollgestopft mit kleinen Kapellen, zehn befinden sich allein im Kirchenschiff.

Museu d'Història de Manacor — MUSEUM
(971 84 30 65; www.museudemanacor.com/ca; Carretera Cales de Mallorca; Mi–Mo 9–14, Mitte Sept.–Mai Do–Sa auch 17–19.30, Mitte Sept.–Mai So geschl.) GRATIS Dieses interessante Museum zeigt faszinierende Exponate aus der römischen, byzantinischen, vandalischen, maurischen und späteren Perioden der Region. Darunter sind römische Mosaike – die bedeutendste Mosaiksammlung der Balearen. Außerdem sind bedeutende antike Skulpturen, Metallarbeiten und Keramiken zu sehen.

Rafa Nadal Museum Xperience — MUSEUM
(971 17 16 83; https://sportxperience.rnsportscentre.com; Carretera Cales de Mallorca; Ew./Kind 15/10 €; 10–14.30 Uhr) Im Ausstellungsbereich sind die Karriere-Highlights des mallorquinischen Tennisstars zu bewundern, während im Erlebnisbereich der Puls an verschiedenen Simulatoren (von Tennis über Formel 1 bis hin zu Mountainbiking und anderen Sportarten) in Schwung gebracht wird. Der Kartenverkauf endet um 14 Uhr.

Torre de Ses Puntes — HISTORISCHES GEBÄUDE
(Plaça de Gabriel Fuster Historiador; 18.30–20.30 Uhr) Einst diente der Torre de Ses Puntes aus dem 14. Jh. der Verteidigung der Stadt. Ihm wurden – glücklicherweise überwiegend mit Fingerspitzengefühl – Erweiterungen aus Spiegelglas hinzugefügt und inzwischen finden in dem Turm unregelmäßig Ausstellungen statt. Etwa 500 m westlich des Touristenbüros.

 Essen

Abgesehen von dem üblichen Angebot an vollkommen akzeptablen mallorquinischen Restaurants und Tapasbars, gibt es in Manacor auch ein paar exzellente Lokale.

Ca'n March — MALLORQUINISCH €€
(971 55 00 02; www.canmarch.com; Carrer de València 7; Hauptgerichte 13,50–24 €, Menüs 14,50–25 €; Di–So 13–15.30, Fr & Sa auch 8.30–23 Uhr) Das schon seit 1925 bestehende Ca'n March hat ein warmes traditionelles Flair. Um die Spezialität des Hauses – Fisch – wird nicht viel Theater gemacht: Den Gerichten werden einfach etwas Salz vom Naturstrand Es Trenc sowie mallorquinisches Olivenöl beigefügt. Ebenfalls lecker sind die Reisgerichte wie Hummer mit Reis, Gemüse-Paella oder schwarzer Reis (Tintenfisch mit Tinte und Reis).

Reserva Rotana — MEDITERRAN €€€
(971 84 56 85; www.reservarotana.com; Camí de Bendris Km 3; Hauptgerichte 24–32 €; März–Okt. 19–23 Uhr) Ein Stück Luxus auf dem Lande. Diese Oase von einer Finca (Landgut) hat ein stimmiges Ambiente und einen hervorragenden Service. Im Speisesaal fallen die Balken auf, im Garten blühen die Blumen. Erstklassige Zutaten und eine sorgfältige Zubereitung finden sich in Gerichten wie Lammkarree mit Joselito-Speck, Steinpilzen, Walnüssen und Hagebutten oder Steinbutt mit Kartoffeln und Liebstöckel. Die Finca befindet sich 7 km nördlich von Manacor, an der Ma3321.

Shoppen

Die meisten Besucher kommen wegen der Kunstperlen nach Manacor, aber es finden sich auch einige schöne Holzarbeiten.

Majorica-Verkaufsraum — SCHMUCK
(www.majorica.com; Carretera Palma–Artà Km 47; Juni–Sept. 9.30–20 Uhr, Nov.–Febr. bis 17 Uhr, März–Mai & Okt. bis 18 Uhr) Majorica ist der bekannteste Kunstperlenhersteller der Insel. Die Firma wurde 1890 von dem Deutschen Eduard Heusch gegründet und hat heute am

Manacor

Stadtrand an der Straße nach Palma einen Showroom über zwei Etagen. Oben verarbeiten eine Handvoll Leute die Perlen.

❶ Praktische Informationen

Touristeninformation (✆ 662 350891; www.visitmanacor.com; Plaça del Convent 3; ◷ Mo–Fr 9–14 Uhr)

❶ An- & Weiterreise

Die Zuglinie T3 verkehrt zwischen Manacor und Palma (3,45 €, 65 Min., stündl. zwischen 6.17 und 22.20 Uhr), außerdem wird der Bahnhof von verschiedenen Buslinien angesteuert. Von hier aus erreicht man in zehn Gehminuten die Plaça del General Weyler.

Felanitx

17 500 EW.

Dieses wichtige regionale Zentrum ist für seine Keramik, Weißwein und Kapern bekannt. Die Stadt ist hübsch, aber unspektakulär. Vor allem dient Felanitx als Ausgangspunkt für zwei interessante historische Bauwerke in der Nähe.

★ Santuari de Sant Salvador   KLOSTER

(www.santsalvadorhotel.com; ◷ Kirche 8–23 Uhr) Die Einsiedelei Santuari de Sant Salvador (509 m über dem Meeresspiegel) auf einem Hügel 5 km südöstlich von Felanitx ist einer der beeindruckendsten Aussichtspunkte im Inland Mallorcas. Sie wurde im Jahr 1348 erbaut, als die Pest wütete. Möglicherweise suchten die Einsiedler hier Sicherheit vor dem Schwarzen Tod. Die Kirche, die im Laufe der Jahre erweitert wurde, ist ein seltsamer Mix aus knalligen Säulen und einer kunstvollen Höhlenkrippe, die durch ein schmuckloses Tonnengewölbe und ein zart geschnitztes Altarbild aus Stein ergänzt wird.

Außerdem befindet sich auf einem benachbarten Gipfel ein markantes Kreuz (erbaut 1957), und der Parkplatz wird von einer riesigen, 35 m hohen Christusstatue auf einer Säule beherrscht. Auf Schritt und Tritt bietet sich ein himmlischer Ausblick. Wer das volle Erlebnis sucht, kann in einer der geschmackvoll umgebauten Zellen des **Petit Hotel Hostatgeria Sant Salvador** (✆ 971 51 52 60; www.cancalcohotels.com; Puig San Salvador, Santuari de Sant Salvador; DZ/Apt. Feb.–Okt. ab 45/90 €; P ❄) nächtigen.

Castell de Santueri   SCHLOSS

(✆ 691 223679; http://santueri.org; 4 €; ◷ März–Okt. 10–18.30 Uhr) Wie aus einem Stück gegossen erhebt sich die Burg auf der Klippe, auf der sie steht, und bietet einen einmaligen Blick Richtung Südosten weit übers Meer. Die Festung wurde von den Mauren erbaut und erst 1231 besetzt, zwei Jahre nach der Eroberung der restlichen Insel durch Jaume I. Aus Felanitx kommend, folgt man der Ma 14 2 km, dann richtet man sich nach den Schildern linker Hand (Richtung Osten). Die Straße schlängelt sich 5 km bis zum Fuß des Schlosses.

Das Santuari de Sant Salvador ist über einen 4 km langen Weg durch die Hügel vom Schloss aus zu erreichen.

❶ An- & Weiterreise

Von Palma aus fährt Linie 490 (und der Express 491) nach Felanitx (5,40 €, 1 Std., bis zu 12-mal tgl.) und zurück.

Östliches Mallorca

Inhalt ➜

Artà 162
Capdepera 166
Cala Ratjada 167
Canyamel 169
Porto Cristo 171
Portocolom 172

Gut essen

- ➜ Forn Nou (S. 163)
- ➜ Cases de Son Barbassa (S. 166)
- ➜ VORO (S. 170)
- ➜ Andreu Genestra (S. 166)
- ➜ Es Coll d'Os (S. 169)
- ➜ Restaurant Sa Llotja (S. 172)

Beste historische Architektur

- ➜ Sa Torre Cega (S. 168)
- ➜ Castell de Capdepera (S. 166)
- ➜ Santuari de Sant Salvador (S. 162)
- ➜ Torre de Canyamel (S. 170)
- ➜ Ermita de Betlem (S. 165)
- ➜ Transfiguració del Senyor (S. 162)

Auf ins östliche Mallorca

Es gibt einen guten Grund dafür, dass jedes Jahr Hunderttausende Touristen in ihrem Sommerurlaub Mallorcas Osten erkunden: Hier liegt einer der schönsten Küstenabschnitte der Insel. Wer die weniger ansehnlichen Küstenorte links liegen lässt, entdeckt eine felsige Küstenlandschaft mit Höhlen, Buchten, und Meeresarmen von vollendeter Schönheit. Einige von ihnen sind nur zu Fuß erreichbar und weitgehend vor Erschließung geschützt.

In dieser Gegend befindet sich auch der Parc Natural de la Península de Llevant mit seiner spektakulären Landschaft. Von hier oben kann man wunderschöne Ausblicke auf das Mittelmeer genießen. Einige Kilometer weiter stößt man auf die hübsch gelegene Ermita de Betlem.

Fantastische mittelalterliche Städte wie Artà und Capdepera atmen Geschichte an allen Ecken und Enden – über ersterer erhebt sich das Santuari de Sant Salvador, über letzterer thront ein beeindruckendes Schloss. Und an der Küste zwischen Porto Cristo und Portocolom reiht sich eine verschwiegene Bucht an die nächste.

Reisezeit

Wer das Gefühl hat, dass der Osten Mallorcas Winterschlaf hält und eigentlich nur von April bis Oktober „aktiv" ist, liegt gar nicht so falsch. Es gibt viele Restaurants, Hotels und Geschäfte, die nur während der warmen Monate geöffnet sind, wenngleich immer mehr von ihnen die Saison von Februar bis November erweitern. Die Winter sind recht mild und die Schönheit der Küste und der Bergstädte hat ohne die Menschenmassen einen ganz besonderen Reiz. Als weiteres Winterhighlight gilt das Sant-Antoni-Fest Mitte Januar, das in den meisten Ortschaften ausgelassen gefeiert wird.

Highlights

1 **Artà** (S. 162) An den Burgmauern und in den Nebenstraßen ins mittelalterliche Mallorca eintauchen.

2 **Parc Natural de la Península de Llevant** (S. 164) Über windgepeitschte Hügel zu unberührten Buchten und einer abgelegenen Kirche wandern.

3 **Portocolom** (S. 172) In dieser ursprünglichen Fischerstadt tagsüber tauchen und abends gut essen.

4 **Buchten nördlich von Cala Ratjada** (S. 168) An den ruhigen, unberührten Stränden den sommerlichen Touristenhorden entfliehen.

5 **Coves del Drac** (S. 171) Ins Innere der spektakulärsten Höhlen der Insel vordringen.

6 **Castell de Capdepera** (S. 166) Von der befestigten Bergstadt aus bestaunen, wie sich ganz Mallorca unter einem ausbreitet.

7 **Ses Païsses** (S. 162) Durch die Überreste der faszinierenden prähistorischen Talayot-Kultur spazieren.

8 **Sa Torre Cega** (S. 168) In herrlichen Skulpturengärten dem Trubel Cala Ratjadas entkommen.

WANDERN AN DER OSTKÜSTE VON MALLORCA

VIER-BUCHTEN-WANDERUNG
START FINCA CAN ROIG
ZIEL FINCA CAN ROIG
LÄNGE/DAUER 13 KM; 3–3,5 STD.

Nördlich von Cales de Mallorca machen quirlige Ferienorte der Natur Platz. Auf den 6 km zwischen Cales de Mallorca und Cala Romántica gibt's nur felsige Buchten mit ein paar Pinien sowie durchlöcherte Felswände und das verlockende Aquamarin des Mittelmeeres.

Die Wanderung beginnt an der **Finca Can Roig**, einem Landgut. Von der Carretera Porto Cristo-Portocolom (Ma 4014) muss man bei Km 6 östlich Richtung Cales de Mallorca abbiegen. Nach 2,2 km geht's links ab, dann ist 200 m weiter die Einfahrt zur Can Roig. Hier sollte man das Auto abstellen und dem Fußweg folgen. Schon bald erreicht man ein Tor, durch das man rechts hindurchgehen kann. Schilder weisen den Weg zum Strand.

Von dort dem breiten felsigen Weg parallel zur Küste folgen. Nach 15 Minuten führt ein schmalerer Pfad rechts ab, vorbei an einer Schlucht und durch kleine Wäldchen bis zur **Cala Bota**, einer geschützten Bucht mit kleinem Sandstrand. Hier schlängelt sich ein steiler Weg um die Bucht bis zum oberen Rand, von wo sie in ihrer ganzen Pracht zu bewundern ist.

Von dort geht's auf demselben Weg zurück und über die zweite Abzweigung rechter Hand zur nächsten Bucht, der **Cala Virgili**. Von dem Weg führt ein Pfad direkt hinunter zu der schmalen von Klippen gesäumten Bucht, die mit ihrem klaren Wasser zu einem erfrischenden Bad einlädt. Der Abstecher dauert rund zehn Minuten.

Dann geht's weiter den Hauptweg entlang. Am schmalen nach rechts abzweigenden Pfad vorbei und geradeaus, bis ein zweiter Pfad in Sicht kommt. Diesem folgt man zur **Cala Pilota**, einer hübschen Bucht mit von Höhlen durchzogenen Klippen und türkis schimmerndem Wasser.

Wieder auf dem Hauptweg zurück, nimmt man die zweite Abzweigung nach rechts hinunter zur letzten Bucht, der **Cala Magraner**, der größten und schönsten der vier. Der Weg

Die zerklüftete Küste mit dem azurblauen Wasser im Osten Mallorcas – am schönsten und ursprünglichsten zwischen der Cala de Mallorca und der Cala Romántica – eignet sich großartig zum Wandern.

endet an einer Lichtung; von dort folgt man die letzten Minuten einem schmaleren Pfad. Nachdem man ausgiebig im kristallklaren Wasser geplanscht und die kleinen Grotten im Fels erkundet hat, wandert man den Hauptweg zurück zur Finca Can Roig.

WANDERN IM PARC NATURAL DE LA PENÍNSULA DE LLEVANT

Wanderer sind im Parc Natural de la Península de Llevant in ihrem Element. Im **Informationsbüro** (S. 165) des Parks in **S'Alquera Vella de Baix** – wo man auch parken kann – bekommt man eine Karte, auf der 13 Wanderwege von insgesamt 25 km Länge durch den Park markiert sind.

Eine klassische Route führt von hier bis zur Küste und hinunter zum kleinen Strand bei **S'Arenalet des Verger**, dort kann man auf einem **Campingplatz** (Reservierungen Mo-Fr 9–16 Uhr unter 971 17 76 52; www.caib.es; S'Arenalet des Verger; pro Person & Nacht 5 €) oder im *refugi* (Reservierungen Mo-Fr 9–16 Uhr unter 971 17 76 52; www.caib.es; S'Arenalet des Verger; Zi. 40–60 €) übernachten, wenn man vorher reserviert hat. Man sollte zwei Stunden einplanen. Wer von Osten her kommt, kann in **Cala Estreta** (wo man parken kann, da es außerhalb des Parks liegt) beginnen. Die Wanderung folgt der Küste bis zur **Cala Matzoc** (S. 168), führt am **Torre d'Albarca** aus dem 18. Jh. vorbei und dann nach Westen. Bis S'Arenalet des Verger, das am äußersten Punkt des Parks liegt, ist es noch eine weitere Stunde.

Eine der Wanderstrecken von S'Alquera Vella de Baix nach S'Arenalet ist die Route 3, der 6,5 km lange **Cami dels Presos**, also der Pfad der Gefangenen. Hierbei handelt es sich um einen alten Pfad, den republikanische Gefangene in den frühen 1940er-Jahren als Teil einer (nie vollendeten) Artilleriestellung auf dem **Puig de Sa Tudossa** anlegen mussten, wo die Wanderung auch endet. Der Weg führt an den Ruinen des **Campament des Soldats** am Fuße des **Puig des Porrassar** vorbei, also des Lagers, in dem die Häftlinge untergebracht waren. Um einen Hof herum kann man immer noch die Baracken, Stallungen und einzelne Lagerräume erkennen. Von hier aus hat man die Möglichkeit, auf der Route 13 weiterzugehen und den 564 m hohen **Talaia Freda** zu erklimmen. Alternativ ist es möglich, weiterhin der gewundenen Route 3 zu folgen, die auf den Puig de Sa Tudossa hinaufführt. Für den Abstieg besteht die Wahl zwischen den Routen 5 und 6, die beide am Strand von S'Arenalet des Verger enden. Alternativ kann man vom Lager aus auch über die Route 12 den 481 m hohen Puig des Porrassar erklimmen. Die 1 km lange Strecke ist in 30 Minuten zu schaffen. Oder man wandert vom Lager aus auf der Route 4 rund 30 Minuten ins 1,5 km entfernte **Es Verger**. Von hier aus erfolgt dann die Rückkehr über die Route 1 nach S'Alquera Vella de Baix oder entlang der Route 2 – eine Stunde wandernd bis nach **Albarca**.

Um nach S'Alquera Vella de Baix zu gelangen, fährt man auf der Ma 3333 von Artà nach Norden in Richtung Ermita de Betlem und biegt an dem ausgeschilderten Abzweig bei km 4,7 rechts ab, dann sind es noch 600 m bis zum Parkplatz.

KÜSTENWANDERUNGEN IN CALA RATJADA

Wer den Menschenmassen entkommen möchte, begibt sich auf diesen **Rundwanderweg**, der am nördlichen Ende von Cala Agulla beginnt. Er ist 10 km lang und führt durch die Pinienwäldchen eines Naturschutzgebiets bis zur unberührten, von Dünen umgebenen **Cala Mesquida**. Unterwegs biegt ein schmalerer Pfad an dem Schild mit der Aufschrift *torre* nach rechts zum Wachturm Talaia de Son Jaume II ab. Der Weg (7 km von/bis Cala Agulla) ist mit roten Punkten markiert; am Ende wird man mit einem spektakulären Panoramablick belohnt.

DER NORDOSTEN

Im Nordosten kann man wunderbar wandern, baden, reiten und Vögel beobachten, doch auch kulturell hat diese Gegend einiges zu bieten. Die mittelalterlichen Bergstädte Artà und Capdepera beherbergen zahlreiche antike Schätze, während der lebhafte Ferienort Cala Ratjada daran erinnert, was aus großen Teilen der Ostküste Mallorcas geworden ist.

Artà

7671 EW.

Für den größtmöglichen Kontrast zum wuseligen Urlaubsort Cala Ratjada muss man bloß ein paar Kilometer ins Landesinnere fahren: Artà lockt mit seinem Labyrinth aus engen Gassen, einladenden Cafés, einem attraktiven Hauptplatz (Plaça del Conqueridor) und einer mittelalterlichen Architektur, die von der imposanten Bergfestung aus dem 14. Jh. dominiert wird.

Sehenswertes & Aktivitäten

Santuari de Sant Salvador BURG
(Carrer del Castellet; April–Okt. 8–20 Uhr, Nov.–März kürzere Öffnungszeiten) GRATIS Die Mauern dieser Festung erheben sich majestätisch über Artà, wo sie auf einer früheren maurischen Enklave errichtet wurde und eine kleine Kirche umschließt. Der in den 1960er-Jahren umfangreich sanierte 4000 m² große Komplex mit steinernen Zinnen und meterdicken Mauern erfüllt alle Klischees einer mittelalterlichen Festung. Besucher können den Blick über die Dächer der Medina-ähnlichen Altstadt bis zu den nackten Gipfeln der Serra de Llevant schweifen lassen.

Ses Païsses ARCHÄOLOGISCHE STÄTTE
(abseits der Carretera Artà–Capdepera; Erw./Kind 2 €/frei; Mo–Fr 10–17, Sa bis 14 Uhr) Gleich hinter Artà liegen die Überreste einer 3000 Jahre alten Siedlung aus der Bronzezeit, der größten und bedeutendsten der Talayot-Kultur an der mallorquinischen Ostküste. Durch ein hoch aufragendes steinernes Tor, gebaut aus groben 8 t schweren Steinbrocken, betritt man die prähistorische Mallorca – eine Welt voller Geheimnisse. Besucher können die von Bäumen beschattete Stätte in 30 Minuten durchqueren, doch es lohnt sich, etwas mehr Zeit einzuplanen. Vom großen Kreisverkehr östlich der Touristeninfo folgt man den Schildern nach Ses Païsses.

Museu Regional d'Artà MUSEUM
(971 82 97 78; Carrer de l'Estel 4; Erw/Kind 2 €/frei; Di–Sa 10–15 Uhr) Das kleine Museum widmet sich Artàs faszinierender Vergangenheit. Eine Abteilung beschäftigt sich mit der Naturgeschichte. Eine andere zeichnet mit Exponaten aus der Bronzezeit, der Talayot-Kultur, der Zeit der Punischen Kriege, der Römerzeit und der maurischen Ära – darunter Keramik, Schmuck, Bronzen und Grabbeigaben – die Entwicklung der Stadt im Lauf der Geschichte nach. Zudem ist Raum für Sonderausstellungen, die häufig regionale Kunst, Traditionen und Kultur zum Thema haben.

Transfiguració del Senyor KIRCHE
(Carrer del Mal Lloc; Erw/Kind 2 €/frei; Mo–Sa 10–17 Uhr) Diese Kirche steht auf den Fundamenten einer maurischen Moschee. Mit dem Bau des Gebäudes wurde kurz nach der christlichen Reconquista begonnen, die restaurierte Fassade stammt aber aus dem 16. Jh. Im Innenraum sieht man eine große Fensterrosette, die kunstvoll verzierte Mahagoni-Kanzel und 14 Kapellen im Kirchenschiff. Ein kleines Museum zeigt u. a. kostbare Altarbilder und ein Silberkreuz mit einem Teil des Wahren Kreuzes Christi aus der Kathedrale in Palma, das 1512 hierhergebracht wurde.

Via Verde Manacor–Artà RADFAHREN
(www.viasverdes.com) Diese einfache Radroute mit einem Belag aus gepresster Erde und Schotter verläuft 29 km auf einer stillgelegten Bahntrasse zwischen den beiden Städten. Unterwegs hat man immer wieder einen schönen Blick aufs Meer und bekommt einen Eindruck vom ruhigen ländlichen Nordosten. In der Touristen-

---

 ARTÀ CARD

Wer eine größere Sightseeing-Tour plant, sollte sich in der Touristeninformation (S. 164) die Artà Card (3 €) kaufen. Sie gilt für alle größeren Attraktionen, darunter das Museu Regional d'Artà (S. 162), die Kirche und das Museum Transfiguració del Senyor (S. 162), Ses Païsses (S. 162) und ermäßigten Eintritt zu den Coves d'Artà (S. 169), nahe Canyamel.

Artà

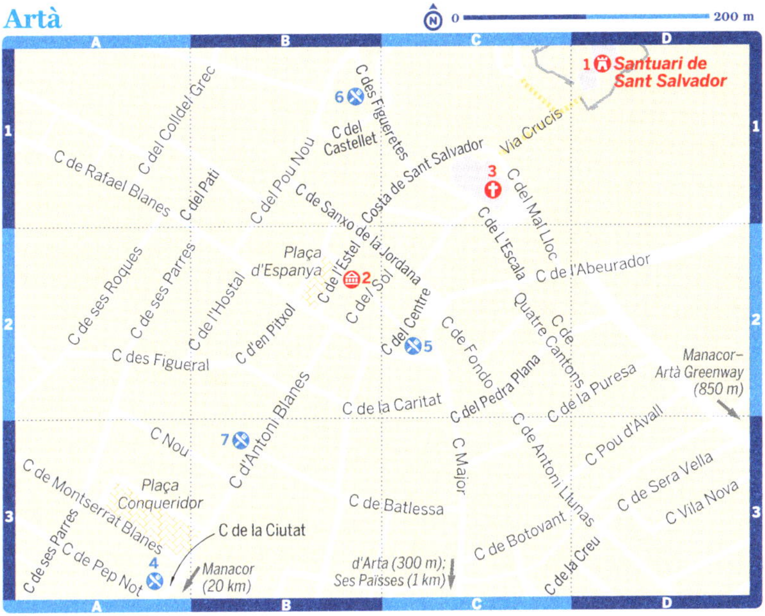

information (S. 164) im stillgelegten Bahnhof von Artà können Fahrräder gemietet werden.

 Feste & Events

Festes de Sant Antoni Abat KULTUR
(16. & 17. Jan.) Anlässlich dieses faszinierenden katalanischen Fests macht man sich in traditioneller Kleidung auf den Weg zum Santuari de Sant Salvador. Dort wird getanzt, musiziert und Reitern zugeguckt, die rückwärts auf ihren Pferden sitzen und mit langen Stäben herumfuchteln.

✕ Essen

In Artà gibt's einige sehr stimmungsvolle Restaurants und Cafés, viele mit Boho-Flair und Straßentischen. Die Carrer de la Ciutat, die schönste Straße der Stadt, ist gesäumt von Geschäften und Restaurants. Die Plätze sind übersät mit Cafés. Die Preise sind tendenziell höher als in den meisten anderen Orten Mallorcas, was einerseits auf die Touristenströme zurückzuführen ist, andererseits auf deren hohe Qualität.

★ Forn Nou MEDITERRAN €€
(971 82 92 46; www.fornnou-arta.com; Carrer del Centre 7; 3-Gänge-Abendmenü 30 €, Hauptgerichte ab 21 €; 18.30–23 Uhr;) Die Terrasse des Forn Nou thront hoch über dem mittelalterlichen Gassengewirr Artàs und bietet Aussicht über die Dächer bis zur Kirche und Festung. Die saisonale Speisekarte ändert sich zweimal im Monat und ist von unverfälschten frischen mediterranen Aromen geprägt. Es gibt Gerichte wie atlantische Anchovis mit gebratener Paprika oder Hummerrisotto.

Gaudí el Restaurante MEDITERRAN €€
(971 82 95 55; www.santsalvador.com; Carrer del Pou Nou 26; Hauptgerichte 21–25 €; Di-So 13–15 & 19–22 Uhr;) Das um einen angeblich von Antonio Gaudí entworfenen, von Teelichtern beleuchteten Innenhof angeordnete Restaurant bietet sich bestens für ein

Artà

 Highlights
1 Santuari de Sant Salvador D1

Sehenswertes
2 Museu Regional d'Artà B2
3 Transfiguració del Senyor C1

Essen
4 Cafe Parisien A3
5 Forn Nou C2
6 Gaudí el Restaurante B1
7 Mar de Vins B3

RADFAHREN RUND UM ARTÀ

In der Touristeninformation gibt's eine tolle Broschüre namens „Bike Tours" mit Dutzenden Karten und Routenbeschreibungen für Radfahrer und Wanderer. Die Touristeninformation verleiht auch Räder. Besonders lohnenswert ist die 7 km lange Strecke von Artà zur Einsiedelei Ermita de Betlem (der letzte Abschnitt ist unerbittlich steil). Wer einfache Touren auf flachem Gelände bevorzugt, kann die Via Verde Manacor–Artà (S. 162), eine stillgelegte Bahntrasse zwischen den beiden Städten, entlangradeln.

Mittag- oder Abendessen in intimem Ambiente an. Gerichte wie Seezunge *meunière* an Sòller-Orangen, Schinken und Artischocken oder Lachs-Tataki an Grünalgen-Risotto und *wakame* zeugen vom Ehrgeiz der Küche. Livemusik begleitet die Tapas am Dienstagabend.

Mar de Vins INTERNATIONAL €€
(971 59 64 10; Carrer d'Antoni Blanes 34; Hauptgerichte 12–16 €; Mo–Sa 11–22.30 Uhr;) Das Café mit einem der hübschesten Gartenpatios von Artà ist unsere Lieblingsadresse für einen Kaffee und ein gutes Buch. Gepflasterter Boden, Bilder und marmorüberzogene Tische sorgen im Inneren für gemütliches Flair. Neben den beliebten spanischen Fleischgerichten wie Hühner-Kroketten und *albóndigas* (Fleischbällchen), die geradezu auf der Zunge zergehen, gibt's auch viele vegetarische Gerichte.

Cafe Parisien MEDITERRAN €€
(971 83 54 40; Carrer de la Ciutat 18; Hauptgerichte 15–18 €; Mo–Sa 10–23, So 17–23 Uhr;) Schmiedeeiserne weiße Stühle, moderne Kunst und Swingmusik aus den 1930ern verleihen dem Künstlercafé ein gewisses Pariser Flair und der Hof mit Jasmin und Weinreben lädt an lauen Tagen zum Verweilen ein. Die Küche ist marktfrisch und international ausgerichtet, wobei leichte Gerichte wie Salate durch Currys und europäische Speisen ausgeglichen werden.

Shoppen

d'Artà KUNST & KUNSTHANDWERK
(971 83 69 81; http://darta.es; Avinguda de Costa i Llobera 7; 9–20 Uhr, im Winter kürzere Öffnungszeiten) In dem hübschen, stillgelegten Bahnhof von Artà, in dem auch das Fremdenverkehrsbüro untergebracht ist, bietet dieses Gemeinschaftsunternehmen traditionelle Kunsthandwerkserzeugnisse einheimischer Künstler, darunter schöne Lederwaren, hübsche Keramik und handgearbeitete Kleidung sowie Kräuterliköre, Bioprodukte, darunter Fleisch des schwarzen Mallorca-Schweins, einblütigen Honig, Trockenfrüchte und andere Leckereien. Oben befindet sich eine Ausstellung regionaler Kunst.

 **Praktische Informationen**

Touristeninformation (971 83 69 81; http://darta.es; Avinguda de Costa i Llobera 7; Mo–Fr 10–17, Sa bis 14 Uhr) Das örtliche Kunsthandwerks- und Kulturzentrum von Artà beherbergt eine hilfsbereite Touristeninformation, die viele Infos und Karten zur Region bietet. Hier gibt's auch die Artà Card (S. 162) zu kaufen und einen Radverleih.

Das Büro befindet sich im stillgelegten Bahnhof.

 An- & Weiterreise

Von/zur Avinguda de Costa i Llobera in Artà fahren u. a. Bus 411 nach Palma (9,90 €, 90 Min., 4–5-mal tgl.) via Manacor (2,95 €, 25 Min.), sowie Bus 446 nach Port d'Alcúdia (5,45 €, 1 Std., Mo–Sa 3-mal tgl.) und Port de Pollença (6,85 €, 70 Min.).

Parc Natural de la Península de Llevant

Dieser wunderschöne Naturpark beginnt 5 km nördlich von Artà und gilt als eines der schönsten Fleckchen Erde im Osten Mallorcas. Er wird von der **Serra de Llevant** dominiert, einer niedrigen Gebirgskette aus vom Wind geformtem Kalkstein. Außenherum wächst Diss (Süßgras), das bisweilen von Steineichen, Aleppo-Kiefern und Fächerpalmen unterbrochen wird. Den Höhepunkt des Parks bildet das **Cap Ferrutx**, ein beeindruckendes Naturschutzgebiet (nicht öffentlich zugänglich), das von der Nord- und Ostküste Mallorcas steil ins Meer abfällt.

Teile des Geländes sind durch Straßen erschlossen, doch eigentlich ist es ein Paradies für Wanderer, Radfahrer und mit Ferngläsern ausgestattete (Hobby-)Ornithologen. Letzteren werden zahllose Kormorane und Korallenmöwen sowie Wanderfalken und Zwergadler sichten. Eine schöne Wanderung führt über den Mirador hinauf zur abgelegenen Kirche Ermita de Betlem, von wo aus man hinunter zur Badia d'Alcúdia gelangt.

Ermita de Betlem
CHRISTLICHE STÄTTE

GRATIS In der 1805 gegründeten Ermita de Betlem führen noch immer Eremiten ein isoliertes, autarkes Leben. Der faszinierende Blick über die Natur und die windgepeitschte Küste lohnt die Fahrt auf der steil ansteigenden und abfallenden Straße zur Einsiedelei.

Die hübsche Steinfassade der Kirche steht im Kontrast zum modernen weiß getünchten Innenraum mit Deckenfresken und der Darstellung von Christi Geburt in einer Höhle (inklusive Stalaktiten und Stalagmiten). Ringsum gewähren die Hügel eine tolle Aussicht bis hinüber nach Menorca.

Rechts neben dem Eingang befindet sich ein kleiner Laden, in dem Rosenkränze und katholische Devotionalien verkauft werden. Um die Einsiedelei zu erreichen, nimmt man am besten die Ma3333, eine schmale befestigte Straße, die in Artà beginnt und sich rund 5 km durch Pinienwälder und Felder zieht, bevor sie steil zu einem Plateau hin ansteigt, um sich dann über weitere 2,5 km wieder hinabzuwinden. Man kann auch von Betlem aus zur Einsiedelei hinauflaufen – oder von dort hinunter in den Ort. Fährt man mit dem Auto hinauf, so hat man von einer der Kurven aus einen spektakulären Blick auf die Badia d'Alcúdia.

Mirador de la Ermita de Betlem
AUSSICHTSPUNKT

Atemberaubender Aussichtspunkt (nicht nur für erschöpfte Radfahrer) hoch oben auf dem Weg zur Ermita de Betlem, mit herrlichem Blick auf die Badia d'Alcúdia und das Cap Ferrut.

Praktische Informationen

Parc Natural de la Península de Llevant Information Office (900 15 16 17; http://ibanat.caib.es; S'Alqueria Vella de Baix; 9–16 Uhr) Das Parkbüro kann mit Routenkarten helfen und organisiert geführte Wanderungen, in der Regel auf Katalanisch und auf Spanisch.

An- & Weiterreise

Man benötigt ein eigenes Fahrzeug, mit Bussen kommt man nur bis Artà oder Betlem.

VOGELBEOBACHTUNG AUF MALLORCA

Fast überall auf Mallorca kann man Vögel beobachten, aber die Nord-, Ost- und Südküste bilden die besten Gebiete für Vogelbeobachter.

Parc Natural de S'Albufera (S. 142) Ein Paradies für Sumpfvogelbeobachter, in dem rund 230 Arten, darunter Bartgrasmücken und Löffelenten, um Aufmerksamkeit wetteifern. Der Park beherbergt nicht weniger als zwei Drittel der Arten, die auf Mallorca dauerhaft leben oder hier überwintern. Es ist ein Ramsar-Gebiet von internationaler Bedeutung.

Parc Nacional Marítim-Terrestre de l'Arxipèlag de Cabrera (S. 181) Diese geschützten vorgelagerten Inseln ziehen Meeresvögel, Zugvögel und Raubvögel an, darunter Fischadler, vom Aussterben bedrohte Balearensturmtaucher, Korallenmöwen, Gelbschnabel-Sturmtaucher, Krähenscharben, Fischadler, Eleonorenfalken und Wanderfalken.

Parc Natural de la Península de Llevant (S. 164) Auf dieser zerklüfteten Landzunge nördlich von Artà gilt es, Ausschau nach Kormoranen und Korallenmöwen zu halten.

Parc Natural de Mondragó (S. 184) Falken, Turteltauben und Küstenbewohner.

Embassament de Cúber Im Schatten des Puig Major de Son Torrella lassen sich Greifvögel und andere Bergarten beobachten.

Vall de Bóquer Das felsige Tal in der Nähe von Port Pollença ist die Heimat von Grasmücken, Zwergohreulen, Rebhühnern, Wanderfalken sowie anderen Berg- und Zugvogelarten.

Cap de Formentor (S. 136) Auf dieser dramatischen Halbinsel sind alle Arten von Grasmücken, die Blaue Felsendrossel, die Felsenschwalbe, der Eleonorenfalke, der Fahlsegler, ziehende Greifvögel und mit etwas Glück Balearensturmtaucher zu sichten.

Capdepera

11 600 EW.

Capdepera ist eher eine befestigte Stadt als eine Stadt mit Burg: Die eindrucksvolle mittelalterliche Festung von Capdepera ist von den Ebenen im Nordosten der Insel schon aus der Ferne sichtbar. Mit ihrer Größe erinnert sie an die Jahrhunderte, als sie die einzige Schutz vor Piratenangriffen war. Der Rest des Dorfes, das sich unter den Burgmauern drängt, ist nett und teils richtig schön, doch die Burg ist nach wie vor die Hauptattraktion.

Sehenswertes & Aktivitäten

 **Castell de Capdepera** BURG

(971 81 87 46; www.capdeperacastell.com; Carrer del Castell; €3; Juni–Sept. 10–20, April/Mai & Okt. bis 19, Nov.–Anfang Jan. & Anfang Feb.–März bis 17 Uhr) Über Capdepera thront diese Festung aus dem 14. Jh. Der ummauerte Komplex wurde auf den Ruinen einer maurischen Festung hochgezogen und zählt zu den am besten erhaltenen Burgen der Insel. Sie wurde von Jaume II. (dem Sohn von Jaume I., dem Eroberer) als autarke Stadt gebaut und war eine sichere Bastion gegen Piratenangriffe und in diesem Teil der Insel der Ausdruck königlicher Macht. Innerhalb der Mauern steht auch eine einfache Steinkirche, die ein kostbares hölzernes Kruzifix aus dem 14. Jh. beherbergt.

Capdepera Golf GOLF

(971 81 85 00; www.golfcapdepera.com; Carretera Artá-Capdepera, km 3,5; 9 Löcher 39–49 €, 18 Löcher 59–97 €; Sommer 8–17, Winter 9–15 Uhr) Der vom US-Golfarchitekten Dan Maples entworfene 18-Loch-Platz, der die Topographie optimal ausnutzt, genießt einen ausgezeichneten Ruf.

Feste & Events

Mercat Medieval KULTUR

(Mai) Bei diesem Markt zum Gedenken an die Stadtgründung im Jahr 1300 durch Jaume II. prägen mittelalterliche Kostüme und Events das Stadtbild am dritten Wochenende im Mai.

Festa de Sant Antoni RELIGIÖSES FEST

(St. Antoniustag; 16. & 17. Jan.) Dieses archaische Balearen-Fest zu Ehren eines ägyptischen Heiligen aus dem 3. Jh. hat es aus einem früheren heidnischen Fest hervorgegangen und wird mit Freudenfeuern und Maskentänzen gefeiert.

 Essen

Die besten Restaurants in Capdepera befinden sich in der Nähe der Stadt, aber nicht in der Stadt selbst. Mehrere gehobene Landhotels haben ebenfalls erstklassige, verlockende Restaurants.

 Cases de Son Barbassa MEDITERRAN €€

(971 56 57 76; www.sonbarbassa.com; Camí de Son Barbassa; Hauptgerichte ab 24 €, 3-Gänge-Menü 34,50 €; 12.30–15 & 19–22 Uhr) Eine schmale Gasse führt zu dieser wunderbar abgeschiedenen Finca inmitten von Oliven-, Mandel- und Johannisbrotbäumen, die mit ihrer Terrasse und weitere Aussichten aufs Umland die romantische Stimmung noch steigert. Die Küche verarbeitet viele Produkte aus dem Garten und vom Markt zu leckeren Gerichten wie Steinbutt in Champagner mit Venusmuscheln und Austern oder Spanferkel in knuspriger Perfektion, wobei durchweg hausgemachtes Olivenöl zum Einsatz kommt.

Andreu Genestra MODERN EUROPÄISCH €€€

(971 56 59 10; http://andreugenestra.com; Carretera Cala Mesquida, km 1; 5-/8-/10-Gänge-Menüs 58/74/105 €; April–Nov. Sa & So 13.30–15 & 19–22.30, Mo–Fr, 19–22.30 Uhr; P) Der mit einem Michelin-Stern ausgezeichnete mallorquinische Küchenchef Genestra betreibt dieses wundervolle ländliche Restaurant. Es ist unabhängig, aber ans Hotel Predi Son Jaumell angeschlossen und liegt inmitten seiner eigenen Olivenhaine und Weingärten. Genestras Erfahrungen aus der Arbeit in den Gourmettempeln Mugaritz und El Bulli scheinen bei den Festpreismenüs durch, doch mallorquinische Zutaten wie *cocarroi* (Teigtaschen) und die lokale Wurst *butifarra* erfahren den angemessenen Respekt.

Praktische Informationen

Touristeninformation (971 55 64 79; Carrer des Centre 9; Mo–Fr 8–15 Uhr) Im Stadtzentrum.

An- & Weiterreise

Bus 411 verbindet Capdepera mit Palma (11 €, 1 ½ Std., bis zu 5-mal tgl.) und fährt über Artà (1,50 €, 15 Min.) sowie Manacor (4,05 €, 40 Min.). Bus 441 fährt auch die Ostküste entlang und hält in allen größeren Ferienorten, z. B. in Porto Cristo (3,35 €, 55 Min., bis zu 8-mal tgl.) und Cala d'Or (9,20 €, 1 ¾ Std.); eventuell muss man unterwegs umsteigen.

Cala Ratjada

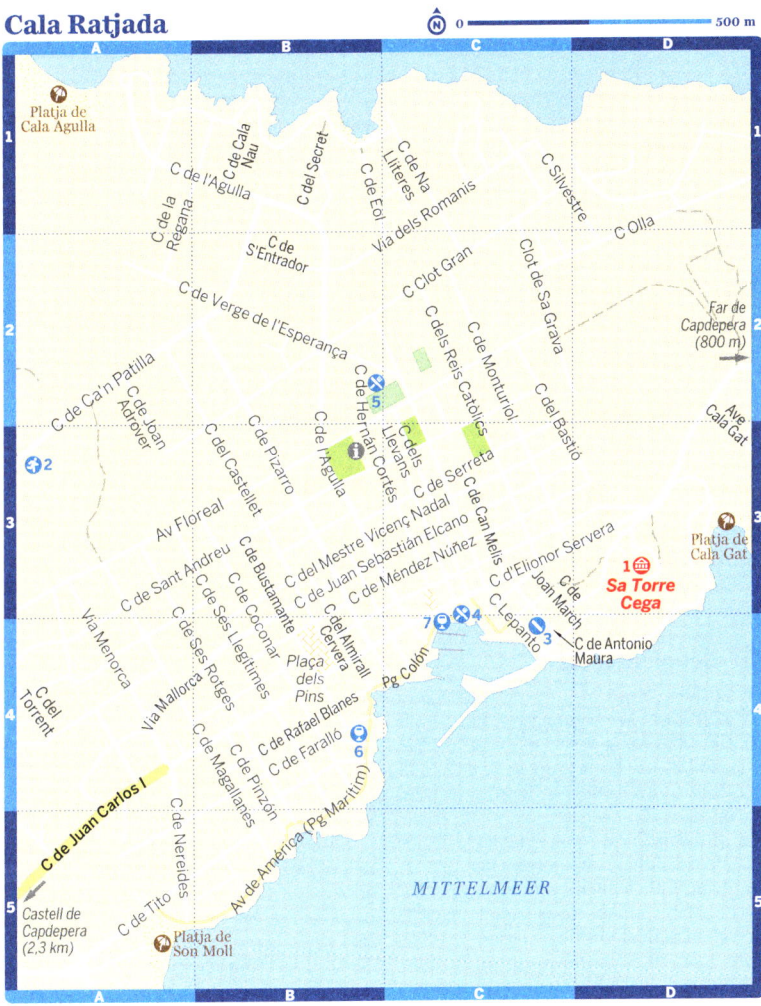

Cala Ratjada

6500 EW.

Cala Ratjada ist der Dr. Jekyll und Mr. Hyde unter den Urlaubsorten des östlichen Mallorcas. Bei einem Spaziergang entlang der Küstenpromenade zu einer der ruhigeren Buchten präsentiert er sich von seiner hübschen und manchmal idyllischen Seite. Zudem ist er ein toller Ausgangspunkt für Wassersportler.

In der Hochsaison zeigt das Städtchen dann sein anderes Gesicht als Costa de Bavaria mit feucht-fröhlichen Biergärten samt

Cala Ratjada

◎ Sehenswertes
1 Sa Torre Cega D3

✚ Aktivitäten, Kurse & Touren
2 Rancho Bonanza A3
3 Skualo Adventure Sports C4

✖ Essen
4 Ca'n Maya C3
5 Es Coll d'Os B2

✦ Ausgehen & Nachtleben
6 Café Noah's B4
7 Royal C4

RUHIGE BUCHTEN UM CALA RATJADA

Nördlich von Cala Ratjada erstreckt sich ein hübscher Küstenstreifen mit lauter kleinen Stränden, der lange Zeit Favorit der FKK-Szene war. Heute sind die abgelegenen Buchten zwar kein Geheimtipp mehr, aber dank spärlicher Bebauung weiter ruhig und ursprünglich.

Die breite, familienfreundliche Cala Mesquida ist von Sanddünen und einer kleinen Wohnanlage umgeben und gut erreichbar. Es gibt kostenlose Parkplätze, in der Saison ein paar Strandbars und eine regelmäßige Busverbindung (Bus 471) von Cala Ratjada (1,90 €, 25 Min., bis zu 8-mal tgl.).

Um zu den Buchten weiter westlich zu gelangen, braucht es schon etwas Entschlossenheit. Die oft windige Cala Torta, die winzige, geschützte Cala Mitjana und die strandlose Cala Estreta liegen alle am Ende einer schmalen Straße, die sich von Artà durch die Berge schlängelt. Interessanter ist es aber, auf dem Fußweg von der Cala Mesquida herzuwandern (1 Std.).

Weiter westlich, ca. 20 Gehminuten von der Cala Estreta die Küste entlang, kommt die Cala Matzoc (S. 158) in Sicht. Der große und oft menschenleere Strand erstreckt sich vor einem Hügel, auf dem die Ruine eines prähistorischen *talayot* (Wachturm) steht.

angetrunkenen Gästen im Alter zwischen 18 und 30 Jahren, bei denen Currywurst und dergleichen reißenden Absatz finden. Das wahre Mallorca offenbart sich dann erst wieder jenseits des Zentrums (das nie wirklich weit weg ist).

Sehenswertes

Sa Torre Cega HISTORISCHES GEBÄUDE
(971 81 94 67; www.fundacionbmarch.es; abseits der Carrer d'Elionor Servera; Erw./Kind 4,50 €/frei; Touren Mai–Nov. Mi–Fr 10.30–12, Sa & So 11–18, Feb.–April Mi, Fr & Sa 10.30–12 Uhr) Dieses Küstenanwesen, das nach dem im 15. Jh. erbauten „blinden Turm" (von anderen Türmen aus nicht sichtbar) im Zentrum benannt ist, wurde im frühen 20. Jh. vom renommierten Architekten Guillem Reynés Font angelegt. Im schönen mediterranen Garten befinden sich über 40 Werke bekannter katalanischer, spanischer und lateinamerikanischer Bildhauer, darunter Eusebio Sempere, Juan de Ávalos, Xavier Corberó und Agustín Cárdenas. Führungen müssen vorab in der Touristeninformation gebucht werden (S. 169).

Far de Capdepera LEUCHTTURM
Dieser Leuchtturm an der östlichsten Spitze Mallorcas, etwa 1,5 km von Sa Torre Cega, ist der Endpunkt einer schönen Fahrt, Wanderung oder Radtour durch Pinienwälder. Er thront 76 m über dem Meer, wurde 1861 in Betrieb genommen (1969 elektrifiziert) und war für Segler im Kampf gegen die heftigen Winde an der Ostküste lange Zeit unverzichtbar. Die Aussicht von hier aus (an klaren Tagen bis nach Menorca) ist wunderbar.

Aktivitäten

Skualo Adventure Sports TAUCHEN
(971 56 43 03; www.mallorcadiving.com; Carrer Lepanto 1; 2-tägiger Tauchkurs 290 €, 2-stündige Schnorcheltour 45 €;) Die renommierte Tauchschule veranstaltet verschiedene PADI-Kurse und Schnorchelausflüge, u. a. im klaren Wasser rund um den Parc Natural de la Península de Llevant (S. 164). Sie arrangiert auch andere Aktivitäten wie Speedboot-Touren (45 €, 50 Min.) und Höhlentouren (inkl. Schwimmen in Salz- und Süßwasserhöhlen, 65 €, 3 Std.)

Rancho Bonanza REITEN
(619 68 06 88; www.ranchobonanza.com; Carrer de Ca'n Patilla; 30-min.-Ausritte 20/40 €, ganztägiger Ausritt 70 € pro Pers.;) Das Bonanza, die beste von mehreren Optionen am von Kiefern bewachsenen Stadtrand, bietet tägliche Ausflüge zu ruhigen Buchten und entlang ländlicher Wege. Zum Programm gehören außerdem einstündige Ponyritte (10 €) für Kinder bis sechs Jahre sowie Reitunterricht (20 €) und Reiten ohne Sattel (20 € pro Std.).

Illes Balears Ballooning BALLONFAHRTEN
(607 64 76 47; www.ibballooning.net) Balloncharter für atemberaubende Fahrten (am Morgen oder zum Sonnenuntergang pro Pers. 170/180 €), auch private Vermietung (300 €).

Essen

Das kulinarische Angebot in Cala Ratjada ist internationaler als in vielen anderen mallorquinischen Städten. Aber es gibt natürlich auch gute mallorquinische Meeresfrüchte. An Auswahl mangelt es nie.

★ Es Coll d'Os   MEDITERRAN €€
(971 56 48 55; www.escolldos.com; Carrer de Verge de l'Esperança 5; 3-Gänge-Menü 31€; Mo–Sa 18.30–22.30 Uhr) Dieses familiengeführte Finca-Restaurant scheint Lichtjahre von den geschmacklosen Touristenlokalen Cala Ratjadas entfernt zu sein. Auf der weinumrankten Terrasse wird kreativ zubereitete saisonale Küche serviert. Die Kräuter und Gemüsesorten stammen aus eigenem Anbau, das Lammfleisch kommt vom nahegelegenen Landgut und der Fisch aus heimischen Gewässern.

Ca'n Maya   FISCH & MEERESFRÜCHTE €€
(971 56 40 35; www.canmaya.com; Carrer d'Elionor Servera 80; Hauptgerichte 15–30€; April–Nov. Di–So 12–16 & 19–24 Uhr;) Das zentral gelegene Traditionsrestaurant (1983 gegründet) ist das vielleicht authentischste und zwangloseste Meeresfrüchtelokal der Stadt. Die verglaste Terrasse am Hafen lädt dazu ein, den gebratenen Tintenfisch, die Scheidenmuscheln, den gegrilltem Seeteufel, den Seespinnenreis, den norwegischen Hummer, die Paella und viele andere Delikatessen aus den salzigen Tiefen des Mittelmeeres in aller Ruhe zu genießen.

Ausgehen & Nachtleben

Cala Ratjada ist der Ort im Nordosten Mallorcas, wo man mal richtig einen draufmachen kann, besonders rund um die Carrer des Coconar und die Carrer d'Elionor Servera.

Royal   BAR
(971 81 82 22; Carrer d'Elionor Servera 74; 9–1 Uhr;) Das besonders zum Sonnenuntergang sehr beliebte Royal hat eine elegante Terrasse mit Blick auf das schmale Ende des Hafens. Musik erklingt donnerstags (DJs), freitags (Flamenco) und samstags (Jazz) um 20 Uhr. Die Küche bringt erstklassige Meeresfrüchte, Salate und Grillgerichte auf den Tisch, darunter ein sehr günstiges Mittagsmenü (10 €; 12–15 Uhr).

Café Noah's   BAR
(971 81 81 25; www.cafenoahs.com; Avinguda de América 2; 9–2 Uhr) Wer das bunte Treiben an der Küstenpromenade bei einem Cocktail auf sich wirken lassen möchte, hat von der Terrasse dieser schicken Loungebar den perfekten Ausblick. Drinnen gibt's gemütliche Ledersofas und im Sommer heizen DJs dem Publikum Freitag- bis Sonntagabend ein. Eine solide und international innovative Speisekarte rundet das attraktive Angebot ab.

❶ Praktische Informationen
Touristeninformation (971 81 94 67; www.ajcapdepera.net; Centre Cap Vermell, Carrer de l'Agulla 50; Mo–Fr 9–13 & 16–20 Uhr;) Im weißen Rathausgebäude. Vormittags trifft man englisch sprechende Mitarbeiter an. Auf dem Platz vor dem Rathaus gibt's kostenloses WLAN.

❶ An- & Weiterreise
Bus 411 verbindet Palma mit Artà und Cala Ratjada und fährt täglich fünfmal in jede Richtung (11,45 €, 2 Std.). Von Mai bis Oktober steuert ein Bus die Strände und Attraktionen in der Nähe mehrmals täglich an, darunter Cala Mesquida, Cala Agulla und die Coves d'Artà (jeweils 1,85 €).

Canyamel
315 EW.

Das kleine Canyamel ist natürlich viel ruhiger als die größeren Ferienorte an der Ostküste, wenngleich auch hier (in Maßen) gebaut wird und die hübsche **Platja de Canyamel** im Sommer sehr voll werden kann (die gut betuchten Einheimischen, deren teure Häuser an den Südhängen oberhalb der Stadt stehen, halten sich von dem Strand fern). Gen Landesinneren erhebt sich an der Straße ein schöner mittelalterlicher Turm, der in ein Kulturzentrum verwandelt wurde. Und es gibt einen majestätischen Höhlenkomplex, der weitaus weniger Besucher anzieht als ähnliche Stätten an dieser zerklüfteten Küste.

◉ Sehenswertes & Aktivitäten

Coves d'Artà   HÖHLEN
(971 84 12 93; www.cuevasdearta.com; Carrer de Coves de s'Ermita; Erw./Kind 7–12 J./Kind unter 7 J. 15/7 €/frei; April–Juni. 10–18 Uhr, Juli–Sept. bis 19, Nov.–März 10–17 Uhr) 1 km nördlich von Canyamel liegen diese Höhlen, in die man durch einen unscheinbaren Riss in einer Felswand gelangt. Sie dienten Jules Verne möglicherweise als Inspiration für *Die Reise zum Mittelpunkt der Erde*. In der Eingangshöhle steht ein 22 m hoher Stalagmit, die „Königin der Säulen", dahinter folgen weitere Räume, darunter die „Halle des Fegefeuers" und die „Höllenkammer". Die

30-minütigen Höhlenführungen beginnen alle halbe Stunde.

Torre de Canyamel   BURG
(✆971 84 11 34; Carretera Artà-Canyamel, km 5; Erw./Kind 3 €/frei; ⊙Di–Sa 10–15 & 17–20, So 10–15 Uhr) Nur 3 km landeinwärts von Canyamel steht der schon an der Hauptküstenstraße ausgeschilderte markante Torre de Canyamel. Der 23 m hohe, restaurierte Wehrturm aus goldgelbem Stein aus dem 13. Jh. wurde nach dem Zuckerrohr benannt, das früher in der Region angebaut wurde – ein lohnender Abstecher. Neben einem Restaurant und Veranstaltungsräumen gibt's auch eine Dauerausstellung, die mit Exponaten der Ethnografischen Sammlung Morell 700 Jahre Kulturgeschichte in der Gegend illustriert.

Canyamel Golf   GOLF
(✆971 84 13 13; www.canyamelgolf.com; Avinguda d'es Cap Vermell; 9/18 Löcher ab 49/83 €; ⊙Juni–Aug. 7.30–21, Sept.–Mai kürzer) Der 18-Loch-Platz ist einer der attraktivsten der Insel, denn er nutzt das reizvolle Terrain auf intelligente (und anspruchsvolle) Weise. Eines seiner besonderen Merkmale ist eine Steinhütte, die dem Spiel noch mehr Komplexität verleiht. Hier leben auch Schildkröten, also in der Nähe der Wasserhindernisse vorsichtig sein.

Pula Golf   GOLF
(✆971 81 70 34; www.pulagolf.com; Carretera Son Servera–Capdepera, km 3; 9 Löcher 39–49 €, 18 Löcher 65–97 €; ⊙8–17 Uhr) Der von José María Olazabal entworfene 18-Loch-Platz der PGA Tour ist der längste und anspruchsvollste Platz Mallorcas (Par 72). Es gibt auch ein Hotel und einen Country Club in einer stattlichen Landvilla aus dem 16. Jh.

✘ Essen

Wer eine Alternative zu den unkonventionellen Hotelrestaurants und den üblichen Strandbars sucht, sollte ins Landesinnere zur Porxada de Sa Torre am Fuße des Torre de Canyamel fahren.

★ Porxada de Sa Torre   MALLORQUINISCH €€
(✆971 84 11 34; www.torredecanyamel.com/es; Carretera Artà–Canyamel, km 5; Hauptgerichte 17–20 €; ⊙Di–So 13–15.30 & 19–23, Mo 19–23 Uhr) Das Porxada de Sa Torre, das sich auf die Gartenterrasse öffnet, ist eine Bastion mallorquinischer Küche. Dafür sorgen *tumbet*, perfekt gebratenes Kaninchen mit Zwiebeln und das weithin berühmte *lechona* (über Steineichenholz gegrilltes Spanferkel). Wer mag, kann sogar den Köchen bei der Zubereitung zusehen! Die rustikale Architektur mit viel Stein und Holz und eine noch ältere Olivenpresse sowie nette Angestellte runden den tollen Gesamteindruck ab.

★ VORO   MEDITERRAN €€€
(✆871 81 12 34; www.voroybyparkhyattmallorca.com; Park Hyatt Mallorca, Urbanización Atalaya de Canyamel; 11-/16-gängiges Degustationsmenü 110/140 €; ⊙Di–Sa 19–21.30 Uhr; ⚑) Das mit einem Michelin-Stern ausgezeichnete VORO mit Küchenchef Álvaro Salazar an der Spitze, dessen Name sich vom lateinischen Wort für „verschlingen" ableitet, setzt mit einem erstklassigen Service und einer äußerst kreativen Speisekarte, die auch die mediterrane Küche im Auge behält, neue Maßstäbe. Es gibt zwei Degustationsmenüs, die von einer erstklassigen Weinkarte begleitet werden.

ℹ An- & Weiterreise

Bus 472 verbindet Canyamel mit Cala Ratjada (1,90 €, 25 Min., Mo–Sa 9-mal tgl., So 2-mal tgl.). Bus 473 fährt nach Artà (1,90 €, Mo–Sa 20 Min., 3-mal tgl.).

VON CALA MILLOR NACH PORTOCOLOM

Für die Millionen von Urlaubern, die jedes Jahr an die Sandstrände strömen, in den sanften Wellen planschen und in schicken All-inclusive-Resorts absteigen, ist die Küste zwischen Cala Millor und Portocolom ein mediterranes Paradies. Doch für diejenigen, die den Verlust der früher unberührten mallorquinischen Küste betrauern, ist die Zersiedelung nichts weniger als eine Katastrophe. Von seinen bescheidenen Anfängen in den 1930er-Jahren ist Cala Millor zu einem Ungetüm von Ferienort angewachsen – dem größten an der Ostküste Mallorcas. Wer keine Lust auf Menschenmassen hat, sollte sich jedoch nicht völlig abschrecken lassen. Man kann einfach in einem der gemütlichen ländlichen Hotels absteigen und zu Stränden abseits des Rummels mit dem Auto oder dem Rad fahren bzw. wandern, etwa zur Cala Romántica oder zur Cala Varques.

ABSTECHER

ABGESCHIEDENE BUCHTEN SÜDLICH VON PORTO CRISTO

An der zerklüfteten Küste südlich von Porto Cristo erstrecken sich mehrere herrlich einsame Buchten, die fast alle von der Fernstraße Ma 4014 zwischen Porto Cristo und Portocolom ausgeschildert sind. Die größte und touristischste ist die **Cala Romántica** (S'Estany d'en Mas; P), ein 160 m langer Strand mit blass-goldenem Sand, Klippen und seichtem türkisblauem Wasser. Mit nur wenigen Hotels zählt der Urlaubsort zu den ruhigeren der Insel, vor allem in der Nebensaison. In die Felsen am Meer wurde eine grobe Promenade gehauen.

Südlich der Cala Romántica liegen einige schöne Fleckchen wie die **Cala Varques** (Cala Barques), bekannt für eine Höhle in den Felsen über der Bucht, die **Cala Sequer**, die **Cova del Pilar** – am besten mit dem Kajak zu erkunden – und die **Cala Magraner**. Letztere ist eine wilde, abgeschiedene Bucht am Ende einer Schlucht und wegen der wettergegerbten Klippen bei Kletterern beliebt. Keiner dieser Orte ist direkt mit dem Auto zu erreichen (tatsächlich wäre es bei einigen per Boot am einfachsten).

Porto Cristo

7300 EW.

Mallorcas größte Höhlen, die überirdisch anmutenden Coves del Drac, sorgen dafür, dass Porto Cristo sich ungebrochener Beliebtheit bei Tagesbesuchern erfreut, die in ganzen Busladungen einfallen. Das Städtchen ist nicht so glamourös wie andere Ferienorte an der Küste, aber das macht sein ruhiger Charme allemal wett.

Sehenswertes & Aktivitäten

 **Coves del Drac** HÖHLE
(Drachenhöhlen; 971 82 07 53; www.cuevasdeldrach.com/de; Carretera Cuevas; Erw/Kind 16/9 €; März–Okt. 10–17 Uhr, Nov.–Anfang März 10.30–15.30 Uhr) Die Coves del Drac sind überlaufen und übertreuert – aber sie werden auf keinen Fall überschätzt. Von allen zugänglichen Höhlenkomplexen Mallorcas ist dies der unvergesslichste. Allein wird man natürlich nicht sein, wenn man – begleitet von Erläuterungen in mehreren Sprachen – 1,2 km ins Gestein vordringt. Man bummelt durch eine Höhle nach der anderen, und sie alle bieten unglaubliche Formen, Farben und Ausmaße. Die einstündige Tour (die immer zur vollen Stunde beginnt) endet in einem riesigen Amphitheater und See sowie einem kurzen klassischen Musikkonzert vom Boot aus.

Skualo Adventure
Sports & Dive Centre TAUCHEN
(971 81 50 94; www.mallorcadiving.com; Passeig del Cap d'Es Toll 11; 2 Tauchgänge ohne/mit Ausrüstung 80/105 €; Ostern–Okt. Mo–Sa 9–18 Uhr) Die erstklassige Tauchschule bietet Anfängerkurse (95 €) und viele weitere PADI-Kurse, Schnorchelausflüge (45 €) und zweistündige Touren im Seekajak (49 €) sowie eine dreistündige Meereshöhlenexkursion (69 €) mit Gelegenheit zum Schwimmen. In der Umgebung gibt's acht interessante Tauchspots mit unterschiedlicher Topografie und vielen Meereslebewesen.

 Feste & Events

Festa de Sant Antoni RELIGIÖSES FEST
(16. & 17. Jan.) Ganz Porto Cristo ist auf den Beinen, wenn am Vorabend von Sant Antoni, der traditionellen Segnung der Tiere, ein riesiges Feuer entzündet und der „Tanz der Teufel" veranstaltet wird.

Essen

Mehrere Fischrestaurants säumen die Uferpromenade und lassen sich den Blick auf Hafen und Sandklippen bezahlen. Einige bieten gute Speisekarten.

La Magrana CAFÉ €€
(971 82 15 33; Plaça de Déu del Carme 15; Hauptgerichte 15–16 €; Nov.–Feb. Di–Sa 9–16, So 10–14 Uhr;) Dieses niedliche Café mit grünen Fensterläden, das oberhalb der Stadt an einem ruhigen Kirchplatz liegt, versprüht dank Vintage-Dekor, Topfpflanzen, Korbstühlen, Bildern und frechen Farben echtes Künstlerflair. Auf der Gartenterrasse werden frische Säfte, Eis und leichte Snacks wie *pa amb oli* (Brot mit Öl)

mit Serrano-Schinken und Cannelloni mit frischem Salat serviert.

Quince FISCH & MEERESFRÜCHTE €€
(971 82 18 30; www.restaurantequince.com; Carrer Verí 1; Hauptgerichte 12–28 €; Do–Di 11.30–22 Uhr;) Mit seiner attraktiven Lage mit Blick auf den Hafen von Porto Cristo ist das hübsche Quince ein echter Charmeur. Die abwechslungsreiche, kosmopolitische und weltoffene Speisekarte reicht von Hühner-Gyoza über Schweinefilet nach kubanischer Art mit gebratenen Bananen, Ceviche aus dem Fang des Tages, Fischeintopf, frischen mallorquinischen Garnelen, gebratenen Baby-Tintenfischen mit Tzatziki-Aioli bis hin zu Spareribs.

Sa Pedra FISCH & MEERESFRÜCHTE €€
(971 82 09 32; Carrer Verí 4; Hauptgerichte 15–25 €; Mi–Mo 12–16 & 19–23 Uhr;) Sa Pedra ist ein schickes Restaurant in Porto Cristo. Von seiner schönen Terrasse blickt man auf die Boote im Yachthafen. Es serviert eine beliebte Meeresfrüchte-Paella (16,90 €), hausgemachte Fischkroketten (16,25 €), gebratene Baby-Tintenfische (16,25 €), Fleischgerichte und ein Kindermenü, das die kleinen Gäste zufriedenstellt. Vegetariern sei die Gemüsepaella empfohlen.

Praktische Informationen

Touristeninformation (971 84 91 26, 662 35 08 82; www.visitmanacor.com; Plaça de l'Aljub; Mo–Fr 9–15 Uhr) Am Ende des Kais.

An- & Weiterreise

Acht Buslinien bedienen Porto Cristo, darunter Bus 412 nach Palma (8,50 €, 1 ½ Std., bis zu 10-mal tgl.) via Manacor (1,90 €, 30 Min.); die Busse 441, 445 und 448 fahren zu anderen Ferienorten an der Ostküste, darunter Cala Ratjada.

Portocolom

4294 EW.

Portocolom, ein im Vergleich zu anderen Ferienhochburgen an der Ostküste recht verschlafener Ort, hat dem Touristenansturm würdevoll und mit einem gewissen Maß an Anmut standgehalten. Jene, die Kolumbus' genuesische Herkunft bestreiten, erheben den zweifelhaften Anspruch, dass Portocolom sein wahrer Geburtsort sei. Die Stadt ist durch und durch maritim und hat einen großen natürlichen Hafen (einen von nur wenigen auf der Insel). Fischerboote, Segelboote sowie die eine oder andere Luxusyacht schaukeln im ruhigen Wasser der großen hufeisenförmigen Bucht. Taucher gelangen von hier aus zu einigen der besten Tauchspots Mallorcas.

In der Nähe von Portocolom erstrecken sich einige hübsche Strände, z. B. die unberührte kleine Bucht **Cala Marçal** und am Nordende der Stadt die malerische, friedliche **Cala s'Arenal**, wo die Einheimischen am liebsten baden. Auf der östlichen Landzunge öffnet sich die Bucht zum Meer hin. Hier steht der Leuchtturm **Far de sa Punta de ses Crestes** aus dem 19. Jh.

Aktivitäten

Starfish BOOTSFAHRTEN
(http://starfishboat.com; Moll Comercial; Mai–Okt.;) Eine Fahrt im Glasbodenboot ist eine tolle Möglichkeit, die Küste südlich von Portocolom zu erkunden. Zusteigen kann man am Yachthafen von Portocolom Marina oder an der Cala Marçal gleich südlich davon. Starfish veranstaltet täglich mehrere Bootstouren nach Cala d'Or (Erw./Kind 25/14 €) und Cala Figuera (32/14 €) und hält unterwegs an fantastischen Buchten und Stränden.

Skualo Adventure Sports Centre TAUCHEN
(971 83 41 97; www.mallorcadiving.com; Ronda del Creuer Balear 53; Einführungstauchgang 95 €; April–Okt. Mo–Sa 8.30–20 Uhr) Eine renommierte Tauchschule, die auch Schnorcheln (49 €), Kajakausflüge auf dem Meer (2–3 Std., 49 €) und 2- bis 3-stündige Exkursionen zu Küstenhöhlen anbietet (69 €). Auch Stehpaddeln (SUP), Speedboat-Fahren und natürlich Tauchkurse gehören dazu.

Essen

Portocoloms Ruf als entspannter Urlaubsort zieht ältere und wohlhabendere Gäste an als andere Ferienorte an der Küste. Dementsprechend gut sind die Restaurantoptionen!

★ Restaurant Sa Llotja SPANISCH €€
(971 82 51 65; www.restaurantsallotjaportocolom.com; Carrer dels Pescadors; Hauptgerichte 21,50–24,50 €; Di–So 13–15 & 19–23 Uhr;) Das schicke Restaurant mit Glasfront und schöner Terrasse samt Hafenblick serviert köstliche Variationen bekannter Gerichte, aber mit konservativer Zurückhaltung. Vorspeisen können gegrillte Jakobsmuscheln oder Tagliatelle mit Zitronensoße und roten Garnelen sein, gefolgt von Hauptgerichten

wie Seeteufel im Eimantel mit Zitronenmayonnaise oder Tatar.

❶ Praktische Informationen

Touristeninformation (✆971 82 60 84; www.visitfelanitx.es; Avinguda de Cala Marçal 15; ⏲Mo–Fr 9–16, Di & Do 18–21, Sa & So 9–13, Mo 9–16 Uhr) Am südlichen Ende der Stadt, an der Straße zur Cala Marçal.

❶ An- & Weiterreise

Acht Buslinien fahren nach Portocolom, u. a. auch die Küstenbusse 441, 448 und 449 (unterschiedliche Preise, Dutzende pro Tag). Die Expressbusse 490 und 491 fahren von/nach Palma (7,20 €, 1 ¾ Std.).

Südliches Mallorca

Inhalt ➡
Cala Pi 178
Sa Ràpita 178
Colònia de
Sant Jordi 179
Ses Salines 180
Illa de Cabrera 181
Santanyí. 182
Cala Figuera 183
Portopetro. 184
Cala d'Or 184

Gut essen
➡ La Petite Iglesia (S. 183)
➡ Sal de Coco (S. 180)
➡ Casa Manolo (S. 181)
➡ Port Petit (S. 185)

Beste Strände
➡ Cala Pi (S. 178)
➡ Cala Llombards (S. 182)
➡ Cala Mondragó (S. 184)
➡ Von Cap de Ses Salines bis Colònia de Sant Jordi (S. 176)
➡ Cala Santanyí (S. 183)
➡ Platja de Ses Covetes (S. 179)

Auf ins südliche Mallorca

Die schroffe, stark zerklüftete Uferlandschaft zwischen der Badia de Palma und Colònia de Sant Jordi ist der Grund dafür, dass diese Küstenregion zu den naturbelassensten in ganz Mallorca gehört. Hohe, unzugängliche und windumtoste Klippen, an denen sich die Wogen des Mittelmeers endlos brechen, bestimmen über weite Strecken das Bild. Nicht immer ist das Ufer leicht zu erreichen, doch die raue und ungezähmte Schönheit dieser Küste ist einfach atemberaubend.

Dieser von Landwirtschaft und einem sorgsamen Umgang mit der Natur geprägte Teil der Insel blieb von den schlimmsten Auswüchsen jenes Baubooms verschont, der Mallorca anderswo so zugesetzt hat. So wie hier muss es einst überall an der Küste ausgesehen haben. Inmitten der Klippen stößt man auf lauschige Buchten, feinsandige Uferstreifen und außergewöhnliche geologische Formationen, und zwischen hohen Felsen und dichtem Kiefern- und Wacholdergestrüpp warten einige der schönsten Strände Mallorcas auf ihre Entdeckung.

Reisezeit

Die Strände im Süden erwachen erst in den Sommermonaten so richtig zum Leben, vor Ostern und nach Oktober ist dagegen kaum etwas los. Doch auch die Zeit von November bis März, wenn Mallorca am ruhigsten und kühlsten ist, eignet sich hervorragend für einen Besuch. Dann trifft man auf eine gefühlt menschenleere Insel mit fast unheimlich ruhigen Badeorten und nur einer Handvoll geöffneter Restaurants, Hotels und Geschäfte. In der Hauptsaison im Sommer kann man den Besuchermassen an den vielen ursprünglichen Küstenabschnitten aus dem Weg gehen. Dort lässt sich nach Belieben wandern.

Highlights

1 Illa de Cabrera (S. 181) Mit dem Boot zum einzigen Nationalpark Mallorcas fahren.

2 Cap de Ses Salines (S. 180) Zu den inseltypischen Buchten wandern.

3 Cala Figuera (S. 183) Den Hafen dieses reizenden Fischerdorfs erkunden.

4 Santanyí (S. 182) Durch die hübschen gepflasterten Straßen spazieren.

5 Capocorb Vell (S. 178) Überreste der prähistorischen Talayot-Kultur entdecken.

6 Parc Natural de Mondragó (S. 184) Zwischen Dünen und Sümpfen baden, und Vögel beobachten.

7 Cala Pi (S. 178) Bis zum Sonnenstrand dieser Bucht hinunterwandern.

8 Es Pontàs (S. 182) Den erhabenen natürlichen Meeresbogen besichtigen.

9 Cap Blanc (S. 178) Vom Leuchtturm die Silhouette der Küste überblicken.

WANDERN IM SÜDEN VON MALLORCA

VOM CAP DE SES SALINES BIS COLÒNIA DE SANT JORDI
START CAP DE SES SALINES
ZIEL COLÒNIA DE SANT JORDI
LÄNGE 9 KM; 3 STD.

Der Küstenpfad zwischen dem Cap de Ses Salines und Colònia de Sant Jordi ist eben, aber steinig. Er führt vorbei an verwitterten Felsformationen und abgeschiedenen Sandstränden, die sich zum Schwimmen perfekt eignen. Unbedingt reichlich Trinkwasser mitnehmen, unterwegs gibt's keine Wasserquellen und nur wenig Schatten! Am Wegesrand wachsen wilder Spargel und die *azucena de mar* (Portulak-Keilmelde), die im Juli und August blüht und wunderbar duftet.

Da die Rückkehr zum Auto nach dem Hike eine Taxifahrt erfordert, ist es am bequemsten, ein Taxi (15 €) von Ses Salines (S. 180) zum **Cap de Ses Salines** (S. 180) zu nehmen. Von dort geht's in Richtung Meer und dann westwärts (nach rechts). Links glitzert das Wasser in Tausenden von Blautönen und in der Ferne sieht man die Illa de Cabrera (S. 181), während sich rechts des Weges **Sa Vall**, das Landgut der Familie March, erstreckt.

Etwa 30 Minuten geht's über die für die Küste typischen rötlichen Kalksteinfelsen, die der Kathedrale von Palma ihre auffällige Farbe gaben. Dann kommt der erste Strand, die **Platja des Cargol**, geschützt durch eine natürliche Felsmole. Im Sommer kann es hier ziemlich voll werden (Land und Wasser).

Entlang der Küste warten andere Buchten und Strände, etwa zur **Cala en Tugores** (nach 1 Std.), zur **Platja de Ses Roquetes**, zur **Platja des Carbó** (nach 2 ¼ Std.) und schließlich zur **Platja des Dolç** (nach 3 Std.). Dank ihres feinen Sandes und dem sanften Gefälle (und den Wellen) sind sie alle wirklich atemberaubend. Selbst im Sommer sorgt die idyllische Kulisse aus Wacholdersträuchern und kreischenden Möwen dafür, dass man glaubt, an einen ganz besonderen Ort entflohen zu sein.

Colònia de Sant Jordi (S. 179), das Ziel der Wanderung, liegt am Westende der Platja des Dolç. Nach Ses Salines fährt Bus 502 (1,50 €).

Unangetastete Küstenlandschaft ist auf Mallorca Mangelware, aber eine Wanderung vom Cap de Ses Salines bis nach Colònia de Sant Jordi bietet reichlich davon.

AUF DER ILLA DE CABRERA

Die bekannteste Wanderstrecke der Insel führt durch den Parc Nacional Marítim-Terrestre de l'Arxipèlag de Cabrera hinauf zu einem restaurierten **Schloss**, dem Castillo de Cabrera, das früher als Festung genutzt wurde (S. 181). Der Marsch vom **Infopoint** (S. 181) am Hafen hinauf zum Schloss dauert 30 Minuten. Der Weg schlängelt sich am Westufer der Insel entlang und dann hinauf zum 80 m hohen Felsvorsprung, auf dem das Schloss thront. Von hier aus hat man einen wunderbaren Blick bis nach Mallorca.

Ein anderer Spaziergang dauert 15 Minuten und führt am Westufer der Insel in südlicher Richtung an einer **Kirche** und dem Hostel vorbei zum Strand von **Sa Plageta** (S. 181). Dieser ruhige, zwischen bewaldeten Hügeln gelegene Strand eignet sich bestens für ein Picknick und/oder einen Sprung ins Wasser. Vom Strand führt ein Pfad in Richtung Süden zum **Denkmal** für die französischen Gefangenen, die während der Napoleonischen Kriege auf Cabrera gestorben sind. In der Nähe liegt ein **Museum** (630 98 23 63; Erw./Kind 2 €/frei; 11.30–13 & 16–18 Uhr) in einem *celler*, einem alten Weinkeller. Gezeigt werden Exponate zu Kultur und Geschichte der Insel. In dem ehemaligen Bauernhaus wohnte früher die Familie Feliu, der Anfang des 20. Jhs. die gesamte Insel gehörte. Geht man von Sa Plageta aus nach Westen, gelangt man zur Bucht von S'Espalmador südlich der Landzunge gleichen Namens: Punta de **S'Espalmador** (S. 181).

Andere Routen, für die zum Teil ein Guide benötigt wird, führen zum **Leuchtturm von N'Ensiola** (4 Std., Genehmigung erforderlich), zur **Serra de Ses Figueres** (2 ½ Std., Genehmigung erforderlich) oder zum höchsten Punkt der Insel, dem 172 m hohen **Picamosques** (3 Std., Genehmigung erforderlich).

Illa de Cabrera (S. 181)

Cala Pi

412 EW.

Der intime, äußerst charmante Urlaubsort in wunderschöner Lage überblickt einen weißen von Pinien gesäumten Traumstrand. An der Küste steht ein (kürzlich restaurierter) Wehrturm aus dem 17. Jh. und erinnert an das Mallorca vergangener Zeiten, als Angriffe nordafrikanischer Piraten an der Tagesordnung waren. Heute bietet der Turm einen grandiosen Blick auf das saphirblaue Meer. Zahlreiche typisch mallorquinische Restaurants begeistern sowohl einheimische als auch ausländische Touristen. Terrassen, Paella, Lammschulter – ein angenehmer Reigen an klassischen Gerichten und Kulissen.

★ Cala Pi STRAND

Die wunderschöne Cala Pi ist über eine steile Treppe zugänglich (der Beschilderung auf dem Cami de la Cala Pi folgen) und nur 50 m breit, erstreckt sich jedoch 100 m in Richtung Landesinneres. Zu beiden Seiten ragen zerklüftete Felsen auf, die dafür sorgen, dass der Wellengang in der türkisblauen Bucht dem in einer Badewanne entspricht. Unten am Strand gibt's keinerlei Einrichtungen für Besucher – lediglich Bootshäuser –, alles Nötige sollte man dabeihaben.

★ Capocorb Vell ARCHÄOLOGISCHE STÄTTE

(971 18 01 55; Carretera Arenal–Cap Blanc, km 23; 3 €; Fr–Mi 10–17 Uhr; P) In der weitläufigen prähistorischen Siedlung können Besucher auf felsigen Wegen an Bauwerken aus groben Steinen entlangwandern, die ungefähr um 1000 v. Chr. errichtet wurden. Die Anlage umfasst 28 Wohnhäuser und fünf *talayots* (quadratische und runde Steintürme; im Fall von Capocorb Vell ohne Mörtel). Sie wurde Anfang des 20. Jhs. entdeckt und vermittelt tolle Eindrücke von der einstigen Größe und dem Grundriss der mysteriösen Siedlung.

Am Eingang gibt es eine kleine Bar, an der man die Eintrittskarten erwirbt, und darüber hinaus einen Parkplatz.

Restaurante Miguel SPANISCH €€

(971 12 30 00; Carrer de la Torre 13; Hauptgerichte 17–27,50 €, Menüs 24 €; März–Okt. Di–So 11–23 Uhr) Hinter der rötlichen Landzunge, auf der Cala Pis malerischer Feuerturm aus dem 16. Jh. thront, beherbergt ein Bauernhaus im mallorquinischen Stil mit riesigem einladendem Innenhof das Restaurante Miguel. Auf den Tisch kommen fantastische Gerichte wie Paella, Hummer- und Meeresfrüchtekasserolle sowie Wolfsbarsch mit Venusmuscheln, aber auch deftigere mallorquinische Spezialitäten wie Kaninchen mit Zwiebeln. Für die Jüngsten steht ein Kindermenü zur Verfügung (8,55 €).

❶ An- & Weiterreise

Bus 525 verkehrt morgens und abends jeweils einmal zwischen Cala Pi und Palma (5,75 €, 70 Min.).

Sa Ràpita

10 000 EW.

Das verschlafene Sa Ràpita ist die bedeutendste Ortschaft an diesem Küstenabschnitt. Seine felsige, von Wellen umtoste Küste bietet ebenso wie die verführerische Silhouette der nahe gelegenen Illa de Cabrera optische Erholung vom Anblick des ansonsten weitgehend nichtssagenden Dorfes. Im benachbarten Vallgornera gibt's die längste Höhle der Insel.

ABSTECHER

CAP BLANC

Auf der Küstenstraße, die von Palma nach Capocorb Vell und Cala Pi führt, lohnt sich ein kleiner Umweg zu dieser windgepeitschten atmosphärischen Landspitze. Auf der Schnellstraße Ma 6014 im Süden kommend, biegt man am Schild „Cap Blanc" rechts ab. Bald taucht der **Far de Cap Blanc** (Cap Blanc Lighthouse) vor einem auf.

Der Leuchtturm aus dem Jahr 1863, dem ursprünglich Olivenöl als Brennmittel diente, kann nicht betreten werden. Aber man kann durch die Lücken im Zaun an der Straße zum Leuchtturm spazieren und die umliegende zerklüftete Küste erkunden. Von hier aus bieten sich atemberaubende Ausblicke über die rötlichen Felsen: In der einen Richtung liegen Palma und die westlichen Berge, in der anderen die Illa de Cabrera und über dem Mittelmeer kreisen die Seevögel. Bläst der Wind nicht allzu stark, eignet sich der Ort bestens für ein Picknick. Vorsicht mit Kindern oder Hunden: Es gibt keine Umzäunung und ein Sturz den steilen Hang hinunter ist lebensgefährlich.

Die meisten Restaurants an der Küstenstraße Avinguda de Miramar – also fast alle in Sa Ràpita – servieren mallorquinische Klassiker, Pizza und Pasta. Man kann hier gut essen, die Auswahl ist jedoch unspektakulär.

Platja de Ses Covetes STRAND
Der 200 m lange helle, seidige Strand mit kristallklarem Meer ist Teil des Wasserschutzgebiets **Reserva Marina del Migjorn de Mallorca**, dessen Kulisse aus Dünen und Pinien durch kein einziges Gebäude verschandelt wird. Es ist unbebaut, aber nicht unbesucht. Läuft man an der Küste Richtung Osten, kommt man an die Platja des Trenc. Die Platja de Ses Covetes liegt hinter Sa Ràpita an der Ma 6030.

Xaloc MALLORQUINISCH €€
(☎ 971 64 06 35; Carrer del Xaloc 36; Hauptgerichte 8,50–17 €; ⊙ Di–Sa 12.30–15.30 & 19.30–23, So 12.30–15.30 Uhr) Dieses kleine mallorquinische Lokal in einer Seitenstraße wird von den Einheimischen für die Paellas, den gegrillten Fisch, den gegrillten Tintenfisch, die Lammschulter und andere balearische Spezialitäten sehr geschätzt.

ℹ An- & Weiterreise
Bus 515 fährt von Palma nach Sa Ràpita (5,50 €, 1 Std., bis zu 7-mal tgl.).

Colònia de Sant Jordi
2734 E.W.

Das einst verschlafene Fischerdorf wurde in den 1950ern von der Tourismusbranche entdeckt. Die vielen Urlauber aus Palma haben aus Colònia de Sant Jordi den größten Badeort an der Südküste gemacht. Die Straßen des sauberen, familienfreundlichen Städtchens überziehen wie ein Schachbrett die leicht hügelige Landschaft. In der Umgebung locken ein paar der besten und unberührtesten Strände Mallorcas, außerdem lässt sich von hier aus die maritime Wildnis der Illa de Cabrera entdecken.

⊙ Sehenswertes & Aktivitäten

Highlights sind die Uferpromenade und die tollen Strände innerhalb und außerhalb des Ortes, darunter die Platja des Trenc 20 Gehminuten vom nordwestlichen Stadtrand.

Centro de Visitantes
Parque Nacional de Cabrera AQUARIUM
(☎ 971 65 62 82; www.cvcabrera.es; Ecke Carrer Gabriel Roca & Plaça del Dolç; 8 €; ⊙ Feb.–Nov. 10–14 & 15–18 Uhr) GRATIS Am nordöstlichen Ortsrand wacht ein Walskelett über diesem runden Gebäude aus Glas und Stein, das ein Interpretationszentrum mit Aquarium beherbergt. Hier wird das Meeresleben des Parc Nacional Marítim-Terrestre de l'Arxipèlag de Cabrera vor der Küste erklärt. Am Ende der faszinierenden (und kostenlosen) Erkundungstour zu 18 Aquarien und über 70 Arten geht's einen spiralenförmigen Weg rund um ein außergewöhnliches Wandgemälde von Miguel Mansanet hinauf, der sich von mallorquinischen Karten des Mittelmeers aus dem 16. Jh. inspirieren ließ.

Platja des Trenc STRAND
Die Platja de Trenc ist der größte mallorquinische Naturstrand; sie liegt 2 km nordwestlich vom südlichen Stadtrand von Colònia de Sant Jordi. Mit seinem herrlichen weißen Sand, tiefblauem Wasser und der idyllischen Kulisse aus Pinien und sanft gewellten Dünen demonstriert der Strand, wie schön Mallorcas Küste vor dem ausufernden Bauboom einmal war. Offiziell ein FKK-Strand, tummelt sich hier ein gemischtes Publikum mit und ohne Kleider. Vor Ort werden Sonnenliegen verliehen.

Piraguas Mix KAJAKFAHREN
(☎ 660 47 07 23; www.piraguasmixkayaks.com; Cami de Alcaria Rotja, Campos; Seekajaks pro Tag ab 30 €, Zweierkajaks ab 50 €; geführte Kajakfahrten pro Person 30 €; ⊙ 8.30–20.30 Uhr) Einer der renommiertesten Kajakanbieter der Insel. Buchungen per Telefon; Treffpunkt ist im Zentrum von Sant Jordi.

Team Double J RADFAHREN
(☎ 971 65 57 65; www.teamdoublej.com; Avinguda de la Primavera 7A; Aluminium-Rennrad pro Tag/Woche 15/70 €, Carbon-Rennrad 30/135 €; ⊙ Feb.–Okt. Mo–Fr 9.30–13.30 & 15–19, Sa & So ab 17 Uhr) Der Anbieter verleiht hochwertige Fahrräder, die sich für unwegsames Gelände oder lange Straßentouren eignen. Zudem hat er Karten und Infos zu Routen in der Gegend auf Lager. Wer außerhalb der Saisonöffnungszeiten ein Rad benötigt, ruft an oder schreibt eine E-Mail. Sie verleihen auch E-Bikes (pro Tag/Woche 25/140 €).

Mar Cabrera BOOTSFAHREN
(☎ 971 65 64 03; www.marcabrera.com; Carrer Gabriel Roca 20; Ew./Kind ab 45/26 €; ⊙ Feb.–Nov. 8–22 Uhr) Mar Cabrera bietet einen Schnellboot-Service sowie Touren zur Illa de Cabrera (S. 181) und zu den Buchten der Südküste an.

Excursions a Cabrera BOOTSFAHRTEN

(971 64 90 34; www.excursionsacabrera.es; Carrer Dofi 1l; Ew./Kind Boot 45/26 €, Schnellboot 49/30 €; Hochsaison 8–22 Uhr, Nebensaison bis 16 Uhr, Nov.–Feb. geschl.;) Der Touranbieter veranstaltet Ausflugsfahrten in Schnell- und Standardbooten von Colònia de Sant Jordi zur reichen Wasser- und Vogelwelt des Parc Nacional Marítim-Terrestre de l'Arxipèlag de Cabrera. Es gibt täglich mehrere Abfahrten.

Essen & Trinken

Die Bars von Colònia – die meisten befinden sich auf und hinter der Uferpromenade Carrer Gabriel Roca – können an einem Freitagabend in der Hochsaison ziemlich trubelig sein.

Sal de Coco MEDITERRAN €€

(971 65 52 25; www.restaurantsaldecoco.com; Moll de Pescadors; Hauptgerichte 15–20 €, Menüs 28 €; März–Nov. Mi–Mo 8–23 Uhr;) Das schicke Bistro voller Kunstwerke verdankt seinen Namen dem Salz, das sich auf den Felsen rund um Colònia de Sant Jordi seit jeher absetzt. Hier serviert Marta Rosselló originelle Varianten mediterraner Gerichte wie Fisch und Spinatravioli mit Garnelensoße, Tintenfisch und Pilzrisotto sowie hervorragendes Steak Tartare. Alle Gerichte sind liebevoll angerichtet und extrem schmackhaft.

Marisol FISCH & MEERESFRÜCHTE €€

(971 65 50 70; Carrer Gabriel Roca 63; Hauptgerichte 16–20 €; 10–23 Uhr;) Dieses Restaurant am Meer ist eine verlässliche Wahl: Zu empfehlen sind Seehecht in Salzkruste, Petersfisch und Skorpionfisch (vor allem, wenn er superfrisch ist); bezahlt wird pro Kilo. Alternativ lässt man sich an einem Tisch auf der großen überdachten Terrasse am Wasser Pasta, Pizza, Fisch, Meeresfrüchte, Reisgerichte oder Eintöpfe schmecken.

Praktische Informationen

Touristeninformation (971 65 60 73; Carrer Gabriel Roca; Mai–Sept. 10–14 & 17–21, Okt. 10–14 & 16–18, Feb. & März Di–So 10–14 Uhr)

An- & Weiterreise

Bus 502 verbindet Palma mit Sant Jordi (6,65 €, 1¼ Std., bis zu 6-mal tgl.), der weiter nach Ses Salines fährt (1,50 €, 10 Min.).

Ses Salines

4900 EW.

In Ses Salines („Die Salzpfannen") wurde schon zur Zeit der Römer Salz gewonnen. Das wunderschön erhaltene landwirtschaftliche Zentrum entwickelt sich zunehmend zu einer der attraktivsten Städte im Landesinneren. Dank guter Bars, Restaurants und Hotels sowie Lebensmittelläden, die hiesigen Wein, Salz und andere bei Urlaubern beliebte Produkte verkaufen, mauserte es sich von einer ländlichen Durchgangsstation zu einem gern besuchten Städtchen. Inmitten der hübschen Naturkulisse lockt es zudem mit Wander- und Radwegen in direkter Nähe zum salzigen Meer.

Sehenswertes

★ Cap de Ses Salines LEUCHTTURM

(Carretera de Cap de Ses Salines) Um zum Cap de Ses Salines, einer wunderschönen Felslandschaft an Mallorcas südlichstem Zipfel, sowie zum zugehörigen **Leuchtturm** (Far des Cap de Ses Salines; für die Öffentlichkeit geschlossen) von 1863 zu gelangen, folgt man der Ma 6110 ab Llombards für 9 km in südlicher Richtung. Am Kap selbst gibt's nicht viel zu sehen, allerdings erstrecken sich zu beiden Seiten wunderschöne Naturstränden, die zum Schutzgebiet Reserva Marina del Migjorn de Mallorca gehören.

Die östlichen Strände sind in die Steilküste gefräst, die zu herrlichen Buchten wie **Caló des Màrmols**, Stränden wie der **Platja d'Almunia** und Höhlen wie **Cova de Sa Plana** hinaufführt. Ein zerklüfteter Küstenpfad verbindet sie alle auf einem 9 km langen Weg (S. 176).

Poblat Talaiòtic dels Antigors ARCHÄOLOGISCHE STÄTTE

GRATIS Rund 1 km südlich von Ses Salines in Richtung Colònia de Sant Jordi führen Schilder zu dieser vernachlässigten archäologischen Stätte. Es gibt kein Besucherzentrum, sondern nur sonnengebleichte Tafeln. Das Tor ist immer geöffnet. Deshalb ist Fantasie gefragt, um sich vorzustellen, dass die niedrigen Steinmauern und Hügel früher zu den Häusern einer prähistorischen Siedlung gehörten. Das Tor steht immer offen. Es gibt kaum Platz zum Parken, darum ist es am besten, das Auto am Straßenrand abzustellen. Das ist okay, weil der Ort selten besucht wird.

🚶 Geführte Touren

Salines des Trenc — GEFÜHRTE TOUR
(☎ 673 43 34 56, 971 65 53 06; www.salinesdestrenc.com; Carretera Colònia de Sant Jordi-Campos, Km 8.5; ⊙ Di–Sa 10–11.30 & 13–15 Uhr) Wer mehr über das berühmte *flor de sal* (handverlesenes Meersalz) der Salines des Trenc erfahren möchte, kann an einer 45-minütigen Führung durch die Salinen teilnehmen. Die Führungen werden in spanischer, englischer und deutscher Sprache angeboten und finden zu den oben genannten Öffnungszeiten statt. Sie informieren über den Prozess der Gewinnung und die Geschichte des Salzes sowie über die mehr als 170 Vogelarten, die in den umliegenden Feuchtgebieten leben.

🍴 Essen & Trinken

★ Casa Manolo — MALLORQUINISCH €€
(☎ 971 64 91 30; www.bodegabarahona.com; Plaça Sant Bartomeu 2; Hauptgerichte 17–23 €; ⊙ Di–So 11–16 & 19.30–23 Uhr) Mit Postkarten an den Wänden und von der Decke hängenden Serranoschinken sieht die Bodega noch aus wie bei ihrer Eröffnung 1945. Das trocken abgehangene Rind vom Josper-Grill ist fantastisch, der wahre Grund für den beständigen Erfolg sind jedoch die Reis-, Meeresfrüchte- und Fischgerichte. Zu den Spezialitäten des Hauses gehören Hummereintopf und *arròs notari*, Reis mit Meeresfrüchten und einer reichhaltigen Soße aus Tintenfischtinte.

★ Mon de Vins — WEINBAR
(☎ 971 64 97 73; www.llumdesal.es; Carrer del Batle Andreu Burguera Mut 14; ⊙ 10.30–22.30 Uhr) Robert Chaves' expandierendes Llum-de-Sal-Imperium (loklaes Bio-Gourmet-Salz) hat einen neuen Außenposten, und der ist eine wunderbare Adresse, um mallorquinische (und andere) Weine zu kosten. Die Bar zieren verführerische Flaschen und es ist ein einladender Hof angeschlossen. Hier kann man eine Flasche zum Mitnehmen erstehen, vor Ort das eine oder andere Glas zusammen mit leckeren Tapas genießen oder je nach Lust und Laune einfach beides machen.

ℹ️ An- & Weiterreise

Am einfachsten ist es, mit dem Auto anzureisen, nicht zuletzt, weil es für die Erkundung der umliegenden Sehenswürdigkeiten unerlässlich ist. Wer auf öffentliche Verkehrsmittel angewiesen ist, fährt mit dem Bus 502 nach Palma (7,50 €, 80 Min., bis zu 7-mal tgl.), Santanyí (1,50 €, 10 Min.), Campos (2,45 €, 25 Min.) and Colònia de Sant Jordi (1,50 €, 10 Min.).

Illa de Cabrera

Der einzige Nationalpark der Balearen, der **Parc Nacional Marítim-Terrestre de l'Arxipèlag de Cabrera** (☎ 971 72 50 10; ⊙ Ostern–Okt.), besteht aus 19 unbewohnten kargen und hügeligen Inseln. Diese sind für ihre Vogelwelt, die artenreiche Meeresflora und -fauna und ihre Eidechsenpopulationen bekannt. Illa de Cabrera ist die größte Insel und die einzige, die für Besucher zugänglich ist. Sie liegt nur 16 km vor der Küste bei Colònia de Sant Jordi. Auf den übrigen Inseln wird die Tier- und Pflanzenwelt erforscht. Pro Tag dürfen nur 200 Leute (300 im August) in das streng geschützte Naturreservat, also muss man mindestens einen Tag vorher einen Platz reservieren! Die Parkhauptverwaltung befindet sich in Palma (S. 85). Die einzige Unterkunft auf der Insel ist die **Schutzhütte des Nationalparks Cabrera** (☎ 971 65 62 82; Illa de Cabrera; Zi. Juni–Sept. 65 €, Mai & Okt. 55 €; ⊙ Mai–Okt.).

Die wunderbar ruhigen Strände **Sa Plageta** und **S'Espalmador** sind traumhaft. Das Ökosystem des Parks ist allerdings sehr empfindlich und nur wenige Pfade sind öffentlich zugänglich. Für die meisten braucht man entweder eine Genehmigung von der Parkverwaltung auf Cabrera oder muss sich einem Guide anschließen.

Castillo de Cabrera — BURG
(☎ 630 98 23 63; www.balearsnatura.com; Illa de Cabrera) Der gedrungene sechseckige Turm

SCHNORCHELN VOR DER ILLA DE CABRERA

Die Illa de Cabrera ist ein toller Spot zum Schnorcheln. Tauchen darf man nur mit Sondergenehmigung, aber Schnorchelausflüge vor der Küste sind ohne Erlaubnis möglich. Im Juli und August kann man sich auch beim Informationsbüro des Parks für eine der Schnorchelexkursionen anmelden, die von den Parkrangern angeboten werden.

DIE TIERWELT DER ILLA DE CABRERA

Die Illa de Cabrera ist ein hervorragendes Gebiet für die Vogelbeobachtung: Seevögel, Raubvögel und Zugvögel sind zumindest für einen Teil des Jahres auf den Inseln zu Hause. Zu den häufigsten Arten gehören Seeadler, die vom Aussterben bedrohten Balearen-Sturmtaucher, Korallenmöwen, Gelbschnabel-Sturmtaucher, Krähenscharben, Eleonorenfalken und Wanderfalken.

Auch die terrestrische Tierwelt ist reichhaltig. Die kleine Balearen-Eidechse ist hier die bekannteste Art: Auf dem Archipel hat sie nur wenige Feinde, deshalb leben 80 % der Gesamtpopulation auf der Insel.

aus dem 14. Jh. schützte den östlichen Hafen Cabreras und wurde in den vergangenen Jahrhunderten wiederholt angegriffen, beschädigt und wieder aufgebaut. Eine Zeit lang fungierte die Burg als Gefängnis für französische Soldaten, von denen über 5000 starben, als sie 1809, gegen Ende des Spanischen Unabhängigkeitskrieges, einfach vergessen wurden. Heute genießt sie die idyllische Lage und wird von Touristen anstelle von Piraten heimgesucht.

ℹ Praktische Informationen

Informationsbüro des Parks (☏ 630 982363; http://en.balearsnatura.com; Port of Cabrera; ⊙ Mai–Okt. 8–14 & 16–20 Uhr) Tipps und Genehmigungen für Wanderungen und andere Aktivitäten auf der Insel.

ℹ An- & Weiterreise

Wer will, kann mit dem Privatboot nach Cabrera fahren – vorausgesetzt, man hat sich vorher eine Navigations- und Ankererlaubnis bei der Parkverwaltung besorgt. Fast alle Besucher kommen jedoch im Rahmen einer organisierten Tour. Excursions a Cabrera (S. 180) bietet Touren mit langsamen und schnellen Booten ab Colònia de Sant Jordi an; auch Mar Cabrera (S. 179) hat Schnellbootfahrten im Programm.

Auf der Rückfahrt nach Colònia de Sant Jordi hält das Boot bei **Sa Cova Blava** (Blaue Höhle), einer fantastischen Grotte mit kristallklarem Wasser – perfekt, um ein Bad zu nehmen. Schnellboote halten auch hier.

Santanyí

12 112 EW.

Das zwischen dem Parc Natural de Mondragó und Ses Salines gelegene Santanyí ist bestens erschlossen. Der hübsche Ort im Inselinneren mit honigfarbenen Kirchen und einer guten Auswahl an Bars, Boutiquen, Keramikläden und Restaurants zieht jede Menge Besucher an. Vor allem gut betuchte deutsche Touristen kommen gerne, was das Überangebot an Maklerbüros und Kunstgalerien erklärt.

Dorfmittelpunkt ist die Plaça Major mit ihrer Kirche, vor allem an Markttagen (mittwochs und samstags), wenn in fast jeder Straße im Zentrum lokale Lebensmittel, Lederwaren und Krimskrams verkauft werden. Nach Schließung der Stände gehört der Platz wieder den entspannten Cafés und Bars, die zu einem gemütlichen Abend mit Tapas und Getränken einladen.

In Santanyí wird der Gast verwöhnt – hinter jeder zweiten Tür verbirgt sich eine Tapasbar oder ein Restaurant, auch wenn die Preise durch den touristischen Andrang in die Höhe getrieben werden.

★ Es Pontàs   NATURPHÄNOMEN

Dieser Felsenbogen zwischen Cala Santanyí und Cala Llombards ist eines der besten Fotomotive an der Südküste und bietet einen atemberaubenden Anblick. Wer es schafft, zum Sonnenaufgang hierherzukommen, wird garantiert mit vielen Likes auf Instagram belohnt. Man kann sein Auto in der Nähe parken und den kurzen Weg zum Mirador mit Blick auf den erhabenen, von Wellen umspülten Felsen laufen.

★ Cala Llombards   STRAND

(🅿) Die winzige von rauen Felswänden eingeschlossene und von Pinien gekrönte Bucht Cala Llombards ist ein wunderschönes Fleckchen Erde. Auf menschliche Intervention deuten nur eine Strandhütte als Bar und die Liegestühle hin, die von Sonnenschirmen aus Palmwedeln beschattet werden. Die Aussicht hier ist unglaublich: Man blickt auf türkisfarbenes Wasser, einen weißen Sandstrand und rötliche Felsen, die wie eine Promenade Richtung Meer führen. Zur Cala Llombards geht's von der Ma 6102 auf einer von Steinmauern eingefassten Straße hinunter (es ist ausgeschildert); auf den angrenzenden Wiesen grasen einige Schafe.

Cala Santanyí
STRAND

Cala Santanyí erfreut sich großer Beliebtheit, platzt aber nicht aus allen Nähten. Sie ist der Star einer Naturshow, in der auch grandiose klippengesäumte Buchten und ein fantastisches kobaltblaues Meer eine Rolle spielen. Die *cala* liegt am Fuß einer Art Schlucht mit einem sandigen Parkplatz (wer zu Fuß oder mit dem Rad zurück zur Ferienanlage will, hat sich wirklich was vorgenommen). Ein schmaler Pfad führt die Küste entlang zu dem natürlichen Felsbogen El Pontàs mitten im Wasser – einem angesagten Spot zum Schnorcheln.

Alchemy
EUROPÄISCH €€

(971 65 39 57; www.alchemysantanyi.com; Plaça Major 9; Hauptgerichte 18–22 €; 9–23 Uhr) Trotz des Namens hat das Alchemy wenig mit Molekularküche oder ähnlichen Spielereien zu tun. Es punktet mit einem schönen Hof, schickem Bistro-Innenraum und herzlichem Empfang. Ambiente und Essen sind erfrischend schlicht. Man hat die Wahl zwischen einer morgendlichen *ensaïmada* (Schmalzgepäck), Tapas, Enten-Confit mit Birnen-Chutney, Salzdorsch mit gerösteter Paprika oder einfach gegrilltem Fleisch, Meeresfrüchten, Pasta oder Pizza.

Es Molí de Santanyí
TAPAS €€

(971 65 36 29; Carrer de Consolació 19; Tapas 7–14 €; Mitte Feb.–Mitte Nov. 13–23 Uhr) An der Straße, die von Santanyí nach Osten führt, befindet sich eine alte Windmühle. Das ausladende Restaurant serviert in einem Steinhaus mit hübscher Gartenterrasse, beschattet von Palmen und Gummibäumen, eine leckere Tapas-Auswahl. Auf der Karte stehen einfallsreiche, toll angerichtete Leckerbissen, aus denen man sich sein eigenes kleines Festmahl zusammenstellen kann.

ⓘ An- & Weiterreise

Die Buslinien 501 (6,75 €, 1 ¼ Std., bis zu 7-mal tgl.) und 502 (6,75 €, 1 ¾ Std. mit Umstieg, bis zu 7-mal tgl.) verkehren in regelmäßigen Abständen nach Palma.

Cala Figuera

627 EW.

Ein ausgefranster Spalt in der Küstenplatte Süd-Mallorcas formte den überaus malerischen und fotogenen Hafenort Cala Figuera. Buschige Steilhänge säumen das kristallklare Wasser und lassen nur wenig Platz für Häuser, Bars und Restaurants. Trotz des anziehenden Charmes und der Nähe zu einigen der betriebsamsten Urlaubsorte Mallorcas bleibt es daher das Fischerdorf, das es immer gewesen ist. Zwar liegen ein paar Yachten neben den kleinen Fischerbooten vor Anker, doch bis heute verlassen hiesige Fischer im Morgengrauen den kurvigen Meeresarm und holen abends ihre Netze ein. Viele ihrer Häuser sind von der Straße aus nicht zugänglich, sondern nur über private Bootsstegs. Ein einfacher und ausgeschilderter **Fotowanderweg** *(ruta fotogràfica)* führt rund um den Hafen.

Cala Figuera ist ein ruhiger Ort. Das sollte einen nicht davon abhalten, diese Ruhe mithilfe von ein paar Drinks in einem der Bar-Restaurants mit Blick auf den malerischen Hafen zu vertiefen.

Red Star Tours
BOOTSFAHRTEN

(664 24 34 64; www.redstartours.com; Carrer de Virgen del Carmen 52; 10–13 & 15–17 Uhr) Zur Auswahl stehen 90-minütige Touren zu den umliegenden Buchten wie Cala Santanyí (Erw./Kind 30/22 €) und 2-stündige Naturausflüge (42/28 €) zu einer Reihe weniger bekannter Buchten und abgelegenen Stränden. Red Star verleiht außerdem Kajaks (ab 15 € für eine Stunde) und Festrumpfschlauchboote (2 Std. 85 €).

★ La Petite Iglesia
FRANZÖSISCH €€

(971 64 50 09; Carrer de la Marina 11; Hauptgerichte 17–19 €, Menü 20 €; Mo–Sa 9–13 & 18–23, So 18–23 Uhr;) In den Gemäuern einer kleinen Sandsteinkirche mit Tischen im Freien unter Bäumen serviert das atmosphärische Restaurant großartige bodenständige französische Küche. Alles ist superfrisch, vom hausgemachten Brot bis zum jeweiligen Fang des Tages. Besonders zu empfehlen sind die köstlichen Terrinen und Schmorgerichte wie *boeuf bourguignon*.

L'Arcada
MALLORQUINISCH €€

(971 64 50 32; Carrer de Virgen del Carmen 80; Hauptgerichte 15–20 €; April–Okt. 12–22.30 Uhr) Das entspannte Restaurant in Hanglage überblickt die blinkenden Boote im Hafen. Die Meeresfrüchte, von gegrilltem Tintenfisch bis zu mallorquinischen Garnelen und gefüllten Zucchini, sind lecker. Eine gute Wahl trifft man jedoch auch mit den inselweiten Favoriten wie Paella, Schweinelende mit *tumbet* (mallorquinisches Ratatouille) und Kaninchen mit Zwiebeln.

Bon Bar
BAR

(📞 673 79 59 69; Carrer Virgen de Carmen 27; ⏰ Di–So 10–24, im Winter bis 22 Uhr; 📶) Das Café überzeugt vor allem mit der tollen Aussicht in die Ferne. Hoch über dem Meeresarm kann man sich hier einen Drink, *pa amb oli* (Brot mit Öl und anderen Belägen; 11 € bis € 14) oder ein Eis genehmigen, falls es noch zu früh für einen Drink ist.

ℹ An- & Weiterreise
Bus 503 verbindet Cala Figuera mit Palma (7,30 €, 1 ½ Std., Mo–Sa 4-mal tgl., Umstieg in Santanyí) und Santanyí (1,50 €, 20 Min.).

Portopetro
634 EW.

Wer durch die steilen, schattigen Straßen schlendert, spürt sofort die idyllische Atmosphäre dieses intimen Fischerdorfes. Früher erfreute sich der Ort dank seiner geschützten natürlichen Bucht bei Fischern großer Beliebtheit. Einen Stadtstrand gibt's nicht, was erklärt, warum das Städtchen von der zügellosen Bebauung Cala d'Ors weiter nördlich verschont geblieben ist.

Den Yachthafen säumen einige gute mallorquinische Restaurants. Unvergessliche Küche sollte man dort nicht erwarten, dennoch sind sie ihr Geld wert und bei schönem Wetter kann man auf den Terrassen am Hafen speisen.

Petro Divers
TAUCHEN

(📞 971 65 98 46; www.petro-divers.eu; Es Calo d'es Moix 8; ⏰ März–Nov. 8.30–18.30 Uhr; 🚗) Hier wird die gesamte Bandbreite an PADI- und SSI-Kursen von Einführung über Kindertauchen bis zu zertifizierten Open-Water-Kursen angeboten. Ein einzelner Tauchgang kostet für einen bereits zertifizierten Taucher 40 €; je mehr man bucht, desto günstiger wird's. Petro verleiht Ausrüstung und veranstaltet in der Hochsaison bis zu vier Ausflüge pro Tag.

ℹ An- & Weiterreise
Bus 501 verbindet Portopetro mit Palma (8,70 €, 1 ¾ Std., bis zu 10-mal tgl.) und Cala d'Or (1,70 €, 10 Min.).

Parc Natural de Mondragó

Mit seinen Stränden, geschützten Dünen, Feuchtgebieten, Klippen und Feldern ist der 766 ha große Naturpark im Landesinneren eine tolle Gegend zum Schwimmen und Wandern sowie ein echtes Paradies für (Hobby-)Ornithologen. Lediglich 95 ha der Fläche sind staatlich verwaltet. Ein großer Teil des restlichen Geländes ist bis heute in kleine von Steinmauern gesäumte Felder namens *rotes* mit Mandel-, Feigen-, Johannisbrot- und Olivenbäumen unterteilt.

Viele Besucher zieht es zum Baden in die herrliche **Cala Mondragó**, eine der attraktivsten Buchten an der Südostküste. Von großen Felsen geschützt und von Pinien gesäumt, besteht sie aus drei ruhigen, durch Trampelpfade verbundenen Sandstränden. Auf fünf kurzen Wanderwegen lässt sich die Region erkunden.

TIERBEOBACHTUNG IM PARC NATURAL DE MONDRAGÓ

Vogelfans werden große Freude an den zahlreichen Arten haben, die hier nisten, darunter Wanderfalken, Korallenmöwen, Balearensturmtaucher, Krähenscharben und Felsentauben. Auf den Wanderwegen, die den Park durchziehen, hat man reichlich Gelegenheit Vögel zu beobachten. Gelegentlich lassen sich auch Algerische Igel, Hermanns Schildkröten und Balearen-Wechselkröten blicken.

ℹ Praktische Informationen
Das kleine **Parkbüro** (📞 971 18 10 22; http://en.balearsnatura.com; Carretera de Cala Mondragó; ⏰ 9–16 Uhr) beim Parkplatz Ses Fonts de n'Alis (Autos/Motorräder/Wohnwagen 5/2/9 €) hat Karten mit empfohlenen Wanderrouten. Informationstafeln über die örtliche Vogelwelt und Pflanzenarten.

ℹ An- & Weiterreise
Die Cala Mondragó liegt 2 km südlich von Portopetro. In der Hochsaison verbindet Bus 507 Cala Mondragó mit Cala d'Or (1,85 €, 45 Min., Mo–Sa bis zu 5-mal tgl., nur im Sommer) und ein paar anderen Badeorten.

Cala d'Or
3622 EW.

Es gibt sie zwar noch, die netten Buchten mit feinem Sandstrand und ruhigem azurblauem Wasser, allerdings sind sie im unaufhörlichen Trubel dieses schicken touristischen Badeorts nicht sonderlich leicht zu finden. Die fünf kleinen Buchten von Cala d'Or haben ihr eigenes Zentrum, an der sich zahlreiche Pubs, Restaurants und Souvenirbuden drängeln, und das macht das Ganze leider ziemlich unübersichtlich.

Sea Riders BOOTSFAHRTEN
(615 99 87 32; www.searidersweb.com; Avinguda de Cala Llonga; 90-min. Tour Erw./Kind 35/25 €; Mai–Okt.) Sea Riders in Cala Llonga bietet Schnellbootfahrten zwischen einer Reihe von Stränden und Buchten an, darunter Cala Mitjana, Cala Ferrera, Cala Egos, Cala Mondragó, Portopetro und Cala Figuera, mit bis zu drei Abfahrten zwischen 11 Uhr und 17 Uhr täglich im Juli und August (und zweimal täglich um 11 Uhr und 15.30 Uhr im Mai, Juni, September und Oktober).

Port Petit MEDITERRAN €€€
(971 64 30 39; www.portpetit.com; Avinguda de Cala Llonga; Hauptgerichte 23,50–34,50 €, Mittagsmenü 21,50 €, 3-/5-gängiges Gourmetmenü 37,50/49,50 €, 6-gängiges Probiermenü 69,50 €; April–Okt. Mi–Mo 13–15.30 & 19–23 Uhr;) Das Port Petit zählt zu Cala d'Ors besten Adressen und kombiniert innovativ interpretierte lokale Meeresfrüchte und andere Zutaten mit einer überdachten Terrasse, deren strahlendes Weiß mit den Yachten darunter konkurriert. Die Gerichte sind fachmännisch zubereitet. Dazu zählen frischer Hummer sautiert in Limettenbutter, Tintenfisch mit Sepia-Reis und langsam, im eigenen Saft geschmortes Lammkarree.

Praktische Informationen

Vor Ort gibt's zwei Touristeninformationen, **eine** (971 65 74 63; Carrer d'en Perico Pomar 10; Mo–Fr 9–14 Uhr) nördlich des Zentrums und eine **weitere** (971 65 97 60; Avinguda de la Cala d'Or 4; Mo–Fr 10–16 Uhr) von der Cala Ferrera aus gesehen in Richtung Landesinneres.

An- & Weiterreise

Bus 501 verkehrt nach Portopetro (1,70 €, 10 Min., bis zu 8-mal tgl.) und weiter nach Palma (8,45 €, 1 ¾ Std., bis zu 10-mal tgl.). Bus 441 fährt die Ostküste entlang und hält in allen größeren Ferienorten.

Jardins de Alfàbia (S. 114)

Mallorca verstehen

GESCHICHTE 188

Römer, Araber, Byzantiner, Aragonier, Juden – viele Völker hat es nach dem Niedergang der Talayot-Kultur hierher verschlagen, und sie alle haben Spuren hinterlassen, die bis heute sichtbar sind.

NATUR & UMWELT 200

Eingerahmt von steilen Kliffs, abgelegenen *calas* (Buchten) und ausladenden Stränden bietet das Innere der Insel einen Mikrokosmos aus Bergen, Ackerland und einer großen Vielfalt an Vögeln und Meerestieren.

MALLORCAS ARCHITEKTUR 205

Dank der vielen Kulturen, die über die Jahrhunderte auf dieser Insel gewohnt haben, ist die Architektur Mallorcas ein bunter Mix aus gotischen Kathedralen, arabischen Festungen und weitläufigen *fincas*.

KUNST & KULTUR 208

Die künstlerischen Traditionen Mallorcas leben fort in Galerien mit Werken der alten Meister und durch die einheimische Handwerkskunst, die noch heute in ländlichen Gebieten praktiziert wird.

Geschichte

Durch seine Lage im Herzen von Europas meistumkämpftem Meer erlebte Mallorca große geschichtliche Ereignisse des Mittelmeerraums hautnah, was die Insel auch ein ums andere Mal einschneidend prägte. Trotz der Erfahrungen von Invasion, Krieg, Wohlstand und Hunger blieb sie aber bei großen historischen Umbrüchen meist außen vor. Heute verbindet Mallorca auf perfekte Weise reiche Geschichte mit modernem Urlaubsfeeling.

Die Talayot-Kultur

Vor nur 8 Mio. Jahren wurden die Balearen von der Iberischen Halbinsel getrennt. Ihre artenreiche Tierwelt lebte in herrlicher Abgeschiedenheit, bis sich in der Altsteinzeit vor 9000 bis 10 000 Jahren die ersten Menschen von der spanischen Küste aufmachten und auf Mallorca landeten.

Die frühesten Besiedlungsspuren auf der Insel stammen von etwa 7200 v. Chr. Über 6000 Jahre hinweg lebten verschiedene Gruppen oder Stämme als Jäger und Sammler in Höhlen oder anderen natürlichen Behausungen. Um 2000 v. Chr. fingen sie an, Hünengräber zu bauen. Zu dieser Zeit errichtete man in Ägypten allerdings schon Pyramiden, insofern war auf Mallorca noch eine eher einfache Zivilisation beheimatet.

Um 1200 v. Chr. kamen kriegerische Stämme, wahrscheinlich aus Kleinasien, nach Mallorca und Menorca und überwältigten die einheimische Bevölkerung. Heute fasst man sie unter dem Begriff Talayot-Kultur zusammen, weil sie der Nachwelt vor allem *talayots* (Türme) hinterließen, denen man noch immer an vielen historischen Stätten Mallorcas begegnet. Die Steinbauten mit rundem (manchmal auch quadratischem oder schiffsförmigem) Grundriss zeugen von einer gut organisierten hierarchischen Gesellschaft. Am meisten verbreitet waren runde, bis zu 6 m hohe *talayots,* die zwei Stockwerke hatten. Über ihren Zweck lässt sich nur spekulieren. Dienten sie als Machtsymbole oder als Grabmale örtlicher Stammesführer? Wurden sie als Speicher oder als Wehrtürme genutzt? Waren es vielleicht religiöse Stätten? Auf der Insel verteilt gab es mindestens 200 Talayot-Dörfer. Dort fand man einfache Keramiken und Bronzegegenstände (Schwerter, Äxte, Halsschmuck).

> Manche Historiker sind der Meinung, dass die lustigen weiß-grün-roten Tonpfeifen namens *siurells* mit den Phöniziern auf die Insel kamen und alte Gottheiten darstellen. Klassische Motive sind Stiere, Reiter und Männer mit Hundeköpfen.

ZEITACHSE	7200 v. Chr.	um 1200 v. Chr.	um 700 v. Chr.
	Nach Ansicht von Archäologen siedeln die ersten Menschen um 7200 v. Chr. auf Mallorca. Das zeigen Karbondatierungen von Funden, die man in der Cova de Canet bei Esporles entdeckt hat.	Kriegerische Stämme erobern Mallorca, Menorca, Korsika und Sardinien. Auf Mallorca und Menorca bezeichnet man sie heute nach den steinernen Türmen, die sie bauten, als Talayot-Kultur.	Phönizische Kaufleute lassen sich an der Küste nieder und haben bald Einfluss auf die ganze Insel. Balearische Krieger dienen als Söldner in Karthagos Armee.

Mallorca und Menorca wurden in der Antike als Gymnesias-Inseln bezeichnet, abgeleitet von dem griechischen Wort für „nackt" (anscheinend begnügten sich manche Insulaner mit einem Minimum an Kleidung). Die Gesellschaft der Talayot-Kultur setzte sich wohl aus einer herrschenden Elite, einer breiten bäuerlichen Schicht und Sklaven zusammen. Ob sie eine Schrift hatten, ist nicht bekannt.

Durch griechische und phönizische Händler kamen sie in Kontakt mit der Außenwelt. Vergebens versuchten die Karthager auf Mallorca Fuß zu fassen, konnten aber immerhin Mallorquiner als Söldner gewinnen. Die mallorquinischen und menorquinischen Männer waren für ihr Geschick im Umgang mit der Schleuder bekannt, die sie schon als Kinder mit tödlicher Präzision zu benutzen lernten. Und da sich diese Steinschleuderkämpfer (*foners* auf Katalanisch) selbst Balearen nannten (wahrscheinlich abgeleitet vom altgriechischen Wort für „werfen"), hießen auch ihre Heimatinseln bald so. Die Krieger machten sich in der Folge einen Namen als Söldner. In der karthagischen Armee überzogen sie den Gegner mit einem tödlichen Regen aus Steinen, bevor die Infanterie zum Sturm ansetzte. Beim Nahkampf trugen sie Dolche oder Kurzschwerter, jedoch so gut wie keine Rüstung. Die Balearen trugen ihren Teil zum Sieg der Karthager über die Griechen im 5. Jh. v. Chr. und zu den Punischen Kriegen gegen Rom bei.

Römer, Vandalen & Byzantiner

Als sich der römische Konsul Quintus Caecilius Metellus 123 v. Chr. der Küste Mallorcas näherte – wahrscheinlich bei Platja des Trenc im Süden –, kam er nicht unvorbereitet. Er wusste, dass die Krieger der Insel seine Schiffe mit schweren Steinen beschießen und versenken konnten, doch er hatte sich etwas einfallen lassen: Er erfand das erste gepanzerte Schiff, die Wände verstärkt mit dicken Tierhäuten und Leder. Die mallorquinischen Krieger waren völlig verblüfft, als sie nichts gegen die Flotte ausrichten konnten, und flüchteten landeinwärts. Innerhalb von zwei Jahren war die Insel befriedet.

Metellus holte etwa 3000 Siedler von der Iberischen Halbinsel und gründete zwei Garnisonen nach dem üblichen römischen Muster (mit den rechtwinklig angelegten Hauptstraßen *decumanus* und *cardus maximus*): Palmeria (oder Palma) und Pollèntia entwickelten sich schon bald zu den Hauptorten Mallorcas. Pollèntia, der bedeutendere der beiden, lag genau zwischen der Bucht von Pollença und der von Alcúdia im Nordosten.

Während sich Pollèntia mit schicken Gebäuden, Tempeln, einem Theater usw. schmückte, entdeckten manche Römer ihre Vorliebe fürs Landleben und bauten sich große Landhäuser. Heute kann man davon nichts mehr sehen, aber es ist verlockend, sie als Vorläufer der arabi-

Mallorcas Talayot-Stätten

Ses Païsses, Artà

Capocorb Vell, Cala Pi

Necròpolis de Son Real, Ca'n Picafort

Museu Arqueològic de Son Fornés, Montuïri

Es Figueral de Son Real, Ca'n Picafort

Illot dels Porros, Ca'n Picafort

123 v. Chr.	426 n. Chr.	534	707
Unter dem Vorwand, die Piraterie von den Balearen zu beenden, stürmt der römische Feldherr Quintus Caecilius Metellus, später Balearicus genannt, die Küste und erobert Mallorca und Menorca.	Die Vandalen, ein mitteleuropäischer Volksstamm, der marodierend durch Europa bis Nordafrika gezogen ist, zerstört die römische Stadt Pollèntia.	Belisarius erobert die Balearen im Namen des byzantinischen Kaisers Justinian, der bis zu seinem Tod 565 das Römische Reich im Mittelmeerraum wiederherzustellen versucht.	Muslimische Araber aus Nordafrika überfallen zum ersten Mal Mallorca. Vier Jahre später beginnt ihr Siegeszug auf der Iberischen Halbinsel.

schen *alqueries* (Gutshöfe) und mallorquinischen *possessions* (Landsitze) einzuordnen.

Allmählich nahm die indigene Bevölkerung die Sprache und Sitten der Römer an, lebte jedoch weiterhin in ihren eigenen Dörfern. Für Plinius den Älteren stand mallorquinischer Wein dem italienischen in nichts nach, und auch Weizen und Schnecken von der Insel wurden sehr geschätzt.

Archäologische Zeugnisse frühen Christentums – etwa die Überreste der frühchristlichen Basilika in Son Peretó nahe Manacor aus dem 5. Jh., legen nahe, dass der neue römische Glaube bereits im 4. Jh. auf die Insel gelangte. Dann allerdings zogen dunkle Wolken auf: Im 5. Jh. fielen Barbaren in das Römische Reich ein. 426 überfielen die Vandalen (ein ostgermanischer Stamm, der plündernd durch römische Gebiete stürmte) die Balearen. Nachdem sie durch Spanien gezogen waren und in Nordafrika ihren Stützpunkt errichtet hatten, eroberten sie die Inseln 40 Jahre später erneut.

Die Vandalen bekamen ihre Strafe, als der byzantinische Kaiser Justinian beschloss, das Römische Reich wiederherzustellen. Sein unermüdlicher Feldherr Belisarius schlug die Vandalen 533 vernichtend in Nordafrika und eroberte ein Jahr später die Balearen. Nach Justinians Tod 565 ging es mit der byzantinischen Macht im westlichen Mittelmeer schnell bergab. Als sich die Muslime Anfang des 8. Jhs. über Nordafrika ausbreiteten, waren die Balearen eine unabhängige christliche Enklave.

Muslimische Herrschaft

Schlechtes Wetter zwang den arabischen Edelmann Isam al-Jaulani aus Al-Andalus (dem maurischen Spanien) 902, Schutz im Hafen von Palma zu suchen. Dort angekommen, fasste er den Plan, Mallorca und die übrigen Baleareninseln einzunehmen und dem Kalifat von Córdoba einzuverleiben. Wieder in Córdoba, betraute der Kalif Abdallah ihn mit dieser Aufgabe, und so kehrte Al-Jaulani noch im selben Jahr oder 903 mit einem Landungstrupp zurück.

Die Hafenstadt fiel prompt. Al-Jaulani wurde zum Wāli (Gouverneur) der „Ostinseln von Al-Andalus" ernannt, wie die Mauren die Balearen bezeichneten. Acht Jahre lang musste er sich jedoch mit christlichen Widerstandsnestern auf den Inseln herumschlagen. Als Al-Jaulani 913 starb, hatte er die Inseln aber befriedet und angefangen, ihre einzige Stadt zu erweitern und zu verschönern. Sie hieß nun Medina Mayurka (Stadt Mallorca).

Das nächste Jahrhundert war für Mallorca eine Blütezeit. Die Mauren unterteilten die Insel in zwölf Distrikte, führten hoch entwickelte Bewässerungsmethoden ein und schufen florierende Gutsbetriebe, sogenannte *alqueries*. Medina Mayurka entwickelte sich zu einer von Europas kosmopolitischsten Städten. Ende des 12. Jhs. lebten hier 35 000 Einwohner,

869	903	1075	1114/15
Normannen überfallen mallorquinische Ortschaften. 21 Jahre vorher hatten Araber aus dem muslimischen Spanien die Insel mit Billigung der dortigen Führer angegriffen und diese im Gegenzug verschont.	Muslimische Truppen nehmen Mallorca ein. Einheimische Christen leisten noch acht Jahre lang in Festungen auf der ganzen Insel Widerstand.	Mallorca wird ein unabhängiges *taifo* (Emirat), nachdem das Kalifat von Córdoba in mehrere Emirate zerfallen ist.	Ein katalanisch-pisanisches Kreuzfahrerheer landet auf Mallorca, um die Piraterie zu beenden. Sie erobern 1115 Medina Mayurka (Palma) und befreien 30 000 christliche Sklaven.

fast genauso viele wie in Barcelona und London. Über den Ruinen eines römischen Kastells entstand der *al-qasr* – der Burgpalast (Palau de l'Almudaina) – und an der Stelle, wo heute die Kathedrale von Palma steht, befand sich eine Moschee. Mit dem Bau der Stadtmauern um das neue Viertel Rabad al-Jadid (ungefähr das heutige Es Puig de Sant Pere) erreichte die Stadt die Ausdehnung, die sie bis Ende des 14. Jhs. behalten sollte. Es war eine typische arabische Altstadt, eine mittelalterliche Medina wie in Marrakesch oder Fes. Von ihrem engen Gassengewirr, den sogenannten *estrets* (Engen), ist allerdings kaum etwas erhalten. Medina Mayurka pflegte enge Kontakte zur übrigen muslimischen Welt im westlichen Mittelmeerraum, obwohl die Emire (Prinzen) die Ostinseln ab 1075 unabhängig vom Festland regierten.

Al-Jaulanis Nachfolger widmeten sich mit viel Elan der Piraterie, die ab Anfang des 12. Jhs. zur Haupteinnahmequelle der Inseln wurde, und zogen damit den Zorn christlicher Kaufleute auf sich. So landete 1114 eine Flotte mit 500 Schiffen sowie 65 000 Pisanern und Katalanen auf Mallorca. Sie überzogen die Insel mit einem blutigen Krieg und eroberten im April des folgenden Jahres Medina Mayurka. Nach zehnmonatigen Kämpfen waren sie aber so ausgelaugt, dass sie Mallorca mit ihrer Kriegsbeute, Gefangenen und befreiten christlichen Sklaven verließen, als sie hörten, dass von Nordafrika eine muslimische Flotte anrückte.

Ab 1116 brach auf Mallorca eine neue Ära an, als die Almoraviden (ein Berberstamm aus Marokko) von Spanien aus die Herrschaft übernahmen. Insbesondere unter Wāli Ishaq, der von 1152 bis 1185 regierte, erlebten die Balearen eine weitere Blütezeit. 1203 eroberten Almohaden die Insel, nachdem sie Al-Andalus unter ihre Kontrolle gebracht hatten.

Diese blutigen Zwistigkeiten zwischen den islamischen Dynastien blieben im christlichen Spanien nicht unbemerkt. Nach der vernichtenden Niederlage der Almohadenarmee in der Schlacht von Las Navas de Tolosa 1212 bekam die Reconquista (die Rückeroberung maurischer Gebiete durch christliche Könige) neuen Auftrieb. Bis 1250 eroberten die Christen Valencia, die Extremadura, Córdoba sowie Sevilla und verscheuchten die letzten Muslime aus Portugal. Kein Wunder, dass man Pläne schmiedete, auch die Balearen einzunehmen, zumal Mallorca weiterhin ein wichtiges Piratennest war, das die christliche Seefahrt ernsthaft störte.

El Conqueridor

Am 5. September 1229 brachen 155 Schiffe mit 1500 Rittern und 15 000 Fußsoldaten von den katalanischen Häfen Barcelona, Tarragona und Salou nach Mallorca auf. Jaume (1208–76, später der Eroberer genannt), energischer 21-jähriger König von Aragón und Katalonien, schwor, die Balearen einzunehmen und der muslimischen Piraterie dort ein Ende zu setzen. Er landete in Santa Ponça, rückte nach zwei kurzen Scharmüt-

Geschichtstour

Bronzezeit/ Talayot *Ses Païsses*

Romanische Zeit *Pol·lèntia*

Maurische Zeit *Banys Àrabs, Palma*

Mittelalter *Die ummauerte Altstadt von Alcúdia*

Gothik *Katedrale, Palma*

Renaissance/ Barok *Palmas Herrenhäuser und Innenhöfe*

1148	1185	1203	1229
Mallorca schließt ein Handelsabkommen mit Genua und Pisa, das den Italienern den mallorquinischen Markt öffnet und die Gefahr weiterer christlicher Angriffe auf die Insel verringert.	Mit dem Tod des muslimischen Herrschers Wāli Ishaq endet auf der Insel eine beispiellose Blütezeit, der Höhepunkt der Almoraviden-Herrschaft.	Die Almohaden vom spanischen Festland besiegen die Almoraviden in Medina Mayurka und übernehmen die Herrschaft über die Insel. Davon bleibt das Leben der Mallorquiner unberührt.	Katalanische Truppen unter Jaume I., König von Aragón, landen in Santa Ponça, besiegen die Muslime und belagern Medina Mayurka.

zeln auf Medina Mayurka vor und belagerte die Stadt. Am 31. Dezember durchbrachen die christlichen Truppen schließlich die Verteidigungslinien, stürmten die Stadt und plünderten sie erbarmungslos. In den folgenden Monaten jagte Jaume feindliche Truppen auf der ganzen Insel, stieß aber nur auf geringen Widerstand.

Er teilte Mallorca nach der Eroberung unter seinen Generälen und Verbündeten auf. Die arabischen *alqueries*, *rafals* (Weiler) und Dörfer bekamen neue *senyors* (Herren). Viele benannten sich um, manche behielten aber auch ihre arabischen Namen (Orte, die mit *bini* (Söhne) anfangen, gehören dazu). Einige nannten sich nach ihrem neuen Herrn und setzten nur das Possessivpronomen *son* oder *sa* vor dessen Namen. Die Verteilung der Beute legte Jaume im *Llibre del Repartiment* fest.

Zu seinen Prioritäten gehörten der rasche Bau von Kirchen, die Christianisierung der Einheimischen und die Entsendung von Siedlern aus Katalonien (vor allem aus der Umgebung von Gerona). Im ersten Jahrhundert nach der Eroberung lebte der größte Teil der Inselbevölkerung in Ciutat (Palma). Das übrige Gebiet, als Part Forana bezeichnet, war in 14 Bezirke unterteilt. Doch alle Macht auf Mallorca konzentrierte sich auf Ciutat. Die Verwaltungsgeschäfte führten sechs *jurats* (Magistraten).

Die christlichen katalanischen Siedler zwangen der Insel ihre Religion, ihre Sprache und ihre Sitten auf und die meisten muslimischen Einwohner wurden versklavt. Wer dieses Schicksal nicht akzeptieren wollte und nicht floh, hatte nur eine Alternative: dem Islam abzuschwören. Auch die jüdische Bevölkerung machte schwere Zeiten durch.

> Als Teil der mediterranen Handelsrouten war Mallorca besonders anfällig für die Pest, deren verheerende Wirkung die Insel wiederholt traf und viele Einwohner das Leben kostete.

Im Part Forana entwickelten sich die *possessions* (Landgüter) zu Zentren der Landwirtschaft, die bald den Haupterwerbszweig der Insel ausmachte. Ihre Verwaltung unterstand einheimischen Gutsleitern, oft selbst reiche Bauern, die ihren – meist abwesenden – Adelsherren treu ergeben waren. Sie beschäftigten *missatges* (Landarbeiter) und *jornalers* (Tagelöhner), die nah an der Armutsgrenze lebten. Kleinbauern, die mit ihren Höfen ihren Lebensunterhalt oft nicht bestreiten konnten, traten ihr Land an die größeren Güter ab und wurden Tagelöhner.

Die Krone von Aragón

Nach dem Tod Jaumes I. 1276 wurde sein Herrschaftsgebiet unter seinen beiden Söhnen Jaume II. und Pere II. aufgeteilt. In den folgenden Jahren stürzten sie und ihre Erben Mallorca in Machtstreitigkeiten. Ab 1349 unterstand das unabhängige Königreich Mallorca der Krone von Aragón, blieb aber relativ autonom.

Die Geschicke Mallorcas und besonders Palmas waren eng an Barcelona, die katalanische Residenzstadt des Königs von Aragón, geknüpft. Mitte des 15. Jhs. gehörten diese beiden Städte zu den reichsten des Mittelmeerraums (trotz einiger Rückschläge wie Pestepidemien). Allein

1229	1267	1276	1343
Jaume I. erobert die Stadt und lässt sie plündern. An Ostern des folgenden Jahres rafft eine Pestepidemie viele Einheimische und Besatzungssoldaten dahin.	Mallorcas Ikone Ramon Llull hat eine Reihe von Visionen, die ihn endgültig zu einer der bedeutsamsten Persönlichkeiten der katalanischen Kultur machen.	Fast 50 Jahre nachdem er Mallorca unter christliche Herrschaft brachte, stirbt Jaume I. Die Insel wird zwischen seinen beiden Söhnen aufgeteilt – Jahrzehnte zerstörerischer Konflikte folgen.	Pere III. von Aragón erobert Mallorca und die Königskrone von Jaume III. Sechs Jahre später stirbt Jaume III. in der Schlacht von Llucmajor bei dem Versuch, sie zurückzuerobern.

DER MISSIONARISCHE SHAKESPEARE DER KATALANEN

Der Mystiker, Theologe und Universalgelehrte Ramon Llull (1232–1316) wurde in Ciutat (Palma) de Mallorca geboren und führte zunächst ein relativ weltliches Leben. Er war Page am Hof Jaumes I. und wurde zum Majordomus des zukünftigen Königs von Mallorca, Jaume II., ausgebildet. In dieser beneidenswerten Stellung haute er mächtig auf den Putz, schrieb Liebesgedichte und genoss ein ausschweifendes Liebesleben.

Als ihm jedoch 1267 fünfmal der gekreuzigte Christus erschien, änderte er sein Leben von Grund auf. Er vertiefte sich ins Studium der Theologie, der Moralphilosophie und der Sprachen (Arabisch und Hebräisch) und gründete (mit Unterstützung Jaumes II.) ein Kloster in Miramar, um zukünftige Missionare in Theologie und östlichen Sprachen auszubilden. Mit dem glühenden Wunsch, Juden und Muslime zu bekehren, reiste er predigend durch ganz Europa, den Nahen Osten und Nordafrika. Gleichzeitig verfasste er unzählige Abhandlungen in Arabisch und Katalanisch und gilt heute als Begründer der katalanischen Literatur. 1295 schloss er sich den Franziskanern an und zog sich 1307 den Zorn der Muslime zu, als er vor nordafrikanischen Moscheen predigte. Manche behaupten, ein aufgebrachter Mob habe ihn in Tunesien gelyncht, andere erklären, er sei 1316 auf dem Weg in seine Heimat Mallorca gestorben. Sicher ist allerdings, dass sein Grab sich in der Basílica de Sant Francesc (S. 58) in Palma befindet. Seine Seligsprechung wurde von Papst Johannes Paul II. bestätigt, der lange und ungewisse Prozess der Heiligsprechung begann 2007.

Palma unterhielt 35 Konsulate und Handelsvertreter rund ums Mittelmeer. Den einheimischen Kaufleuten gehörte eine Handelsflotte von 400 Schiffen, und die mittelalterliche Börse, Sa Llotja, war ein lebendiges Handelszentrum.

Aber es war nicht alles rosig. Im Part Forana lebten die Landarbeiter von Hungerlöhnen, und 1374 war die Ernte so miserabel, dass die Menschen auf den Straßen tot umfielen. Erbarmungslos schlug die Armee Aufstände nieder, die immer wieder ausbrachen, z. B. 1391 (im selben Jahr, als wütende Landarbeiter das jüdische Viertel in Ciutat plünderten). Ein größerer Schock für die Herrschenden war die Revolte der Handwerkszünfte (Germania-Bruderschaften) 1521, die besonders durch die erdrückende Besteuerung der Unterschichten ausgelöst wurde. Diese zwang den Vizekönig (Mallorca gehörte inzwischen zum vereinigten Spanien unter Kaiser Carlos V.) zur Flucht. Im Oktober 1522 schickte Carlos die Armee, der es aber erst im März des folgenden Jahres gelang, die Ordnung wiederherzustellen.

Inzwischen bröckelten Mallorcas Handelserfolge dahin und die Küste war im 16. Jh. permanenten Attacken nordafrikanischer Piraten ausgesetzt. Es wurden „Feuertürme" (Wachtürme, die per Signalfeuer kommunizierten) und Befestigungsanlagen errichtet, von denen viele noch

1382	1391	1488	1521
Das System Sac i Sort (Sack und Glück) wird eingeführt; dabei zieht man die Namen der sechs Kandidaten für das Amt der *jurats* (Magistraten) für die folgenden zwölf Monate aus vier Beuteln.	Bauern und Tagelöhner plündern das jüdische Viertel von Palma und töten Hunderte Juden. Monate später werden alle Beteiligten aus Angst vor weiteren Unruhen ungestraft freigelassen.	Die Inquisition wird offiziell in Mallorca etabliert. In den folgenden Jahrzehnten werden Hunderte als Ketzer auf dem Scheiterhaufen verbrannt.	Bewaffnete Handwerker und Landarbeiter erheben sich im Germania-Aufstand gegen den Adel. Im Oktober 1522 schickt Carlos V. Truppen nach Alcúdia, um die Revolte niederzuschlagen.

JUDEN AUF MALLORCA

Die ersten Juden kamen offenbar 70 n. Chr. nach Mallorca, nachdem der jüdische Tempel in Jerusalem zerstört worden war. Unter islamischer Herrschaft gedieh eine kleine jüdische Gemeinde in Medina Mayurka (maurischer Name für Palma). Das christliche Mallorca nach der Reconquista im Jahr 1229 war weniger tolerant.

Obwohl die mallorquinischen Juden von den meisten Berufen und öffentlichen Ämtern ausgeschlossen waren, schätzte man sie wegen ihrer Bildung und ihres Geschäftssinns. Jüdische Ärzte, Astronomen, Bankiers und Kaufleute sprachen meist fließend Katalanisch und/oder Spanisch, Latein, Hebräisch und Arabisch und erhielten oft wichtige Aufgaben.

Ende des 13. Jhs. lebten in Ciutat (Katalanisch für Palma) 2000 bis 3000 Juden in einem Viertel am Palau de l'Almudaina. Von dort verbannte man sie in den Call (Katalanisch für Ghetto) im Ostteil von Sa Calatrava, in die Gassen um den Carrer de Monti-Sion. Nachts wurde das „Judenviertel" verschlossen, tagsüber mussten die Bewohner ein rot-gelbes rundes Abzeichen tragen. Ihre Synagoge wurde 1315 in die Kirche Monti-Sion umgewandelt, eine neue Synagoge erhielten sie erst 1373. 1391 töteten aufständische Bauern etwa 300 Juden bei einem antisemitischen Anschlag.

1435 zwang man fast alle Juden der Insel, zum Christentum überzutreten, und wandelte ihre Synagogen in Kirchen um. Anfang des 16. Jhs. siedelte man sie zwangsweise vom Call Major in den Call Menor an der Carrer de Colom um. Inzwischen waren sie zwar Christen, standen aber unter dem Verdacht, heimlich jüdische Riten zu praktizieren, und waren somit beliebte Opfer der Inquisition. Das letzte Autodafé (Verbrennung von „Ketzern") solcher *judaizantes* fand 1691 statt; damals wurden drei Menschen auf dem Scheiterhaufen verbrannt.

Nach wie vor hieß die christliche Bevölkerung die oftmals als *xuetes* (von *xua*, einem abfälligen Wort für Schweinefleisch) bezeichneten Juden. Erst im 19. Jh. verbesserte sich die Lage der Geächteten. Während dieser Zeit gingen unzählige Schriftsteller und Dichter aus solchen *xueta*-Familien hervor. Als die Nazis im Zweiten Weltkrieg Mallorca zur Auslieferung seiner jüdischen Bevölkerung aufforderten, weigerten sich angeblich die Kirchenoberhäupter. Die Nachfahren dieser Familien (die selbst Mitte des 20. Jhs. noch von vielen Mallorquinern geächtet wurden) schätzt man heute auf etwa 15 000 bis 20 000.

---

heute stehen und von der Brisanz der damaligen Situation zeugen. Einige der farbenprächtigsten Volksfeste Mallorcas wie Moros i Cristians in Pollença und Es Firó in Sóller erinnern an jene Zeit. Da ab dem 17. Jh. auch Spanien immer mehr an Macht verlor, versank Mallorca in provinzieller Bedeutungslosigkeit. Im Spanischen Erbfolgekrieg (1703–1715) stellte sich die Insel auf die Seite der Habsburger und machte sich damit nicht gerade beliebt bei dem letztlich siegreichen Bourbonenkönig Felipe V., der 1716 sämtliche Privilegien und die Autonomie Mallorcas abschaffte.

1706	1773	1809	1837
Im Spanischen Erbfolgekrieg (1701–1715) erringt der österreichische Prätendent auf den spanischen Thron die Herrschaft über Mallorca. Neun Jahre später wird die Insel von Felipe V. erobert.	Carlos III. erlaubt Palmas Juden die freie Wahl ihres Wohnsitzes und verbietet unter Strafe jede Form von Diskriminierung und Misshandlung der jüdischen Bevölkerung.	Tausende französische Soldaten geraten in Kriegsgefangenschaft und werden auf der Illa de Cabrera unter grauenhaften Bedingungen interniert. Erst 1814 lässt man die Überlebenden frei.	Ein Passagierdampfer nimmt den Liniendienst zwischen Barcelona und Palma auf. Zu den ersten Passagieren zählen 1838 George Sand und Frédéric Chopin.

Piratenangriffe zwangen Mallorca fast das gesamte 18. Jh. über zur Wachsamkeit, bis die Insel 1785 die Erlaubnis erhielt, ungestraft zurückschlagen zu dürfen. Zur gleichen Zeit weilte der mallorquinische Franziskanermönch Fray Junípero Serra in Kalifornien, wo er Missionen (heute große Städte) wie San Francisco und San Diego gegründet hat.

Die Napoleonischen Kriege Anfang des 19. Jhs. hatten Auswirkungen auf Mallorca – Scharen katalanischer Flüchtlinge landeten auf der Insel, was zu wirtschaftlichen und sozialen Unruhen führte. In der zweiten Hälfte des Jahrhunderts begann der Aufstieg des Bürgertums, und die landwirtschaftliche Produktion nahm zu. 1875 wurde die erste Bahntrasse zwischen Palma und Inca eröffnet.

Mallorca während des Spanischen Bürgerkriegs

Die Wahlen 1931 brachten beispiellose Ergebnisse: Republikaner und Sozialisten errangen gemeinsam in Palma und Madrid eine absolute Mehrheit. Als dann die Confederación Española de Derechas Autónomas (Spanische Konföderation der Autonomen Rechten) die Wahlen 1933 gewann, entließ sie Anfang 1934 alle linken Bürgermeister Mallorcas. Doch nachdem die Linke bei den dramatischen Wahlen 1936 einen haushohen Sieg errungen hatte, waren sie voller Euphorie wieder da.

Für viele Generäle war das der Tropfen, der das Fass zum Überlaufen brachte. Im Juli 1936 kam es unter der Führung des Generals Francisco Franco zum Aufstand gegen die republikanische Zentralregierung. Auf Mallorca stießen er und seine Anhänger nur auf geringe Gegenwehr. Am 19. Juli stürmten rebellierende Soldaten und rechte Falangisten das Rathaus und nahmen den linken Bürgermeister Emili Darder gefangen (er und andere Politiker wurden im Februar 1937 exekutiert). Im Nu besetzten sie wichtige Punkte in Palma, wobei kaum ein Schuss fiel. In einigen Orten der Part Forana gab es mehr Widerstand, der aber blutig niedergeschlagen wurde.

Mitte August schickte Francos faschistischer Verbündeter Benito Mussolini italienische Truppen und Militärflugzeuge nach Mallorca. Die Insel diente als Hauptstützpunkt für italienische Luftangriffe: Von hier aus wurden im Laufe des Bürgerkriegs mit zunehmender Intensität Bombenangriffe auf Barcelona geflogen.

Am 9. August 1936 eroberte eine katalanisch-valencianische Truppe (offenbar ohne Genehmigung des Oberkommandos) Ibiza von Franco zurück und landete am 16. in Porto Cristo. Der ausbleibende Widerstand verblüffte sie so, dass sie den Überraschungseffekt nicht zu ihrem Vorteil nutzten. Am 3. September startete ein nationalistischer Gegenangriff mit italienischer Luftunterstützung und drängte die glücklosen (und schlecht

> Eine der schönsten Beschreibungen der Insel ist in *Mallorca, L'Illa de la Calma* (Mallorca, die Insel der Stille, 1922) des katalanischen Malers Santiago Rusiñol nachzulesen. In dem Werk beleuchtet er auf kritische Weise das harte Landleben vieler Einheimischer.

April 1912	Juni 1922	19. Juli 1936	1. April 1939
Zwischen Palma und Sóller eröffnet die erste Eisenbahnlinie. Wegen der schlechten Straßen war es zuvor einfacher, von Sóller auf dem Seeweg nach Frankreich zu fahren als über Land nach Palma.	Im Juni verkehrt das erste Post-Flugzeug zwischen Barcelona und Palma. Die Linie nutzt Wasserflugzeuge, die in Hangars in Es Jonquet in Palma stehen.	Armee und rechte Milizen nehmen Mallorca für General Franco ein, während er die Militärrevolte gegen die republikanische Regierung in Madrid anführt.	Franco verkündet in einer landesweit gesendeten Radioansprache seinen Sieg, drei Tage nachdem Madrid an nationalistische Truppen gefallen ist. Damit ist der fast dreijährige Bürgerkrieg vorbei.

ausgerüsteten) Invasoren zurück ins Meer. Kurze Zeit später gaben die Republikaner auch Ibiza und Formentera wieder auf. Von den Balearen blieb nur Menorca während des gesamten Bürgerkrieges republikanisch.

Nach Francos Sieg 1939 sah das Leben auf Mallorca genauso aus wie im übrigen Spanien. Katalanisch war in allen öffentlichen Verlautbarungen, auf Straßenschildern, in Schulen usw. verboten. Von 1940 bis 1952 wurden Lebensmittel rationiert. Von den neun Bürgermeistern, die Palma von 1936 bis 1976 verwalteten, waren vier Militärs und die übrigen überzeugte Konservative.

> Vom 16. bis 18. März 1938 flogen italienische Bomber von ihren Stellungen auf Mallorca 17 Luftangriffe auf Barcelona und töteten etwa 1300 Menschen. Anscheinend befahl Mussolini die Luftangriffe ohne Wissen des Oberkommandos der spanischen Nationalisten.

Zeit des Wirtschaftsaufschwungs

1950 landete der erste Charterflug auf Mallorcas kleinem Flugplatz. Damals ahnte niemand, was sich daraus entwickeln sollte. Im Zentrum von Palma gab es 1955 ein Dutzend Hotels und ein paar weitere am Meer in Richtung Cala Major.

Die 1960er- und 1970er-Jahre brachten mit dem schwindelerregenden Anstieg des Massentourismus eine wahre urbane Revolution. Der ungezügelte Bau von Hochhausburgen auf beiden Seiten der Bucht von Palma und später an anderen Stränden der Insel war eine Folge der Politik der Franco-Regierung, Tourismus in Küstengebieten zu fördern. Viele der Unterkünfte aus der damaligen Zeit sind inzwischen geschlossen oder zu Wohnungen und Büroflächen umgebaut worden.

Nach manchen Schätzungen haben die Inselbewohner heute den höchsten Lebensstandard Spaniens, allerdings basieren 80 % ihrer Wirtschaft auf dem Tourismus. Das hatte eine rücksichtslose Bautätigkeit auf den Inseln zur Folge und sorgte für Panikausbrüche, wenn eine Saison mal hinter den Erwartungen zurückblieb. Für diese Kurzsichtigkeit und die ungebremste Zerstörung der Hauptressource der Inseln – ihre herrliche Küstenlandschaft – hat sich der Begriff *balearización* eingebürgert.

Imagewandel

In den letzten Jahren hat sich auf Mallorca in touristischer Hinsicht einiges getan. Themen wie Nachhaltigkeit, Umweltbewusstsein und ein ganzjähriges Angebot stehen zunehmend im Mittelpunkt. So langsam wird den Verantwortlichen auf der Insel klar, dass seelenlose Hochhäuser und anonyme Bettenburgen für Pauschalurlauber der Vergangenheit angehören. Ferienorte wie das berüchtigte Magaluf wollen weg von ihrem Image als Hotspots für Junggesellenabschiede und sich als familienfreundliche Destinationen neu präsentieren. Aus diesem Grund sind Trinkgelage im Freien, Happy-Hour-Deals, 2-für-1-Angebote und ähnliche Dinge mancherorts inzwischen verboten. Dass die beliebte britische Fernsehshow „Love Island" während der letzten Jahre ausgerechnet auf Mallorca gedreht wurde, war hierbei sicher nicht hilfreich, sondern

1952	1960	1983	2007
Nach etwa zwölf Jahren endet die Lebensmittelrationierung der Nachkriegszeit. Viele Mallorquiner leben weiter in Armut, doch bald wird der Touristenboom die Insel für immer verändern.	Geschätzte 500 000 Urlauber reisen auf die Insel und markieren den Beginn des Massentourismus auf Mallorca. In den nächsten Jahrzehnten wird sich ihre Zahl verfünfzigfachen.	Acht Jahre nach dem Tod Francos erhalten die Balearen (und andere Regionen Spaniens) ihren autonomen Status.	Der mallorquinische Sozialist Francesc Antich beendet die Regierungszeit der konservativen Partido Popular durch eine Koalition, die eine restriktivere Baupolitik verspricht.

hatte zur Folge, dass 2018 rund 23 % mehr britische Touristen auf die Insel kamen. Man versucht, dem Overtourism mit Beschränkungen bei Airbnb-Vermietungen, einer Touristensteuer und dem (wenn auch zögerlichen) Versuch zu begegnen, die Anzahl der die Hauptstadt anlaufenden Kreuzfahrtschiffe auf ein einziges pro Tag zu reduzieren. Während es also in einigen Gegenden Mallorcas noch immer feuchtfröhlich zugeht und alkoholische Getränke, die für manche Menschen zu ihrem Inselurlaub einfach dazugehören, noch immer super billig zu haben sind, werden die wahre mallorquinische Kultur, Geschichte, Kochkunst und Gastfreundschaft hoffentlich bald wieder die Oberhand gewinnen.

Es hat sich gezeigt, dass Agrotourismus nicht nur eine vorübergehende Modeerscheinung ist – immer mehr Fincas stellen sich auf Gäste ein. Sie bieten charmant-rustikale Unterkünfte in ruhiger Lage und leckere Mahlzeiten mit Zutaten aus Mallorcas großartigem Anbau. Gleichzeitig werden ihre urbanen Gegenstücke – ehrwürdige Herrenhäuser in den Dörfern und Städten – liebevoll zu Boutiquehotels umgestaltet. Wenn Mallorca ein Imageproblem hat, dann kann es mit der Betonung dieser Vorzüge zweifellos gelöst werden. Das kulturelle Erbe, der Stil und die natürlichen Annehmlichkeiten der Insel haben stets überzeugt.

Viele Badeorte schließen im Winter noch immer, doch einige Hotels in kleineren Städten sind mittlerweile auch in der Nebensaison geöff-

EIN KÖNIGLICHER DILETTANT

Als 1915 die ersten Schlachten des Italienfeldzugs tobten, saß Erzherzog Ludwig Salvator frustriert auf Schloss Brandeis in Böhmen, schrieb unermüdlich, konnte wegen der Kämpfe aber nicht auf seine geliebten Balearen zurückkehren. Im Oktober starb er nach einer Beinoperation an einer Blutvergiftung.

Ludwig wurde 1847 in Florenz als vierter Sohn des Großherzogs Leopold II. geboren. Schon früh ging er auf Reisen und besuchte Städte in ganz Europa. Von Anfang an schrieb er über seine Reiseeindrücke. Sein erstes Buch erschien ein Jahr nach seinem ersten Besuch auf den Balearen 1867. Er kehrte 1871 nach Mallorca zurück, kaufte im folgenden Jahr Miramar und ließ sich auf der Insel nieder – eine Entscheidung, die mehr als ein Jahrhundert später auch viele Nordeuropäer treffen sollten.

Salvator war ein unermüdlicher Reisender, ein *culo inquieto* (rastloser Hintern), wie die Spanier sagen. Mit seiner privaten Dampfyacht *Nixe* (und ihren Nachfolgerinnen) und anderen Transportmitteln besuchte er entlegene Orte von Zypern bis Tasmanien. Kaum ein Jahr verging, in dem er kein Buch über seine Reisen und Studien veröffentlichte. Das bekannteste ist wohl sein mehrbändiges Werk *Die Balearen*. Mallorca blieb seine große Liebe und 1877 verlieh man ihm den Ehrentitel Adoptivsohn der Balearen. Vier Jahre später nahm die Royal Geographic Society in London ihn als Ehrenmitglied auf.

2009	2011	2011	2013
Bei Bombenanschlägen der baskischen Separatistenorganisation ETA während der Hauptsaison im Juli und August werden zwei Polizisten getötet und große Schäden angerichtet.	Die konservative Partei Partido Popular erobert die Macht zurück und gewinnt die absolute Mehrheit bei den Regionalwahlen. Dagegen verlieren die Königsmacher von 2007, die Unió Mallorquina, alle Sitze.	Die Serra der Tramuntana wird zum UNESCO-Weltkulturerbe erklärt.	Einer der schlimmsten Waldbrände in der Geschichte der Insel zerstört rund 2400 Hektar Land.

net. Hier steigen zunehmend Reisende ab, die für Outdoor-Aktivitäten nach Mallorca gekommen sind. Viele professionelle Radrennteams aus ganz Europa absolvieren ihr Wintertraining auf der Insel, und auch sonst erkennen immer mehr Menschen die großartigen und abwechslungsreichen Outdoor-Möglichkeiten, die Mallorca bietet. Abenteuersportveranstalter haben ein breit gefächertes Angebot, von geführten Wanderungen und Mountainbikefahren bis hin zu Canyoning, Höhlenklettern und Coasteering. Ihre Mission: zu zeigen, dass man hier nicht nur am Strand liegen kann, sondern dass die Insel das ganze Jahr über reizvoll ist.

Für eine Insel, die sich ihres nachhaltigen Tourismus' und ihrer einzigartigen Landschaften und Outdoor-Aktivitäten rühmt, war die Aufnahme der Serra de Tramuntana in die Liste der UNESCO-Kulturlandschaften 2011 das Sahnehäubchen. Die Berglandschaft im Nordwesten Mallorcas erhält nun endlich die Aufmerksamkeit, die ihre wilde Schönheit verdient.

Korruption und politisches Klima

Während der letzten zehn Jahre war Korruption in der mallorquinischen Politik sehr verbreitet. Sie war untrennbar mit der umsatzstarken Tourismusindustrie verbunden, die rund 80 % des Bruttoinlandsprodukts auf Mallorca ausmacht, und hatte einen verheerenden Einfluss auf das allgemeine Geschäftsgebaren und die öffentliche Meinung. Illegale Bauvorhaben und Infrastrukturmaßnahmen sowie Straßen, die ins Nichts führten, hatten das Vertrauen der Bevölkerung in die Politik nachhaltig erschüttert. 2014 wurde der dem Partido Popular (PP) angehörende Minister und ehemalige Präsident der Balearen Jaume Matas wegen Betrugs zu einer sechsjährigen Gefängnisstrafe verurteilt, und 2017 waren der PP-Politiker Álvaro Gijón sowie der ehemalige Vizepräsident Gabriel Barceló gezwungen, aufgrund von Korruptionsvorwürfen von ihren Ämtern zurückzutreten.

Die spanischen Parlamentswahlen im November 2019 führten dann zu einem knappen Sieg der Arbeiterpartei Partido Socialista Obrero Español (PSOE) auf Mallorca. Doch auf die extreme Rechte erhielt deutlichen Zulauf auf den Balearen – vor allem die Vox-Partei, die bereits im August 2019 durch ihre Unterstützung eines Stierkampfs in Palma, der nach einer zweijährigen Verbotsphase wieder stattfinden sollte, für eine Kontroverse gesorgt hatte.

Die COVID-19-Pandemie

Da der Tourismus rund 25 % der mallorquinischen Wirtschaftsleistung ausmacht, wurde die Insel von der COVID-19-Pandemie und dem Rückgang der Besucherzahlen besonders hart getroffen.

2014	2019	2019	2020
Palma erlässt eine neue Verordnung mit 113 zusätzlichen Artikeln, die u. a. Saufgelage, Balconing und Belästigung durch zu laute Musik unter Strafe stellen.	Für Mallorca und die Nachbarinseln gilt ein neues Abfallgesetz, das u. a. Feuerzeuge, Rasierklingen, Druckerpatronen, Kaffeekapseln verbietet, die nur einmal benutzt werden können.	Die linke Partei Partido Socialista Obrero Español (PSOE) schreibt Geschichte, indem sie nach den Regionalwahlen die größte Partei in der Regionalversammlung wird.	Die Balearen verabschieden mehrere Gesetze zur Bekämpfung von Sauftourismus. Im Februar wird der erste COVID-19-Fall auf Mallorca bestätigt.

Der erste COVID-19-Patient auf Mallorca war Anfang Februar 2020 ein britischer Tourist in Palma. Allzu optimistische und verfrühte Vorhersagen lauteten, dass es in Spanien nur zu einer Handvoll Infektionen kommen würde, doch bis dato gab es in Spanien fast 2,5 Millionen bestätigte Fälle. Über 67.000 Menschen sind an COVID-19 gestorben, davon fast 1000 auf Mallorca.

Die mallorquinische Wirtschaft, die so stark vom Tourismus abhängt, war im freien Fall. In der ersten Hälfte von 2020 gingen die Hotelbuchungen im Vergleich zum Vorjahr um 92 % zurück. Im zweiten Quartal von 2020 fiel das Bruttoinlandsprodukt um 40 %. Zahlreiche Geschäfte mussten schließen – und an den Essensausgaben bildeten sich lange Schlangen.

Als im Frühjahr 2021 die Insel für Touristen wieder geöffnet wurde, führte dies kurzzeitig zu neuem Optimismus, doch mit den Besuchern aus Spanien und Deutschland kehrte auch die Pandemie zurück: Die Fallzahlen stiegen – und die Lage war erneut verzweifelt und unsicher. Im Juli 2021 besuchten 50 % weniger Touristen die Insel als im Vorjahresmonat, und im August blieb ein Drittel der Hotels geschlossen.

Durch die Aufhebung der Corona-Restriktionen konnte die Tourismusbranche im Jahr 2022 fast vollständig wiederbelebt werden. Statistiken des Landestourismusministeriums in Palma zeigten Mitte 2022 (Stand: Juni 2022), dass Mallorca das Niveau von 2019 erreichen würde, was Touristenzahlen, Auslastung und Einnahmen angeht. Mit den Urlaubsmassen kehrten allerdings auch die berechtigten Warnungen vor einem touristischen Overkill wieder. Mehrere Politiker forderten erneut dazu auf, den Touristenansturm zu deckeln.

Jedoch führten die galoppierende Inflation und die Treibstoffknappheit, ausgelöst durch Russlands Krieg in der Ukraine, ab Mitte 2022 zu steigenden Preisen. Gewisse Unsicherheiten bleiben (nicht nur) im Tourismussektor deswegen bestehen.

2020	2021	2022	2022
Die COVID-19-Pandemie verursacht ein ökonomisches 20-Jahres-Tief auf den Balearischen Inseln.	Im Mai hebt Spanien die COVID-19-Reisebeschränkungen für Bürger aus zehn Ländern mit niedrigem Risiko auf.	Im Juli lässt die Regierung acht Lokale wegen Verstößen gegen das Anti-Sauftourismus-Gesetz vorerst schließen.	In ganz Europa herrscht Hitzealarm. Auch auf Mallorca werden Temperaturen von über 45° Celsius gemessen.

Natur & Umwelt

Die Balearen sind allesamt wunderschön, aber bei Mallorca hat Mutter Natur wirklich alle Register gezogen. Im Westen fallen Kalksteinklippen abrupt in verwinkelte Buchten ab, in denen das Meer in 50 Blautönen schimmert. Bewaldete Hügel ragen im Hinterland über Wildblumenwiesen, Oliven- und Zitronenhainen auf. Und an der Südküste gibt es blütenweiße Strände – die Schönheit der Insel wird häufig unterschätzt, zieht aber jeden in ihren Bann.

Die Landschaft

Die größte Baleareninsel hat in etwa die Form eines Trapezes. Geologisch gesehen sind die Balearen ein Ausläufer des Andalusischen Faltengebirges auf dem spanischen Festland. Zunächst stürzt die Gebirgskette bis zu 1,5 km tief ins Mittelmeer ab und taucht dann in Form der Inseln Mallorca, Menorca, Ibiza und Formentera wieder auf. Zwischen den Inseln und dem Festland liegt das Balearische oder Iberische Meer.

Küste

Immer wieder wird die Küstenlinie von kleinen Buchten unterbrochen. Darüber hinaus gibt's drei große Meerbusen: Die im Süden gelegene Badia de Palma ist das am dichtesten besiedelte Gebiet der Insel, während die beiden muschelförmigen Buchten Badia de Pollença sowie Badia d'Alcúdia im Norden von zerklüfteten Landzungen (Cap de Formentor, Cap des Pinar und Cap Ferrutx) begrenzt werden.

Steile Klippen und lauschige Buchten prägen das Bild im Süden Mallorcas. Hier befinden sich die beiden größten Inselsysteme von Mallorca, die Illa de Sa Dragonera (bei Sant Elm) und die 19 Inseln des Parc Nacional Marítim-Terrestre de l'Arxipèlag de Cabrera (vor Colònia de Sant Jordi).

Berge

Mallorcas auffälligstes geografisches Merkmal ist die 90 km lange Serra de Tramuntana. Seit 2011 ist die spektakulär geformte Gebirgskette UNESCO-Welterbe. Sie beginnt bei Andratx im Südwesten und erstreckt sich bis zum Cap de Formentor im Norden. Ihre höchsten Gipfel sieht man nordöstlich von Sóller. Die steilen Gebirgsflanken im Westen, die abrupt an der Küste aufragen, wirken um einiges höher, als sie tatsächlich sind. Hinter ihnen verstecken sich zahlreiche Dörfer. Die Serra de Tramuntana besteht größtenteils aus bewaldeten Hängen (z. T. mit terrassenförmig angelegten Feldern) und nackten Kalksteingipfeln. Zudem gibt's ein paar Nebengebirge wie die Serra d'Alfabia und Els Cornadors, beide in der Nähe von Sóller.

Auf der anderen Seite der Insel verläuft die weniger hohe Serra de Llevant vom Cap Ferrutx im Norden zum Cap de Ses Salines im Süden. Auch das Cabrera-Archipel gehört zur Serra de Llevant. Ihre höchste Erhebung, das Santuari de Sant Salvador (509 m), ist leicht zugänglich.

Zwischen den beiden Gebirgsketten, im Zentrum der Insel, liegt die große fruchtbare Ebene Es Pla.

Höhlen

Insbesondere an Mallorcas Ost- und Südküste haben Erosion, Meeresbrandung und Wasser aus den Bergen Höhlen ins Gestein gegraben. Bei den kleinsten handelt es sich um winzige brunnenartige Löcher, bei den größten um kilometerlange Tunnel mit Seen, Flüssen und faszinierenden Felsformationen. Obwohl sie unterirdisch verlaufen, befinden sich die meisten tatsächlich über dem Meeresspiegel. Am bekanntesten sind die Coves del Drac (S. 171) bei Porto Cristo, die Coves d'Artà (S. 169) an der Platja de Canyamel, die Coves de Campanet in Campanet (S. 151) und die Coves de Gènova (S. 92), in der Nähe von Palma.

Tiere

Mallorcas Fauna ist zahlen- und artenmäßig recht überschaubar, doch dank der Unmengen von Vögeln gilt die Insel als eine der Top-Adressen für (Hobby-)Ornithologen im Mittelmeerraum.

An Land

Zu den faszinierendsten Tieren auf Mallorca gehören Wildziegen *(Capra ageagrus hircus)*, die nur in der Serra de Tramuntana, am Cap des Pinar und im Parc Natural de la Península de Llevant noch häufiger vorkommen.

Außerdem hausen auf der Insel Wildkatzen (setzen den hiesigen Vögeln ordentlich zu), Frettchen, Hasen und Igel sowie große Populationen von Eidechsen, Schildkröten, Fröschen und Fledermäusen. Eidechsen vermehren sich prächtig, weil sie hier kaum natürliche Feinde haben. Die Illa de Sa Dragonera ist ebenso wie die Illa de Cabrera fest in ihrer Hand. Auf Letzterer sind 80 % der wenigen noch überlebenden Balearen-Eidechsen *(Podarcis lilfordi)* heimisch.

Darüber hinaus gibt's zahlreiche Spinnen, und es wurden auf Mallorca bereits mehr als 300 Mottenarten sowie 30 Schmetterlingsspezies katalogisiert.

MALLORCAS PARKS

Ganze 40 % der Insel stehen in irgendeiner Form unter Naturschutz.

PARK	MERKMALE	AKTIVITÄTEN	BESUCHSZEIT
Parc Nacional Marítim-Terrestre de l'Arxipèlag de Cabrera (S. 181)	Archipel aus 19 Inseln und Inselchen mit 130 Vogelarten und einer großen Artenvielfalt unter Wasser	Vogelbeobachtung, Wandern, Tauchen, Schnorcheln, Schwimmen	Ostern–Okt.
Parc Natural de S'Albufera (S. 142)	Feuchtgebiet mit 400 Pflanzen- und 230 Vogelarten, darunter zahlreiche Zugvögel unterwegs zwischen Europa und Afrika	Vogelbeobachtung (80 % der auf den Balearen bekannten Vogelarten leben hier), Fahrradfahren	Frühling & Herbst
Parc Natural de Mondragó (S. 184)	Wogende Dünen, Wacholderhaine, Sumpfland und unberührte Strände nahe den Ferienorten an der Ostküste	Wandern, Picknicken, Schwimmen	Mai–Sept.
Parc Natural de la Península de Llevant (S. 164)	Flora und Fauna	Wandern, Vogelbeobachtung	Mai–Sept.
Parc Natural de Sa Dragonera (S. 101)	Zwei Inselchen und die 4 km lange Illa de Sa Dragonera; bedrohte Möwenpopulation	Schnorcheln, Tauchen	Mai–Sept.

Meereslebewesen

Pottwale, Pilotwale und Finnwale kommen zum Fressen relativ nah an die Küste heran. Auch Große Tümmler, Weißstreifendelfin und andere Arten treiben sich in der Gegend herum. Taucher sehen in Mallorcas Gewässern häufig Barrakudas, Tintenfische, Muränen, Zackenbarsche, Kardinalbarsche, Riffbarsche, Seesterne, Seeigel, Schwämme und Korallen.

Vögel

Mallorca wartet mit größeren Feuchtgebieten auf und bietet sich aufgrund der Lage zwischen Afrika und Europa als Rastplatz für Zugvögel an. Gerade die Küstenregionen werden im Frühling und Herbst von Hunderten sowohl einheimischen als auch „durchreisenden" Vögeln angesteuert.

Da es über 200 Arten gibt, lässt sich unmöglich vorhersagen, welche man zu Gesicht bekommt. Sie wurden in drei Kategorien eingeteilt: sesshafte (leben das ganze Jahr über auf der Insel), saisonale (ziehen nach dem Brüten Richtung Süden weiter oder fliehen vor dem kalten Winter in Nordeuropa) und Zugvögel (legen auf der Insel einen kurzen Zwischenstopp ein).

The Plants of the Balearic Islands von Anthony Bonner ist der beste Naturführer zu Mallorcas Flora und ideale Lektüre für angehende Botaniker, die viel wandern möchten.

Vom Aussterben bedrohte Arten

Durch Umweltschutz und Brutkontrollen in Mallorcas Naturparks geht's bedrohten Mittelmeervögeln, -schildkröten und -kröten inzwischen besser. Auf der Roten Liste stehen die Maurische Landschildkröte, die Hermann-Schildkröte, Unechte Karettschildkröte und Vögel wie der Rotmilan.

Zu den Erfolgen zählt, dass die endemische Geburtshelferkröte seit 2006 nicht mehr als „stark gefährdet", sondern nur noch als „gefährdet" eingestuft wird. Für den Balearen-Sturmtaucher sieht es leider weniger gut aus: Der Wasservogel wurde 2016 als bedrohteste Spezies in Europa geführt.

Pflanzen

Die Balearen beheimaten mehr als 120 endemische Arten und bieten unzähligen weiteren eine fruchtbare Heimat.

In den Bergen & Ebenen

Auf den Gipfeln der Serra de Tramuntana können weder Sonne noch Wind die Bergvegetation kleinkriegen. In der Regel wuchern die Pflanzen dicht am Boden oder direkt auf den Klippen. Die *Scabiosa cretica* (mit exotisch anmutenden lila Blüten) klammert sich in Felsspalten fest, damit es ihre Wurzeln kühl und feucht haben.

Früher waren die Felshänge und Ebenen der Insel mit Eichenwäldern bedeckt, irgendwann wurden jedoch viele davon niedergebrannt bzw. abgeholzt, um Feldern und Äckern Platz zu machen. Heute gedeiht hier typische Buschlandflora (immergrüne Gewächse wie wilde Ölbäume und Zwergfächerpalmen, Rosmarin, Thymian und Lavendel), die mit wenig Wasser auskommt. Zudem entdeckt man Heidekraut, Ginster, Feigenkakteen (aus denen Marmelade gemacht wird) und 60 Orchideenarten. Zu den endemischen Pflanzen gehören die hübsche *Paeonia cambessedesii*, eine rosafarbene Pfingstrose, die im Schatten einiger Schluchten der Serra de Tramuntana blüht, und die kleeartige *Naufraga balearica,* die an den schattigen Hängen der Tramuntana zu finden ist.

Wälder & Farne

Wo die Eichenwälder überlebt haben, gedeihen neben Stein- und Kermeseichen kleinere Pflanzen wie Veilchen, Erika und Ginster. Am interes-

NEPTUNGRAS

Strandbesucher im Norden Mallorcas fühlen sich manchmal abgestoßen von großen Mengen grünlicher Pflanzen, die sie fälschlicherweise für Algen halten. Doch in Wirklichkeit handelt es sich hierbei um Neptungras *(Posidonia oceanica)*, das dringend notwendig ist, um die Erosion des Meeresbodens zu verhindern. Der Sauerstoff, den diese Pflanzen abgeben, reinigt das Wasser, zieht eine Vielzahl von Meeresbewohnern an und verlangsamt die Erderwärmung durch Absorption von Kohlendioxid. An manchen Orten sorgen dicke Teppiche aus Neptungras sogar dafür, dass die Strände intakt bleiben. Nicht immer riechen die Gräser besonders gut, doch nichtsdestotrotz sind sie gut für die Umwelt.

santesten für Botaniker sind gefährdete einheimische Pflanzen wie der Balearen-Buchsbaum *(Buxux balearica)* und die Europäische Eibe *(Taxus baccata)* – der immergrüne Nadelbaum kann mehrere 100 Jahre alt werden. Ein Exemplar in Esporles soll über 2000 Jahre auf dem Buckel haben!

Farne, die es feucht mögen (mehr als 40 Spezies), wachsen vor allem in der Nähe von Höhlen, Schluchten und Flüssen. In anderen feuchten Gegenden bilden importierte Bäume wie Pappeln, Ulmen und Eschen kleine Wälder.

An der Küste

An der Küste plagen sich die Pflanzen mit der ständigen Gischt, Salzablagerungen und heftigem Wind. Eine der beliebtesten Arten ist der dickblättrige Meerfenchel *(fonoll marí)*, eine Vitamin-C-Bombe, die Seeleute vorbeugend gegen Skorbut verspeisten. Die stachligen Kissen der *Launaea cervicornis* und der *Senecio rodriguezii*, dessen violette Blüten ihm den Spitznamen *margalideta de la mar* (kleines Meeresgänseblümchen) eingebracht haben – kommen ebenfalls häufig vor.

In den Feuchtgebieten, Sümpfen und Dünen Mallorcas entdeckt man zahlreiche Süßwasserpflanzen. Entengrütze ist sehr verbreitet, oftmals zusammen mit Binsen, Wasserschwertlilien, Riedgras und Minze. Für Pflanzen, die im Sand wachsen, gelten weiße oder blassgrüne Blätter als typisch. Ihr üppiges Wurzelgeflecht krallt sich im sandigen Boden fest.

Umweltprobleme

In den 1960er- und 1970er-Jahren begann der hemmungslose Bauboom – und zwar leider auf Kosten von zahlreichen Vögeln und ihren Nistplätzen sowie von Pflanzen, Regenwasserabfluss und Wasserversorgung. Heutzutage hat die Regierung die Umwelt mehr im Blick als in den letzten Jahrzehnten, allerdings kommt es trotzdem immer wieder zu Streitigkeiten zwischen Umweltschützern und profitorientierten Unternehmern.

Anlass zur Sorge gibt jedoch vor allem die Ausbreitung importierter Pflanzen. Viele wurden zuerst in Gärten angepflanzt, fühlten sich aber offensichtlich so wohl auf der Insel, dass sie jetzt einheimische Arten verdrängen. Als Paradebeispiel gilt die *Carpobrotus edulis*, auch bekannt als Hottentottenfeige, die wegen ihrer langen, schlanken Blätter auch *patata frita* (Pommes frites) genannt wird. Diese robuste Pflanze erstickt die gesamte einheimische Konkurrenz.

Eine grüne Zukunft?

Um Mallorcas Potenzial hinsichtlich der Erzeugung erneuerbarer Energien zu erkennen, genügt ein einziger Blick auf die Insel – denn die kann mit 300 Sonnentagen pro Jahr punkten und an der Küste weht ein beständiger Wind. Dieser natürlichen Ressourcen zum Trotz hinkte Mallorca allerdings bis vor nicht allzu langer Zeit in Sachen sauberer Energie ziemlich hinterher.

Doch so langsam ändern sich die Dinge: 2011 machte Siemens den Anfang mit der Einführung von Hochspannungs-Gleichstrom-Übertragung (HGÜ) in Form eines 244 Kilometer langen Unterseekabels zwischen Palma und Valencia. Durch die HGÜ gelangt erneuerbare Energie vom spanischen Festland auf die Insel, wodurch rund 25 % des Energiebedarfs von Einheimischen und Touristen gedeckt werden. Zwar steckt das alles noch in den Kinderschuhen, doch man hofft, dass die Insel in naher Zukunft den Großteil ihrer Energie aus natürlichen Quellen wie Wind-. Solar- und Wasserkraft beziehen kann.

Mallorcas Architektur

Mallorcas architektonische Vielfalt offenbart sich am besten in Palma. Von arabischen Bädern über Renaissanceanwesen der damaligen Aristokratie bis hin zu barocken *patis* (Patios) und Jugendstilhäusern ist alles dabei. Und die gotische Kathedrale direkt am Meer ist ebenso ungewöhnlich wie riesig. Doch das nächste Kapitel der Architektur muss erst noch geschrieben werden, weil die Welle der Innovation, die Spaniens zeitgenössische Architektur erfasst hat, gerade erst in Mallorca angekommen ist.

Anfänge

An vielen unterschiedlichen Stätten der Insel stößt man auf Überreste von sogenannten *talayots* (Steintürme). Meistens waren die Siedlungen der sogenannten Talayot-Kultur von hohen Steinmauern umringt, hinter denen sich zahlreiche Wohnhäuser und die besagten Türme versteckten. Letztere waren aus Stein und komplett ohne Mörtel gebaut. Einige *talayots* dienten wohl als Beobachtungstürme, andere als Grabmäler, aber man weiß wenig über die Bauwerke und ihre Bewohner. Die Talayot-Kultur bestand etwa bis zum Eintreffen der Römer im Jahr 123 v. Chr., doch viele der heute noch erhaltenen Bauwerke gehen bis 1000 v. Chr. zurück. Ses Païsses und Capocorb Vell (S. 178) sind die am besten erhaltenen Stätten.

Obwohl die Römer mehr als zwei Jahrhunderte über Mallorca herrschten und einen Ruf als große Baumeister genießen, hinterließen sie erstaunlich wenige Zeugnisse von ihrer Anwesenheit. Dass es auf Mallorca nur so wenige römische Ruinen gibt, liegt wahrscheinlich daran, dass die Römer im Gegensatz zu ihren Vorgängern das beste Land an der Küste besiedelten, das spätere Zivilisationen einfach neu bebauten. Mallorcas einzige erhaltene römische Stätte von Bedeutung, Pollèntia in Alcúdia im Norden der Insel, soll die größte römische Stadt gewesen sein.

Das maurische Mallorca

Auch die Mauren, die immerhin drei Jahrhunderte die Macht innehatten, haben kaum Spuren hinterlassen – nicht zuletzt deshalb, weil die christlichen Eroberer ihre Moscheen ausnahmslos in Kirchen umwandelten. Die Kathedrale und die Església de Sant Miquel (S. 65) in Palma sind Beispiele hierfür: Von ihrer ursprünglichen Form ist nichts mehr zu sehen. Doch die neuen christlichen Herrscher besetzten nicht nur Moscheen und veränderten sie bis zur Unkenntlichkeit: Auch der Palau de l'Almudaina (S. 54), der ursprünglich von den Römern errichtet worden war, wurde von mehreren maurischen Herrschern umgestaltet und schließlich der Sitz der königlichen (christlichen) Machthaber auf der Insel.

Eine weitere Besonderheit der islamischen Besetzung waren Festungen auf strategisch gelegenen Hügeln, allerdings konnten sie ebenfalls fast komplett erobert werden und wurden in den folgenden Jahrhunderten von den christlichen Herrschern umgebaut. Das Castell de Capdepera (S. 166) ist dafür das vielleicht eindrucksvollste Beispiel.

Gebäude aus der Zeit der maurischen Herrschaft

Banys Àrabs, Palma

Jardins d'Alfàbia, Serra de Tramuntana

Porta de l'Almudaina, Palma

Überreste der arabischen Stadtmauer aus dem 12. Jh. in Palma

Castell de Santueri, Felanitx

Mallorquinische Gotik

Die katalanische Variante der Gotik mit ihren breiten, niedrigen gewölbten Portalen und den nüchternen Ausschmückungen war nach der Eroberung durch die Katalanen zwangsläufig dominierend. Guillem Sagrera (um 1380–1456), ein katalanischer Baumeister und Bildhauer, der zuvor in Perpignan gearbeitet hatte, zog 1420 nach Mallorca. Dort sollte er den Bau der Kathedrale (S. 53), das bedeutendste gotische Bauwerk der Insel, anleiten. Sagrera gilt als einer der größten Architekten und Bildhauer dieser Periode auf der Insel. Er entwarf eine der Kapellen der Kathedrale und das gotische Domkapitel und errichte darüber hinaus Sa Llotja (S. 68), das zweite herausragende gotische Bauwerk Mallorcas.

Ebenso wie in anderen Regionen Spaniens waren während der ganzen gotischen Periode in einigen architektonischen Aspekten maurische Einflüsse sichtbar. Der Mudéjar-Stil zeigt sich nicht auf den ersten Blick an den Fassaden, doch immerhin sind einige schöne *artesonados* (Kassettendecken aus Holz) erhalten geblieben. Als herausragend gelten die Decken des Palau de l'Almudaina (S. 54) in Palma. Auch der wunderbare *artesonado* des Herrenhauses in den Jardins d'Alfàbia (S. 114) scheint ein maurisches Relikt zu sein.

> Die Rückkehr der christlichen Herrschaft im Jahr 1229 kam für den romanischen Architekturstil auf Mallorca zu spät – er setzte sich nie durch. Ein Beispiel für diese Bauart ist der Palau de l'Almudaina in Palma.

Renaissance & Barock

Die Baukunst der Renaissance folgte rationalen Ideen, die sich an der Architektur der klassischen Antike orientierten. An Mallorca ging dieser Stil allerdings bis auf ein paar Ausnahmen wie das (später umgebaute) Hauptportal zur Kathedrale in Palma (S. 53), das Gebäude Consolat de Mar (S. 68) und die überwiegend aus der Renaissance stammenden Uferbefestigungen vorbei. Das Monestir de Lluc (S. 122) ist zwar im Barockstil verziert, im Prinzip handelt es sich jedoch um ein spätes Renaissancegebäude, das vom Bildhauer und Architekten Jaume Blanquer (um 1578–1636) entworfen wurde.

Nachfolger dieses Stils war der für viele weitaus weniger attraktive kurvenreiche und moderate Barock, der auf der Insel nur selten solche Blüten trieb wie anderswo in Europa. Am häufigsten ist er in den großen Kirchen der Orte im Inland zu finden. Bei vielen dieser Bauten wurden die vorgefundenen gotischen Strukturen umfangreich verändert – das

ARCHITEKTONISCHE HIGHLIGHTS

Pollèntia (S. 137) Ruinen römischer Häuser, Tempel und eines Theaters in Alcúdia.

Patis (S. 51) Sich in den *patis* (Patios) von Palmas historischem Zentrum ins Zeitalter der Renaissance und des Barock zurückversetzen lassen.

Museu Regional d'Artà (S. 162) Hier erfährt man alles über *talayots* (Wachttürme) und erhält einen kurzen Überblick zur Geschichte der Insel.

Kathedrale von Palma (S. 53) Das gewaltige gotische Bauwerk wartet mit Strebebögen, hoch emporragenden Fialen und einem der größten Rosettenfenster der Welt auf.

Ses Païsses (S. 162) In der Nähe von Artà befindet sich eine der größten und beeindruckendsten Tayalot-Stätten der Insel.

Banys Àrabs (S. 59) Palmas arabische Bäder sind das wichtigste Zeugnis der muslimischen Herrschaft auf Mallorca.

Castell d'Alaró (S. 121) Die rätselhaften Ruinen einer mittelalterlichen Festung.

Ca'n Prunera (S. 112) Klassisches Beispiel einer Jugendstilvilla in Sóller.

Es Baluard (S. 68) Die moderne Galerie mit Oberlicht geht nahtlos in Palmas Ufermauern aus der Renaissance über.

Alcúdia (S. 137) Die mittelalterliche Stadtmauer gehört zu den am besten erhaltenen der Insel.

gilt besonders für solche Elemente wie Tonnengewölbe, Rundfenster sowie die bauchigen oder geschwungenen Pfeiler und Säulen. Das Äußere der Kirchen kommt meistens ziemlich nüchtern daher (von der einen oder anderen pompösen Fassade mal abgesehen). Eine Ausnahme bilden die *retablos* (*retaules* auf Katalanisch), grandiose Altaraufsätze, bei denen die Bildhauer des Barocks ihrer Fantasie freien Lauf lassen konnten.

Aber die vielleicht schönsten Beispiele der mallorquinischen Variante des Barockstils sind die *patis* (Patios), die Palmas alte Villen schmücken. Die Innenhöfe wurden von islamisch-andalusischen und römischen Vorbildern inspiriert, trugen dem warmen mediterranen Klima Rechnung und repräsentieren Spaniens subtilste Barockformen. Obwohl dieser Stil dominiert, verraten einige vornehme Häuser in Palma auch Einflüsse der Renaissance, darunter die Fassade des Cal Marquès del Palmer. Wer davor steht, könnte ganz kurz denken, er sei im Florenz der Medici.

> Obwohl man zahlreiche *patis* in Palma besichtigen kann, sollten Architekturfans die Feierlichkeiten zu Fronleichnam nicht verpassen. Zu diesem Anlass sind nämlich viele der ansonsten nicht zugänglichen Innenhöfe der Stadt geöffnet.

Modernisme auf Mallorca

Palma

Palma, das Zentrum vieler inselweiter Phänomene, ist auch die Hauptstadt des mallorquinischen Modernisme. Lluís Domènech i Montaner (1850–1923), ein Zeitgenosse Gaudís, war ebenfalls ein großer modernistischer Architekt, der sich im prächtigen früheren Grand Hotel, dem heutigen CaixaForum (S. 66), verewigte.

Die geschwungene Fassade des Can Casasayas, das für die wohlhabende, durch ihre historische Konfiserie Confitería Frasquet berühmt gewordene Familie Casasayas errichtet wurde, gilt als typisch für diesen Architekturstil. Heute befindet sich dort ein Restaurant des berühmten Marc Fosh.

Eine weitere angesehene und einflussreiche Persönlichkeit in der Geschichte des mallorquinischen Modernisme war Gaspar Bennàssar (1869–1933). Im Gegensatz zu vielen anderen katalanischen Architekten, die auf Mallorca arbeiteten, wurde Bennàssar in Palma geboren. Im Laufe seiner langen Karriere spielte er mit ganz verschiedenen Stilen, so auch mit dem Modernisme. Ein herausragendes Beispiel dafür ist das Almacenes El Águila (S. 66), das 1908 auf dem Höhepunkt dieses Stils gebaut wurde. Alle drei Etagen sind unterschiedlich gestaltet, außerdem setzt die großzügige Verwendung von Schmiedeeisen an der Hauptfassade ein deutliches Zeichen für den Modernisme. Die Fassade des benachbarten **Can Forteza Rey** ist mit *trencadís* (Keramikscherben) verziert, die auch Gaudí häufig verwendete. Beim **Can Corbella** dagegen, das etwa aus derselben Periode stammt, überwiegt der Neomudéjar-Stil.

Der Sitz des Parlaments der Balearen befindet sich im **Círculo Mallorquin**, einem High-Society-Club am Carrer del Conquistador, den der Architekt Miquel Madorell i Rius (1869–1936) 1913 im modernistischen Stil restaurierte.

Sóller

Was die Fülle der Modernisme-Bauwerke betrifft, kann das provinzielle Sóller zwar nicht mit Palma konkurrieren, trotzdem wartet es mit einigen herausragenden Beispielen auf. Die meisten verdankt die Stadt Joan Rubió i Bellver, einem Schüler Antoni Gaudís. Sein augenfälligstes Werk ist die ungewöhnliche, aus dem frühen 20. Jh. stammende Fassade der Església de Sant Bartomeu (S. 107) aus dem 18. Jh. Die angrenzende extravagante Banco de Sóller (S. 112) gilt als typisches kühnes Beispiel für seinen Ansatz. Ganz in der Nähe weist das Ca'n Prunera Museu Modernista (S. 112) eine charakteristische filigrane Steinfassade mit verhaltener schmiedeeiserner Dekoration auf. Für Mallorca ist das Gebäude auch deshalb ungewöhnlich, weil es Besuchern ermöglicht, die Einflüsse dieses Stils auf die Inneneinrichtung des frühen 20. Jhs. zu erleben.

Kunst & Kultur

Mallorca inspiriert Künstler seit Jahrhunderten. Joan Miró fühlte eine solche Verbundenheit mit der Insel, dass er aus seiner Geburtsstadt Barcelona übersiedelte. Die lebende mallorquinische Legende Miquel Barceló brachte derweil viel Farbe in die Galerien des ganzen Landes. Noch heute stößt man auf tief verwurzelte Kunst- und Kulturtraditionen, seien es die auf *festes* (Festen) gesungenen fröhlichen Balladen oder die Lederfabriken in Inca, wo u. a. die ausgefallenen Schuhe von Camper herstammen.

Literatur

Mallorcas großartige Schriftsteller schufen nicht nur Werke, die bis heute nichts von ihrer Bedeutung eingebüßt haben, sondern sie trugen auch maßgeblich dazu bei, Katalanisch und Mallorquinisch als literarische Sprachen auszubilden. Die Arbeiten vieler führender mallorquinischer Schriftsteller wie Llorenç Villalonga und Baltasar Porcel wurden mittlerweile übersetzt und laden so auch Außenstehende in eine reichhaltige Literaturszene ein, die außerhalb der Katalanisch sprechenden Welt bislang kaum bekannt war.

Über Autoren aus Mallorca oder aus Katalonien kann man sich auf www.escriptors.cat, der Website des Verbandes katalanischsprachiger Schriftsteller, informieren.

Anaïs Nins erotische Kurzgeschichte Mallorca *spielt in Deià, wo die Autorin 1941 ein Jahr lang lebte. Die Erzählung erschien in dem Band* Das Delta der Venus *und handelt von einem einheimischen Mädchen, das sich auf ein erotisches Abenteuer mit einem ausländischen Paar einlässt und dafür einen hohen Preis zahlt.*

Literarische Anfänge

In gewisser Hinsicht begründete der mittelalterliche Eroberer Jaume I. (1208–76) die mallorquinische Literatur, da er seine kühnen Taten im Werk *El Llibre dels Fets* (Das Buch der Heldentaten) verewigte – auf Katalanisch! Ramon Llull (1232–1316), der in Palma geborene Dichter und visionäre Prediger, machte diese Sprache zu einem ausdrucksvollen literarischen Instrument. Obwohl er als umstrittene Persönlichkeit gilt, sind viele Menschen der Ansicht, dass er heiliggesprochen werden sollte (bisher hat es nur zur Seligsprechung gereicht). Jedenfalls wurde Llull lange als Vater der katalanischen Literatursprache verehrt.

Nur wenige Mallorquiner können mit seinen mittelalterlichen Texten etwas anfangen, wohingegen die meisten mindestens ein Gedicht des Theologen und Dichters Miquel Costa i Llobera (1854–1922) kennen. Dessen Werk *Die Pinie von Formentor* (1907) ist ein Loblied auf Mallorcas Landschaft und wird als das mallorquinische Gedicht schlechthin gefeiert.

Das 20. Jahrhundert

Miquel Bauçà (1940–2005) gilt als einer der größten Dichter der Insel. Der Poet lebte sehr zurückgezogen und schuf mit *Una Bella Història* (1962-85) ein bedeutendes Werk. Llorenç Villalonga (1897–1980) stammte aus Palmas Oberschicht und studierte Medizin. Er gehört zu Mallorcas führenden Romanciers des 20. Jhs.

Baltasar Porcel (1937–2009) wird als Begründer der zeitgenössischen mallorquinischen Literatur angesehen. *L'Emperador o l'Ull del Vent* (*Der Kaiser oder das Auge des Windes*, 2001) ist eine dramatische Erzählung über Tausende napoleonische Soldaten, die auf der Illa de Cabrera interniert waren.

Carme Riera (1948 in Palma geboren) hat eine beeindruckende Anzahl von Romanen, Kurzgeschichten, Drehbüchern und weiteren Texten verfasst, von denen einige auch in deutscher Übersetzung vorliegen.

Guillem Frontera (geboren 1945 in Ariany) hat einige spannende Krimis wie *Das Mallorca-Komplott* (2001) geschrieben.

1936 schrieb Agatha Christie, inspiriert von einem Aufenthalt in der damals noch wenig bekannten Stadt Pollença, die Krimi-Kurzgeschichte *Problem at Pollensa Bay,* die später titelgebend für einen Band mit acht kurzen Kriminalgeschichten (in Dtld.: *Die mörderische Teerunde*) werden sollte.

Musik

Traditionelle Musik

Wie viele andere Regionen in Spanien wartet auch Mallorca mit einer Fülle von Volksliedern und Balladen in Mundart auf. Auf zahlreichen traditionellen *festes* der Insel sind *xeremiers* zu hören. Dabei handelt es sich um Duos, bestehend aus einem Musiker, der *xeremia* (eine Art Dudelsack) spielt, sowie einem weiteren, der seinen Partner mit dem *flabiol* (eine hellklingende Flöte) begleitet.

Zeitgenössische Musik

Für alle, die dachten, Ibiza sei die exklusive mediterrane Heimat des Clubsounds, brachte Daniel Vulić (DJ und Geschäftsführer von *Inselradio Mallorca*) 2007 *Cool Vibes Vol 1* heraus, eine Zusammenstellung rein mallorquinischer Chill-out- und Clubmusik.

Die berühmteste Liedermacherin der Insel ist Maria del Mar Bonet i Verdaguer (geboren 1947) aus Palma. Im Alter von 20 Jahren ging sie nach Barcelona und schloss sich der Bewegung Nova Cançó Catalana an, die katalanischsprachige Sänger und Bands förderte. Bonet schaffte ebenfalls den internationalen Durchbruch und wurde in erster Linie durch ihre Interpretationen mediterraner Folklore und französischer Chansons (Jacques Brel u. a.) sowie ihre Experimente mit Jazz und brasilianischer Musik bekannt.

Für einen komplett anderen Musikstil steht Concha Buika, deren Eltern aus Äquatorialguinea stammen. Sie wurde 1972 in Palma geboren und machte sich in den hiesigen Clubs mit ihrem ganz eigenen Musikstil, dessen Einflüsse von Hip-Hop über Flamenco bis zu Soul reichen, einen

BÜCHER ÜBER MALLORCA

Mallorca inspiriert seit langem ausländische Schriftsteller, da es sowohl einen Standort kreativer Prozesse bietet als auch reichlich Stoff für die Geschichten selbst liefert.

- *Eine mallorquinische Reise. Mallorca 1929* (1929) von Gordon West
- *Das Puppenkabinett des Senyor Bearn* (1945) von Llorenc Villalonga
- *Die Insel des Zweiten Gesichts* (1953) von Albert Vigoleis Thelen.
- *Geschichten aus dem anderen Mallorca* (1998) von Robert Graves
- *Im Tal der Orangen* (2000), *Mañana Mañana* (2001), *Viva Mallorca* (2004) von Peter Kerr
- *Das Mallorca-Komplott* (2001) von Guillem Frontera
- *Papa ante Palma: Mallorca für Fortgeschrittene* (2011) von Stefan Keller
- *Balearenblut* (2017) von Hanne Holms
- *Das Meer* (2021) von Blai Bonet

Namen. 2007 erschien ihre zweite CD, *Mi Niña Lola*, ein Jahr später folgte *Niña de Fuego* und 2009 wurde *El último Trago* veröffentlicht, die in Zusammenarbeit mit Chucho Valdés, einem kubanischen Jazzpianisten, entstand.

Die in Argentinien geborene und auf Mallorca lebende Sängerin Chenoa erlangte durch ihre Teilnahme an der Talentshow *Operación Triunfo* einen großen Bekanntheitsgrad. Seit 2002 veröffentlichte sie neun Alben und gehört heute zu den bedeutendsten Vertreterinnen des spanischen Latinpops.

> **Die besten Kunstmuseen**
> Es Baluard, Palma
> Casa-Museu Dionís Bennàssar, Pollença
> Ca'n Prunera – Museu Modernista, Sóller

Malerei & Bildhauerei

Die Anfänge

Mitte des 15. Jhs. stachen Rafel Mòger (um 1424–70) und der Franzose Pere Niçard, der von 1468 bis 1470 auf Mallorca tätig war, besonders hervor. Sie schufen eines der wichtigsten Werke jener Zeit, das Altarbild Sant Jordi, das heute im Museu Diocesà (S. 59) in Palma zu sehen ist. Als herausragender Bildhauer dieser Epoche gilt Guillem Sagrera, der viele Details der Fischbörse Sa Llotja gestaltete.

Pere Terrencs (wirkte ca. 1479-1528) brachte von einem Studienaufenthalt in Valencia die Technik der Ölmalerei mit auf die Insel, die das Ende der Tempera bedeutete. Sein Stil war von Elementen der Spätgotik und der Renaissance geprägt, ähnlich wie der von Mateu López (gestorben 1581), der 1544 auf Mallorca landete, wo er und auch sein Sohn zu renommierten Malern wurden.

Gaspar Oms (um 1540-1614) war Mallorcas herausragender Maler der Spätrenaissance. Die Familie Oms aus Valencia dominierte die Kunstszene der Insel während des gesamten 17. und 18. Jhs.

Miquel Bestard (1592-1633) schuf bedeutende Barockgemälde für Kirchen wie das Convento de Santa Clara und die Església de Monte-Sion in Palma. Guillem Mesquida i Munar (1675-1747) malte neben sakralen Motiven auch Szenen aus der klassischen Mythologie.

19. & 20. Jahrhundert

Das 19. Jh. spülte eine Welle von Landschaftsmalern nach Mallorca. Viele kamen vom spanischen Festland, vor allem aus Katalonien, aber die Insel brachte auch eigene Maler hervor. Mehr als ein halbes Dutzend namhafter Künstler stammte aus Palma. Joan O'Neille Rosiñol (1828–1907) gilt als Begründer der Landschaftsmalerei Mallorcas. Er und seine jün-

MIRÓ & MALLORCA

Joan Miró kam zwar in Barcelona zur Welt, wo er auch den Großteil seines Lebens verbracht hat, doch sein spirituelles Zuhause war Mallorca. Seit seinem Umzug auf die Insel Mitte der 1950er-Jahre blieb er dort verwurzelt. Sie diente ihm als endlose Quelle der Inspiration – der Horizont, die „beredte Stille", die Helligkeit des Lichts und die lebendigen Blautöne des Meeres, die sich z.B. in seinen Werken *Bleu I, II, III* (1961), einer dreiteiligen Serie in intensiven Farben, wiederfinden.

Das geschäftige Treiben auf dem Markt von Santa Catalina, die sichelförmigen Muster der maurischen und mallorquinischen Volkskunst (Körbe, Töpferwaren und die Keramikpfeifen der Bauern, Siurells genannt) inspirierten ihn zu immer ausdrucksvolleren und abstrakteren Arbeiten.

Hier konnte Miró durch die Straßen laufen, unbemerkt dem Organisten der Kathedrale lauschen und seine Anonymität genießen. Sein Studio am Stadtrand ließ ihm genügend Raum, um voll in seiner Kunst aufzugehen. Er lebte auf Mallorca, bis er 1983 im Alter von 90 Jahren starb. Man kann heute sein Wohnhaus und sein Atelier besuchen und in der Fundació Pilar i Joan Miró (S. 89) viele seiner Gemälde und Skulpturen besichtigen.

Es Baluard (S. 68), Palma de Mallorca

geren Zeitgenossen Ricard Anckermann Riera (1842–1907) und Antoni Ribas Oliver (1845–1911), beide in der Inselhauptstadt geboren, gehörten zu den ersten Malern, die sich in ihrer Arbeit mit Mallorca als künstlerischem Objekt befassten und die Insel auf romantische Weise darstellten.

Ab 1890 entdeckten zahlreiche modernistische Maler Mallorca für sich und brachten neue Ideen mit. Manche von ihnen, darunter beispielsweise Santiago Rusiñol (1861–1931), hatten einige Zeit in Paris gelebt, wo sich damals die Avantgarde der Kunstszene traf. Begeistert schlossen sich Einheimische der Modernisme-Bewegung an. Eine Schlüsselfigur war der in Palma geborene Antoni Gelabert Massot (1877–1932), der seine Heimatstadt in Gemälden wie *Murada i Catedral a Entrada de Fosc* (1902–04) verewigte. Zu den weiteren Vertretern dieser Bewegung zählten Joan Fuster Bonnín (1870–1943) und Llorenç Cerdà i Bisbal (1862–1955) aus Pollença.

Als bedeutendster Bildhauer der Insel gilt der früh verstorbene Llorenç Rosselló (1867–1902). Einige seiner Bronzeskulpturen sowie eine Auswahl von Werken vieler hier aufgelisteter Maler können im Es Baluard (S. 68) bewundert werden.

In den 1910er- und 1920er-Jahren fand der Symbolismus Eingang in die Formensprache lokaler Künstler. Joan Antoni Fuster Valiente (1892–1964) und Ramón Nadal (1913–99), zwei bedeutende mallorquinische Maler aus dieser Zeit, kommen beide gebürtig aus Palma.

Gegenwartskunst

Wichtigster Vertreter der mallorquinischen Gegenwartskunst ist Miquel Barceló (geboren 1957 in Felanitx), der zugleich als Lokalheld und Kunstikone gefeiert wird. Auf seiner Heimatinsel tat er sich besonders mit seinem umstrittenen Meisterwerk in Palmas Kathedrale hervor: Sein Keramikwandbild aus dem Jahr 2007 stellt das Wunder der Brotvermehrung dar. Der Künstler, der in Paris und im Stammesgebiet der Dogon

Glasbläserei

in Mali lebt, hat ein Atelier in Neapel und war schon im Alter von 25 ein aufstrebender Star. Bekanntheit erlangte er vor allem durch seine Gemälde, wobei er schon seit Ende der 1990er-Jahre mit Keramik arbeitete. Die Umgestaltung der Kathedrale war für den Künstler ein Auftrag in einer bisher ungeahnten Größenordnung. Seine erste und bisher einzige Ausstellung in Deutschland fand 2008 in Hannover statt, seine Werke waren allerdings schon als Teil anderer Ausstellungen zu sehen.

Weniger berühmt, aber nicht weniger produktiv ist Ferran García Sevilla (geboren 1949 in Palma). Typisch für seine Arbeiten sind Primärfarben sowie eine kraftvolle Formen- und Bildersprache. Seit Anfang der 1980er-Jahre stellt er seine Werke in Galerien überall in Europa aus. Joan Costa (1961 in Palma geboren) gehört zu den wichtigsten zeitgenössischen Bildhauern der Insel, versucht sich gelegentlich aber auch in der Malerei.

Die katalanische Ikone des 20. Jhs., Joan Miró (1893–1983), darf in dieser Aufzählung natürlich nicht fehlen. Mirós Mutter stammte aus Sóller, während der Künstler selbst die letzten 27 Jahre seines Lebens in Cala Major verbrachte, in der Nähe von Palma, wo sein ehemaliges Wohnhaus heute ein Museum ist, die Fundació Pilar i Joan Miró (S. 89). Dort arbeitete er in einem riesigen Atelier und schuf eine Vielzahl von Gemälden, Keramiken, Statuen, Textilien und vieles mehr. Zu seinen Lieblingsmotiven gehörten Frauen, Vögel und dem Kosmos.

Kunsthandwerk

Der Tourismus hat zwar zur Überentwicklung der mallorquinischen Küste geführt, ging jedoch auch mit einer Renaissance des traditionellen Kunsthandwerks einher, darunter Metall-, Keramik-, Papier-, Glas-, Leder- und Schmuckhersteller.

Das Fremdenverkehrsamt Consell de Mallorca (S. 221), seine Zweigstelle am Flughafen und einige kommunale Fremdenverkehrsbüros auf der ganzen Insel bieten Informationen über das örtliche Kunsthandwerk, namhafte Handwerker und die Orte, an denen man ihre Produkte erwerben kann.

Glaskunst & Lederwaren

Die Ursprünge mallorquinischen Glashandwerks gehen auf das 2. Jh. v. Chr. zurück. Damals gehörten die Kunsthandwerker zu einem Netzwerk von Glasherstellern und -händlern, dessen Zentrum sich auf Murano bei Venedig befand. Im 18. Jh. erlebte die mallorquinische Glaskunst ihren Höhepunkt, danach verlor sie jedoch an Bedeutung. Für ihre Renaissance auf Mallorca in der Mitte und gegen Ende des 20. Jhs. zeichnet die Familie Gordiola (S. 83) quasi im Alleingang verantwortlich; sie ist bereits seit dem 18. Jh. in der Glasverarbeitung tätig. Man findet noch einige kleine Kunsthandwerksbetriebe, die mit Glas arbeiten, der größte Hersteller der Insel ist aber das Museu de Gordiola außerhalb von Algaida, wo sich Besucher traditionelle Glasbläsertechniken ansehen können.

Dank Mallorcas bekannter Schuhmarke Camper ist die lederverarbeitende Industrie der Insel heute für ihre Qualität bekannt. Obwohl sich kleinere traditionelle Hersteller im Konkurrenzkampf mit den größeren Unternehmen immer öfter geschlagen geben müssen, blickt der Industriezweig zweifellos auf eine Erfolgsgeschichte zurück. In Inca, der mallorquinischen Hauptstadt der Schuhproduktion, gibt's jede Menge Fabriken und Outlets, die man auch besichtigen kann.

Entdecke die Welt!

Die Lonely Planet Reiseführer begleiten dich in Länder, Regionen und Städte. Inspiration für die nächste Reiseplanung findest du in den spannenden Bildbänden.

www.lonelyplanet.de

Straßenbahn nach Port de Sóller (S. 116)

Praktische Informationen

ALLGEMEINE INFORMATIONEN.. 216

Arbeiten auf Mallorca ... 216
Barrierefreies Reisen.... 216
Ermäßigungen 216
Feiertage 216
Frauen unterwegs 217
Freiwilligenarbeit 217
Geld 217
Gesundheit 218
Internetzugang........ 219
Karten 219
Klima 219
LGBTIQ+-Reisende 219
Öffnungszeiten........ 219
Post.................. 219

Rechtsfragen.......... 220
Sicherheit 220
Strom 220
Telefon 220
Toiletten.............. 220
Touristeninformation.... 221
Versicherung.......... 221
Visum................ 221
Zeit 221
Zoll 221

VERKEHRSMITTEL & -WEGE............ 222

AN- & WEITERREISE... 222
Einreise 222
Flugzeug 222

Übers Meer 223
Organisierte Reisen.... 223
UNTERWEGS VOR ORT 223
Auto & Motorrad 223
Bus 225
Fahrrad............... 225
Zug 225

SPRACHE......... 226

Allgemeine Informationen

Arbeiten auf Mallorca

➜ EU-Bürger und Schweizer können in ganz Spanien problemlos arbeiten. Wenn man einen Vertrag hat, greift einem der Arbeitgeber normalerweise bei allen bürokratischen Formalitäten unter die Arme.

➜ Viele Bars, Restaurants und andere Unternehmen gehören Ausländern und suchen in den Sommermonaten Aushilfen. Jobangebote für Kellner, Kindermädchen, Köche, Babysitter, Reinigungspersonal etc. stehen in lokalen fremdsprachigen Zeitungen.

➜ Wer fließend Spanisch und eine andere gefragte Sprache spricht, kann übersetzen und dolmetschen. Englisch oder eine andere Fremdsprache zu unterrichten ist auch eine Option, wenn man die nötigen Qualifikationen hat. Weiterführende Informationen gibt's im Internet, beispielsweise bei Career Contact (www.career-contact.net).

Barrierefreies Reisen

Mallorca ist weit davon entfernt, barrierefrei zu sein, doch allmählich verbessert sich die Situation. Einige barrierefreie Museen, öffentliche Gebäude und Hotels zeigen, dass auch die Mallorquiner langsam umdenken.

➜ Hotels, die sich selbst behindertenfreundlich nennen, sind mit Vorsicht zu genießen: Oft bedeutet das nur breitere Türen in Zimmern und Bädern, eine Rampe zur Rezeption oder andere symbolische Gesten.

➜ Auf Kopfsteinpflasterstraßen oder in Bergstädten ist das Vorankommen beschwerlich.

➜ Die Stadtbusse in Palma und ein paar andere auf der Insel sind mit Rampen für Rollstühle ausgestattet. Taxiunternehmen verfügen z. T. über behindertengerechte Autos (im Voraus buchen!).

➜ Unter https://shop.lonelyplanet.com kann man den Gratis-Band „Accessible Travel Online Ressources" von Lonely Planet herunterladen.

Ermäßigungen

Studenten, Senioren (über 65 Jahren), Familien und Jugendliche erhalten bei zahlreichen Sehenswürdigkeiten Ermäßigungen von 20 bis 50 %. Kinder unter 12 Jahren haben in Museen oft freien Eintritt. Ein paar Vier-Sterne-Hotels und Autovermietungen bieten von Oktober bis April Rabatte für Personen über 55.

Rabattkarten In manchen mallorquinischen Städten gibt's Ermäßigungskarten, die für verschiedene Attraktionen und andere Angebote gelten. Am nützlichsten ist der Palma Pass.

Senioren In vielen Museen und Sehenswürdigkeiten bekommt man Rabatt, gelegentlich auch bei öffentlichen Verkehrsmitteln.

Studentenausweise Mit einer ISIC (International Student Identity Card; www.isic.org) gibt's bis zu 50 % Vergünstigung, z. B. bei Übernachtungen, Attraktionen.

Ausweise für Jugendliche Mit der European Youth Card (https://eyca.org); in Spanien genannt „Carnet Joven") bekommt man Preisnachlässe auf Verkehrsmittel, Sehenswürdigkeiten und Jugendherbergen.

Feiertage

Spanier – und da bilden auch die Mallorquiner keine Ausnahme – machen schwerpunktmäßig in der Semana Santa (der Woche vor Ostern) sowie im August Urlaub. Gleichzeitig fällt halb Europa auf der Insel ein! Unterkünfte sind nun schwer aufzutreiben und der Verkehr bricht fast zusammen.

Mallorca hat 14 offizielle Feiertage, wobei fast alle Städte noch mindestens einen weiteren zu Ehren ihres jeweiligen Schutzheiligen haben, nicht zu vergessen die zahlreichen traditionellen Festtage vieler Orte. Letztere sind nicht immer offiziell gelistet, aber natürlich trotzdem ein Grund zum Feiern. Mallorcas wichtigste Termine:

Cap d'Any (Neujahr) 1. Januar

Epifania del Senyor (Dreikönigstag) 6. Januar

Dia de les Illes Balears (Tag der Balearen) 1. März

Dijous Santa (Gründonnerstag) März/April

Divendres Sant (Karfreitag) März/April

Diumenge de Pasqua (Ostersonntag) März/April

Festa del Treball (Tag der Arbeit) 1. Mai

L'Assumpció (Mariä Himmelfahrt) 15. August

Festa Nacional d'Espanya (Spanischer Nationalfeiertag) 12. Oktober

Tots Sants (Allerheiligen) 1. November

Dia de la Constitució (Tag der Verfassung) 6. Dezember

L'Immacula da Concepció (Unbefleckte Empfängnis) 8. Dezember

Nadal (Weihnachten) 25. Dezember

Segona Festa de Nadal (1. Weihnachtsfeiertag) 26. Dezember

Frauen unterwegs

Auf Mallorca zu reisen ist genauso unkompliziert wie überall sonst in der westlichen Welt. Dennoch kann es vorkommen, dass Frauen angestarrt werden, ihnen jemand hinterherpfeift oder sie sich überflüssige Kommentare anhören müssen Am besten einfach ignorieren.

Oben ohne zu baden und knapp bekleidet herumzulaufen mag in den Ferienorten an der Küste in Ordnung sein, doch die kleineren Städte und das Landesinnere sind etwas mehr konservativer.

Freiwilligenarbeit

Die meisten Möglichkeiten für Freiwilligenarbeit in Spanien gibt's auf dem Festland; bei Go Abroad (www.goabroad.com) kann man aber auch nach Projekten auf Mallorca schauen. Fincas (Landgüter) und Familien, die Arbeit und Unterkunft auf Basis von Freiwilligenarbeit anbieten, findet man auf Work Away (www.workaway.info).

Achtung: Lonely Planet empfiehlt keine Organisationen, mit denen der Verlag nicht direkt zusammenarbeitet. Reisende sollten jede Möglichkeit der Freiwilligenarbeit gründlich prüfen, bevor sie sich auf ein Projekt festlegen.

Geld

Geldautomaten gibt's in allen Städten und Urlaubsorten. Die meisten Hotels, Restaurants und Geschäfte akzeptieren die gängigen Kreditkarten.

Bargeld

➡ Für kleine Einkäufe ist Bargeld durchaus nötig. Kleingeld ist nützlich für Kaffeepausen und spontane Marktbesuche.

➡ An den Strand sollte man nur so viel Geld mitnehmen, wie man für Eis, Getränke, Sonnenliege und Sonnenschirm benötigt (10–15 € pro Tag).

Geldautomaten

➡ Mit den meisten Debit- und Kreditkarten wie Visa, MasterCard und Cirrus kann man bei den *cajeros automáticos* (Geldautomaten) Bargeld abheben.

➡ Geldautomaten sind in Städten und größeren Urlaubsorten allgegenwärtig und rund um die Uhr zugänglich.

➡ Viele Banken verlangen fürs Abheben im Ausland eine Gebühr von etwa 1,5 bis 2 %. Darauf weisen die Automaten auch während der Transaktion hin.

Kredit- & Debitkarten

➡ Hotels akzeptieren in der Regel Kredit- und Debitkarten, einige ländliche Gästehäuser jedoch nicht.

➡ Kleine familienbetriebene Restaurants und Cafés bestehen eventuell auf Bargeldzahlung; am besten vorm Bestellen nachfragen.

➡ Fast alle Läden akzeptieren Kartenzahlungen, allerdings muss man dabei oft den Pass oder Ausweis vorlegen.

➡ Am weitesten verbreitet sind Visa, MasterCard, American Express (Amex), Cirrus,

PRAKTISCH & KONKRET

Radio Regionale Radiosender sind u. a. Radio Balear (www.radiobalear.net), das englischsprachige Radio One Mallorca (www.radioonemallorca.com) und das deutschsprachige Inselradio (www.inselradio.com).

Rauchen Viele Mallorquiner rauchen. Das Rauchverbot in allen geschlossenen öffentlichen Bereichen wurde früher gern ignoriert, heute jedoch wird es strenger durchgesetzt.

Zeitungen In den Urlaubsorten sind deutsch- und englischsprachige Zeitungen weit verbreitet. Große spanische Zeitungen sind u. a. das Mitte-links-Blatt *El País* (www.elpais.com) und die Mitte-rechts-Zeitung *El Mundo* (www.elmundo.es). Mallorquinische News stehen im *Diario de Mallorca* (www.diariodemallorca.es), in der *Ultima Hora* (www.ultimahora.es) und im englischsprachigen *Majorca Daily Bulletin* (www.majorcadailybulletin.com).

PREISE IN RESTAURANTS

Die folgenden Preisspannen beziehen sich auf ein Hauptgericht.

€ weniger als 12 €
€€ 12–20 €
€€€ mehr als 20 €

Maestro, Plus, Diners Club und JCB.

Steuern & Erstattungen

Die spanische IVA (Mehrwertsteuer) auf Waren und Dienstleistungen beträgt bis zu 21 % und ist in aufgeführten Preisen enthalten. Nicht-EU-Bürger können sich die Steuer erstatten lassen, wenn sie Waren kaufen und innerhalb von drei Monaten aus der EU ausführen. Dazu muss man sich beim Kauf ein Formular aushändigen lassen und es mit der entsprechenden Ware bei der Ausreise aus der EU bei der zuständigen Zollstelle vorzeigen. Für mehr Infos siehe www.globalblue.com.

Trinkgeld

Hotels Ermessenssache; für Portiers ca. 1 € pro Gepäckstück, für Reinigungskräfte 2 € pro Tag.

Cafés und Bars Wird nicht erwartet, bei gutem Service kann man jedoch den Betrag um etwa 1 bis 2 € aufrunden.

Restaurants Die Servicegebühr ist enthalten, wenn nicht „servicio no incluido" ausgewiesen ist; dennoch geben viele rund 5 % dazu.

Taxis Nicht notwendig, man kann jedoch aufrunden oder ein kleines Trinkgeld geben, vor allem für längere Fahrten.

Gesundheit

Mallorca-Urlauber müssen keine Gefahren für die Gesundheit befürchten. Die größten Probleme dürften Sonnenbrand, harmlose Insektenstiche, leichte Magenverstimmungen und Kater sein.

Vor der Reise

KRANKENVERSICHERUNG

➡ Für EU-Bürger und Schweizer deckt eine Europäische Krankenversicherungskarte (European Health Insurance Card, EHIC) die meisten medizinischen Leistungen ab. Sie gilt allerdings nur für Notfallbehandlungen und beinhaltet keinen Rücktransport nach Hause. Eine zusätzliche Auslandsreiseversicherung ist hilfreich und günstig. Häufig müssen jedoch einige Kosten im Voraus aus eigener Tasche bezahlt werden.

IMPFUNGEN

Für Mallorca sind keine Impfungen nötig. Die Weltgesundheitsorganisation empfiehlt jedoch trotzdem grundsätzlich einen Schutz gegen Diphtherie, Tetanus, Masern, Mumps, Röteln und Kinderlähmung (Polio).

Auf Mallorca

MEDIZINISCHE VERSORGUNG

➡ Wer einen Krankenwagen braucht, wählt die 061.

➡ Klinikstandards und Wartezeiten gehörten zu den besten Europas; die Kosten sind mit anderen westeuropäischen Ländern vergleichbar.

➡ Im Notfall wendet man sich am besten gleich an die *urgencia* (Ambulanz) im nächsten Krankenhaus. Das Hauptkrankenhaus der Insel ist das **Hospital Universitari Son Espases** (871 20 50 00; www.hospitalsonespases.es; Carretera de Valldemossa 79) in Palma, größere Kliniken gibt's auch in Inca und Manacor.

➡ Die medizinischen Angestellten in den Urlauberhochburgen am Meer sprechen meistens Englisch und Deutsch.

➡ In *farmacias* (Apotheken) bekommt man Ratschläge und kann rezeptfreie Medikamente kaufen. Ist eine Apotheke geschlossen, steht an der Tür der Name der nächstgelegenen *farmacia de guardia* (Notfallapotheke).

GESUNDHEITSRISIKEN

➡ Wer zu viel Flüssigkeit verliert, wird bald darauf an Hitzeerschöpfung leiden, die sich durch Kopfschmerzen, Schwindel und auch Erschöpfung bemerkbar macht. Dann muss man viel Wasser und/oder Fruchtsaft trinken.

➡ Ein Hitzschlag ist gefährlicher. Er führt zu irrationalem, hyperaktivem Verhalten und schließlich zu Bewusstlosigkeit und sogar zum Tod. Hier ist schnelle Abkühlung angesagt – am besten den Körper mit Wasser bespritzen und Luft zufächeln.

➡ Wer eine schwere Allergie gegen Bienen- oder Wespenstiche hat, sollte eine Adrenalinspritze o. Ä. dabeihaben.

➡ In bewaldeten Gegenden muss man sich vor den haarigen rotbraunen Raupen des Prozessionsspinners in Acht nehmen! Ihre Haare lösen bei Berührung eine heftige Hautreaktion aus.

➡ Einige spanische Tausendfüßer haben einen sehr üblen, aber nicht tödlichen Stachel. Vorsicht ist bei Tausendfüßern mit deutlich erkennbaren Segmenten, z. B. schwarzen und gelben Streifen, geboten.

➡ Im Sommer überschwemmen manchmal Quallen Mallorcas Strände. Essig, Eis und Bittersalz lindern den Schmerz. Wenn nichts davon zur Hand ist, sollte man die Stellen mit Salzwasser einreiben. Achtung: Süßwasser kann die Verbrennungen verschlimmern! Wer von einer Qualle erwischt wurde, steuert am besten sofort eine Station des Roten Kreuzes an (sind an fast allen größeren Stränden zu finden).

➤ An vielen mallorquinischen Stränden schwirren Sandmücken herum. Ihre Stiche jucken meistens nur unerträglich, lösen manchmal aber auch eine seltene Hautkrankheit aus: die kutane Leishmaniose, eine erhabene Wunde um den Stich, die zu Gewebeverlust führen kann.

LEITUNGSWASSER

Das Leitungswasser ist sicheres Trinkwasser.

Internetzugang

➤ Zahlreiche Cafés und Bars bieten kostenloses WLAN. Eventuell muss man beim Bestellen nach dem Passwort fragen.

➤ Auch die meisten Hotels verfügen über WLAN, oft ist der Empfang jenseits der Lobby jedoch schwach.

Karten

Karten von Mallorca

Gute und übersichtliche Karten:

➤ ADAC-Karte Mallorca, Ibiza (1 : 150 000)

➤ Freytag & Berndt *Mallorca* (1 : 50 000)

➤ Michelin Regionalkarte 579 Spanien: Mallorca – Ibiza – Menorca (1 : 140 000)

➤ Marco Polo *Mallorca* (1 : 150 000)

➤ Kompass *Fahrradkarte Mallorca* (1 : 70 000)

Wanderkarten

Wanderkarten müssen einen Maßstab von mindestens 1 : 25 000 haben. Alles darüber kann man vergessen. Erhältlich in Wanderfachgeschäften vor Ort oder im Heimatland.

➤ Alpina Editorial hat drei tolle Karten von der Serra de Tramuntana (*Mallorca Tramuntana Sud*, *Mallorca Tramuntana Central* und *Mallorca Tramuntana Nord*). Dazu gibt's je ein robustes Begleitheft mit detaillierten Beschreibungen der Routen. Die dritte ist nur auf Katalanisch und Deutsch.

➤ Der *Kompass Wanderführer 5911 Mallorca* von Wolfgang Heizmann hat ebenfalls guten Wanderkarten und 78 Touren.

➤ Das spanische Centro Nacional de Información Geográfica (www.cnig.es) deckt einen großen Teil der Insel auf Blättern im Maßstab 1 : 25 000 ab.

LGBTIQ+-Reisende

Homosexualität steht in Spanien schon seit Langem nicht mehr gesetzlich unter Strafe. Außerdem führte José Luis Rodríguez Zapatero, Spaniens sozialistischer Präsident, 2005 die gleichgeschlechtliche Ehe ein und brachte damit das Fundament der konservativen Katholiken ins Wanken. Auf Mallorca ist die Hauptstadt Palma das Zentrum einer selbstbewussten, prominenten LGBTIQ+-Gemeinde.

Klima
Palma de Mallorca

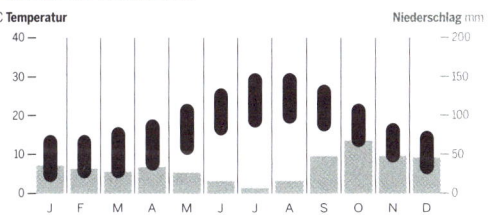

Websites

Ben Amics (☏ 871 96 54 66; www.benamics.com; Carrer del General Riera 3; ⊙ 9–15 Uhr) Mallorcas LGBTIQ+-Dachverband.

Gay Mallorca (www.gay-mallorca.blogspot.com) Wöchentlicher Veranstaltungskalender.

Guía Gay de España (http://guia.universogay.com/palmademallorca) Bietet eine Liste nützlicher Adressen wie Cafés, Saunas, Nachtclubs und Restaurants.

Mallorca Gay Map (www.mallorcagaymap.com) Praktischer Guide für schwulenfreundliche Attraktionen (Restaurants, Hotels, Clubs etc.). Die gedruckte Version ist in manchen Touristeninformationen in Palma erhältlich.

Öffnungszeiten

Hier sind die Öffnungszeiten während der Hochsaison aufgeführt, in der Zwischen- und Nebensaison sind sie in der Regel kürzer. Viele Restaurants und Hotels schließen von Mitte Oktober bis Ostern gänzlich.

Banken Mo–Fr 8.30–14 Uhr; einige auch Do 16–19 und Sa 9–13 Uhr

Bars 19–3 Uhr

Clubs 24–6 Uhr

Geschäfte Mo–Sa 10–14 & 16.30–19.30 oder 17–20 Uhr; große Supermärkte und Warenhäuser meist Mo–Sa 10–21 Uhr

Postämter Mo–Fr 8.30–21.30, Sa 8.30–14 Uhr

Restaurants 13–15.30 und 19.30–23 Uhr

Post

Auf die spanische Post Correos (www.correos.es) ist meist Verlass, auch wenn sie sich manchmal etwas Zeit lässt. Die Versanddauer variiert, in der Regel benötigt normale Post ins westeuropäische Ausland jedoch bis zu einer Woche.

Sellos (Briefmarken) erhält man in *estancos* (Tabakläden; zu erkennen an einem „Tabacos"-Schild mit gelben Buchstaben auf braunem Grund) sowie auf Postämtern. Postkarten und Briefe bis 20 g kosten 1,70 € in andere europäische Länder, ansonsten zahlt man mehr. Eine ausführliche Preisliste für Einschreiben *(certificado)* und Expressversand *(urgente)* findet man auf der Correos-Website, wenn man den Button „Tarifas" anklickt.

Rechtsfragen

➡ Per Gesetz ist jeder verpflichtet, immer ein Ausweisdokument mit Lichtbild bei sich zu führen, z. B. Pass, Personalausweis oder Führerschein.

➡ Die Alkoholgrenze im Straßenverkehr liegt in Spanien bei 0,5 Promille. Bei Überschreiten dieser Grenze werden drastische Geldbußen (bis zu 1000 €) verhängt. Ab 1,2 Promille droht eine Haftstrafe.

➡ Cannabis in sehr kleinen Mengen ist zum persönlichen Gebrauch erlaubt. In der Öffentlichkeit dürfen allerdings keine Drogen konsumiert werden.

➡ Wer verhaftet wird, bekommt ein kostenlosen Pflichtverteidiger *(abogado de oficio)* zur Seite gestellt. Es kann aber sein, dass dieser nur Spanisch (und den örtlichen Dialekt) spricht. Der Grund der Anklage muss dem Beschuldigten in einer ihm verständlichen Sprache dargelegt werden; zudem hat er das Recht auf einen Telefonanruf.

➡ Vor Gericht sind die Behörden dazu verpflichtet, einen Dolmetscher zur Verfügung zu stellen.

Sicherheit

Bis auf ein paar Kleinkriminelle ist Mallorca ein sicheres Pflaster, dennoch sollte man immer die übliche Vorsicht walten lassen. Wer ein Auge auf seine Wertgegenstände hat, dürfte aber keine Probleme bekommen.

Diebstähle meldet man direkt bei der **Polizei** (🕿902 10 21 12; www.policia.es). Wahrscheinlich wird man seine Sachen zwar trotzdem nie wiedersehen, doch die Versicherung verlangt in den allermeisten Fällen diese formelle *denuncia*. Wer Zeit sparen möchte, kann die Anzeige auch per Telefon (in verschiedenen Sprachen möglich) oder online (unter „*denuncias*") aufgeben.

Strom

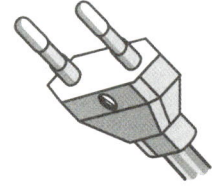

**Typ C
220V/50Hz**

Telefon

Die früheren blauen Münztelefone auf Mallorca werden abgeschafft, da sie im Zeitalter der Mobiltelefone überflüssig geworden sind.

Handys

Lokale Sim-Karten sind fast überall erhältlich und mit europäischen Mobiltelefonen kompatibel.

Achtung: Seit 2017 fallen bei Reisen innerhalb der EU keine Roaming-Gebühren mehr an. Außerhalb dieser Länder können die Betreiber ihre Tarife frei festlegen.

Telefonkarten

Verbilligte Telefonkarten privater Anbieter sind für internationale Gespräche oft günstiger, wenn man keinen Zugang zu Skype oder WhatsApp hat. Man bekommt sie in *estancos* (Tabakläden) sowie an Zeitungsständen und *locutorios* (Telefonzentren) in Palma und Ferienorten am Meer. Ein Preisvergleich lohnt sich.

Telefonnummern

➡ Auf Mallorca sind alle Telefonnummern, auch die von Mobiltelefonen, neunstellig.

➡ Fast alle mallorquinischen Festnetznummern beginnen mit 🕿971, ein paar wenige auch mit 🕿871.

➡ Handynummern fangen immer mit einer 6 an.

➡ Nationale kostenlose Nummern beginnen mit 900. Für Nummern mit 901 bis 905 am Anfang gelten verschiedene Tarife. Die 902 kommt sehr oft vor – für sie gilt der nationale Standardtarif, allerdings kann sie nur innerhalb Spaniens gewählt werden. In eine ähnliche Kategorie fallen Nummern, die mit 800, 803, 806 und 807 beginnen.

➡ Grundsätzlich besteht die Möglichkeit, über eine kostenlose Telefonnummer eine Vermittlung für R-Gespräche (*una llamada a cobro revertido*) in die Heimat anzurufen; einfach vor der Abfahrt die entsprechende Nummer notieren. In Spanien ist dieser Service für Anrufe innerhalb Europas unter 🕿1008 und ins restliche Ausland unter 🕿1005 zu erreichen; in der Regel wird Englisch gesprochen.

Toiletten

Auf Mallorca gibt's kaum öffentliche Toiletten. Restaurants und Bars (jedoch nicht alle) erlauben nur zahlenden Gästen den Zutritt auf ihr stilles Örtchen.

Touristen-
information

→ In fast jeder Stadt und jedem Urlaubsort Mallorcas gibt es eine Touristeninformation (*oficina de turismo* oder *oficina de información turística*), in der man Stadtpläne und Informationen bekommt.

→ Die Touristeninformationen an der Küste sind meistens von Ostern oder Mai bis Oktober geöffnet – das allerdings nur erstaunlich kurz. Sind die Läden jedoch gerade geöffnet, so findet man in ihnen meist nützliche Infos und jede Menge gute Broschüren.

→ In Palma gibt's städtische Touristeninformationen, die sich auf Palma und die nähere Umgebung konzentrieren. Die **Touristeninformation Consell de Mallorca** (Karte S. 56; 971 17 39 90; www.mallorca.es; Plaça de la Reina 2, Palma de Mallorca; Mo–Fr 8.30–18, Sa 9–15 Uhr;) deckt die gesamte Insel ab.

→ Allgemeine Informationen zu den Balearen stehen auf der Website www.illesbalears.es.

Versicherung

→ Eine Reiseversicherung, die Diebstahl, Verlust, Arztkosten und ausgefallene Flüge abdeckt, ist immer eine gute Idee. Man sollte unbedingt das Kleingedruckte lesen, denn einige Policen schließen „sehr riskante" Aktivitäten wie Tauchen und Canyoning aus.

→ EU-Bürger und Schweizer haben Anspruch auf komplette medizinische Versorgung in Krankenhäusern (bei Vorlage der European Health Insurance Card).

→ Traveller sollten vorher klären, ob die Reiseversicherungspolice Krankenwagentransport oder einen Rückflug im Krankheitsfall abdeckt.

→ Im Versicherungsfall muss man unbedingt alle Unterlagen und Rechnungen aufbewahren.

Visum

Bürger von EU- & Schengen-Staaten benötigen kein Visum.

Wer länger als 90 Tage im Land bleibt, muss sich lediglich bei der Polizei melden. Um in Spanien zu arbeiten und zu studieren, benötigen EU-Bürger kein Visum.

Verlängerungen & Aufenthalt

Bürger aus EU-Ländern, Island, Norwegen und der Schweiz dürfen jederzeit ein- und ausreisen. Eine *tarjeta de residencia* (Aufenthaltsgenehmigung) brauchen sie nicht, allerdings sollten sie ihren Wohnsitz anmelden und bestimmte Kriterien erfüllen.

Zeit

Es gilt dieselbe Zeit (Mitteleuropäische Zeitzone, MEZ) wie in Deutschland, Österreich und der Schweiz. Am letzten Sonntag im März beginnt die Sommerzeit, dann werden die Uhren um eine Stunde vor- und am letzten Sonntag im Oktober wieder um eine Stunde zurückgestellt.

Zoll

→ Waren für den persönlichen Gebrauch dürfen weitgehend zollfrei aus anderen EU-Ländern nach Spanien eingeführt werden. Es gibt allerdings bestimmte Höchstmengen.

→ Traveller aus Nicht-EU-Ländern dürfen 2 l Wein (oder 1 l Wein und 1 l Branntwein) sowie 200 Zigaretten oder 50 Zigarren oder 250 g Tabak zollfrei nach Spanien einführen.

Verkehrsmittel & -wege

AN- & WEITERREISE

Fast alle Besucher landen am internationalen Flughafen von Palma (Aeroport de Son Sant Joan). Von Orten an der spanischen Küste (Alicante, Barcelona, Denia und Valencia) und den Nachbarinseln Ibiza und Menorca fahren auch Fähren.

Einreise

Ein- und Ausreise sind auf Mallorca unbürokratisch und problemlos.

Pässe

Deutsche, Österreicher und Schweizer benötigen einen gültigen Pass oder Personalausweis, um nach Spanien einzureisen. Auch Kinder sollten über einen eigenen Reisepass verfügen. Diesen sollten sie stets mit sich führen. Bitte nicht vergessen, die Dokumente auf ihre Gültigkeitsdauer zu prüfen.

Flugzeug

Am einfachsten und bequemsten reist man mit dem Flugzeug nach Mallorca. Der Flughafen von Palma ist der am drittstärksten frequentierte Flughafen Spaniens.

Flughäfen & -linien

Der **Flughafen von Palma de Mallorca** (PMI; ⌨902 40 47 04; www.palmaairport.info/de) liegt 8 km östlich von Palma. Von Spaniens drittgrößtem Flughafen – und einem der am stärksten frequentierten Flughäfen Europas – starten Maschinen in 105 Länder. Im Sommer ist die Inselhauptstadt durch eine Art Luftbrücke mit ganz Europa verbunden: Charter- und Linienmaschinen, darunter viele Billigflieger, steuern Mallorca scharenweise an.

Die Ankunftshalle befindet sich im Erdgeschoss des Hauptterminals. Dort gibt's auch eine **Touristeninformation** (⌨971 78 95 56; www.visitpalma.com; Aeroport de Palma; ⊙Mo–Sa 8–20, So bis 14 Uhr), Wechselstuben, diverse Autovermietungen, Tourveranstalter und Büros für Hotelbuchungen. Zum Abflug geht's ein Stockwerk höher.

Beinahe alle europäischen Airlines fliegen nach Mallorca, dazu die meisten Billigflieger. Hier folgt eine Auswahl:

easyJet (www.easyjet.com) Fliegt u. a. von Basel, Genf, Berlin und Madrid.

Eurowings (www.eurowings.com) Fliegt von mehreren deutschen Städten.

Iberia (www.iberia.es) Startet in vielen spanischen Städten mit der Tochtergesellschaft Air Nostrum.

Lufthansa (www.lufthansa.com) Von allen größeren Flughäfen in Deutschland.

Ryanair (www.ryanair.com) Verkehrt z. B. ab Frankfurt-Hahn und Düsseldorf (Weeze).

KLIMAWANDEL & REISEN

Jede Form des motorisierten Reisens erzeugt CO_2, die Hauptursache des von Menschen erzeugten Klimawandels. Modernes Reisen ist von Flugzeugen abhängig, die vielleicht pro Kilometer und Person weniger Kraftstoff als die meisten Autos verbrauchen, aber sehr viel weitere Strecken zurücklegen. Auch die hohen Luftschichten, in die Flugzeuge Treibhausgase (auch CO_2) und Schadstoffe ausstoßen, spielen eine wichtige Rolle beim Klimawandel. Viele Websites bieten „Emissionsrechner", mit denen Reisende die CO_2-Emissionen ihrer Reise ausrechnen und die Auswirkung dieser Treibhausgase mit einem Beitrag für klimafreundliche Projekte in der ganzen Welt ausgleichen können. Lonely Planet gleicht die CO_2-Bilanz aller Reisen der Mitarbeitenden und Autorenschaft aus.

FÄHRVERBINDUNGEN

NACH	VON	UNTER-NEHMEN	PREIS	HÄUFIGKEIT	DAUER (STD.)	SCHLAF-KABINE
Palma	Barcelona	Trasmediterránea, Baleària	ab 49 €	1–2 mal täglich	7 ½	ja
Palma	Denia	Baleària	ab 66 €	2-mal tgl.	8	ja
Palma	Ibiza (Ibiza City)	Baleària	ab 46 €	2-mal tgl.	4	ja
Palma	Mahon (Menorca)	Trasmediterránea	ab 34 €	So	3 ½	nein
Palma	Valencia	Trasmediterránea, Baleària	ab 47 €	1-mal tgl.	8	ja
Port d'Alcúdia	Barcelona	Baleària	ab 48 €	2-mal tgl.	6	ja
Port d'Alcúdia	Ciutatdella (Menorca)	Trasmediterránea, Baleària	ab 48 €	2-mal tgl.	1–2	nein

Vueling (www.vueling.com) Verkehrt von einigen großen spanischen und deutschen Städten.

Flughafensteuer bei der Ausreise

Die Flughafensteuer bei der Ausreise ist im Ticketpreis enthalten.

Übers Meer

Fähren nach Mallorca starten vom spanischen Festland sowie von Menorca, Ibiza und Formentera. Viele verkehren nur von Ostern bis Ende Oktober. Jene, die auch im Winter fahren, bieten in dieser Zeit weniger Verbindungen an. Auf längeren Strecken nehmen fast alle Gesellschaften auf dem Autodeck Fahrzeuge mit (gegen eine zusätzliche Gebühr; Reservierung im Voraus erforderlich). Reist man mit dem eigenen Auto, sollte man rechtzeitig zum Verladen am Hafen erscheinen. Die Preise schwanken je nach Saison. Von und nach Mallorca sind u. a. folgende Fährunternehmen unterwegs:

Trasmediterránea (902 454 645; www.trasmediterranea.es)

Baleària (902 16 01 80; www.balearia.com)

Organisierte Reisen

Weil die Insel ein unkompliziertes Reiseziel ist, gelten organisierte Touren nach Mallorca als unnötig. Einige Unternehmen bieten allerdings spezielle Ausflüge an, die sich für Outdoorfans lohnen können.

Mallorca Muntanya (639 71 32 12; www.mallorcamuntanya.com; pro Person ab 200 €) Trekkingtouren in der Serra de Tramuntana.

Tramuntana Tours (Karte S. 113; 971 63 24 23; www.tramuntanatours.com; Carrer de Sa Lluna 72; Radverleih pro Tag 12–75 €; Mo–Fr 9–13.30 & 15–19.30, Sa 9–13.30 Uhr) Geführte Wanderungen in der Serra de Tramuntana.

Mar y Roc (680 32 21 71; www.mallorca-wandern.de) Wandertrips für Gruppen auf Mallorca.

UNTERWEGS VOR ORT

Die öffentlichen Verkehrsmittel auf Mallorca haben angemessene Preise, aber die Busse und Züge decken nicht die gesamte Insel ab. In der Nebensaison verkehren teilweise weniger Verkehrsmittel. Fahrpläne für die gesamte Insel bekommt man bei **Transport de les Illes Balears** (TIB; 971 17 77 77; www.tib.org).

Auto & Motorrad

Im Allgemeinen sind die Straßen auf Mallorca hervorragend. Allerdings findet man im Norden und Westen der Insel noch ein paar haarsträubende Küstenstraßen, die nur unerschrockene Fahrer locken (z. B. bei Sa Calobra und Formentor). Die engen Straßen entlang schroff abfallender Felsen sowie die Routen durchs Inland eignen sich prima für Motorradtouren.

Die größte Straße ist die Autobahn Ma 13, die diagonal über die Insel verläuft und

Palma im Westen mit Alcúdia im Norden verbindet. Die Ma 1 windet sich südwestlich von Palma nach Andratx.

Zwar kann man vor allem in der Hauptsaison große Teile der Insel mit Bus und Zug erkunden, jedoch hat man mit einem Auto deutlich mehr Möglichkeiten. Mit einem eigenen fahrbaren Untersatz lassen sich Naturparks, abgelegene Höhlen und ruhige Orte in den Bergen abseits der Menschenmassen erreichen.

Hat man kein Navi, lohnt sich der Kauf einer anständigen Landkarte, um auch einsamere Ecken besuchen zu können, z. B. die von Marco Polo im Maßstab 1 : 125 000.

Automobilclubs

Bei einer Panne ist es durchaus möglich, dass einem der nationale Automobilclub Spaniens, der Real Automóvil Club de España (www.race.es), hilft. Darüber hinaus sollte jeder Fahrer die Notfallnummer der eigenen Versicherung kennen.

Benzin

Tankstellen (*gasolineras*) findet man in allen größeren Städten und in den meisten großen Badeorten. Doch bevor man sich in abseits gelegene ländliche Gegenden aufmacht, sollte man besser volltanken. Bleifreies Benzin (*sin plomo*; 95 octane) und Diesel (*gasóleo*) sind hier genauso teuer wie im restlichen Europa.

Tankstellen akzeptieren Kreditkarten.

Führerschein

Führerscheine aus EU-Ländern werden europaweit anerkannt. Alle anderen Traveller müssen sich zusätzlich einen zwölf Monate gültigen internationalen Führerschein besorgen.

Mieten

Die Preise für Mietwagen schwanken, doch ein günstiges Fahrzeug sollte man für 40 bis 70 € pro Tag bekommen. In einem Kompaktwagen kann es für Familien eng werden. Wenn man sich beim Fahren abwechseln möchte oder die Rückgabe des Fahrzeugs an einem anderen Ort erfolgen soll, fallen oft zusätzliche Kosten an. Extras wie Kindersitze (ca. 10 € pro Tag) sollten bei der Buchung angefragt werden.

Wer einen Wagen mieten will, braucht einen gültigen Führerschein, muss älter als 21 Jahre sein und (zumindest bei den größeren Firmen) eine Kreditkarte vorlegen.

Viele Firmen versuchen, noch mehr Geld zu machen, indem sie heftige Preise für Benzin verlangen, anstatt den Fahrer aufzufordern, den Wagen vollgetankt zurückzubringen. Bitte immer sorgfältig das Kleingedruckte lesen!

Alle großen Autovermietungen sind auf der Insel vertreten. Am besten vor Ort oder auf Websites wie www.travelsupermarket.com die Preise vergleichen. Folgende Anbieter sind u. a. am Flughafen ansässig:

➜ **Avis** (📞 902 11 02 61; www.avis.com)

➜ **Europcar** (📞 902 10 50 55; www.europcar.com)

➜ **Gold Car** (📞 902 11 97 26; www.goldcar.es)

➜ **Hertz** (📞 971 78 96 70; www.hertz.com)

➜ **Sixt** (📞 902 49 16 16; www.sixt.com)

Privatwagen

Der Fahrzeugschein für ein Privatfahrzeug gehört unbedingt ins Reisegepäck.

Fahrzeuge brauchen ein Nationalkennzeichen des Landes, in dem sie gemeldet sind. In Spanien muss jeder Motorisierte für den Pannenfall ein Warndreieck, eine Warnweste und einen Erste-Hilfe-Kasten dabeihaben. Ersatzbirnen und ein Feuerlöscher sind außerdem empfehlenswert.

Verkehrsregeln

Geschwindigkeitsgrenzen In bebauten Gegenden 50 km/h, auf Hauptstraßen 100 km/h und auf den vierspurigen Schnellstraßen nach Palma 120 km/h.

Gesetzliches Mindestalter für Autofahrer 18 Jahre, für Motorrad- und Motorrollerfahrer 16 Jahre (ab 80 ccm) oder 14 Jahre (bis 50 ccm). Führerschein ist Pflicht!

Kreisverkehr Fahrzeuge, die schon im Kreisverkehr sind, haben Vorfahrt.

Motorradfahrer müssen stets mit Licht fahren und bei Maschinen mit 125 ccm oder mehr einen Helm tragen.

Promillegrenze 0,5 %. Ist der Alkoholpegel zu hoch, kann man innerhalb von 24 Stunden verurteilt werden, eine Geldbuße aufgebrummt bekommen und seinen Führerschein los sein. Schwere Verkehrssünden kosten bis zu 1000 €. Schon bei einem Promillewert von 0,12 % kann eine Gefängnisstrafe blühen. Nicht ortsansässige Ausländer müssen an Ort und Stelle zahlen (mit einem Abschlag von 30 % auf die volle Summe).

Überholen Spanische LKW-Fahrer blinken oft rechts, um dem Hintermann zu zeigen, dass Überholen möglich ist (links wird geblinkt, wenn jemand überholen will, aber nicht frei ist).

Versicherung

➜ In Spanien und ganz Europa ist eine Kfz-Haftpflichtversicherung Pflicht.

➜ Ein Unfallmeldeformular kann Dinge bei einem Unfall vereinfachen. Zudem lohnt sich ein ADAC-Schutzbrief.

➜ Autovermietungen bieten ebenfalls eine Mindestversicherung; dabei sollte man aber genauestens auf Haftungsgrenzen und Selbstbehalt sowie auf Haftungsbeschränkungen bei einem Unfall oder Schaden achten.

➜ Eine Teilkaskoversicherung, die Schäden am Fahrzeug abdeckt, kostet in der Regel einen Aufpreis, sollte jedoch abgeschlossen werden.

➜ Eine mehrtägige Versicherung mit Selbstbehalt ist oft online günstiger.

Bus

Die Insel ist in fünf Buszonen unterteilt. Busse mit 100er-Nummern verkehren im Südwesten, die 200er im Westen (bis Sóller), die 300er im Norden und dem größten Teil der Mitte, die 400er in einem Dreieck von der Mitte bis zur Ostküste und die 500er im Süden. Sie gehören einer Reihe kleinerer Unternehmen. **Transport de les Illes Balears** (TIB; 971 17 77 77; www.tib.org) informiert über Strecken und hat Fahrpläne von allen Linien.

Viele Orte sind von Palma aus mit Bussen erreichbar. Diese starten am oder nahe dem Busbahnhof **Estació Intermodal** (Karte S. 57; 971 17 77 77; www.tib.org; Plaça d'Espanya) an der Plaça d'Espanya. Doch nicht alle Linien fahren regelmäßig, das gilt besonders an Wochenenden. Von November bis April werden die meisten Küstenorte zudem nur selten angesteuert, und ein paar Linien stellen den Verkehr sogar komplett ein (etwa die zwischen Ca'n Picafort und Sa Calobra oder Sóller).

Meist sind die Verbindungen zwar ausreichend, aber es kann mitunter ganz schön mühsam sein, abgelegene Städte zu erreichen. In der Serra de Tramuntana kommt man nur zeitweise mit dem Bus herum – und auch dann ist es nicht ganz einfach. Bus 200 fährt beispielsweise von Palma über Banyalbufar nach Estellencs. Mit Bus 210 geht's nach Valldemossa, dann (weniger oft) nach Deià und Sóller. Zwischen Estellencs und Valldemossa gibt's keine Verbindung. Abgesehen von der oft frequentierten Strecke zwischen Palma und Valldemossa verkehren die Busse nur unregelmäßig.

In der Regel sind die Entfernungen nicht allzu groß. Kaum ein Bus braucht länger als zwei Stunden bis zum Ziel.

Fahrrad

In den letzten Jahren ist das Interesse professioneller Radsportteams an Mallorca als Trainingsort im Winter massiv gestiegen. Dadurch hat sich die Insel zu einem der beliebtesten europäischen Ziele für Fahrradfahrer entwickelt. In bergigen Gegenden, besonders an der West- und der Nordwestküste, kann das Radeln zwar ganz schön anstrengend sein, ansonsten ist die Insel aber relativ flach und lässt sich leicht erkunden.

Breite Seitenstreifen, recht viele Radwege und die Rücksicht anderer Verkehrsteilnehmer auf Fahrradfahrer machen Mallorca für Radfahrer noch attraktiver. In den ländlichen Gebieten sind jede Menge Routen ausgeschildert – meistens handelt es sich dabei um Nebenstraßen zwischen Städten und Dörfern.

Einen Überblick zum Radfahren auf Mallorca bekommt man auf www.illesbalears.es („Sport und Aktivurlaub" anklicken). Mehrere Routen sind aufgeführt. Ebenfalls empfehlenswert ist die englischsprachige Website www.mallorcacycling.co.uk, auf der Touren nach Schwierigkeitsgrad sortiert sind.

Mieten

Professionelle Anbieter findet man rund um die großen Ferienorte sowie in Palma. Die Preise schwanken stark, in der Regel zahlt man aber zwischen 10 und 15 € pro Tag für ein City-Bike und zwischen 20 und 30 € für ein Alurad oder ein Trekkingrad aus Carbon. Je länger man ein Rad mietet, desto günstiger sind die Tagessätze. Viele Vermieter liefern das Fahrrad sogar an.

Zug

An der Plaça d'Espanya in Palma de Mallorca beginnen vier Zugstrecken; genaue Informationen erhält man bei **Transport de les Illes Balears** (TIB; 971 17 77 77; www.tib.org).

Eine Strecke führt Richtung Norden nach Sóller. Diese empfehlenswerte Panoramafahrt in alten Holzwaggons ist eine beliebte Tagestour.

Die anderen drei führen ins Inland nach Inca, wo eine endet und die übrigen zwei sich nach Sa Pobla und Manacor gabeln. Mit dem Zug zu reisen kostet weniger als eine Busfahrt. Tagsüber verkehren die Bahnen häufig. Die umstrittenen Pläne, die Linie Palma–Manacor bis nach Artà zu verlängern, werden aller Voraussicht nach nicht umgesetzt.

Sprache

Mallorca ist zweisprachig, zumindest auf dem Papier. Seitdem die Insel Anfang der 1980er-Jahre den Status einer autonomen Gemeinschaft erhalten hat, ist neben Spanisch wieder das einheimische Katalanisch (català) Amtssprache. Dennoch ist der Inseldialekt mallorquí noch lange nicht die Nummer eins unter den Sprachen auf Mallorca und den restlichen Balearen. Spanisch bleibt die Lingua franca für die Kommunikation zwischen Mallorquinern und anderen Spaniern oder Ausländern.

Von ihrer Aussprache sind viele Buchstaben ganz ähnlich wie im Deutschen. Das r in unserem Sprachführer muss mit einem starken Rollen gesprochen werden. Betonte Silben sind im Folgenden kursiv geschrieben.

Es gibt im Spanischen nur zwei grammatische Geschlechter für Substantive: männlich oder weiblich. Feminine Nomen enden in der Regel auf einem -a, maskuline auf einem -o. Die Endungen von Adjektiven hängen vom Geschlecht des dazugehörigen Substantivs ab. Kommen beide Formen vor, haben wir die Endungen mit einem Schrägstrich getrennt und beginnen mit der maskulinen Form, z. B. perdido/a (m/f).

Die informelle Anrede tú (du) und die höfliche Anrede Usted (Sie) sind mit den Abkürzungen „inf." und „höfl." gekennzeichnet.

GRUNDLAGEN

Hallo./Tschüs.	Hola./Adiós.	o·la/a·djos
Wie geht's?	¿Qué tal?	ke tal
Gut, danke.	Bien, gracias.	bjen gra·sjas
Entschuldigung.	Perdón.	per·don
Tut mir leid.	Lo siento.	lo sjen·to
Ja./Nein.	Sí./No.	si/no
Bitte.	Por favor.	por fa·wor
Danke.	Gracias.	gra·sjas
Gern geschehen.	De nada.	de na·da

Ich heiße ...
Me llamo ... me lja·mo ...

Wie heißen Sie/heißt du?
¿Cómo se llama Usted? ko·mo se lja·ma u·ste (höfl.)
¿Cómo te llamas? ko·mo te lja·mas (inf.)

Sprechen Sie/sprichst du (Deutsch)?
¿Habla (alemán)? a·bla (a·le·man) (höfl.)
¿Hablas (alemán)? a·blas (a·le·man) (inf.)

Ich verstehe (nicht).
Yo (no) entiendo. jo (no) en·tjen·do

ESSEN & TRINKEN

Ich würde gern einen Tisch reservieren.
Quisiera reservar una mesa. ki·sje·ra re·ser·war u·na me·sa

Was würden Sie empfehlen?
¿Qué recomienda? ke re·ko·mjen·da

Was ist in diesem Gericht?
¿Que lleva ese plato? ke lje·wa e·se pla·to

Ich esse kein/e/en ...
No como ... no ko·mo ...

Das war lecker!
¡Estaba buenísimo! es·ta·ba bue·ni·si·mo

Bitte bringen Sie die Rechnung.
Por favor nos trae la cuenta. por fa·wor nos tra·e la kuen·ta

Prost/Zum Wohl!
¡Salud! sa·lu

Noch mehr Spanisch?

Wer sich intensiver mit der Sprache beschäftigen möchte, legt sich am besten den praktischen Sprachführer Spanisch von Lonely Planet zu, den man z. B. unter www.lonelyplanet.de bestellen kann.

Grundwortschatz

Abendessen	cena	se·na
Bar	bar	bar
Café	café	ka·fe
Essen	comida	ko·mi·da
Flasche	botella	bo·te·lja
Frühstück	desayuno	de·sa·ju·no
Gabel	tenedor	te·ne·dor
Glas	vaso	ba·so
Hauptgericht	segundo plato	se·gun·do pla·to
heiß (warm)	caliente	ka·ljen·te
Hochstuhl	trona	tro·na
kalt	frío	fri·o
Kindermenü	menú infantil	me·nu in·fan·til
Löffel	cuchara	ku·tscha·ra
Markt	mercado	mer·ka·do
Messer	cuchillo	ku·tschi·ljo
mit/ohne	con/sin	kon/sin
Mittagessen	comida	ko·mi·da
Restaurant	restaurante	res·tau·ran·te
Speisekarte (auf Deutsch/ Englisch)	menú (en alemán/ inglés)	me·nu (en a·le·man/ in·gles)
Supermarkt	supermercado	su·per·mer·ka·do
Teller	plato	pla·to
vegetarische Mahlzeit	comida vegetariana	ko·mi·da be·che·ta·rja·na
Vorspeise	aperitivos	a·pe·ri·ti·wos

Fisch & Fleisch

Ente	pato	pa·to
Fisch	pescado	pes·ka·do
Huhn	pollo	po·ljo
Kalb	ternera	ter·ne·ra
Lamm	cordero	kor·de·ro
Rindfleisch	carne de vaca	kar·ne de ba·ka
Schwein	cerdo	ser·do
Truthahn	pavo	pa·wo

Obst & Gemüse

Ananas	piña	pi·nja
Apfel	manzana	man·sa·na
Aprikose	albaricoque	al·ba·ri·ko·ke
Artischocke	alcachofa	al·ka·tscho·fa
Banane	plátano	pla·ta·no
Bohnen	judías	chu·di·as
Erbsen	guisantes	gi·san·tes
Erdbeere	fresa	fre·sa
Gemüse	verdura	ber·du·ra
Gurke	pepino	pe·pi·no
Karotte	zanahoria	sa·na·o·rja
Kartoffel	patata	pa·ta·ta
Kirsche	cereza	se·re·sa
Kohl	col	kol
Kürbis	calabaza	ka·la·ba·sa
Linsen	lentejas	len·te·chas
Mais	maíz	ma·is
Nüsse	nueces	nue·ses
Obst	fruta	fru·ta
Orange	naranja	na·ran·cha
(rote/grüne) Paprika	pimiento (rojo/verde)	pi·mjen·to (ro·cho/ber·de)
Pfirsich	melocotón	me·lo·ko·ton
Pflaume	ciruela	sir·ue·la
Pilz	champiñón	tscham·pi·njon
Salat	lechuga	le·tschu·ga
Spargel	espárragos	es·pa·ra·gos
Spinat	espinacas	es·pi·na·kas
Tomate	tomate	to·ma·te
Traube	uvas	u·was
Wassermelone	sandía	san·di·a
Zitrone	limón	li·mon
Zwiebel	cebolla	se·bo·lja

Schilder

Abierto	Offen
Cerrado	Geschlossen
Entrada	Eingang
Hombres	Herren
Mujeres	Damen
Prohibido	Verboten
Salida	Ausgang
Servicios/Aseos	Toiletten

Weitere Begriffe

Brot	pan	pan
Butter	mantequilla	man·te·ki·lja
Ei	huevo	ue·wo
Essig	vinagre	bi·na·gre
Honig	miel	mjel
Käse	queso	ke·so
Marmelade	mermelada	mer·me·la·da
Öl	aceite	a·sej·te
Reis	arroz	a·ros
Salz	sal	sal
Zucker	azúcar	a·su·kar

SPRACHE ESSEN & TRINKEN

Getränke

Bier	cerveza	ser·we·sa
Kaffee	café	ka·fe
Milch	leche	le·tsche
(Orangen-) Saft	zumo (de naranja)	su·mo (de na·ran·cha)
Tee	té	te
(Mineral-) Wasser	agua (mineral)	a·gua (mi·ne·ral)
(Rot-)Wein	vino (tinto)	bi·no (tin·to)
(Weiß-)Wein	vino (blanco)	bi·no (blan·ko)

NOTFALL

Hilfe!
¡Socorro! so·ko·ro

Geh weg!
¡Vete! be·te

Rufen Sie einen Arzt!
¡Llame a un médico! lja·me a un me·di·ko

Rufen Sie die Polizei!
¡Llame a la policía! lja·me a la po·li·si·a

Ich habe mich verlaufen.
Estoy perdido/a. es·toj per·di·do/a (m/f)

Ich bin krank.
Estoy enfermo/a. es·toj en·fer·mo/a (m/f)

Wo sind die Toiletten?
¿Dónde están los baños? don·de es·tan los ba·njos

SHOPPEN & SERVICE

Ich würde gern ... kaufen.
Quisiera comprar ... ki·sje·ra kom·prar ...

Darf ich das mal sehen?
¿Puedo verlo? pue·do ber·lo

Wie viel kostet das?
¿Cuánto cuesta? kuan·to kues·ta

Das ist zu/sehr teuer.
Es muy caro. es muj ka·ro

Können Sie den Preis senken?
¿Podría bajar un poco el precio? po·dri·a ba·char un po·ko el pre·sjo

In der Rechnung ist ein Fehler.
Hay un error en la cuenta. ai un e·ror en la kuen·ta

Geldautomat	cajero automático	ka·che·ro au·to·ma·ti·ko
Kreditkarte	tarjeta de crédito	tar·che·ta de kre·di·to
Postamt	correos	ko·re·os
Touristeninformation	oficina de turismo	o·fi·si·na de tu·ris·mo

WICHTIGE SATZBAUSTEINE

Diese Satzteile lassen sich ganz einfach nach Bedarf kombinieren:

Wann geht (der nächste Flug)?
¿Cuándo sale (el próximo vuelo)? kwan·do sa·le (el prok·si·mo wue·lo)

Wo ist (der Bahnhof)?
¿Dónde está (la estación)? don·de es·ta (la es·ta·tion)

Wo kann ich (ein Ticket kaufen)?
¿Dónde puedo (comprar un billete)? don·de pue·do (kom·prar uhn bi·lje·te)

Haben Sie (eine Karte)?
¿Tiene (un mapa)? tje·ne (uhn ma·pa)

Gibt es (eine Toilette)?
¿Hay (servicios)? aj (ser·wi·sios)

Ich hätte gern (einen Kaffee).
Quisiera (un café). ki·sje·ra (uhn ka·fe)

Könnten Sie (mir helfen) bitte?
¿Puede (ayudarme) por favor? pue·de (a·juh·dar·me) por fa·vor

UHRZEIT & DATUM

Wie spät ist es?
¿Qué hora es? ke o·ra es

Es ist (10) Uhr.
Son (las diez). son (las djes)

Es ist halb (zwei).
Es (la una) y media. es (la u·na) i me·dja

Morgen	mañana	ma·nja·na
Nachmittag	tarde	tar·de
Abend	noche	no·tsche
gestern	ayer	a·jer
heute	hoy	oj
morgen	mañana	ma·nja·na
Montag	lunes	lu·nes
Dienstag	martes	mar·tes
Mittwoch	miércoles	mjer·ko·les
Donnerstag	jueves	chue·bes
Freitag	viernes	bjer·nes
Samstag	sábado	sa·ba·do
Sonntag	domingo	do·min·go

UNTERKUNFT

Ich möchte ein Zimmer buchen.
Quisiera reservar una habitación. ki·sje·ra re·ser·war u·na a·bi·ta·sjon

Wie viel kostet es pro Nacht/Person?
¿Cuánto cuesta por noche/persona? kuan·to kues·ta por no·tsche/per·so·na

Badezimmer	baño	ba·njo
Bett	cama	ka·ma
Campingplatz	terreno de cámping	te·re·no de kam·ping
Doppelzimmer	habitación doble	a·bi·ta·sjon do·ble
Einzelzimmer	habitación individual	a·bi·ta·sjon in·di·vi·dual
Fenster	ventana	ben·ta·na
Hotel	hotel	o·tel
Jugendherberge	albergue juvenil	al·ber·ge chu·we·nil
Klimaanlage	aire acondicionado	ai·re a·kon·di·sjo·na·do
Pension	pensión	pen·sjon

VERKEHRSMITTEL & -WEGE

Ich möchte nach …
Quisiera ir a …   ki·sje·ra ir a …

Um wie viel Uhr fährt er/sie/es ab/ kommt er/sie/es an?
¿A qué hora sale/ llega? a ke o·ra sa·le/ lje·ga

Ich möchte hier aussteigen.
Quiero bajarme aquí.   kje·ro ba·char·me a·ki

1. Klasse	primera clase	pri·me·ra kla·se
2. Klasse	segunda clase	se·gun·da kla·se
Auto	coche	ko·tsche
Boot	barco	bar·ko
Bus	autobús	au·to·bus
einfache Fahrt	ida	i·da
Fahrkarte	billete	bi·lje·te
Fahrkartenschalter	taquilla	ta·ki·lja
Fahrplan	horario	o·ra·rjo
Fahrrad	bicicleta	bi·si·kle·ta
Flugzeug	avión	a·wjon
gestrichen	cancelado	kan·se·la·do
Hin- & Rückfahrt	ida y vuelta	i·da i buel·ta
Motorrad	moto	mo·to
verspätet	retrasado	re·tra·sa·do
Zug	tren	tren

WEGWEISER

Wo ist …?
¿Dónde está …?   don·de es·ta …

Wie lautet die Adresse?
¿Cuál es la dirección?   kual es la di·rek·sjon

Können Sie das bitte aufschreiben?
¿Puede escribirlo, por favor?   pue·de es·kri·bir·lo por fa·wor

Können Sie mir das (auf der Karte) zeigen?
¿Me lo puede indicar (en el mapa)?   me lo pue·de in·di·kar (en el ma·pa)

gegenüber …	frente a …	fren·te a
hinter …	detrás de …	de·tras de
links	izquierda	is·kjer·da
nahe	cerca	ser·ka
neben …	al lado de …	al la·do de
rechts	derecha	de·re·tscha
vor …	enfrente de …	en·fren·te de
weit entfernt	lejos	le·chos

ZAHLEN

1	uno	u·no
2	dos	dos
3	tres	tres
4	cuatro	kua·tro
5	cinco	sin·ko
6	seis	sejs
7	siete	sje·te
8	ocho	o·tscho
9	nueve	nue·we
10	diez	djes
20	veinte	bejn·te
30	treinta	trejn·ta
40	cuarenta	kua·ren·ta
50	cincuenta	sin·kuen·ta
60	sesenta	se·sen·ta
70	setenta	se·ten·ta
80	ochenta	o·tschen·ta
90	noventa	no·ven·ta
100	cien	sjen
1000	mil	mil

KATALANISCH – GRUNDLAGEN

Guten Morgen.	Bon dia.	bon di·a
Guten Tag.	Bona tarda.	bo·na tar·da
Guten Abend.	Bon vespre.	bon bes·pra
Auf Wiedersehen.	Adéu.	a·se·uh
Bitte.	Sisplau.	sis·pla·uh
Danke.	Gràcies.	gra·sih·a
Gern geschehen.	De res.	de res
Entschuldigung.	Perdoni.	par·so·nih
Es tut mir leid.	Ho sento.	uh sen·to
Wie geht es dir?	Com estàs?	kom as·tas
(Sehr) gut.	(Molt) Bé.	(mol) be

GLOSSAR

Die folgenden Wörter sind fast alle kastilisch, was man überall auf der Insel versteht. Hinter den katalanischen Ausdrücken steht ein „(K)". Spezielle mallorquinische Varianten werden nicht genannt.

agroturisme (K) – ländlicher Tourismus

ajuntament (K) – Rathaus

alquería – Bauernhof aus muslimischer Zeit

avenida – Allee

avinguda (K) – siehe *avenida*

baño completo – voll ausgestattetes Badezimmer mit Toilette, Dusche und/oder Badewanne

Bodega – Weinkeller

bomberos – Feuerwehr

cala – Bucht

call (K) – jüdisches Viertel in Palma, Inca und einigen anderen Städten auf Mallorca

cambio – Wechsel; auch Geldwechsel

caña – kleines Glas Bier

canguro – Babysitter

capilla – Kapelle

carrer (K) – Straße

carretera – Schnellstraße

carta – Speisekarte

castell (K) – Burg

castellano – Kastilisch; beliebterer Ausdruck für die Nationalsprache als „español"

català – Katalanisch/Katalane; Mallorquinisch ist ein Dialekt des Katalanischen

celler – (K) zu einem Restaurant umgebauter Weinkeller

cervecería – Kneipe

comisaría – Polizeiwache

conquistador – Eroberer

converso – spanischer Jude, der sich im Mittelalter taufen ließ

correos – Postamt

cortado – kleiner schwarzer Kaffee mit etwas Milch

costa – Küste

cuenta – Rechnung, Scheck

ensaïmada (K) – mallorquinisches Gebäck

entrada – Eingang, Eintrittskarte

ermita – kleine Einsiedelei oder Kapelle auf dem Land

església (K) – siehe *iglesia*

estació (K) – siehe *estación*

estación – Bahnhof

estanco – Tabakladen

farmacia – Apotheke

faro – Leuchtturm

Fiesta – Fest, Feiertag, Party

finca – Landgut

gasolina – Benzin

guardía civil – Militärpolizei

habitaciones libres – „Zimmer frei"

hostal – siehe *pensión*

iglesia – Kirche

IVA – *impuesto sobre el valor añadido* (Mehrwertsteuer)

lavabo – Waschbecken

librería – Buchladen

lista de correos – postlagernd

locutorio – Telefoncenter

marisquería – Fischlokal

menú del día – Tagesmenü

mercat (K) – Markt

mirador – Aussichtspunkt

Modernisme – vom Art Nouveau beeinflusster architektonischer und künstlerischer Stil, der auch als katalanischer Jugendstil bezeichnet wird

monestir (K) – Kloster

museo – Museum

museu (K) – siehe *museo*

objetos perdidos – Fundbüro

oficina de turismo – Touristeninformation; auch *oficina de información turística*

palacio – Palast, große Villa oder Adelshaus

palau (K) – siehe *palacio*

pensión – kleine, privat betriebene Unterkunft

plaça (K) – siehe *plaza*

platja (K) – siehe *playa*

playa – Strand

plaza – Platz

port (K) – siehe *puerto*

possessió (K) – typisch mallorquinischer Bauernhof

PP – Partido Popular (Volkspartei)

puente – Brücke

puerto – Hafen

puig (K) – Berggipfel

rambla – Allee oder Flussbett

refugis (K) – Hütten für Wanderer

retablo – Altarbild

retaule (K) – siehe *retablo*

robes de llengües (K) – traditionell gestreifte mallorquinische Stoffe

santuari (K) – Schrein oder Heiligtum, Einsiedelei

según precio del mercado – auf Speisekarten zu finden: „zum Marktpreis" (oft mit „spm" abgekürzt)

Semana Santa – die Karwoche vor Ostern

serra (K) – Bergkette

servicios – Toiletten

tafona (K) – traditionelle Ölpresse, die auf mallorquinischen Bauernhöfen verwendet wird

talayot (K) – prähistorischer Wachturm

tarjeta de crédito – Kreditkarte

tarjeta de residencia – Aufenthaltsgenehmigung

tarjeta telefónica – Telefonkarte

terraza – Terrasse; Straßencafé

torre – Turm

turismo – Limousine

urgencia – Notfall

NOTIZEN

NOTIZEN

Hinter den Kulissen

WIR FREUEN UNS ÜBER EIN FEEDBACK

Post von Travellern zu bekommen ist für uns ungemein hilfreich – Kritik und Anregungen halten uns auf dem Laufenden und helfen, unsere Bücher zu verbessern. Unser reiseerfahrenes Team liest alle Zuschriften genau durch, um zu erfahren, was an unseren Reiseführern gut und was schlecht ist. Wir können solche Post zwar nicht individuell beantworten, aber jedes Feedback wird garantiert schnurstracks an die jeweiligen Autoren weitergeleitet, rechtzeitig vor der nächsten Nachauflage.

Wer Ideen, Erfahrungen und Korrekturhinweise zum Reiseführer mitteilen möchte, hat die Möglichkeit dazu auf **www.lonelyplanet.com/contact**. Anmerkungen speziell zur deutschen Ausgabe erreichen uns über **www.lonelyplanet.de/kontakt.**

Hinweis: Da wir Beiträge möglicherweise in Lonely Planet Produkten (Reiseführer, Websites, digitale Medien) veröffentlichen, ggf. auch in gekürzter Form, bitten wir um Mitteilung, falls ein Kommentar nicht veröffentlicht oder ein Name nicht genannt werden soll. Wer Näheres über unsere Datenschutzpolitik wissen will, erfährt das unter www.lonelyplanet.com/legal.

UNSERE LESERINNEN UND LESER

Vielen Dank an folgende Traveller, die uns nach der letzten Auflage hilfreiche Tipps, Ratschläge und spannende Anekdoten geschickt haben:

Paul Bullivant, Joan Cunningham, Paul Laye, Antje Schönherr, Ross Simpson Brown.

DANK DER AUTOREN

Josephine Quintero

Vielen Dank an meine vielen Freunde auf Mallorca, darunter Isabel Carmona, Felipe Diaz und meine wunderbare Airbnb-Gastgeberin Nicole in Palma, sowie an unzählige andere Menschen, die ihren Enthusiasmus und ihre Liebe zu allem Mallorquinischen geteilt haben. Mein Dank gilt auch meiner Familie, die mich immer unterstützt hat, und nicht zu vergessen dem stets gewissenhaften Redaktionsteam von LP.

Damian Harper

Ein herzliches Dankeschön an alle, die uns mit Tipps auf dieser bezaubernden Insel geholfen haben, insbesondere Robert Landreth, Daniel Hands, Emmanuelle Arbona, Biel und Yunli, Dave in Pollença, Norma Gray, Isabel, Francesco Bellini, Cristina, Steffi, Luisa Martínez, Francoise, Jaime, Miguel, Tomeu, Timothy, Emma und Daisy.

QUELLENNACHWEISE

Klimakartendaten von Peel MC, Finlayson BL & McMahon TA (2007) 'Updated World Map of the Köppen-Geiger Climate Classification', *Hydrology and Earth System Sciences*, 11, 1633–44.

Umschlagfoto: Cala Fornells, Westlich von Palma de Mallorca, Massimo Ripani/4Corners Images ©

DIESES BUCH

Dies ist die 5. deutsche Auflage von *Mallorca*, basierend auf der mittlerweile 5. englischen Auflage, für die Damian Harper und Josephine Quintero verantwortlich zeichnen. Die vorherige Auflage schrieben Damian Harper und Hugh McNaughtan. Dieser Reiseführer entstand im Auftrag von Lonely Planet und wurde von folgenden Personen betreut:

Leitung Projektredaktion Sandie Kestell, Angela Tinson

Projektredaktion Will Allen, Paul Harding

Redaktionsassistenz Joel Cotterell, Sasha Drew, Monique Perrin, Maja Vatrić

Leitung Kartographie Anthony Phelan

Asssistenz Kartographie Julie Sheridan

Satz & Layout Catalina Aragón, Brooke Giacomin, Katherine Marsh, Virginia Moreno

Bildredaktion für den Umschlag Naomi Parker

Dank an Jessica Boland, Clare Healy, Karen Henderson, Kate James, Sonia Kapoor, Darren O'Connell, Monique Perrin

Register

A
Agroturismus 197
Aktivitäten 17, 37-43 *siehe auch einzelne Aktivitäten*
Alaró 120-1
Albarca 161
Alcúdia 137-40, 206, **139**
Algaida 153-4
Almacenes El Águila 66
Andratx 98, 100
Anreise nach Mallorca 19, 220
Apotheken 85
Aquarien 88, 179
Arbeiten auf Mallorca 216
Arc de sa Drassan 64
Archäologische Stätten, *siehe auch Tayalots*
  Capocorb Vell 178
  Illot dels Porros 143
  Necròpolis de Son Real 143
  Poblat Talaiòtic dels Antigors 180
  Pol·lèntia 137, 206, **13**
  Sa Font 154
  Ses Països 162, 206
Architektur 205-7
Artà 12, 162-4, **12**, **163**
Aussichtspunkte 8
  Ermita de Santa Magdalena 149
  Es Pontàs 182
  Es Puig 110
  Mirador de la Ermita de Betlem 165
  Mirador de La Victòria 142
  Mirador de Ricardo Roca 99
  Mirador de Sa Creueta 135
  Mirador de Ses Barques 99, 119
  Mirador Pujol de'n Banya 87
Aussichtstürme, *siehe talayots*
Autofahren/-miete 24, 223
Autotouren 98
  Von Andratx zum Monestir de Lluc 98, **98**

Kartenseiten **000**
Fotoseiten **000**

  Andratx bis Valldemossa Küstenstraße 103
  Port de Pollença bis Cap de Formentor 129
  Straße nach Sa Calobra 9, **9**, **40**
  Sóller bis Bunyola 120

B
Badia d'Alcúdia 137
Badia de Palma 45, 47, 87-94, **52**
Ballonfahrten 168
Banyalbufar 30, 99, 104-5
Banys Àrabs 59, 206
Barceló, Miquel 54, 65, 68, 112, 138, 211
Barranc de Biniaraix 14
Barrierefreies Reisen 216
Bauernhöfe *siehe Fincas*
Bauça, Miquel 208
Bendinat 92
Berge 200
  Coll d'Honor 120
  Fumat 129
  Penya Rotja
  Puig d'Alaró 30
  Puig de Maria 130
  Puig de Massanella 123
  Puig de Sa Tudossa 161
  Puig des Porrassar 161
  Puig des Romaní 128
  Puig Galatzò 103
  Puig Major 122
  Puig Roig 123
  Puig Tomir 123
  Serra de Llevant 164
  Serra de Tramuntana 9, 103, **9**
  Talaia d'Alcúdia 129, 142
Bergsteigen *siehe Klettern*
Bildhauerei 210
Biniaraix 117-8, **14**
Binissalem 148-9
bodegas siehe Weingüter
Bootstouren 41, 93, 100, 116, 172, 179, 183, 185 *siehe auch Kajakfahren, Segeln*
Bücher 209
Budget 19

Bunyola 119-20
Burgen *siehe auch Historische Gebäude*
  Castell d'Alaró 121, 206
  Castell de Bellver 76
  Castell de Capdepera 166
  Castell de Santueri 157
  Castell de Son Mas 100
  Castillo de Cabrera 181
  Santuari de Sant Salvador
  Torre de Canyamel 170
Busreisen 25, 225

C
Caimari 151
CaixaForum 66
Cala Blanca 30, 100
Cala Blava 88
Cala Bota 160
Cala de Sa Calobra 121
Cala des Caló
Cala d'Or 184-5
Cala En Feliu 129
Cala es Conills 102
Cala Estancia 88
Cala Estreta 161
Cala Figuera 129-30, 183
Cala Gossalba 129
Cala Llombards 182
Cala Magraner 160
Cala Major 89
Cala Marçal 172
Cala Matzoc 161, 168
Cala Mesquida 161, 168
Cala Millor 170
Cala Mitjana 168
Cala Murta 129
Cala Pi 178, **90**
Cala Ratjada 161, 167-9, **167**
Cala Romántica 171
Cala Sant Vicenç 134
Cala s'Arenal 172
Cala Sequer 171
Cala Torta 168
Cala Tuent 121
Cala Varques 171
Cala Virgili 160
Cala Vinyes 93

Calò des Cap d'Alt 88
Calvari 130
Camí dels Misteris del Rosari 123
Camí dels Presos 161
Camí Vell del Far 129
Campanet 151
Ca'n Canta 138
Ca'n Domènech 138
Ca'n Fondo 138
Canó des Moró 129
Can Oms 63
Ca'n Pastilla 87, **91**
Ca'n Picafort 142-3
Ca'n Torró 138
Canyamel 169-70
Canyoning 38
Cap Blanc 178
Cap de Cala Figuera 102
Cap de Formentor 9, 135, 136, 165, **8**
Cap del Moro 69
Capdepera 166
Cap de Ses Salines 10, 176, 180, **10**, **39**
Cap des Pinar 141-2
Capocorb Vell 178
Casal Solleric 69
Casa Robert Graves 110
celler-Restaurants 16, **16**
Chopin, Frédéric 107
Colònia de Sant Jordi 10, 179-80
Colònia de Sant Pere 143-4
Consolat de Mar 68
Cova de Sant Martí 140
Cova del Pilar 171
Coves d'Artà 169
Coves de Campanet 151
Coves de Gènova 92
Coves de L'Alzineret 134
Coves del Drac 171
COVID-19 3, 198

D
Dalt Murada 62
Deià 12, 99, 109-11, **12**
del Mar Bonet i Verdaguer, Maria 209

E

Einreise 18, 222
Els Calderers 155
ensaïmada 16, 33, 73, **16**, **46**
Ermäßigungen 216
Ermita de Betlem 165
Ermita de la Victòria 11, 128, 142, **11**
Ermita de Santa Magdalena 149
Es Baluard 68, **211**
Es Firó 113
Es Pontàs 182
Esporles 105-6
Es Puig 110
Essen 16, 32-6, 47
  celler-Restaurants 16, **16**
  ensaïmades 16, **16**, **46**
  Glossar 36
  Kinder 44
Estellencs 103
Etikette 21
Events *siehe* Feste & Events

F

Fahrradfahren 25, 225, *siehe* Radfahren
Fährverbindungen 223
Far de Cap Blanc 178
Feiertage & Ferien 26, 216
Feilschen 21
Felanitx 157
Feste & Events 26-7 *siehe auch* einzelne Orte & Regionen
Festes de la Patrona 132
Festes de la Verema 149
Filme 72, 82
Finca Can Roig 160
Fincas 14, 22, 143, 160, 197
  Finca Pública de Son Real 143
Flughafen 222
Fornalutx 99, 118-9
Frauen unterwegs 217
Freiwilligenarbeit 217
Freizeitparks 89, 93, 140
Fumat 129
Fundació Pilar i Joan Miró 89, 210

G

Gärten, *siehe* Parks & Gärten
Galerien 51, 65 *siehe* Museen & Galerien
Galilea 104
Gaudí, Antoni 54, 112, 123, 207

Kartenseiten **000**
Fotoseiten **000**

Gefahren & Ärgernisse *siehe* Sicherheit
Geld 18, 217
Geldautomaten 217
Gènova 92
Gepäck 20
Geschichte 188-99
  Bürgerkrieg 195-6
  Erzherzog Ludwig 197
  Juden 194
  Muslimische Herrschaft 190-91
  Römer, Vandalen & Byzantiner 189-90
  Talayot-Kultur 180, 188-9
  Tourismus 196
Gesundheit 218
Glaskunst 213
Glossar 230
Golf 38, **41**
  Canyamel Golf 170
  Capdepera Golf 166
  Pula Golf 170
Graves, Robert 110

H

Handys 18, 220
Historische Gebäude *siehe* Burgen
  Ajuntament 62, 119
  Alcúdia 137
  Almacenes El Águila 66
  Arc de sa Drassana 64
  Banco de Sóller 112
  Banys Àrabs 206
  Ca'n Canta 138
  Ca'n Domènech 138
  Ca'n Fondo 138
  Can Oms 63
  Ca'n Torró 138
  Casa Natal de Santa Catalina Thomàs 107
  Casa Robert Graves 110
  Casal Solleric 69
  Castell de Son Mas 100
  Consolat de Mar 68
  Els Calderers 155
  Jardins de Alfàbia 114, **187**
  La Granja 104, 105
  Miramar 108
  Sa Llotja 68
  Sa Torre Cega 168
  Son Marroig 108
  Torre de Ses Puntes 156
Hidropark 140
Höhlen 201
  Cala Portals Vells 102
  Cova de Sant Martí 140
  Coves d'Artà 169
  Coves de Campanet 151
  Coves de Gènova 92
  Coves de L'Alzineret 134
  Coves del Drac 171
  Cova de Sa Plana 180
Höhlenwandern 38

I

Illa de Cabrera 177, 181-2, **177**
Illa de Sa Dragonera 30, 101
Illot del Colomer 135
Impfungen 218
Inca 16, 149-50, **16**
Inland, das 46, 48, 145, **146-7**
  Highlights 146
  Reisezeit 145
Internetzugang 219

J

Jardins de Alfàbia 114, **187**
Jaume I. 54, 192, 208
Juden 194

K

Kajakfahren 43, 136, 179
Karneval 26, 72
Karten 219
Kathedralen *siehe* Kirchen & Kathedralen
Kindern, Reisen mit 44-6, 68
Kino 82
Kirchen & Kathedralen *siehe auch* Konvente & Klöster
  Basílica de Sant Francesc 58
  Capella de Sant'Anna 56
  Casa Natal de Santa Catalina Thomàs 107
  Catedral (Palma) 53, **13**
  Ermita de Betlem 165
  Ermita de la Victòria 128, 142, **11**
  Església de la Immaculada Concepció 118
  Església de la Mare de Déu de la Pau de Castellitx 153
  Església de la Mare de Déu del Roser 132
  Església de la Mare de Déu dels Àngels 130
  Església de la Nativitat de Nostra Senyora 119
  Església del Monti-Sion 62
  Església de Nostra Senyora Verge dels Dolors 156
  Església de Santa Creu 69
  Església de Santa Eulàlia 59
  Església de Santa Magdalena 66
  Església de Santa Maria 152
  Església de Santa Maria d'Andratx 100
  Església de Santa Maria Major 150
  Església de Sant Bartomeu 107, 112, 154
  Església de Sant Crist de la Sang 66
  Església de Sant Jaume 66
  Església de Sant Joan Baptista 110, 153
  Església de Sant Mateu 120
  Església de Sant Miquel 65
  Església de Sant Nicolau 66
  Església de Sant Pere i Sant Pau 153
  Oratori de Sant Jordi 59
  Transfiguració del Senyor 162
Kitesurfen 38, 43, **37**
Klettern 39, 120
Klima 219 *siehe auch* einzelne Orte & Regionen
Klippenspringen 134
Klöster *siehe auch* Konvente & Klöster
  Ermita de Betlem 165
  Monestir de Lluc 99, 122
  Real Cartuja de Valldemossa 99, 106, **2**, **15**
  Santuari de la Mare de Déu des Puig 31, 130
  Santuari de Nostra Senyora de Cura 153
  Santuari de Sant Salvador (Felanitx) 157
Kochkurse 34, 69
Konvente & Klöster
  Claustre de Sant Domingo 150
  Convent de la Concepció 152
  Convent de Nostra Senyora de la Soledat 148
  Convent de Santa Clara 63
  Ermita de Betlem 165
  Ermita de Santa Magdalena 149
  Monestir de Lluc 99, 122
  Santuari de la Mare de Déu des Puig 130
  Santuari de Sant Salvador 162
Kosten 19
  Ermäßigungen 216
Krankenhäuser 85, 218
Kreditkarten 217
Kunstgalerien 65 *siehe* Museen & Galerien
Kunsthandwerk 212
Kunst & Kultur 208-13 *siehe auch* Literatur, Malerei, Musik
Kurse
  Kochen 34, 69, 88
  Sprache 69, 72
  Wassersport 43, 71, 140

L

La Granja 104, 105
La Ruta Martiana 80
Landschaft 200
Lederwaren 213
Leitungswasser 19, 219
Leuchttürme
  Cap Blanc 178
  Cap de Ses Salines 180, **10**, **39**
  Cap de Formentor 136, **9**
  Far de Capdepera 168
  N'Ensiola 177
Literatur 208
LGBTIQ 79, 219
Llull, Ramon 59, 153, 193, 208

M

Magaluf 93
Majorica 156
Malerei 210
Manacor 156-7, **157**
Märkte
  Mercat d'Inca 150
  Palma 75, 83
  Sonntagsmarkt in Pollença 133
  Wochenmarkt in Sineu 152
Marxa des Güell a Lluc a Peu 123
Maurische Architektur 205
Medizinische Versorgung 218
Mirador de Ricardo Roca 99
Mirador de Sa Creueta 135
Mirador de Ses Barques 119
Mirador Pujol de'n Banya 87
Miramar 108
Miró, Joan 91, 111, 210, 212
Modernisme-Architektur 207
Monestir de Lluc 122-4
Montuïri 154-5
Motorradfahren 24, 223
Muro 153
Museen & Galerien 15, 65
  CaixaForum 66
  Can Planes 153
  Ca'n Prunera – Museu Modernista 112, 206
  Casa-Museu Dionis Bennàssar 132
  Casa-Museu Llorenç Villalonga 148
  Centre Cultural Contemporani Pelaires 63
  Centre de Cultura Sa Nostra 66
  Centre d'Informació Serra de Tramuntana 123
  Centre Maimó ben Faraig 63
  Claustre de Sant Antoniet 66
  Es Baluard 68, 206, **211**
  Fundación Yannick y Ben Jakober 137
  Fundació Pilar i Joan Miró 15, 89, 210
  Galeria K 65
  La Caja Blanca 65
  Museu Arqueològic de Son Fornés 154
  Museu Balear de Ciències Naturals 112
  Museu Capitular 55
  Museu de Gordiola 154
  Museu de Mallorca 59
  Museu de Pollença 130
  Museu de sa Jugueta 153
  Museu d'Història de la Ciutat 76
  Museu d'Història de Manacor 156
  Museu Diocesà 59
  Museu Fra Juníper Serra 155
  Museu Fundación Juan March 15, 65
  Museu Martí Vicenç 132
  Museu Monogràfic de Pollèntia 137
  Museu Regional d'Artà 162, 206
  Museo Sa Bassa Blanca 137
  Palau March 57
  Rafa Nadal Museum Xperience 156
  Real Cartuja de Valldemossa 15, 106, **15**
  Sala Picasso & Sala Miró 111
Musik 209

N

Nadal, Rafael 156
Nationalparks & Naturschutzgebiete 201
  Cap de Formentor 135, 136, 165, **8**
  Cap Ferrutx 164
  Embassament de Cúber 165
  Parc Nacional Marítim-Terrestre de l'Arxipèlag de Cabrera 165, 181
  Parc Natural de la Península de Llevant 161, 164, 165, **11**
  Parc Natural de Mondragó 165, 184
  Parc Natural de S'Albufera 17, 142, 165
  Reserva Marina del Migjorn de Mallorca 179
Natur 200-4
Naturschutzgebiete, *siehe* Nationalparks & Naturschutzgebiete
Neptungras 203
Nit de Foc 72
Nit de l'Art 72
Nit de Sant Joan
Nördliches Mallorca 46, 47, 125-144, **126-7**
  Highlights 126
  Reisezeit 125
Notfälle 85, 228

O

Öffnungszeiten 19, 219
Orient 120
Östliches Mallorca 48, 158-73, **159**
  Highlights 159
  Reisezeit 158
Outdooraktivitäten 38

P

Palau de l'Almudaina 53
Palma Aquarium 88
Palma de Mallorca 45, 47, 50-94, 207, **56-7, 60-1, 70**
  Aktivitäten 69
  An- & Weiterreise 86
  Ausgehen & Nachtleben 79
  Essen 73
  Feste & Events 72
  Geführte Touren 72
  Geschichte 53
  Highlights 52
  Kindern, Reisen mit 68
  Kurse 69
  Praktische Informationen 85
  Reiserouten 53
  Reisezeit 50
  Sehenswertes 53
  Shoppen 83
  Stadtspaziergang 67, **67**
  Unterhaltung 82
  Unterwegs vor Ort 86
Palmanova 93
Parc Natural de la Península de Llevant 11, 161, 164, 165, **11**
Parc Natural de Mondragó 165, 184
Parc Natural de S'Albufera 17, 142, 165
Parks & Gärten
  Jardí Botànic & Museu Balear de Ciències 112 Naturals
  Jardí del Bisbe 59
  Jardins de Alfàbia 114
  Parc de la Mar 63
Passeig d'es Born 68
patis 51, 206
Penya Rotja 11, 129
Petra 155
Pflanzenwelt 202
Pilgerstätten 123
Pina 154
Plaça Major 65
Platja des Coll Baix 90, 129, 141, **14**, **91**
Platja de Palma 70, 89
Politik 196-8
Pollença 130-4, **131**
Pol·lèntia 13, 137, **13**
Pont Romà 132
Porta de l'Almudaina 63
Porta del Moll 137
Portals Nous 92
Portals Vells 102
Port d'Alcúdia 140, **139**
Port d'Andratx 98, 100-1
Portals Nous 92
Portals Vells 102
Port de Pollença 129, 135-6
Port de Sóller 116-7, **5**, **42**
Port de Valldemossa 109
Portocolom 172-3
Porto Cristo 171-2
Portopetro 184
Post 219
Preise 218
  Ermäßigungen 216
Puig de Maria 130
Puig de Santa Magdalena 149
Puig des Romaní 128
Puig Galatzò 103
Puig Major 122
Puigpunyent 104
Pujol des Misteris 123

R

Radfahren 9, 38, 39, 70, 135, 164, 179, 225 *siehe auch* Radtouren
Radio 217
Radtouren 39, 164
Rauchen 217
Real Cartuja de Valldemossa 15, 106
Refugi des Coll Baix 129
Rechtsfragen 220
Reiseplanung 8-46
Reiserouten 28-9, **28-9**
Reisezeit 18, 38, **18**
Reiten 39, 168
Römische Herrschaft 189
Rubió i Bellver, Joan 112, 207

S

Sa Calobra 9, 99, 121
Sa Fira 26, 152
Sa Font 154
Sa Foradada 30, 108
Sa Gubia 120
Saló del Tinell

S'Alquera Vella de Baix 161
Salvator, Erzherzog Ludwig 108, 197
Sand, George 106
Santa Maria del Camí 148
Santanyí 182-3
Sant Elm 101-2
Santuari de Sant Salvador (Artà) 162
Santuari de Sant Salvador (Felanitx) 157
Sa Plageta 177, 181
Sa Pobla 153
Sa Portella 137
Sa Ràpita 178
S'Arenal 89
S'Arenalet des Verger 161
Sa Torre Cega 168
Sa Vall 176
Schnorcheln 43, 93, 102, 134, 142, 172, 181, 183 *siehe auch* Tauchen
Segeln 43, 70, 135, 140*siehe auch* Bootstouren
Semana Santa 26
Serra de Ses Figueres 177
Serra de Tramuntana 9, 103, **9**
Ses Illetes 92
Ses Païsses 162, 206
S'Espalmador 177, 181
Ses Salines 180-1, **10**
Ses Tres Creus 128
Sicherheit 85, 220
Sineu 152
sobrassada 16, **16**
Sóller 13, 99, 111-6, 207, **2**, **113**
Son Marroig 108, **23**
Son Serra de Marina 143
Sporttauchen *siehe* Tauchen
Sprache 18, 21, 226-30 *siehe auch* Kurse
Steuern 218
Strände & Buchten 31, 44, 90
  Cala Banyalbufar 104
  Cala Barques 134
  Cala Blanca 30, 100
  Cala Blava 88
  Cala Bóquer 129
  Cala Caró 134
  Cala Clara 134
  Cala de Deià 110
  Cala de Sa Calobra 121
  Cala des Caló 129
  Cala d'Estellencs 103

Cala d'Or 184
Cala En Feliu 129
Cala Estancia 88, 90
Cala Estreta 161
Cala Figuera 129-30
Cala Gossalba 129
Cala Llamp 100
Cala Llombards 182
Cala Mago 102
Cala Magraner 160, 171
Cala Marçal 172
Cala Matzoc 161, 168
Cala Mesquida 161, 168
Cala Mitjana 168
Cala Molins 134
Cala Mondragó 184
Cala Murta 129
Cala Pi 90, 178, **90**
Cala Pilota 160
Cala Portals Vells 102
Cala Ratjada 161, 168
Cala Romántica 171
Cala Santanyí 183
Cala Sant Vicenç 134
Cala s'Arenal 172
Cala Sequer 171
Cala Torta 168
Cala Tuent 121
Cala Varques 171
Cala Virgili 160
Cap de Cala Figuera 102
Colònia de Sant Jordi 179
Platja d'Almunia 180
Platja de Canyamel 169
Platja de Formentor 135
Platja de la Colònia de Sant Pere 143
Platja de Muro 143
Platja d'en Repic 90, 116
Platja de Palma 70, 89
Platja de Sa Canova 143
Platja de Santa Margalida 142
Platja des Carbó 176
Platja des Cargol 176
Platja des Coll Baix 14, 90, 129, 141, **14**, **91**
Platja des Dolç 176
Platja de Ses Covetes 179
Platja de Ses Roquetes 176
Platja de Son Real 142
Platja des Trenc 31, 90, 179
Platja Sant Elm 101
Platja s'Illot 142
Port de Pollença 129, 135
Portocolom 172

Porto Christo 171
Sa Calobra 121
Strom 220
Südliches Mallorca 46, 48, 174–85, **175**
  Highlights 175
  Reisezeit 174

T

Talaia d'Albercuix 135
Talaia d'Alcúdia 31, 129, 142
Talaia Freda 161
Talayot-Kultur 180
talayots siehe auch Archäologische Stätten
TaPalma 72
Tauchen 38, 43, 93, 102, 116, 136, 140, 168, **17**
  Cala Ratjada 168
  Palmanova 93
  Port d'Andratx 100
  Port de Pollença 136
  Port de Sóller 116
  Portocolom 172
  Porto Cristo 171
  Portopetro 184
  Sant Elm 102
Taxi 87
Telefon 19, 220
Tierbeobachtung 184
Tiere 201 *siehe auch* Tierbeobachtung, Vogelbeobachtung
Toiletten 220
Torre d'Albarca 161
Torre de Ses Puntes 156
Torre des Verger 104, 121
Torrent de Pareis 122
Tourismus 196, 199
Touristeninformation 85, 221
Trekking *siehe* Wandern
Trinkgeld 21, 218
Trofeo Ciutat de Palma 73

U

Umwelt 200-4
Umweltprobleme 203
Unterkunft 14-5, 22, 44
Unterwegs auf Mallorca 24-5, 223

V

Vall de Bóquer 165
Valldemossa 12, 106-8, **2**, **12**, **106**
Vandalenherrschaft 189

Vegetarier & Veganer 36
Verkehrsmittel & -wege 24, 222-5
Verkehrsregeln 25, 224
Versicherung 221
  Fahrzeug 224
  Gesundheit 218
Visum 221
Vogelbeobachtung 17, 143, 165
Vorwahlen 19

W

Währung 18
Walken *siehe* Wandern
Wallfahrt *siehe* Pilgerfahrt
Wandern 10, 17, 38, 40, 105, 128, 160, 161
  Cala Ratjada 161
  Cap Blanc 178
  Cap de Formentor 129, **8**
  Drei Küstengipfel 128
  Illa de Cabrera 176
  Nordküste 128, **128**
  Ostküste 160, **160**
  Parc Natural de Llevant 161
  Vier Buchten 160
  Vom Cap de Ses Salines nach Colònia de Sant Jordi 176, **176**
Wasserpark 89, 93
Wassersport 17, 41 *siehe auch* Kajakfahren, Segeln, Tauchen, Windsurfen
Wechselkurse 19
Weihnachtsmarkt 73
Wein 34
Weingüter
  Bodegas Macià Batle 148
  Bodegas Miquel Oliver 155
  Bodega Son Vives 104
  Ca'n Novell 149
  Celler Tianna Negre 148
  José Luis Ferrer 149
Westliches Mallorca 46, 47, 95–124, **96-7**
  Highlights 96
  Reisezeit 95
Windsurfen 38, 43, 135
Wirtschaft 196

Z

Zeit 18, 221
Zeitungen 217
Zoll 221
Zugreisen 25, 87, 116, 225

DIE LONELY PLANET STORY

Ein uraltes Auto, ein paar Dollar in den Hosentaschen und Abenteuerlust, mehr brauchten Tony und Maureen Wheeler nicht, als sie 1972 zu der Reise ihres Lebens aufbrachen. Diese führte sie quer durch Europa und Asien bis nach Australien. Nach mehreren Monaten kehrten sie zurück – pleite, aber glücklich –, setzten sich an ihren Küchentisch und verfassten ihren ersten Reiseführer *Across Asia on the Cheap*. Binnen einer Woche verkauften sie 1500 Bücher und Lonely Planet war geboren. Heute unterhält der Verlag Büros in den USA, Irland und China und verfügt über ein Netzwerk von über 2000 Mitstreitern in allen Teilen der Welt. Und alle teilen Tonys Überzeugung, dass ein guter Reiseführer drei Dinge erfüllen sollte: informieren, bilden und unterhalten.

DIE AUTOREN

Josephine Quintero

Die gebürtige Britin lebt in Andalusien, von wo aus sie viel reist und für Lonely Planet bereits über mehr als 45 Reiseziele berichtet hat, etwa von so weit entfernten Orten wie Victoria (Australien) und Mexiko-Stadt. Weitere LP-Titel, die sie verfasst oder mitverfasst hat, sind *Schweden*, *Kanarische Inseln*, *Zypern*, *Irland*, *Baja California* und verschiedene Regionen in Spanien und Italien. Josephine machte ihren Abschluss in Anglistik an der University of California, Berkeley, und lebte mehrere Jahre im Nahen Osten, bevor sie an die ruhigeren Gestade Südspaniens zog.

Damian Harper

Damian hat zwei Abschlüsse (einen in Sinologie von der SOAS University of London) und schreibt seit mehr als zwei Jahrzehnten für Lonely Planet. Er hat Beiträge zu so unterschiedlichen Titeln wie *China*, *Peking*, *Shanghai*, *Vietnam*, *Thailand*, *Irland*, *London*, *Mallorca* und *Malaysia* verfasst.

Lonely Planet Global Limited
Digital Depot
The Digital Hub
Dublin D08 TCV4
Ireland

Obwohl die Autoren und Lonely Planet alle Anstrengungen bei der Recherche und bei der Produktion dieses Reiseführers unternommen haben, können wir keine Garantie für die Richtigkeit und Vollständigkeit dieses Inhalts geben. Deswegen können wir auch keine Haftung für eventuell entstandenen Schaden übernehmen.

Verlag der deutschen Ausgabe:
MAIRDUMONT, Marco-Polo-Str. 1, 73760 Ostfildern,
www.lonelyplanet.de, www.mairdumont.com, lonelyplanet-online@mairdumont.com

Redaktion: Eszter Kalmár – Text, Bild, Satz. www.lektorat-kalmar.de (Assistenz: Sandra Penno-Vesper)
Übersetzung: Eszter Kalmár, Holger Möhlmann; an früheren Auflagen haben außerdem mitgewirkt: Julie Bacher, Ulrike Bischoff, Anne Cappel, Birgit Herbst, Britt Maaß, Ute Mareik, Jutta Ressel, Katja Weber

Mallorca
5. deutsche Auflage Januar 2023, übersetzt von
Mallorca, 5th edition, Mai 2022, Lonely Planet Global Limited

Deutsche Ausgabe © Lonely Planet Global Limited, Januar 2023

Fotos © wie angegeben 2022

Printed in Poland

MIX
Papier | Fördert gute Waldnutzung
FSC® C018236

Alle Rechte vorbehalten. Das Werk einschließlich all seiner Teile ist urheberrechtlich geschützt und darf weder kopiert, vervielfältigt, nachgeahmt oder in anderen Medien gespeichert werden, noch darf es in irgendeiner Form oder mit irgendwelchen Mitteln – elektronisch, mechanisch oder in irgendeiner anderen Weise – weiterverarbeitet werden. Es ist nicht gestattet, auch nur Teile dieser Publikation zu verkaufen oder zu vermitteln, ohne schriftliche Genehmigung des Herausgebers. Lonely Planet und das Lonely Planet Logo sind eingetragene Marken von Lonely Planet und sind im US-Patentamt sowie in Markenbüros in anderen Ländern registriert. Lonely Planet gestattet den Gebrauch seines Namens oder seines Logos durch kommerzielle Unternehmen wie Einzelhändler, Restaurants oder Hotels nicht. Bitte informieren Sie uns im Fall von Missbrauch unter www.lonelyplanet.com/legal/intellectual-property.

Kartenlegende

Sehenswertes
- Strand
- Vogelschutzgebiet
- buddhistisch
- Burg/Schloss/Palast
- christlich
- konfuzianisch
- hinduistisch
- islamisch
- jainistisch
- jüdisch
- Denkmal
- Museum/Galerie/histor. Gebäude
- Ruine
- shintoistisch
- Sikh
- taoistisch
- Weingut/Weinberg
- Zoo/Wildschutzgebiet
- sonstige Sehenswürdigkeit

Aktivitäten, Kurse & Touren
- bodysurfen
- tauchen
- Kanu/Kajak fahren
- Kurs/Tour
- Sento Hot Baths/Onsen
- Ski fahren
- schnorcheln
- surfen
- Swimmingpool
- wandern
- windsurfen
- sonstige Aktivität

Schlafen
- Hotel/Pension/Hostel
- Camping
- Hütte/Unterstand

Essen
- Restaurant

Ausgehen & Nachtleben
- Bar/Kneipe/Club
- Café

Unterhaltung
- Unterhaltung

Shoppen
- Shoppen

Praktisches
- Bank
- Botschaft/Konsulat
- Krankenhaus/Arzt
- Internet
- Polizei
- Post
- Telefon
- Toilette
- Touristeninformation
- sonstige Informationen

Geografie
- Strand
- Tor
- Hütte/Unterstand
- Leuchtturm
- Aussichtspunkt
- Berg/Vulkan
- Oase
- Park
- Pass
- Rastplatz
- Wasserfall

Städte
- Hauptstadt (Staat)
- Hauptstadt (Provinz)
- Großstadt
- Stadt/Ort

Transport
- Flughafen
- Grenzübergang
- Bus
- Seilbahn/Standseilbahn
- Radweg
- Fähre
- Metrostation
- Schwebebahn
- Parkplatz
- Tankstelle
- S-Bahnstation
- Taxi
- T-bane/Tunnelbana-Station
- Bahnhof/Bahnlinie
- Straßenbahn
- Tube Station
- U-Bahnstation
- sonstiger Transport

Hinweis: Nicht alle in der Legende aufgeführten Symbole sind Bestandteil der Karten dieses Buches

Verkehrswege
- Mautstraße
- Autobahn
- Hauptstraße
- Landstraße
- Verbindungsstraße
- sonstige Straße
- unbefestigte Straße
- Straße im Bau
- Platz, Promenade
- Treppe
- Tunnel
- Fußgängerbrücke
- Spaziergang
- Abstecher vom Spaziergang
- Weg/Pfad

Grenzen
- Staatsgrenze
- Provinzgrenze
- umstrittene Grenze
- Regional-/Bezirksgrenze
- Meeresschutzgebiet
- Kliff
- Mauer

Gewässer
- Fluss, Bach
- periodischer Fluss
- Kanal
- Gewässer
- Salzsee/trockener/ periodischer See
- Riff

Gebietsform
- Flughafen/Flugplatz
- Strand/Wüste
- christlicher Friedhof
- sonstiger Friedhof
- Gletscher
- Watt
- Park/Wald
- Sehenswertes (Gebäude)
- Sportplatz
- Sumpf/Mangroven